Wissenschaftliche Arbeiten schreiben mit
Microsoft Office Word

G. O. Tuhls

Wissenschaftliche Arbeiten schreiben mit

Microsoft Office   365
2019
Word 2016
2013
2010

mitp

Bibliografische Information der Deutschen Nationalbibliothek
Die Deutsche Nationalbibliothek verzeichnet diese Publikation in der Deutschen
Nationalbibliografie; detaillierte bibliografische Daten sind im Internet über
<http://dnb.d-nb.de> abrufbar.

Bei der Herstellung des Werkes haben wir uns zukunftsbewusst für umweltver-
trägliche und wiederverwertbare Materialien entschieden.
Der Inhalt ist auf elementar chlorfreiem Papier gedruckt.

ISBN 978-3-95845-917-5
1. Auflage 2019

www.mitp.de
E-Mail: mitp-verlag@sigloch.de
Telefon: +49 7953 / 7189 - 079
Telefax: +49 7953 / 7189 - 082

Lektorat: Sabine Schulz
Sprachkorrektorat: Petra Heubach-Erdmann
Coverbild: © Kirsty Pargeter / fotolia.com
Satz: III-satz, Husby, www.drei-satz.de
Druck: Medienhaus Plump GmbH, Rheinbreitbach

Inhaltsverzeichnis

Nichts als Stress mit der Textverarbeitung

> *Habe nun, ach! Philosophie,*
> *Juristerei und Medicin,*
> *Und leider auch Theologie!*
> *Durchaus studirt, mit heißem Bemühn.*
> *Da steh' ich nun, ich armer Wicht,*
> *Und krieg den Text gestaltet nicht!*
> *(77 % von Goethe)*

Faust war unzufrieden, weil es ihm an der letzten Erkenntnis fehlte. Heutige Akademiker sind unzufrieden, weil es ihrer Ausarbeitung am letzten Schliff fehlt. Die Situationen sind ähnlich: Man lernt und forscht und recherchiert, dann schreibt man das Ergebnis auf und ist doch unzufrieden, denn so eine Ausarbeitung bedarf einer gewissen äußeren Form.

Nun mag es scheinen, als würde dies durch den Einsatz von Textverarbeitungssoftware leichter sein als zu längst vergessenen Schreibmaschinenzeiten, doch ganz im Gegenteil: Die Arbeitserleichterungen werden neutralisiert durch höhere Anforderungen an die Form, denn »das geht ja so leicht mit dem Computer«. Dann werden »Styleguides« vorgegeben, aber nur selten die dazugehörige technische Unterstützung in Form von Vorlagendateien geboten. Neben der Erarbeitung des Themas wird den Probanden für ihre Prüfungsarbeiten auch noch die perfekte Beherrschung einer Textverarbeitung auferlegt.

So stößt man in Hilfe-Foren immer wieder auf Probleme wie:

> *»Ich schreibe gerade an meiner Thesis und habe Probleme beim Erstellen des Inhaltsverzeichnisses.«*

> *»Für meine Dissertation benötige ich eine andere Nummerierung der Seiten im Vorspann.«*

> *»Hilfe, in meinem Projektbericht verrutschen die Seitenumbrüche.«*

Es sind immer dieselben Themen, die Probleme bereiten bei der Dokumentation akademischer Arbeiten und jedwedem anderen umfangreichen Schriftgut.

Leichter fällt es, Fachveröffentlichungen nach Abschluss der Hochschulausbildung zu layouten, denn die einschlägigen Verlage geben ihrem *Styleguide* auch Vorlagendateien mit, die zu verwenden sind. Aber auch für deren Anwendung sind häufig erweiterte Kenntnisse der Textverarbeitung nötig, denn immer wieder stößt man in Grauzonen vor, die von Styleguide und Vorlage nicht erfasst werden, zur gefälligen Gestaltung aber unumgänglich sind.

Mit einer Textverarbeitung umzugehen, das ist vermeintlich keine Schwierigkeit. Jede Bedienungsanleitung für ein beliebiges Textprogramm erweckt den Eindruck, allein der Besitz dieses Programms befähige den Anwender zum perfekten *Desktop Publishing*, zum Gestalten kompletter Druckstücke am Bildschirm. Dass zum gefälligen Layout doch etwas mehr gehört, stellt der unerfahrene Anwender häufig erst dann fest, wenn die inhaltlich fertige Arbeit in Form gebracht werden soll – also kurz vor dem Abgabetermin.

Dieses Buch soll helfen, Ihnen in solchen Situationen die teilweise versteckten oder kryptisch anmutenden Funktionen zu erschließen, die Sie benötigen, um mit *Microsoft Word* ein perfektes Druckstück zu gestalten. Dabei geht es nicht nur um die technischen Möglichkeiten des Programms; Basiswissen der Satztechnik gehört ebenfalls dazu, wenn Sie anspruchsvolle Ergebnisse vorweisen möchten, denn manche Word-Funktion wird nur verständlich, wenn der Hintergrund dazu bekannt ist. Deshalb soll dieses Buch auch einen Beitrag leisten zum besseren Verständnis der »Schwarzen Kunst«.

Gewiss, die Textverarbeitungen haben das Arbeiten erleichtert, besonders durch die Assistenzfunktionen, die viele Aufgaben auf einen Knopfdruck oder Mausklick reduzieren, die zu Schreibmaschinenzeiten mühsam und zeitaufwendig waren. Doch hat die Erleichterung »per Mausklick« auch ihre Tücken, wenn die Assistenzfunktion über das Ziel hinausschießt – kein seltener Fall bei Microsofts Office-Paket.

Mit einer Arbeit im »Schreibmaschinendesign« können Sie heute weder Leser noch Prüfer, Juroren, Redakteure oder Gutachter überzeugen. Eine schriftliche Arbeit muss auch äußerlich überzeugen, nicht nur durch Inhalt.

Selbst wenn die Leser Ihres Werkes nicht mit den Geheimnissen der Satzkunst vertraut sind, fallen ihnen doch elementare Fehler unbewusst auf und sorgen für eine unterschwellige Beeinträchtigung des Leseverhaltens. Darum gilt, dass das Erscheinungsbild Ihres Textes wesentlichen Einfluss auf die Akzeptanz beim Leser besitzt, was sich bei akademischen Arbeiten auf die Bewertung und bei Veröffentlichungen auf die Chance für Folgeaufträge auswirkt.

Berlin, im November 2018

Über dieses Buch

Dieses Buch ist als Arbeitshilfe gedacht für die speziellen Anforderungen wissenschaftlicher und anderer komplexer Texte. Es soll nicht von vorn bis hinten durchgelesen werden, sondern eher als Nachschlagewerk dienen, mit dem Sie die jeweils benötigten Funktionen zur Textgestaltung problemorientiert kompakt beschrieben vorfinden. Der **Index** am Buchende führt Sie gezielt zu den Einzelthemen.

Die Erfahrung aus zahllosen Schulungsveranstaltungen zeigt, dass vermeintliches Basiswissen nicht unbedingt bei allen Anwendern vorausgesetzt werden darf. Deshalb enthält dieses Buch auch Erläuterungen, die Ihnen evtl. simpel erscheinen mögen.

Word ist ein sehr komplexes Programm. Einer gern zitierten Formel zufolge nutzen 80 % der Anwender nur 20 % der Funktionen – doch welche 20 % gerade Ihnen geläufig sind, kann ich beim Schreiben dieses Buches leider nicht einschätzen.

Falls Sie mit der Bedienung von Word nicht in allen Feinheiten vertraut sind, können Sie die wichtigsten Termini und Vorgehensweisen im **Anhang D** nachlesen. Bei einigen Begriffen im Haupttext weist das Symbol 𝄐 auf Erläuterungen im **Glossar** in Anhang D hin.

Viele Probanden stellen nach der inhaltlichen Fertigstellung ihrer Ausarbeitung erst *kurz vor Abgabeschluss* fest, dass dem Werk noch eine äußere Form fehlt. Für jene Leser ist im **Teil I** dieses Buches, das die grundlegenden Gestaltungs- und Einrichtungsthemen behandelt, als Service das Symbol ⧖ an die Überschriften jener Abschnitte gesetzt, in denen die wichtigsten Schritte für die schnelle Aufarbeitung behandelt sind. Sie erfahren, wie Sie im Schnellverfahren einen Text formatieren und gestalten können, aber auch, was zu tun ist, wenn es mit den Grundeinstellungen doch nicht klappt.

Teil II beschäftigt sich mit der Behandlung von Text in der Textverarbeitung. Sie erfahren darin einiges über besondere Bedienweisen, mit denen Sie Ihre autodidaktisch erworbenen Schreibfähigkeiten effektiver und effizienter machen können.

Teil III widmet sich den unverzichtbaren Teilen einer wissenschaftlichen Arbeit, die nicht Fließtext sind: Listen, Tabellen, Abbildungen und Formeln.

In **Teil IV** geht es um Automatisierungen zur Arbeitserleichterung und um die sehr hilfreichen, aber auch gelegentlich irritierenden Möglichkeiten des Zählens und Rechnens mit Word.

Teil V schließlich zeigt Ihnen, was zum Abschluss und zur Veröffentlichung Ihrer Arbeit erforderlich ist.

Die Word-Versionen

Dieses Buch behandelt die Word-Versionen 2010, 2013, 2016 und 2019 für Windows. Für Mac gibt es ebenfalls mit 2016 und 2019 nummerierte Word-Versionen, was aber keinesfalls bedeutet, dass diese mit den jeweiligen Windows-Versionen gleicher Nummer identisch sind. Im Gegenteil: Die Unterschiede in Bearbeitungsweisen und Funktionsausstattung sind teilweise gravierend!

Seit einigen Jahren betreibt Microsoft zudem eine zweigleisige Entwicklungspolitik: Für Besitzer der »Kaufversionen« bleibt der Funktionsumfang der Anwendungen gleich; Updates werden lediglich zu Sicherheitszwecken und zur Fehlerbeseitigung verteilt. Für Abonnenten der Editionen zu **Office 365** dagegen werden gelegentlich neue Funktionen per Update geliefert, die Funktionserweiterungen der kommenden Version vorwegnehmen. Dieses Buch bezieht sich auf den Stand der Kaufversionen ohne diese Erweiterungen. Es kann also vorkommen, dass die Beschreibungen im Buch von Ihrer aktuellen Version abweichen, wenn Sie 365er-Abonnent sind.

Darüber hinaus gibt es seit Office 2016 noch Mobil- und Online-Versionen, die kostenlos benutzt werden können, aber im Funktionsumfang stark abgespeckt sind. Diese Einschränkungen sind nicht einheitlich, sondern unterscheiden sich je nach Betriebssystem. Eine (leider unvollständige) Vergleichsliste finden Sie unter `https://support.office.com/de-de/article/Vergleich-von-Word-Features-auf-unterschiedlichen-Plattformen-5e00dfba-3d7c-4222-b850-a0527ff7b066?ui=de-DE&rs=de-DE&ad=DE`.

Also noch einmal zur Vermeidung von Missverständnissen: Dieses Buch behandelt die Desktop-Versionen von Word für Windows. Für die Nutzer der Mac- und Online-Versionen bietet es Orientierungshilfen.

Der Weg durch das Menüband

Sie bedienen Word durch das Anklicken von Schaltflächen im *Menüband*, in Kontextmenüs und in Aufgabenbereichen.

Die im Menüband aufgeführten Registerkarten und Funktionen sind über die Versionen hinweg zwar nahezu identisch, gelegentlich sind sie allerdings auch unterschiedlich bezeichnet. Die Entwickler und Übersetzer von Microsoft machen sich offenbar einen Jux daraus, die Anwender bei jedem Versionswechsel durch neu platzierte und umbenannte Befehle zu verwirren. Darum finden Sie in diesem Buch die Anleitungen zu den beschriebenen Funktionen häufig aufgeteilt für die Versionen 2010, 2013, 2016 und 2019 mit jeweils vorangestelltem Versions-Icon: ⑩, ⑬, ⑯ und ⑲.

Notwendige Klicks mit der linken Maustaste im Menüband, im Kontextmenü oder in Dialogfenstern erkennen Sie an der Versalschreibweise der Bezeichnung des anzuklickenden Registers und Funktionsnamens. Aufeinanderfolgende Klicks sind durch das Zeichen | voneinander getrennt, z. B.

10 13   SEITENLAYOUT | Gruppe ANORDNEN: ZEILENUMBRUCH

16 19   LAYOUT | Gruppe SEITE EINRICHTEN: UMBRÜCHE

Ist der Weg zur Funktion in allen Versionen identisch, so steht kein Versions-Icon davor, z. B. EINFÜGEN | SMARTART.

Unterscheiden sich die Wege zur Funktion oder deren Bezeichnung nur unwesentlich, sind die Varianten durch Schrägstrich oder eckige Klammern in einer Beschreibung zusammengefasst.

[SEITEN]LAYOUT | SILBENTRENNUNG bedeutet, dass der Registertab SEITENLAYOUT in den Versionen bis 2016 anzuklicken ist, in 2019 heißt er LAYOUT; danach geht es dann weiter mit der SILBENTRENNUNG.

VERWEISE/REFERENZEN | FUSSNOTE EINFÜGEN

bedeutet, dass der Registertab VERWEISE in den Versionen bis 2016 anzuklicken ist, in 2019 heißt er REFERENZEN; danach geht es dann weiter mit der FUSSNOTE.

Schaltflächen ohne Beschriftung

Da bei manchen Schaltflächen die verbale Bezeichnung erst beim Mouseover erscheint, sind diese unbeschrifteten Schaltflächen im Text als Symbole angegeben, mit Hinweis auf den Fundort, also in welcher Registerkarte, in welcher Gruppe, in welchem Aufgabenbereich oder wo sonst auf dem Bildschirm, also z. B.: START | Gruppe ABSATZ: ⊞ RAHMEN

Geteilte Schaltflächen

Im Gegensatz zum Bildschirm, auf dem geteilte Schaltflächen erst beim Mouseover erkennbar werden, sind sie im Buch deutlich geteilt dargestellt: ▣▾ = geteilte Schaltfläche, ▣▾ = ungeteilte Schaltfläche.

Durch Ergänzung um (oben), (unten), (rechts) und (links) sowie die Symbole ▼ oder ▶ wird im Text auf die zutreffende Alternative hingewiesen.

Mausklicks

Funktionsaufrufe per Rechtsklick werden mit dem Wort »Rechtsklick« eingeleitet; dasselbe gilt entsprechend für Doppelklicks.

Tastenkombinationen

Tastenkombinationen erkennen Sie an der Darstellung als Tasten, z. B. Strg + F9.

Redundante Funktionen

Viele Funktionen treten in Office-Produkten mehrfach an unterschiedlichen Stellen auf. Um die Beschreibungen nicht unnötig zu verkomplizieren, beschränke ich mich meist auf die Darstellung eines Weges zur Funktion (abgesehen von schnell zu erreichenden Schaltflächen und Tastenkombinationen für kurze Bearbeitungswege), nämlich jenes Zugriffs, der entweder am leichtesten erreichbar ist oder den meisten Nutzen für die beschriebene Aufgabenstellung bietet.

Explosionsdarstellungen

In den Auswahllisten, besonders in Dialogen, liegen oft eine Vielzahl von Einstellmöglichkeiten, teilweise sogar kaskadierend, die häufig nur unvollständig gezeigt werden und vom Benutzer erwarten, dass mit der Schaltfläche ▼ die Liste aufgeklappt und daraus ausgewählt wird.

Um Ihnen die Vielfalt der Einstellmöglichkeiten näherzubringen, finden Sie in den Abbildungen dieses Buches oft Darstellungen aller zu einer Schaltflächengruppe oder zu einem Dialog gehörenden Auswahlen komplett dargestellt.

Binnenversalien

Microsoft favorisiert bei manchen Funktionen eine Schreibweise mit Binnenversalien, also Großbuchstaben innerhalb zusammengesetzter Wörter, z. B. »AutoText«. Diese Schreibweise ist zwar von der Rechtschreibung her nicht korrekt[1], dennoch habe ich sie zur eindeutigen Funktionsbezeichnung kritiklos in dieses Buch übernommen. Germanisten unter den Lesern mögen mir verzeihen.

Einen anderen Binnenversal dagegen werden Sie in diesem Buch nicht finden, denn sowohl das Binnen-I als auch die /innen-Erweiterung oder gar die Doppelung und schlimmere Verunstaltungen durch die sogenannte »geschlechterneutrale« Schreibweise erschweren das Lesen ungemein. Leserinnen dieses Buches werden gebeten, sich im Interesse der leichteren Verständlichkeit von den üblichen generischen Maskulina wie Anwender, Benutzer, Leser etc. ebenfalls angesprochen zu fühlen oder sich ggf. die persönlich genehmste Geschlechterneutralisierungsform dazu zu denken.

Abbildungen in diesem Buch

Da Microsoft Office eine besondere Ökonomie im Menüband betreibt, kann es sein, dass die Darstellung auf Ihrem Bildschirm von den Illustrationen und Erläuterungen dieses Buches abweicht.

---

1   ... und wird von der Word-internen Rechtschreibprüfung auch moniert!

Fast alle **Screenshots** in diesem Buch sind bei einer Bildschirmauflösung von mindestens 1.600 Pixel Breite mit Vollbild-Programmfenster aufgenommen worden. In dieser Auflösung werden die Registerkarten komplett dargestellt. Bei geringeren Auflösungen oder im Fenstermodus reduziert Office die Darstellungsvielfalt des Menübands, weshalb es auf Ihrem Bildschirm anders aussehen kann als die Abbildung hier im Buch.

Symbole in Text und Abbildungen

Die Sanduhr ⧗ kennzeichnet Abschnitte, die den eiligen Leser schnell zum Ziel führen.

Das Buch 📖 weist darauf hin, dass der so markierte Text nur dann relevant ist, wenn der Text für Bedruckung der Vor- und Rückseite eingerichtet wird.

Das Eselsohr ◢ hebt Abbildungen mit Fließtext von dem Text des Buches ab.

Geschweifte Klammern { } und ⟦ ⟧

Word verwendet geschweifte Klammern für verschiedene Steuerprozesse:

Da sind zunächst die einfachen geschweiften Klammern { und }, wie Sie sie mit AltGr+7 und AltGr+0 eingeben. In der Suchen-und-ersetzen-Funktion dienen sie als Kennung bei der Suche mit Platzhaltern (Abschnitt 13.4.1).

Stoßen Sie in Word oder in diesem Buch auf Ausdrücke in geschweiften Klammern mit gepunktetem Rahmen, z. B. ⟦ = ⟦Page⟧ + n ⟧, so handelt es sich um die Darstellung von Feldfunktionen (an- und abzuschalten mittels Alt+F9). Sie werden entweder von Word eingefügt, wenn Sie mit EINFÜGEN | SCHNELLBAUSTEINE | FELD eine Feldfunktion aufrufen, oder von Ihnen selbst mit Strg+F9.[2]

Empfehlungen

Manchmal reichen die Fähigkeiten von Word nicht aus, bestimmte Aufgaben zu lösen. Für solche Fälle sind in diesem Buch Software-Empfehlungen angegeben, meist Freeware. Es handelt sich um etablierte, bekannte Programme, die Sie mit jeder Suchmaschine leicht finden, weshalb auf die Angabe von Downloadadressen verzichtet wird.

Die Eule und das Schweizermesser

Word kann viel mehr, als in diesem Buch Platz finden konnte. Einige sehr spezielle Themen werden hier nur so weit beschrieben, wie es die Mehrheit der Anwender unmittelbar benötigt. Neben diversen Tipps zum Umgang mit Word finden Sie auf meiner Internetseite `https://oerttel.net/` ergänzende Informationen.

---

2   Hintergründe zu Feldern und Funktionen erfahren Sie in Kapitel 19.

An einschlägigen Stellen hier im Buch weist das Symbol 🚿 auf ergänzende Informationen daselbst hin.

Die beiden Icons auf der Startseite von oerttel.net, die zu weiterführenden Informationen führen.

Für einige komplexe Workarounds stehen daselbst auch Makros zur Verfügung. Wenn Sie im Buch auf das Symbol 🛬 stoßen, bedeutet dies, dass Sie im Bereich *Tuhls' Tools* von oerttel.net zu diesem Thema makrogestützte Hilfsmittel finden.

Musterdateien?

Bei Büchern zu Computerthemen erwarten die Käufer regelmäßig eine mitgelieferte CD mit Beispielen, Mustern, Hilfsmitteln etc.

Für dieses Buch wurde bewusst auf ein solches Gimmick verzichtet, auch auf der weiterführenden Webseite, denn Beispiele und Muster wären kontraproduktiv. Es geht ja gerade darum, Ihnen zu zeigen, wie Sie allein die Probleme stemmen, die sich aus den Anforderungen an die Textgestaltung ergeben. Eine Muster-Formatvorlage, mit der Sie eben mal schnell Ihren Text in Form bringen, würde Sie zwar exakt zu dieser Aktion befähigen, aber sobald auch nur ein Detail an der Vorlage von zwingend einzuhaltenden Vorgaben abwiche oder Sie einen zusätzlichen Abschnitt benötigten, müssten Sie ohnehin anfangen, daran herumzubasteln, und wären in derselben Situation, als wenn Sie die von Microsoft mitgelieferten Muster und Beispiele benutzen.

Die ideale Vorlage gibt es nun einmal nicht. Weder für Examensarbeiten noch für Bücher oder Zeitschriftenbeiträge. Für jeden Einzelfall sind die Anforderungen anders, jedes Institut, jeder Verlag gibt andere Details vor. Wobei Sie beim Arbeiten für Verlage einen Riesenvorteil haben, denn die verteilen an ihre Autoren verbindliche Vorlagendateien. Davon dürfen Sie nur in Ausnahmefällen und nach Absprache mit der Redaktion bzw. dem Lektorat abweichen. Um den Kompromiss zwischen Vorgabe und eigenen Vorstellungen zu finden, ist es selbstverständlich hilfreich, selbst Bescheid zu wissen, was denn mit der Textverarbeitung im Rahmen der Satztechnik möglich wäre.

Also dann: Lernen Sie Textgestaltung mit Word »von der Pike auf«.

Teil I

Gute Vorbereitung ist alles!

Die Gestaltung wissenschaftlicher Arbeiten macht da keine Ausnahme: Nur gut vorbereitet kann sie gelingen. In diesem Abschnitt erfahren Sie, wie Sie die richtige Basis für Ihr Dokument schaffen, aber auch, wie Sie Ihren vielleicht eher spontan zusammengeschriebenen Text gestalterisch aufwerten.

Besonders unter Studierenden ist die Zeitnot kurz vor dem Abgabetermin groß. Es war schon schwierig genug, das Thema in den Griff zu bekommen und etliche Seiten Text zu schreiben. Nun soll das alles auch noch in Form gebracht werden ...

Darum finden Sie in diesen Kapiteln Hinweise für einen Parforceritt durch die Gestaltung einer wissenschaftlichen Arbeit, wenn es schnell gehen soll. Sie finden dort die wichtigsten Hilfsmittel für die Arbeitsmethode »Quick and dirty«. Die Abschnitte für Eilige sind mit dem Symbol ⏳ markiert, um schnell auffindbar zu sein.

In diesem Teil:

Kapitel 1

Dokument vorbereiten und einrichten

Auch wenn es schnell gehen muss, ein gewisses Mindestmaß an Form sollten Sie einhalten. Darum finden Sie in diesem Kapitel die Werkzeuge zum Einrichten der Grundstruktur des Werkes und dessen Seitengestaltung.

Hinweis für eilige Leser

- Für die »ganz eiligen Fälle« sind die Abschnitte gedacht, die mit dem Symbol ⧗ in der Überschrift gekennzeichnet sind.

- Stoßen Sie auf das Symbol 📖, so kennzeichnet dies Texte, die nur für beidseitigen Druck von Belang sind. Sofern Sie nur einseitig zu drucken beabsichtigen, können Sie diese Passagen überspringen.

1.1 Der Aufbau des Dokuments ⧗

Wenn Sie den üblichen Vorgaben an wissenschaftliche Texte folgen wollen oder müssen, kommen Sie bei der Gestaltung speziell der Kopf- und Fußzeilen sowie der Paginierung kaum an der Einteilung Ihres Dokuments in Word-Abschnitte vorbei.

Zu einer wissenschaftlichen Arbeit gehören neben dem Haupttext auch noch Vor- und Nachtexte. Die Seiten werden für die akademische Arbeit nur einseitig bedruckt, bei Verlagsveröffentlichung beidseitig. Einen typischen Aufbau zeigt Tabelle 1.1.

Da diese Bereiche meist nicht einheitlich formatiert werden, bedürfen sie einer *technischen* Abgrenzung durch sogenannte *Abschnitte*. Das ist ein Word-Terminus für Textbereiche, deren Seitenlayout, Kopf- und Fußzeilen etc. unabhängig voneinander eingerichtet und formatiert werden können.

Jeder Abschnitt verfügt über

- ein eigenes Seitenformat und einen eigenen Satzspiegel (siehe Abschnitt 1.2),
- eine eigene Spaltenaufteilung und

- eigene Kopf- und Fußzeilen, separat für

  - die erste Seite,
  - gerade Seiten und
  - ungerade Seiten.

evtl. Deckblatt		
Titelei	Titelblatt	
	verlegerische Hinweise	
Vortext	Abstract und ggf. einleitende Hinweise	
	Verzeichnisse (mindestens Inhaltsverzeichnis; ggf. Abbildungs-verzeichnis, Tabellenverzeichnis, Abkürzungsverzeichnis, Symbole-Verzeichnis)	
Haupttext	ggf. Vorwort	
	Haupttext, bestehend aus Kapiteln	
Nachtext	Anhänge (darunter auch ggf. Literaturverzeichnis, Abbildungsver-zeichnis, Endnoten, Abkürzungsverzeichnis, Symbole-Verzeichnis, Glossar)	
	Selbstständigkeitserklärung (auf einer eigenen Seite)	
	ggf. Stichwortverzeichnis	
evtl. hinterer Deckel		

Tabelle 1.1: Bestandteile einer wissenschaftlichen Arbeit

Seitenformat und Satzspiegel werden in wissenschaftlichen Arbeiten meist durchgängig identisch sein, doch benötigen Sie z. B. in einem bestimmten Bereich Ihrer Ausarbeitung zweispaltigen Text oder Seiten im Querformat, so lassen sich solche Anforderungen mit der Einrichtung von Abschnitten erfüllen. Weitere gestalterische Einsätze erleben Abschnittswechsel, wenn unterschiedliche Kopf- und Fußzeilen oder Paginierungen benötigt werden.

1.1.1 Abschnitte und Umbrüche ⧗

Erreicht der Text beim Schreiben den unteren Rand des Satzspiegels, richtet Word eine neue Seite ein, und der Text wird auf diese umbrochen.

Sie können einen Seitenumbruch erzwingen, auch wenn die Seite noch nicht vollgeschrieben ist, indem Sie Strg+↵ drücken. Bei eingeschalteter Steuerzeichenanzeige erkennen Sie solche manuellen Umbrüche an einer quer über den Satzspiegel laufenden, gepunkteten Linie mit dem Wort »Seitenumbruch«.

Um Abschnitte einzurichten, setzen Sie die Schreibmarke unter die letzte Zeile des Textes, nach dem ein neuer Abschnitt beginnen soll, also zum Beispiel unter die letzte Zeile des Inhaltsverzeichnisses, und fügen dort einen *Abschnittsumbruch* ein mit [SEITEN]LAYOUT | UMBRÜCHE.

Hinweis

Abschnittsumbrüche werden synonym auch als *Abschnittswechsel* bezeichnet.

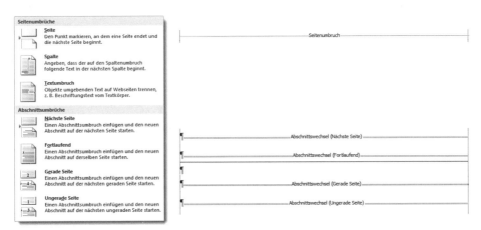

Abb. 1.1: Abschnittsumbrüche

- **Fortlaufende** Abschnittsumbrüche kommen zum Einsatz, wenn der Satzspiegel mitten auf der Seite verändert werden soll, z. B. beim Wechsel von einspaltigem auf mehrspaltigen Satz. Auch beim Dokumentschutz (z. B. für Formulare) sind sie häufig zu finden; damit können Sie geschützte Bereiche eines Dokuments vor Veränderung schützen, während die Abschnitte dazwischen frei gestaltbar bleiben.

- Der Umbruch auf die **Nächste Seite** entspricht satztechnisch zwar dem Seitenumbruch am oberen Ende dieser Auswahl, den Sie auch mit `Strg`+`↵` erzielen, jedoch ist der Seitenumbruch allein kein Abschnittswechsel! Die Seitenformatierungen vor und nach dem fixen Seitenumbruch bleiben miteinander verbunden und können nicht separat verändert werden.

- Die Varianten **Gerade Seite** und **Ungerade Seite** werden benötigt, wenn Sie beidseitig drucken wollen und die durch Abschnittswechsel separierten Kapitel immer wieder auf derselben Seite des Layouts beginnen sollen (meist auf einer rechten, ungeraden Seite).

Die Umbruchssymbole sind nicht nur Kennzeichnungen, sondern speichern die komplette Formatierung des vorangehenden Abschnitts – ähnlich wie die Absatzmarken die Informationen zur Formatierung des vorangehenden Absatzes enthalten.[3]

Daraus resultiert, dass das Löschen oder Verschieben der Umbruchmarken manchmal zu unerwarteten Ergebnissen führt. Beim Löschen eines Abschnittswechsels

---

3   Die letzte Absatzmarke eines in Abschnitte gegliederten Textes enthält zusätzlich dieselben Informationen wie eine Umbruchmarke am Ende des letzten Abschnitts.

löschen Sie auch die Abschnittseigenschaften, der Abschnitt wird mit dem darauffolgenden Abschnitt zusammengeführt und anhand dessen Eigenschaften umformatiert.

> **Wichtig**
>
> Absatzformatierungen wie Einzüge werden *nicht* im Abschnittswechsel gespeichert, sondern in der Absatzmarke ¶.

Abschnittswechsel – aber wo?

Von vielen Experten wird empfohlen, für jeden Punkt der eingangs genannten Aufzählung sowie für jedes Kapitel einen Abschnitt einzurichten. In vielen Fällen ist dieser Aufwand allerdings entbehrlich.

Mindestens benötigt werden Abschnittswechsel allerdings

- nach dem Deckblatt, weil das überhaupt keine Kopf- und Fußeinträge besitzt,
- vor dem Vorwort oder dem Haupttext, weil erst hier das durchgängige Layout des Haupttextes einsetzt, und
- nach dem Haupttext, weil Anhänge und Index häufig ein anderes Layout verwenden.

Nur mit Abschnitten lassen sich diese satztechnisch völlig unterschiedlichen Bereiche sauber getrennt formatieren und layouten.

> **Tipp**
>
> Legen Sie diese Struktur schon bei Beginn der Arbeit in Ihrem Dokument fest, indem Sie Abschnittswechsel und Überschriften auf Leerseiten einrichten.

1.1.2   Das Deckblatt ⌛

Eine wissenschaftliche Einzelveröffentlichung bedarf eines Titel- oder Deckblattes. Die einfachste Form ist eine Seite 1 mit Angabe des Titels und Autors sowie eines Hinweises, um was für eine Art von Arbeit es sich handelt.

EINFÜGEN | DECKBLATT fügt vor dem gesamten Text eine neue Seite ein, mit mehr oder weniger Dekoration und einigen Platzhaltern ausgestattet sowie einem Seitenumbruch.

Das Gegenteil von »gut« ist bekanntlich »gut gemeint«. So verhält es sich auch mit dem Deckblatt. Es gibt nur die vorgefertigten Deckblätter, kein neutrales. Zwar sind in den angebotenen Mustern einige, die der Sachlichkeit für eine Ausarbeitung im Sinne dieses Buches entsprechen, doch dürften diese kaum den für Ihre Arbeit einzuhaltenden Vorgaben entsprechen. Wirklich befriedigend ist diese Funktion noch nicht gelöst.

Praxistipp

Suchen Sie sich ein vorgefertigtes Deckblatt aus, das nur wenige Elemente enthält und löschen Sie diese heraus oder verschieben Sie sie an eine passende Position.

Wenn Sie mit dem automatischen Deckblatt arbeiten, taucht im Navigationsbereich[20] ein zusätzlicher Balken über allen Überschriften auf. Dieser Balken symbolisiert das Deckblatt. Diesen Balken über sein Kontextmenü zu löschen, ist neben EINFÜGEN | DECKBLATT | AKTUELLES DECKBLATT ENTFERNEN eine alternative Möglichkeit, ein Deckblatt wieder zu entfernen.

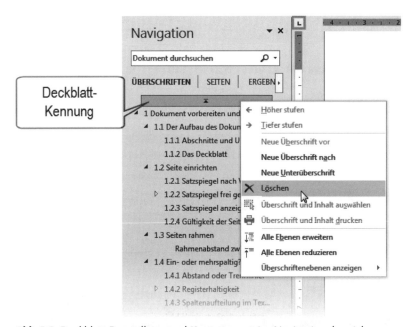

Abb. 1.2: Deckblatt-Darstellung und Kontextmenü im Navigationsbereich

⚠ **Vorsicht**

Wenn Sie ein Deckblatt löschen, wird auch eine von Ihnen hinzugefügte Rückseite des Deckblatts gelöscht!

1.2 Seite einrichten ⏳

Wenn Sie ein Blatt Papier von der linken oberen Ecke bis zur rechten unteren Ecke mit Text füllen, dann werden Sie beim Leser auf wenig Gegenliebe stoßen. Rund um den gedruckten Teil einer Seite erwartet man einen Rand, doch über dessen Abmessungen herrscht weitgehend Unklarheit.

Der Bereich einer Seite, der Text enthält, wird »Satzspiegel« genannt.

[SEITEN]LAYOUT | *Seite einrichten* ↘

Tipp

Am schnellsten öffnen Sie diesen Dialog in allen Versionen mit einem Doppelklick in den grauen Bereich des horizontalen Lineals oder irgendwo ins vertikale Lineal.

Tipp

Der Satzspiegel lässt sich auch mit der Maus einstellen, indem Sie im Lineal die Grenzlinie zwischen weißem und grauem Bereich mit der Maus greifen und verschieben.

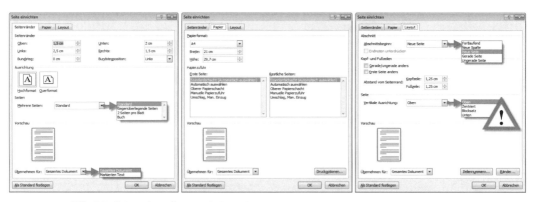

Abb. 1.3: Seiteneinstellungen in Word

⚠ Vorsicht

Die Einstellungen zur VERTIKALEN AUSRICHTUNG im Register LAYOUT sind mit Vorsicht zu genießen und nur für das Vorblatt geeignet. Besonders BLOCKSATZ sorgt für eine eigenwillige gleichmäßige Verteilung des Textes, indem die Zeilen- und Absatzabstände vergrößert werden.

1.2.1 Satzspiegel nach Vorgaben einrichten

Wenn Sie klare Vorgaben an die Seitenaufteilung Ihres Werkes bekommen haben, z. B. vom Institut oder Verlag, tragen Sie diese im Dialog SEITE EINRICHTEN ein.

Tabelle 1.2 zeigt Ihnen, in welchen Bereichen dieses verschachtelten Dialogs Sie welche Vorgaben einrichten können.

Layout-Vorgabe	Register	Funktion/Option
Von A4 abweichendes Seitenformat	PAPIER	Papierformat
Seitenränder	SEITENRÄNDER	Seitenränder Oben/Unten/Links/Rechts
📖 Vorder- und Rückseite für beidseitigen Druck	SEITENRÄNDER	Mehrere Seiten: GEGENÜBERLIEGENDE SEITEN
Spezifikationen für Kopf- und Fußzeilen	LAYOUT	Gruppe KOPF- UND FUSSZEILE
Zeilen nummerieren	LAYOUT	Schaltfläche ZEILENNUMMERN

Tabelle 1.2: Vorgegebene Layouteinstellungen im Dialog SEITE EINRICHTEN umsetzen

1.2.2 Satzspiegel frei gestalten

Um einen Satzspiegel ästhetisch zu definieren, kann man sich verschiedener, historisch gewachsener Methoden bedienen, die aber allesamt nicht den heutigen Geschmack treffen.

Auf der richtigen Spur sind Sie mit folgender Methode: Legen Sie zuerst nach Gutdünken fest, wie breit der innere Rand sein soll, zum Beispiel 1 cm. Nach diesem Maß richten sich dann die anderen Ränder; der obere Rand ist 1,5-mal so breit wie der innere, der untere 2,5-mal und der äußere doppelt so breit.

Zum linken bzw. inneren Rand muss dann noch der »Bundsteg«, ein Zuschlag für die Bindung hinzugerechnet werden, damit der Text nicht zu eng am Falz liegt:

- für Aktenheftung 2 bis 2,5 cm,
- für Heftung mittels Tacker oder Klemmband mindestens 1 cm.

Das Register SEITENRÄNDER des Dialogs SEITE EINRICHTEN enthält alle dafür notwendigen Einstellungen.

Hinweis

Bei **Ringbindung** können Sie den Bundsteg knapper ausfallen lassen, weil beim Aufklappen die Seiten vollflächig sichtbar sind und der Heftrand optisch Teil des Blattrands ist.

Tipp

Bei Vorgabe einer bestimmten Seitenmenge für das anzufertigende Werk lassen sich geringfügige Abweichungen ggf. mit dem Satzspiegel korrigieren.

Wichtig

Bedenken Sie rechtzeitig, auf welchem Drucker Ihr Dokument gedruckt werden soll. Sobald Word einen Druckbefehl erhält, formatiert es die Satzspiegel um, sofern die bedruckbare Fläche kleiner ist. Mit reichlich bemessenen Rändern umgehen Sie dieses Problem, und es sieht auch besser aus, wenn um den Text herum etwas mehr Rand ist.[4]

Sollen außerhalb des Satzspiegels Zusatzinformationen erscheinen, z. B. Kopf- und Fußzeilen, durchlaufende Kapitelüberschriften, Marginaltexte oder Seitennummern, geht der dafür benötigte Raum nochmals vom Satzspiegel ab.[5]

Satzspiegel spiegeln für beidseitigen Druck 📖

Beidseitig zu drucken ist nicht nur ökonomischer, sondern wirkt auch professioneller. Es bedarf aber auch besonderer Aufmerksamkeit beim Einrichten der Seiten.

Beim beidseitigen Druck stehen sich zwei Seiten gegenüber, bedürfen deshalb einer symmetrischen Aufteilung beider Seiten, am Falz gespiegelt. Daher rührt auch der Ausdruck »Satz*spiegel*«. Die zusätzlichen Einstellungen finden Sie im Register SEITENRÄNDER, Gruppe MEHRERE SEITEN, mit GEGENÜBERLIEGENDE SEITEN und im Register LAYOUT, Gruppe KOPF- UND FUSSZEILEN mit der Option GERADE/UNGERADE ANDERS.

Wichtig

Die Option GERADE/UNGERADE ANDERS für Kopf- und Fußzeilen bewirkt lediglich, dass Word für Kopf- und Fußzeilen auf geraden und ungeraden Seiten voneinander unabhängige Platzhalter vorsieht. Die korrekt gespiegelte Einrichtung der Kopf- und Fußzeilen bleibt Ihnen überlassen (siehe Kapitel 3).

---

4   Ein handelsüblicher A4-Tintenstrahldrucker benötigt einen unteren Rand von mindestens 1,8 cm.
5   Fußnoten gehören nicht in die Fußzeile, sondern in den Satzspiegel und verringern diesen um ihren eigenen Platzbedarf. Word erledigt das mit der Fußnotenautomatik (Kapitel 5).

1.2.3 Satzspiegel anzeigen

Um einen Eindruck vom Satzspiegel zu erhalten, können Sie ihn mit DATEI | OP-TIONEN | ERWEITERT | *Dokumentinhalt anzeigen:* ZUSCHNITTMARKEN ANZEIGEN in Ihre Seitendarstellung einblenden.

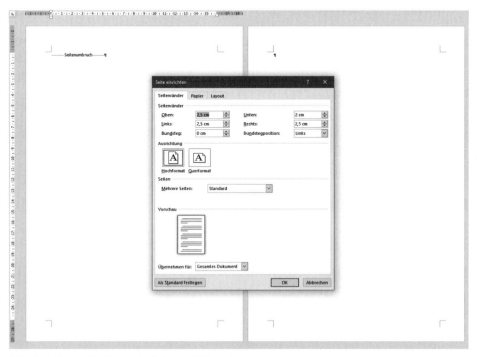

Abb. 1.4: Gegenüberliegende Seiten mit Textrahmen

Die eingeblendeten Rahmen und Marken werden selbstverständlich nicht ge-druckt, sondern dienen nur Ihrer Orientierung bei Schreiben und Zurichten.[6]

1.2.4 Gültigkeit der Seiteneinstellungen

In allen drei Registern des Dialogs SEITE EINRICHTEN finden Sie eine Auswahlliste ÜBERNEHMEN FÜR. Damit können Sie Ihre Formatierungen auf bestimmte Berei-che des Dokuments festlegen, zum Beispiel einzelne Seiten im Querformat.

---

6   Die Option TEXTBEGRENZUNGEN ANZEIGEN (a.a.O.) hat seit Word 2013 an Brauchbarkeit verlo-ren, weil jeder Absatz mit separatem Rahmen angezeigt, aber nicht mehr der Satzspiegel wie-dergeben wird.

Abb. 1.5: Gültigkeit der Seiteneinstellungen, links ohne markierten Text, rechts mit markiertem Text

Mit DOKUMENT AB HIER und MARKIERTEN TEXT wird automatisch ein »Abschnitts-wechsel (Nächste Seite)« (siehe Abschnitt 1.1.1) an der Schreibmarken-Position bzw. um die Markierung herum eingefügt, denn auf einer Seite können keine unterschiedlichen Seitenformatierungen existieren.

Sollen die Einstellungen nicht nur für dieses Dokument, sondern für alle künftig auf der Basis dieser Vorlagedatei erstellten Dokumente dienen, klicken Sie auf ALS STANDARD FESTLEGEN. Damit werden die Einstellungen in der Vorlagedatei gespeichert.

1.2.5 Seiteneinstellungen übertragen

Um Seiteneinstellungen auf ein anderes Dokument oder einen anderen Abschnitt zu übertragen, gibt es keine offizielle Funktion, aber einen Trick:

1. Gehen Sie in den Dialog SEITE EINRICHTEN des Dokuments, dessen Einstellungen Sie übertragen möchten.
2. Betätigen Sie OK, ohne zuvor Änderungen vorzunehmen.
3. Wechseln Sie zu dem Dokument, dem Sie diese Einstellungen zuweisen möchten.
4. Betätigen Sie die *Wiederholungsfunktion* mit F4 oder Strg+Y.

1.3 Seiten rahmen

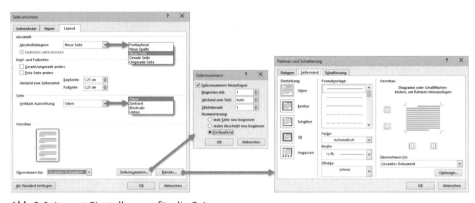

Abb. 1.6: Layout-Einstellungen für die Seite

Wünschen Sie einen Rahmen um Ihren Text, hilft ein Klick auf die Schaltfläche RÄNDER im Register LAYOUT des Dialogs SEITE EINRICHTEN.

Der Dialog RAHMEN UND SCHATTIERUNG gliedert sich in drei Zonen, die seit jeher etwas unglücklich angeordnet sind:

Sie beginnen im **mittleren** Bereich mit der Auswahl von Linienart, -farbe und -breite. Anschließend

- wählen Sie im **linken** Bereich zwischen drei verschiedenen umlaufenden Rahmenvariationen
- oder legen im **rechten** Bereich fest, an welcher Seite / welchen Seiten des Satzspiegels Sie Rahmenlinien wünschen.

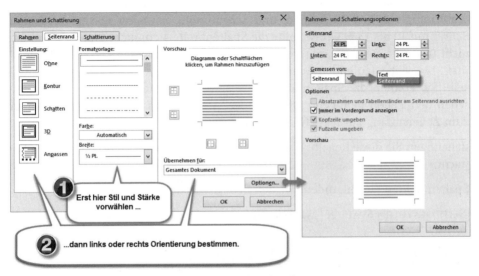

Abb. 1.7: Reihenfolge bei der Rahmeneinstellung beachten!

Die Einrichtung der Rahmenlinien im rechten Bereich können Sie wahlweise durch Anklicken einer der vier Schaltflächen oder einer der vier Kanten des Vorschaubildes vornehmen. Klicken auf eine in der Vorschau angezeigte Rahmenlinie oder deren zugehörige Schaltfläche entfernt diese Linie wieder. Erst mit Klick auf OK wird der Rahmen auf das Dokument angewandt.

Grafisch gestaltete Seitenrahmen erzeugen Sie mit der Auswahl EFFEKTE, jedoch sind die dort enthaltenen Muster einer sachlichen Dokumentation wenig zuträglich.

Rahmenabstand zwischen Text und Seitenrand

Wenn der Rahmen den Text »auf Knirsch« umrahmt, sieht das nicht gut aus und lässt sich auch nicht gut lesen. Rahmenlinien müssen deutlich Distanz zum Text halten. Mit den Optionen zum Register SEITENRAND im Dialog RAHMEN UND SCHATTIERUNG lässt sich dieser Abstand (relativ zum Seitenrand!) in allen vier Richtungen individuell festlegen und wahlweise als Abstand zum Text oder Abstand vom Seitenrand definieren.

1.4 Ein- oder mehrspaltig?

Sofern Sie keine zwingende Vorgabe auf einspaltigen Text einhalten müssen, können Sie den Satzspiegel als einspaltigen oder mehrspaltigen Druckbereich nutzen – abhängig von der Seitenbreite und Schriftbreite. Bei einer normal laufenden Schrift mit 10 bis 13 pt Größe sollte die Spaltenbreite 4 cm nicht unter- und 14 cm nicht überschreiten. Bei eng laufenden Schriften verringert sich dieses Höchstmaß, bei weiter laufenden Schriften können es einige wenige Zentimeter mehr sein. Sie können die Spaltenbreite auch dann etwas breiter wählen, wenn zwischen den Zeilen genügend Durchschuss[7] vorhanden ist, um das Auge sauber zum Zeilenanfang zurückzuführen.

Beherzigen Sie diese Regeln, kommen auf eine Seite A4 bis zu drei Spalten in Betracht.

Spalten richten Sie ein, indem Sie den SPALTEN-Dialog aufrufen:

[SEITEN]LAYOUT | SPALTEN | WEITERE SPALTEN

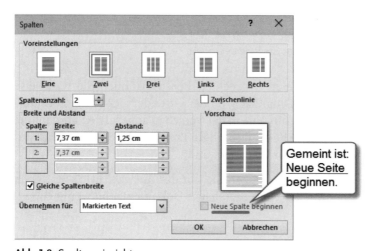

Abb. 1.8: Spalten einrichten

---

7   Durchschuss = Absatz- oder Zeilenabstand, siehe Kapitel 9

1.4.1 Abstand oder Trennlinie?

Neben der Spaltenbreite ist beim Mehrspaltensatz der Spaltenabstand von Bedeutung. Ist er zu gering, kann sich das lesende Auge leicht in die Nachbarspalte verirren. Im Dialog lassen sich Spalten- und Absatzbreiten bequem einstellen. Ist kein Platz für einen ausreichenden Abstand, hilft eine dünne ZWISCHENLINIE als Spaltentrenner. Die Stärke dieser Linie lässt sich in Word nicht verändern.

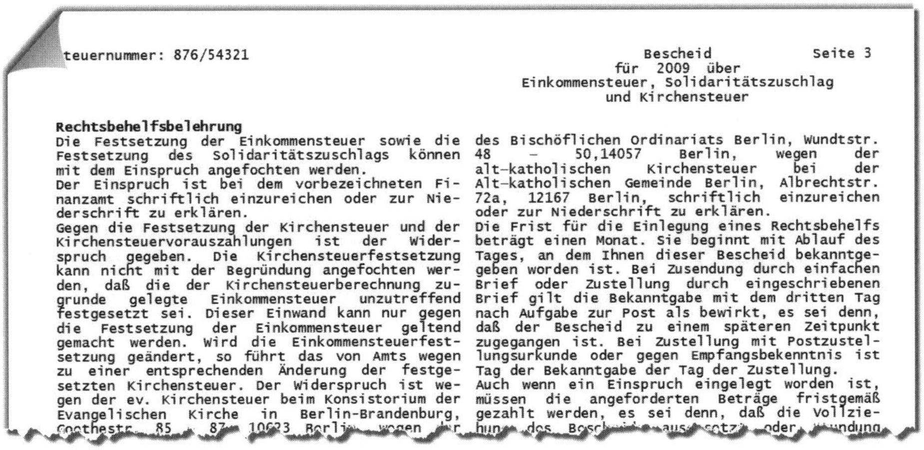

teuernummer: 876/54321

Bescheid Seite 3
für 2009 über
Einkommensteuer, Solidaritätszuschlag
und Kirchensteuer

Rechtsbehelfsbelehrung
Die Festsetzung der Einkommensteuer sowie die Festsetzung des Solidaritätszuschlags können mit dem Einspruch angefochten werden.
Der Einspruch ist bei dem vorbezeichneten Finanzamt schriftlich einzureichen oder zur Niederschrift zu erklären.
Gegen die Festsetzung der Kirchensteuer und der Kirchensteuervorauszahlungen ist der Widerspruch gegeben. Die Kirchensteuerfestsetzung kann nicht mit der Begründung angefochten werden, daß die der Kirchensteuerberechnung zugrunde gelegte Einkommensteuer unzutreffend festgesetzt sei. Dieser Einwand kann nur gegen die Festsetzung der Einkommensteuer geltend gemacht werden. Wird die Einkommensteuerfestsetzung geändert, so führt das von Amts wegen zu einer entsprechenden Änderung der festgesetzten Kirchensteuer. Der Widerspruch ist wegen der ev. Kirchensteuer beim Konsistorium der Evangelischen Kirche in Berlin-Brandenburg, …

des Bischöflichen Ordinariats Berlin, Wundtstr. 48 – 50,14057 Berlin, wegen der alt-katholischen Kirchensteuer bei der Alt-katholischen Gemeinde Berlin, Albrechtstr. 72a, 12167 Berlin, schriftlich einzureichen oder zur Niederschrift zu erklären.
Die Frist für die Einlegung eines Rechtsbehelfs beträgt einen Monat. Sie beginnt mit Ablauf des Tages, an dem Ihnen dieser Bescheid bekanntgegeben worden ist. Bei Zusendung durch einfachen Brief oder Zustellung durch eingeschriebenen Brief gilt die Bekanntgabe mit dem dritten Tag nach Aufgabe zur Post als bewirkt, es sei denn, daß der Bescheid zu einem späteren Zeitpunkt zugegangen ist. Bei Zustellung mit Postzustellungsurkunde oder gegen Empfangsbekenntnis ist Tag der Bekanntgabe der Tag der Zustellung.
Auch wenn ein Einspruch eingelegt worden ist, müssen die angeforderten Beträge fristgemäß gezahlt werden, es sei denn, daß die Vollzie- …

Abb. 1.9: Kaum erkennbarer Spaltensatz

1.4.2 Registerhaltigkeit

An den Abgleich der Zeilen mehrerer Spalten nebeneinander hat das lesende Auge besondere Ansprüche. Auch wenn die Zeilen zweier nebeneinanderliegender Spalten nichts miteinander zu tun haben, erwartet man beim Lesen dennoch, dass sie auf gleicher Höhe liegen. Ein Versatz lenkt vom Lesefluss ab.

Daraus folgt, dass zur Trennung von Absätzen kein Durchschuss® verwendet werden darf, es sei denn ein vollzeiliger Durchschuss, was aber übertrieben aussieht.

Bei Zwischenüberschriften muss deren Durchschuss so eingerichtet werden, dass die Schriftgröße der Überschrift zuzüglich Durchschuss ein ganzzahliges Vielfaches der Zeilenhöhe des Fließtextes ergibt (Kapitel 9).

Gleich hoher Spaltenabschluss

Am Ende eines Spaltensatzes sollten beide Spalten gleichlang sein. Ein abschließender Abschnittswechsel (der beim Übergang zu einer anderen Spaltenformatierung ohnehin benötigt wird) besorgt das automatisch:

[SEITEN]LAYOUT | UMBRÜCHE | FORTLAUFEND

Die Einstellung KEIN SPALTENAUSGLEICH BEI FORTLAUFENDEM ABSCHNITTSWECH-SEL in

🔟   DATEI | OPTIONEN | ERWEITERT | LAYOUTOPTIONEN➑

🔞 🔟 🔟   DATEI | OPTIONEN | ERWEITERT | KOMPATIBILITÄTSOPTIONEN➑

unterbindet das Ausgleichen der Spaltenabschlüsse.

Erzwungener Spaltenwechsel

Erreicht der Text beim Schreiben den unteren Rand einer Spalte, richtet Word eine neue Spalte ein, und der Text wird auf diese umbrochen.

Sie können einen Spaltenumbruch mit ⎡Strg⎤+⎡⇧⎤+⎡↵⎤ oder [SEITEN]LAYOUT | UM-BRÜCHE | SPALTE erzwingen, auch wenn die Spalte noch nicht vollgeschrieben ist.

> **Wichtig**
>
> ⎡Strg⎤+⎡↵⎤ führt immer zum *Seiten*umbruch, auch beim Mehrspaltensatz.

1.4.3   Spaltenaufteilung im Text wechseln

Sie können mit dem Mehrspaltensatz an jeder Stelle des Textes beginnen oder auf-hören, auch mitten auf einer Seite. Dazu wählen Sie in der Auswahl ÜBERNEHMEN FÜR die Option DOKUMENT AB HIER.

Mit gesetzter Option DOKUMENT AB HIER fügt Word an der aktuellen Position der Schreibmarke einen Abschnittswechsel ein und wendet die gewählte Spaltenein-stellung für den folgenden Text an.

Sie können auch umgekehrt vorgehen, indem Sie von Hand mit

[SEITEN]LAYOUT | UMBRÜCHE | FORTLAUFEND

einen Abschnittbeginn und nochmals ein Abschnittsende definieren, um dann mit der Auswahl ÜBERNEHMEN FÜR: AKTUELLEN ABSCHNITT die Spalten auf den Bereich zwischen beiden Abschnittswechseln zuweisen.

Mit der Option NEUE SPALTE BEGINNEN, die eigentlich NEUE SEITE BEGINNEN hei-ßen müsste, veranlassen Sie Word, einen Abschnittswechsel und zugleich Seiten-umbruch einzufügen; der Rest der Seite bleibt leer, das neue Spaltenformat be-ginnt erst auf der Folgeseite.

1.4.4   Ungleiche Spaltenbreiten

Die vorgefertigten Spaltenaufteilungen LINKS und RECHTS vermitteln den Ein-druck, hier könnten eine Hauptspalte und eine Marginalspalte unabhängig voneinander benutzt werden. Das täuscht! Spaltensatz läuft in Word immer in die nächste Spalte über. Word ist eben in erster Linie Textprogramm und erfüllt nicht alle satztechnischen Ansprüche wie die freie Wahl des Spaltenüberlaufs.

1.5 Außerhalb des Satzspiegels

Der Bereich um den Satzspiegel herum ist nicht tabu. Hier werden exponierte Elemente platziert.

1.5.1 Positionsrahmen und Textfelder

Wer sich intensiv mit Word beschäftigt, wird irgendwann mit dem Begriff »Positionsrahmen« konfrontiert. Eigentlich ist er seit Langem kein offizieller Bestandteil von Word mehr, ist aber aus Kompatibilitätsgründen noch immer als Funktion auch in den neuesten Versionen enthalten – nur nicht ganz offensichtlich. Für normale Aufgaben wird dieses Instrument auch nicht mehr benötigt, sondern ist offiziell vom Textfeld abgelöst worden.

Textfelder sind grafische Rahmen, die Text aufnehmen können und sich wie ein Grafikobjekt behandeln lassen. Sie sind unabhängig vom Satzspiegel auf der Seite platzierbar.

Positionsrahmen, die »Vorgänger« der Textfelder, sind in der Verwendung nicht so flexibel wie Textfelder, aber sie sind ebenfalls außerhalb des Satzspiegels platzierbar und besitzen einige Eigenschaften, die Textfelder nicht mitbringen. Deshalb kommen sie für besondere Zwecke noch immer zum Einsatz.

Positionsrahmen lassen sich im Gegensatz zu Textfeldern als Bestandteil einer Formatvorlage definieren. Das Beispiel in Abschnitt 1.5.2 zeigt diesen Verwendungszweck.

> **Wichtig**
>
> Textfelder dürfen keine Daten enthalten, die zum Erstellen von Verzeichnissen dienen sollen, denn die automatische Verzeichniserstellung ignoriert Textfelder, während Text in Positionsrahmen in die Suche einbezogen ist.
>
> Wollen Sie z. B. eine Grafik mit Beschriftung von Text umfließen lassen, ist das eine klassische Aufgabe für einen Positionsrahmen, um die Bildunterschrift (siehe Kapitel 18) auch im Abbildungsverzeichnis (siehe Kapitel 5) erscheinen zu lassen.

Textfeld einfügen und formatieren

EINFÜGEN | *Text:* TEXTFELD | (Auswahl aus INTEGRIERT oder OFFICE.COM) oder TEXTFELD ERSTELLEN

Mit TEXTFELD ERSTELLEN zeichnen Sie ein frei gestaltbares Textfeld; die Auswahl setzt ein vorformatiertes Textfeld in die Seite.

Da sich Textfelder vom Fließtext abheben sollen, sind sie unabhängig formatierbar; die Werkzeuge der Registerkarte START wirken hier ebenso wie im Fließtext. Mit den ZEICHENTOOLS lassen sich Rahmen und Füllungen zuweisen.

Ist ein Textfeld fertig formatiert, können Sie diese Formatierung mit

Rechtsklick | ALS STANDARDFELD FESTLEGEN

als Vorgabeformat für künftig einzufügende Textfelder speichern. Diese Vorgabe gilt aber nur für Textfelder, die Sie mit

EINFÜGEN | TEXTFELD | TEXTFELD ERSTELLEN

von Hand erzeugen. Die Mustertextfelder reagieren darauf nicht.

Alternativ lässt sich ein markiertes Textfeld mit

EINFÜGEN | TEXTFELD | AUSWAHL IM TEXTFELDKATALOG SPEICHERN

als Ergänzung zur Auswahl der vorgefertigten Textfelder hinzufügen.

Textfeld vom Fließtext umfließen lassen

Textfelder sind werkseitig so formatiert, dass sie als rechteckig umflossenes Objekt in den Text eingestellt werden, das heißt, Sie können ein Textfeld im Fließtext bewegen und der Fließtext weicht aus. Diese Eigenschaft lässt sich mit

- ZEICHENTOOLS FORMAT | Gruppe ANORDNEN, TEXTUMBRUCH[8],
- im Kompatibilitätsmodus mit TEXTFELDTOOLS FORMAT | Gruppe ANORDNEN, TEXTUMBRUCH,
- **ab Word 2013** auch nach Klick auf das Symbol 🖼,

beeinflussen.

Haben Sie ein Textfeld markiert, ist im Register ZEILEN- UND SEITENUMBRUCH des ABSATZ-Dialogs der Bereich TEXTFELDOPTIONEN aktiviert. Hier finden Sie Einstellungen, wie sich der ein Textfeld umfließende Text in Bezug auf den Textinhalt des Textfeldes verhält. Das wirkt nur unter folgenden Voraussetzungen:

- Das Textfeld darf keine Kontur und keine Flächenfüllung haben.
- Zum umfließenden Text hin muss der Text im Textfeld einen Flatterrand besitzen.
- Der Textumbruch für das Textfeld muss auf ENG bzw. PASSEND eingestellt sein.

Sind diese Voraussetzungen erfüllt, passt sich der Rand des Fließtextes an die Zeilenenden des Textes im Textfeld an. Diese Funktion arbeitet aber ungenau und ist auch sonst wenig überzeugend.

---

8   vgl. Abschnitt 16.8.2

Positionsrahmen einfügen

Die Funktion zum Einfügen eines Positionsrahmens ist sowohl von der Anordnung als auch von der Bezeichnung her sehr gut versteckt:

ENTWICKLERTOOLS[🗩] | GRUPPE STEUERELEMENTE: 🖼️ | LEGACY-/VORVERSIONSTOOLS | HORIZONTALEN RAHMEN EINFÜGEN 🖹

Positionsrahmen bearbeiten

Mit einem Doppelklick auf den Positionsrahmen gelangen Sie zum Dialog POSITIONSRAHMEN, in dem Sie Spezifikationen zur Lage des Rahmens und zum Textabstand einstellen können.

> **Hinweis**
>
> Beachten Sie bitte die Kombi-Funktion der Felder POSITION: Hier sind die Auswahl vorgegebener Positionen und Eingabe von Maßen gleichermaßen möglich.

Den Text innerhalb des Positionsrahmens bearbeiten Sie mit den üblichen Textwerkzeugen in der Registerkarte START.

1.5.2   Seitenrand nutzen

Der außenliegende Rand kann bei Fachliteratur und Zeitschriften auch als »Marginalspalte« für erläuternde Texte oder Hinweise herhalten. Illustrationen dürfen ausnahmsweise in die Marginalspalte hineinragen. Die Bildunterschriften sind dann ebenfalls in der Marginalspalte unterzubringen. Benutzen Sie das Marginal auch nur einmal in dieser Form, gehören die Bildunterschriften im gesamten Werk durchgängig dorthin, selbst wenn die Illustration nicht in die Marginalspalte hineinragt.

Word bietet keine automatische Funktion zur Nutzung des Marginals. Mit eigenen Formatvorlagen lässt sich diese Beschränkung umgehen.

Aus der Trickkiste: Formatvorlage für Marginalspalte

Um Platz für Marginaltext zu schaffen, müssen Sie zunächst den Satzspiegel so einrichten, dass an den außen liegenden Blatträndern ein ausreichender Rand bleibt.

1. Stellen Sie also im Dialog SEITE EINRICHTEN zunächst bei MEHRERE SEITEN: GEGENÜBERLIEGENDE SEITEN ein.
2. Erhöhen Sie den Wert bei AUSSEN auf ein hinreichendes Maß.
3. OK
4. Öffnen Sie den Aufgabenbereich FORMATVORLAGEN mit einem Klick auf die Schaltfläche ⬩ in der Registerkarte START, Gruppe FORMATVORLAGEN.

5. Legen Sie mit der Schaltfläche ⯐ unten links im AufgabenBereich FORMAT-VORLAGEN eine neue Formatvorlage an.

6. Geben Sie der Formatvorlage einen Namen, z. B. *Marginaltext*.

7. Wählen Sie FORMATVORLAGE BASIERT AUF: (KEINE FORMATVORLAGE).

8. Klicken Sie auf die Schaltfläche FORMAT und in der Auswahl auf POSITIONS-RAHMEN.

Der Dialog POSITIONSRAHMEN erscheint.

9. Geben Sie die Daten für den Positionsrahmen ein; Abbildung 1.10 zeigt exemplarische Daten. Wichtig sind vor allem die Einstellungen im Bereich HORIZONTAL, denn sie entscheiden darüber, ob der Positionsrahmen innerhalb oder außerhalb des Satzspiegels steht.

10. OK

11. Stellen Sie im Dialog NEUE FORMATVORLAGE weitere Spezifikationen für Ihren Marginaltext ein.

12. OK

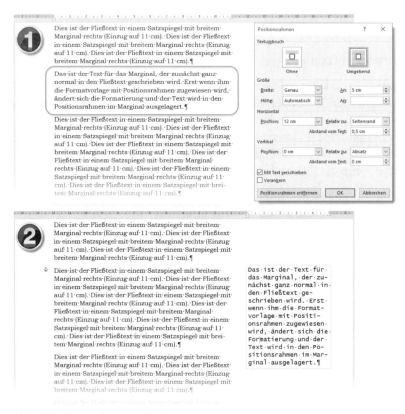

Abb. 1.10: Marginaltext per Positionsrahmen

Damit haben Sie eine Formatvorlage für Marginaltext geschaffen, die Sie wie folgt anwenden:

1. Schreiben Sie den für das Marginal vorgesehenen Text ganz normal als Absatz im Fließtext.

2. Markieren Sie den Absatz und weisen Sie ihm die Formatvorlage *Marginaltext* zu.

3. Schieben Sie den Positionsrahmen ggf. an die gewünschte Position.

1.5.3 Textfelder mit Überlauf

Textfelder besitzen eine andere, für Satzaufgaben interessante Eigenschaft: Sie sind miteinander so verknüpfbar, dass ein Text vom ersten Textfeld ins nächste überläuft, das an ganz anderer Stelle im Dokument steht. So sind Textfortsetzungen im Zeitungsstil möglich.

Sie fügen Textfelder mit EINFÜGEN | TEXTFELD und nachfolgender Typauswahl als Textrahmen in Ihre aktuelle Seite ein.

In ein Textfeld können Sie Text eingeben und formatieren wie Fließtext. Es ist aber ein Zeichenobjekt, das sich frei auf der Seite bewegen und im Dialog TEXTFELD FORMATIEREN bzw. mit den ZEICHENTOOLS gestalten lässt. Textfelder sind mit der Position im Text verankert, an der die Schreibmarke beim Anlegen stand, das heißt, ein Textfeld macht die Bewegungen dieser Textposition mit und wird mit dem Text ggf. auf die nächste Seite umbrochen. Mit welchem Absatz das Textfeld verbunden ist, erkennen Sie am Symbol ⚓, das neben dem Ankerpunkt auftaucht, sobald Sie das Textfeld markieren.

Um Textfelder zum Zweck des Textüberlaufs miteinander zu verknüpfen, benötigen Sie natürlich mindestens zwei Textfelder.

1. Markieren Sie das erste Textfeld und wählen Sie VERKNÜPFUNG ERSTELLEN.

Der Mauszeiger nimmt die Form ⬆ an.

2. Bewegen Sie den Mauszeiger zum zweiten Textfeld, bis er sich zum Symbol ⬇ wandelt, und klicken Sie dort.

Text, der nicht mehr in das erste Textfeld passt, wird zum zweiten Textfeld umbrochen.

Sie können diese Verknüpfungen beliebig fortsetzen und auch wieder auflösen.

Hinweis

Wenn die Schreibmarke in einem Textfeld steht und Sie `Strg`+`A` betätigen, markiert Word nur den Inhalt des Textfeldes; bei verknüpften Textfeldern den Inhalt aller miteinander verknüpften Textfelder.

1.5.4 Textfelder drehen

Das freie Drehen von Textfeldern ist kein Problem. Der Drehanfasser steht für diesen Zweck zur Verfügung, ebenso die komplette Ausstattung der ZEICHENTOOLS.

Kapitel 2

Dokument in Fließtext und Überschriften gliedern

Ein angelegtes Dokument ist zunächst ein virtuelles Blatt Papier, auf dem Text eingegeben werden kann. Um diesen Text übersichtlicher zu gestalten, ist er zu strukturieren. Für den Leser äußert sich die Struktur durch Überschriften, mit denen vermittelt wird: Hier beginnt ein neuer Sachverhalt.

2.1 Schriftart auswählen ⌛

Für den Fließtext oder Textkörper ist eine bestimmte Schriftart und -größe voreingestellt. Oft genügt diese Schrift nicht Ihren Ansprüchen oder den Vorgaben; deshalb muss sie geändert werden. Gleiches gilt für die mit den jeweiligen Formatvorlagen vorgegebenen Schriftarten für Überschriften.

2.1.1 Die Schrift für den Textkörper ⌛

Damit ein Text flüssig gelesen werden kann, bedarf es zweier Voraussetzungen:

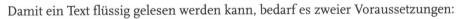

- Er muss in einem gut und leicht lesbaren Stil abgefasst sein.
- Die verwendete Schrift muss sich gut lesen lassen.

Schrift ist nicht gleich Schrift. Jede Schriftart spricht andere Lesegewohnheiten an.

Am leichtesten lässt sich die Schrift nach einem Klick auf ▼ neben dem aktuellen Schriftnamen in der Registerkarte START, Gruppe SCHRIFTART, aussuchen.

Welche Schriftart Sie verwenden, hängt von den gemäß StyleGuide zu erfüllenden Vorgaben oder von Ihrem persönlichen Geschmack ab.

Die mit MS Office ausgelieferten Schriften enthalten auch solche, die die Grundanforderungen an eine gute DTP-Schrift ganz ordentlich erfüllen; für Ihre akademischen Arbeiten benötigen Sie also nicht unbedingt zugekaufte Schriften.

Im Folgenden werden nur Schriften erwähnt, die in der Grundausstattung von Windows und MS Office enthalten sind, davon nur die sogenannten »Brotschriften«, also Schriften für Mengentexte. Ihren Namen verdanken sie der Tatsache, dass mit großen Textmengen die Setzer ihr Brot verdienten.

Für die Einstellungen zu Schriftart und -größe sowie weitere Schrifteigenschaften öffnet ⌈Strg⌉+⌈D⌉ oder ⌈Strg⌉+⌈⇧⌉+⌈A⌉ oder START | SCHRIFTART ↘ den Dialog ZEI-CHEN bzw. SCHRIFTART.

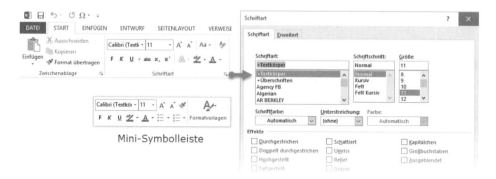

Mini-Symbolleiste

Abb. 2.1: Werkzeuge zur Schriftauswahl und -formatierung

Die wichtigsten dieser Werkzeuge gibt es zusätzlich auch direkt in der Registerkarte START, wodurch diese grundlegenden Funktionen immer leicht erreichbar sind. Beim Markieren eines Textes sowie beim Aufruf des Kontextmenüs wird die Minisymbolleiste eingeblendet, in der die Funktionen nochmals im schnellen Zugriff sind.

2.1.2   Schrift mit Serifen oder ohne Serifen? ⌛

Serifen sind die kleinen Abschlussstriche an den Enden der Linien, aus denen ein Buchstabe aufgebaut ist. Gedruckt und mit engen Zeilenabständen sind Schriften mit Serifen besser zu lesen als solche ohne Serifen. Am Bildschirm wiederum und in kleinen Schriftgrößen unter 10 pt sind serifenlose Schriften besser lesbar. Serifenlose Schriften im Fließtext bedürfen eines vergrößerten Zeilenabstands, um das Auge beim Rücksprung zur nächsten Zeile zu führen; bei Serifenschriften übernehmen das die Serifen. 🐾

Beachten Sie auf alle Fälle folgende Grundregeln:

- Im Fließtext mit engen Zeilenabständen sind Schriften mit Serifen besser lesbar. (Serifen sind die kleinen Abschlussstriche an den Enden der Linien, aus denen ein Buchstabe aufgebaut ist.)

- Serifenlose Schriften im Fließtext bedürfen eines vergrößerten Zeilenabstands.

- Je breiter die Buchstaben, desto leichter lesbar ist der Text.

Calibri	Heizölrückstoßabdämpfung
Tahoma	Heizölrückstoßabdämpfung
Arial	Heizölrückstoßabdämpfung
Segoe	Heizölrückstoßabdämpfung
Trebuchet	Heizölrückstoßabdämpfung
Times New Roman	Heizölrückstoßabdämpfung
Georgia	Heizölrückstoßabdämpfung
Book Antiqua	Heizölrückstoßabdämpfung
Century Schoolbook	Heizölrückstoßabdämpfung
Bookman Old Style	Heizölrückstoßabdämpfung

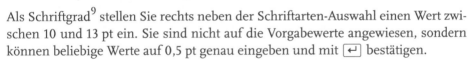

Abb. 2.2: Wichtigste Unterscheidungsmerkmale der Schriften: Schriftbreite und Serifen (oben Beispiele ohne Serifen, unten mit Serifen, alle aus dem Standard-Lieferumfang von Windows und Office)

2.1.3 Die passende Schriftgröße ⏳

Als Schriftgrad[9] stellen Sie rechts neben der Schriftarten-Auswahl einen Wert zwischen 10 und 13 pt ein. Sie sind nicht auf die Vorgabewerte angewiesen, sondern können beliebige Werte auf 0,5 pt genau eingeben und mit ⏎ bestätigen.

2.2 Formatvorlagen verwenden ⏳

Texte wirken nur dann einheitlich, wenn alle gleichartigen Bestandteile einheitlich formatiert sind. Beim Einhalten dieser gleichförmigen Formate helfen Formatvorlagen – und nicht nur dabei. Viele Anwender von Textprogrammen machen einen weiten Bogen um Formatvorlagen und formatieren ihre Texte durchweg von Hand – weil es vermeintlich einfacher ist.

⚠ **Vorsicht**

Zwar wird die von Hand eingestellte Formatierung im Fließtext beibehalten, aber sobald Sie eine Überschrift, Liste oder sonstige Abweichung vom normalen Textkörper benötigen, wird das manuelle Umformatieren arbeitsaufwendig und kritisch.

---

9   Word variiert bei der Bezeichnung dieser Einstellung zwischen dem fachlich korrekten »Schriftgrad« und der umgangssprachlichen »Schriftgröße«; mehr dazu in Kapitel 12.

2.2.1 Arbeit erleichtern mit Formatvorlagen

Nehmen wir an, Sie wollen einen einzeiligen Absatz als Überschrift formatieren. Von Hand benötigen Sie dazu ein Mehrfaches an Mausklicks oder Tastaturanschlägen gegenüber der Verwendung von Formatvorlagen. Die Gegenüberstellung stellt zunächst exemplarisch das Vorgehen per Mausbedienung der Arbeit mit Tastenkürzeln gegenüber; gestartet wird mit der Schreibmarke in der gewünschten Zeile.

	Maus	Tastatur
1.	Klick auf ▼ bei Schriftart ggf. Scrollbalken verschieben	Strg+⇧+A n× ↓
2.	gewünschte Schrift anklicken	↵
3.	Klick auf ▼ bei Schriftgrösse ggf. Scrollbalken verschieben	Strg+⇧+P ↓
4.	gewünschte Schriftgröße anklicken ggf. F oder K anklicken	↵ Strg+⇧+F oder K
5.	Klick auf die Schaltfläche Nummerierung	F10 und »Durchhangeln«
6.	Nummerierung wählen	↓
7.	Rechtsklick in die Markierung	Kontext
8.	Absatz anklicken	4×↓, ↵
9.	Absatzabstand »vor« einstellen	Alt+O, n×↓
10.	Absatzabstand »nach« einstellen	Alt+H, n×↓
11.	zum Register Zeilen- und Seitenumbruch wechseln	Alt+S
12.	Häkchen bei Nicht vom nächsten Absatz trennen setzen	Alt+N
13.	**OK**	↵

Tabelle 2.1: Arbeitsaufwand beim manuellen Formatieren einer Überschrift[a]

a   Gewiss, mit dem *Formatpinsel* lässt sich das manuelle Formatieren etwas erleichtern, aber ist immer noch arbeitsaufwendiger als das Verwenden von Formatvorlagen.

Maus	Tastatur
Mausklick auf die Formatvorlage »Überschrift 1« in der Registerkarte START	Alt+1 [a]

Tabelle 2.2: Arbeitsaufwand beim Benutzen der Formatvorlage »Überschrift 1«

a   Die Überschriften-Formatvorlagen der ersten drei Gliederungsebenen sind per werksseitig vorgegebenem Tastenkürzel Alt+1, Alt+2 und Alt+3 abrufbar. Empfehlung: Richten Sie sich für die weiteren benötigten Überschriftenebenen ebenfalls Tastenkürzel ein, siehe Abschnitt 6.3.2 und Anhang B.

Formatvorlagen enthalten alle Informationen zur Formatierung, die auf einen Schlag abgerufen und angewandt werden können. Das erleichtert nicht nur die Arbeit, sondern sorgt auch für Sicherheit, dass die Formatierung immer komplett stimmt.

> **Viele Assistenzfunktionen arbeiten nur mit Formatvorlagen korrekt.**
>
> Manuelle Formatierung bedeutet nicht nur mühsame Handarbeit, sondern verhindert auch die Nutzung diverser Assistenzfunktionen wie Verzeichnisse, Dokumentenstruktur, Querverweise, Kapitelverwaltung etc.

Die Gesamtheit der Formatvorlagen in einem Dokument bildet die *Dokumentvorlage*. Dokumentvorlagen können mit SPEICHERN UNTER als Vorlagendateien abgespeichert werden (siehe Abschnitt 6.4).

Ideal wäre es, wenn die von Word mitgelieferten Formatvorlagen genau Ihre Bedürfnisse treffen – was leider so gut wie nie der Fall ist. Sie werden selten umhinkommen, die Formatierungen der Standard-Formatvorlagen Ihren Vorgaben oder Wünschen anzupassen.

2.2.2 Einem Text eine Formatvorlage zuweisen

Die Formatvorlagenauswahl für die wichtigsten Zwecke finden Sie in der Registerkarte START als visualisierte Muster.

Abb. 2.3: Auswahl der Formatvorlagen

Markieren Sie den zu formatierenden Text und wählen Sie die gewünschte Formatvorlage durch Anklicken aus. Der markierte Text wird entsprechend den Vorgaben dieser Formatvorlage formatiert.

Über die so angezeigten Formatvorlagen hinaus finden Sie weitere, wenn Sie in der Registerkarte START, Gruppe Formatvorlagen, die Schaltfläche ⬎ anklicken oder mit der Tastenkombination $\boxed{\text{Strg}}$+$\boxed{\text{⇧}}$+$\boxed{\text{Alt}}$+$\boxed{\text{S}}$. Die Tastenkombination hat den Vorteil, dass sie die Liste der Formatvorlagen unabhängig von der aktuellen Registerkarte öffnet.

Formatvorlagen automatisch zuweisen lassen

Word ist in der Lage, manuelles Formatieren mit den Formatvorlagen abzugleichen und im Fall der Übereinstimmung dem Text diese Formatvorlage zuzuweisen. Sie aktivieren diese Automatik mit

DATEI | OPTIONEN | DOKUMENTPRÜFUNG | AUTOKORREKTUR-OPTIONEN | Register AUTOFORMAT WÄHREND DER EINGABE | Option FORMATVORLAGEN BASIEREND AUF FORMATIERUNG DEFINIEREN

> ⚠ **Vorsicht**
>
> Leider schießt dieser Assistent häufig übers Ziel hinaus, weshalb er keine wirklich brauchbare Unterstützung darstellt.

 ### 2.2.3 Formatvorlagen den Vorgaben anpassen ⧖

Haben Sie keine passende Vorlagendatei, basteln Sie sich eine eigene Dokumentvorlage mit zutreffenden Formatvorlagen. Am einfachsten ist es, wenn Sie eine Standard-Dokumentvorlage von Word anpassen, die Ihnen mit DATEI | NEU angeboten werden.[10]

Nehmen wir an, es gäbe in der gewählten Dokumentvorlage eine Formatvorlage *Fließtext*, die Sie an Ihre eigenen Bedürfnisse oder die Vorgaben des *Style Guides* anpassen wollen. Die nachfolgende Anleitung lässt sich für alle Formatvorlagen anwenden.

1. Weisen Sie einem Absatz die zu ändernde Formatvorlage *Fließtext* zu, indem Sie in der Gruppe *Formatvorlagen* der Registerkarte START auf *Fließtext* klicken.
2. Ändern Sie Schriftart, -größe, -stil, Zeilen- und Absatzabstand sowie Nummerierung entsprechend den Vorgaben mit den Werkzeugen der Gruppen SCHRIFTART und ABSATZ in der Registerkarte START. (Details zu diesen Werkzeugen finden Sie in Teil II dieses Buches.)

---

10 Die hier dargestellten Methoden sind die leichter zu vollziehenden. In Kapitel 6 finden Sie die Anleitung für den professionellen Aufbau völlig neuer Format- und Dokumentvorlagen.

3. Rechtsklicken Sie in der Gruppe *Formatvorlagen* der Registerkarte START auf *Fließtext* und wählen Sie im Kontextmenü FLIESSTEXT AKTUALISIEREN, UM DER AUSWAHL ZU ENTSPRECHEN.

In **Word 2010** finden Sie die Funktion unter dem Namen FLIESSTEXT AKTUALISIEREN, UM DER AUSWAHL ZU ENTSPRECHEN auch im Kontextmenü.

2.2.4 Neue Formatvorlagen aus manuell formatiertem Text erstellen

Soll die Formatierung eines Absatzes für eine neue Formatvorlage herhalten, gibt es auch dafür vereinfachte Funktionen, denn mit jeder Änderung legt Word in der Liste der Formatvorlagen eine zusätzliche Formatvorlage an, die Sie weiterverwenden können.

1. Öffnen Sie die Liste der Formatvorlagen mit einem Klick auf ⭦ in START, Gruppe *Formatvorlagen*. Die Formatvorlage der aktuellen Schreibmarkenposition wird in der Liste durch einen Rahmen markiert.

2. Rechtsklicken Sie in den Namen der Formatvorlage oder klicken Sie auf ▼ neben dem markierten Eintrag.

3. Wählen Sie im Kontextmenü ÄNDERN.

4. Tragen Sie im Dialog FORMATVORLAGE ÄNDERN in das Feld NAME einen zutreffenden Namen ein.

5. OK

2.3 Überschriften verwenden ⧗

Jedes Kapitel eines längeren Schriftstückes bedarf einer Überschrift, in der auf den Inhalt des folgenden Textes hingewiesen wird. Bei sehr langen Texten kommen innerhalb des Kapitels Zwischenüberschriften hinzu, die nicht so stark ausgezeichnet werden wie die Überschriften.

Sachtexte werden im Gegensatz zur Belletristik stark strukturiert. Sachbücher liest man selten sequenziell; häufiger werden bestimmte Textpassagen benötigt. Deshalb benötigen wir zum Auffinden der gesuchten Textstellen eine deutliche Gliederung, die anhand von Überschriften die Orientierung leicht macht.

Diese Gliederung wird in der obersten Ebene des Haupttextes »Kapitel« genannt, Untergliederungen von Kapiteln heißen »Abschnitte«. Und genau da gibt es einen Bedeutungskonflikt zwischen Setzersprache und Word-Termini.

Wichtig

Die technische Aufteilung eines Textes in unterschiedlich formatierbare Word-Abschnitte (Kapitel 1) hat mit thematischen Abschnitten eines Textes nichts zu tun!

2.3.1 Was macht eine Überschrift aus?

Rein optisch ist eine Überschrift eine Zeile (oder im Ausnahmefall ein kurzer Absatz über maximal drei Zeilen), die sich vom Textkörper abhebt

- durch Schriftart, -grad, -attribute und/oder -farbe sowie
- durch Abstände zu den umgebenden Absätzen des Textkörpers.

Überschriftenabstände

Der Abstand einer Überschrift zum umgebenden Text soll ungefähr so beschaffen sein:

- Abstand vor und Abstand nach der Überschrift sollen zusammen mindestens die Schriftgröße der Überschrift ergeben.
- Der Abstand zum Folgeabsatz soll immer deutlich geringer sein als zum vorherigen Absatz.
- Ein gutes Verhältnis sind zwei Drittel der Schriftgröße der Überschrift als Abstand zum vorherigen Absatz, ein Drittel als Abstand zum zugehörigen Folgeabsatz.
- Ist der Zeilenabstand im Textkörper größer als einfach, müssen die Absatzabstände der Überschriften um denselben Faktor vergrößert werden.

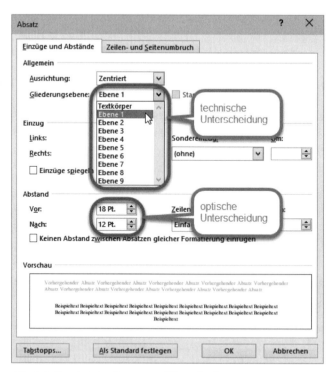

Abb. 2.4: So wird ein Absatz zur Überschrift.

Sie stellen diese Absätze mit ABSTAND VOR und ABSTAND NACH im ABSATZ-Dialog ein (Abbildung 2.4 unten): START, Gruppe *Absatz* ⟍ oder Kontextmenü | ABSATZ.[11]

Diese optischen Kennzeichen einer Überschrift ergeben für Word allerdings noch keine Überschrift. Für das Programm bedarf es anderer Hinweise, dass das eine Überschrift und nicht einfach nur ein besonders betonter Text ist.

Word unterscheidet zwischen zum »Textkörper« gehörenden Absätzen und neun Ebenen der Überschriften, die Sie im ABSATZ-Dialog aus der Liste GLIEDERUNGS-EBENE auswählen können.

2.3.2 Überschriften per Formatvorlage ⧖

Einfacher ist es, gleich mit Formatvorlagen für Überschriften zu arbeiten. Word enthält in den Standard-Formatvorlagen einen Satz von neun Überschriften-Formatvorlagen, die den technischen Anforderungen bereits entsprechen; optische Anforderungen lassen sich leicht anpassen. *Überschrift 1* wird üblicherweise für die Kapitelüberschrift benutzt, die anderen acht Formate für Abschnittsüberschriften.

Hinweise

- Mit diesen Überschriften-Formatvorlagen korrespondieren diverse Feldfunktionen, z. B. Inhaltsverzeichnis und kapitelbezogene Seitennummern.

  Sie sollten deshalb grundsätzlich für Ihre Überschriften diese Formatvorlagen verwenden. Sie erleichtern sich die weitere Arbeit damit. Sofern sie nicht Ihre gestalterischen Vorgaben erfüllen, lassen sie sich anpassen.[12]

- Voreingestellt zeigt Word in der Formatvorlagen-Auswahl der Registerkarte START maximal die Überschriftenebenen 1 bis 3 an. Sobald Sie die letzte angezeigte Überschriftenebene verwenden, wird auch die nächste Überschriftenebene angezeigt, sofern die Option START, Gruppe FORMATVORLAGEN: ⟍ | OPTIONEN | BEI VERWENDUNG DER VORHERIGEN EBENE NÄCHSTE ÜBERSCHRIFT ANZEIGEN eingeschaltet ist.

2.3.3 Überschriften automatisch formatieren lassen

Mit der AUTOFORMAT-Funktion stellt Word eine schlichte Automatik für Überschriften zur Verfügung.

---

11 Mehr zum Thema *Absatzabstände* erfahren Sie in Kapitel 9.
12 Zwar können Sie in einigen Feldfunktionen auch andere Formatvorlagen ansprechen, doch diesen Aufwand sparen Sie sich durch Verwendung der üblichen, ggf. angepassten Überschriften-Formatvorlagen.

Folgen

1. ein leerer Absatz, also eine Zeile, in der nur ⏎ betätigt wurde,
2. ein einzeiliger Absatz mit nicht mehr als fünf Wörtern ohne Satzzeichen am Ende und
3. ein weiterer leerer Absatz

aufeinander, so interpretiert Word das als Überschrift und

- entfernt den leeren Absatz,
- weist der Textzeile die Formatvorlage »Überschrift 1« zu.

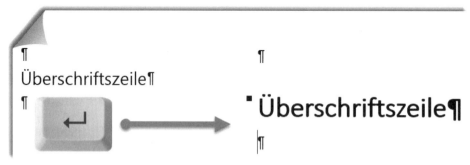

Abb. 2.5: Funktionsweise der Überschriftenautomatik

Hinweis

Diese Automatik ist allerdings lediglich für simpel strukturierte Texte mit nur einer Überschriftenebene zu gebrauchen.

Überschriften-Automatik ein- und ausschalten

DATEI | OPTIONEN | DOKUMENTPRÜFUNG | AUTOKORREKTUR-OPTIONEN | Register AUTOFORMAT WÄHREND DER EINGABE | Option INTEGRIERTE FORMATVORLAGEN FÜR ÜBERSCHRIFTEN

2.3.4 Handformatierte Überschriften nachträglich in Formatvorlagen-Überschriften umwandeln ⏳

Sollten Sie Ihre Überschriften bereits mit anderen Mitteln als den zugehörigen Formatvorlagen optisch als **Überschriften** formatiert haben und wollen das nun durch Einrichten von Formatvorlagen nachbessern, gehen Sie am einfachsten wie folgt vor:

1. Erstellen Sie anhand einer der handformatierten Überschriften eine Formatvorlage, wie in Abschnitt 2.2.4 beschrieben.

2. Setzen Sie die Schreibmarke in eine andere, so formatierte Überschrift.

3. ⑩ Rechtsklick in eine Kapitelüberschrift | FORMATVORLAGEN | TEXT MIT ÄHNLICHER FORMATIERUNG MARKIEREN

   ⑬ ⑯ ⑲ START | MARKIEREN | TEXT MIT ÄHNLICHER FORMATIERUNG MARKIEREN

Word sucht alle dieser Überschrift entsprechend formatierten Absätze und markiert sie.

4. Weisen Sie den Markierungen die neu erstellte Formatvorlage zu.

> ⚠ **Vorsicht**
>
> Wenn Sie andere Textteile genauso formatiert haben wie Ihre Überschriften, rechnet Word sie ebenfalls den Überschriften zu.

2.4 Nummerierte Überschriften ⌛

Um dem Leser die Orientierung zu erleichtern, sind bei wissenschaftlichen Arbeiten und Sachbüchern Kapitel und Abschnitte in den Überschriften mit einer Nummerierung versehen.

Die Überschriften-Formatvorlagen sind lieferseitig nicht nummeriert. Nachstehend sind die einfachsten Methoden beschrieben, die zur Überschriften-Nummerierung mit automatischer Fortschreibung der Nummern führen. Je nach Art der Nummerierung sind dazu unterschiedliche Wege erforderlich.

2.4.1 Lineare Nummerierungen

Bei linearen Nummerierungen laufen eine oder mehrere Nummerierungen unabhängig voneinander durch die Gliederungsebenen.

Einreihig: 1 – 2 – 3 – 4 ...

Bei dieser Form wird nicht zwischen verschiedenen Gliederungsebenen unterschieden; jede Überschrift ist allen anderen gleichwertig. Sie ist am einfachsten zu realisieren.

1. Weisen Sie einer Überschrift die Formatvorlage *Überschrift 1* zu.
2. Klicken Sie in START | Gruppe *Absatz*: das Symbol ▼ der Schaltfläche ▤▾.
3. Wählen Sie das benötigte Nummerierungsformat aus.
4. Aktualisieren Sie die Formatvorlage, wie in Abschnitt 2.3.4 beschrieben.

Mehrreihig: I – 1 – 2 – 3 – II – 4 – 5 ...

Diese Zählung läuft unabhängig für jede Gliederungsebene; sie benötigt je Gliederungsebene ein eigenes Nummerierungsformat.

1. Weisen Sie einer Überschrift der obersten Ebene die Formatvorlage *Überschrift 1* zu.

2. Klicken Sie in START | Gruppe *Absatz*: das Symbol ▼ der Schaltfläche ▤▾.

3. Klicken Sie nicht direkt in die Schaltfläche ▤! Word betrachtet das als Aufforderung, die zuletzt verwendete Nummerierung auf diese Überschrift anzuwenden und die Zählung an die zuletzt eingerichtete Ebene zu koppeln.

4. Wählen Sie das benötigte Nummerierungsformat aus.

5. OK

6. Aktualisieren Sie die Formatvorlage, wie in Abschnitt 2.3.4 beschrieben.

Wiederholen Sie das Verfahren für die weiteren Überschriftenebenen.

Juristisch: Abschnitt A – Artikel I – § 1 – § 2 – § 3 – Artikel II – § 4 – § 5 – Abschnitt B – Artikel III – § 6 – § 7 – § 8 ...

Diese in Vorschriften anzutreffende Nummerierungsform funktioniert nach demselben Prinzip wie die mehrreihige Zählung. Die Ordnungsbegriffe können in die Nummerierung einbezogen werden, um die Arbeit zu erleichtern.

1. Weisen Sie einer Überschrift der obersten Ebene die Formatvorlage *Überschrift 1* zu.

2. Klicken Sie in START | Gruppe ABSATZ: das Symbol ▼ der Schaltfläche ▤▾.

3. Klicken Sie nicht direkt in die Schaltfläche ▤! Word betrachtet das als Aufforderung, die zuletzt verwendete Nummerierung auf diese Überschrift anzuwenden und die Zählung an die zuletzt eingerichtete Ebene zu koppeln.

4. Wählen Sie NEUES ZAHLENFORMAT DEFINIEREN.

Im Dialog NUMMERIERUNG ANPASSEN bzw. NEUES ZAHLENFORMAT DEFINIEREN sehen Sie im Feld ZAHLENFORMAT die Darstellung der Nummerierung. Das grau hinterlegte Zeichen ist der Zähler.

5. Davor und dahinter können Sie eigene Ergänzungen anbringen, also im Beispielfall jeweils *Abschnitt*, *Artikel* und *§*. Diese Ergänzungen sind damit fester Bestandteil der Nummerierung.

6. OK

7. Aktualisieren Sie die Formatvorlage, wie in Abschnitt 2.3.4 beschrieben.

2.4.2 Hierarchische Überschriften mit Gruppenwechsel

Für wissenschaftliche Arbeiten dürfte vornehmlich die hierarchische Gliederung in Betracht kommen, bei der nach jedem Wechsel der übergeordneten Überschrift die Zählung auf den darunterliegenden Ebenen neu beginnt, z. B. *1 – a – b – c – 2 – a – b* ... oder *1. – 1.1 – 1.2 – 1.3 – 2. – 2.1 – 2.2* ...[13]

Im Idealfall funktioniert das ganz simpel:

1. Weisen Sie der ersten Überschrift der obersten Ebene die Formatvorlage *Überschrift 1* zu.
2. START | Gruppe ABSATZ: 🔽
3. Klicken Sie auf eines der mit »Überschrift« gekennzeichneten Muster.

Wenn Ihre Formatvorlagenzuordnungen keine Auffälligkeiten enthalten, erkennt Word von sich aus, dass hier eine Überschriftenhierarchie zum Einsatz kommen soll, und weist diese Nummerierung nicht nur dieser Überschrift zu, sondern ändert auch gleich alle Überschriftenformatvorlagen entsprechend diesem Nummerierungsformat.

Leider funktioniert das bei nachträglich zu formatierenden Texten häufig nicht reibungslos, weswegen Nachbesserungen in den Gliederungseinstellungen erforderlich werden, vgl. dazu Kapitel 6 und Kapitel 14.

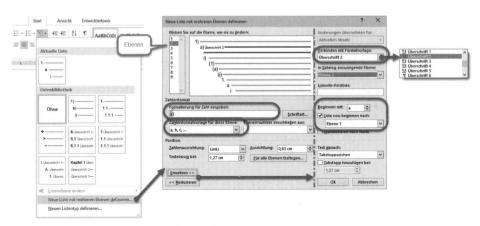

Abb. 2.6: Einstellungen für hierarchische Überschriften (in reduzierter Darstellung sind nur die Einstellungen links von der gestrichelten Linie sichtbar).

Auch für von den vorgegebenen Mustern abweichende Nummerierungsformate kommen Sie um einen Eingriff in die Gliederungseinstellungen nicht umhin.

---

13 Gliedern Sie nicht zu tief! Word stellt zwar neun Gliederungsebenen zur Verfügung, aber eine Nummerierung sollte nur bis zur vierten Ebene reichen. Alles, was danach noch kommt, bleibt unnummeriert.

1. START | Gruppe ABSATZ: 🗒 | NEUE LISTE MIT MEHREREN EBENEN DEFINIEREN
2. Klicken Sie auf ERWEITERN, um den vollen Funktionsumfang des Dialogs NEUE LISTE MIT MEHREREN EBENEN DEFINIEREN freizugeben.

2.4.3 Separate Überschriften-Nummerierung für den Nachtext

Häufig benötigen die Anlagen oder andere Teile des Nachtextes ebenfalls nummerierte Überschriften, die sich aber von der Nummerierung des Haupttextes unterscheiden sollen.

Für diesen Zweck trennen Sie den Nachtext mit einem Abschnittswechsel aus der Registerkarte [SEITEN]LAYOUT nach dem Haupttext ab. Dahinter formatieren Sie die Überschriften-Nummerierung im Dialog

START | LISTE MIT MEHREREN EBENEN 🗒 | NEUE LISTE MIT MEHREREN EBENEN DEFINIEREN

so um, dass Sie in der ersten Gliederungsebene eine abweichende Zahlenformatvorlage erhalten, also Römer oder Buchstaben. Alle anderen Formatierungen lassen Sie, wie sie sind.

Mit dieser Methode werden Unterkapitel der Anhänge weiter wie üblich nummeriert, die Gliederungskennzeichnung beginnt aber mit der Formatierung der Ebene 1, also z. B. A.2.3 oder II.4.5.

Vorsicht

Wenn Sie nach der Einrichtung der Anhangs-Nummerierung wieder im Haupttext Überschriften zuweisen, kann das die Automatik verwirren, und im Haupttext tauchen Nachtext-formatierte Überschriften-Nummerierungen auf. Heben Sie sich diese Spezialformatierung darum besser auf, bis am Haupttext nichts Wesentliches mehr verändert werden muss.

2.5 Problembehandlung für die Überschriftennummerierung ⧗

Überschriftenprobleme zählen zu den Top 10 der Hilfeforen. Wenn Ihre Überschriftennummerierung sich eigenartig verhält, gehen Sie bitte folgende Checkliste durch:

☐ Ist die Überschrift der richtigen Formatvorlage und Gliederungsebene zugewiesen? (Abschnitte 2.3.1 und 2.3.2)

☐ Ist in der Nummerierung der richtige Ebenenwechsel (Gruppenwechsel) eingestellt? (Abschnitt 2.3.3 i. V. m. Kapitel 14)

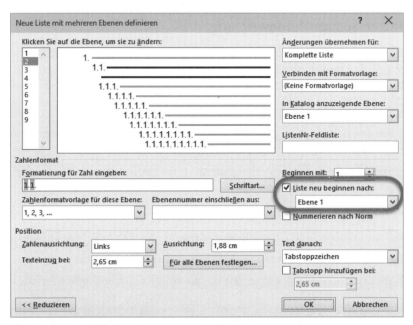

Abb. 2.7: Zuweisung des Ebenenwechsels für korrekte Zählung

☐ Ist ein leerer Absatz im Text als Überschrift formatiert?

☐ Haben Sie einer oder allen Überschriften andere Listentypen zugewiesen oder gar die Nummerierung abgeschaltet? Dann kann es sehr aufwendig werden, das wieder zu reparieren, denn Word »vergisst« bei dieser Aktion gelegentlich die Zuordnung zur Überschriften-Formatvorlage! Es bleibt Ihnen dann nichts anderes übrig, als alle Überschriften nach der in Abschnitt 2.2.4 beschriebenen Methode neu zuzuweisen.

☐ Sofern gegliederte Überschriftennummern beim Wechsel von einem Kapitel zum nächsten nicht richtig weiterzählen, zum Beispiel für Unterkapitel die Zählung des vorherigen Kapitels fortsetzen, ist die Nummerierung zu reparieren, wie in Abschnitt 14.4.3 beschrieben.

Wichtig

Reparieren Sie die Überschriften an der **ersten Position**, an der diese **Überschriften-ebene** auftritt – nicht an der Stelle, an der der Fehler auftaucht! Übernehmen Sie danach die Änderungen in die Formatvorlage, wie in Abschnitt 2.3. beschrieben.

Schwarze Balken anstatt Nummerierung

Ein oft nachgefragter Fehler ist das Verschwinden der Überschriftennummerie-rung in einer Gliederungsebene; stattdessen werden schwarze Balken angezeigt. Dem ist leicht abzuhelfen:

1. Setzen Sie die Schreibmarke vor den Überschriftentext.
2. Betätigen Sie zweimal $\boxed{⇧}$+$\boxed{←}$, um so die Nummer und den nachfolgenden Tabsprung (= der schwarze Balken) zu markieren.
3. Heben Sie mit $\boxed{\text{Strg}}$+$\boxed{\text{Leertaste}}$ die fehlerhafte Formatierung der Nummerie-rung auf.

Ausführlicher und sicherer ist dieser Weg:

1. Markieren Sie eine beliebige Überschrift der Ebene, die diesen Fehler aufweist.
2. Klicken Sie in START, Gruppe ABSATZ, auf $\boxed{☰}$ und wählen dort »Ohne«.
3. Klicken Sie erneut auf $\boxed{☰}$ und weisen Sie die passende Gliederung wieder zu.

Mögliche externe Fehlerquelle

Sollte beides nicht helfen, kann auch ein Browser-PlugIn für »Skype« verant-wortlich sein.

2.6 Überschriften in der Kopfzeile wiederholen (Kolumnentitel) ⧗

Damit der Leser immer weiß, in welchem Kapitel er gerade liest, wird gern die Überschrift des jeweiligen Kapitels in die Kopfzeile übernommen.

Die dafür benötigte Funktion ist eine Feldfunktion namens {StyleRef}, die Sie mit

EINFÜGEN | SCHNELLBAUSTEINE | FELD | STYLEREF erreichen.

{StyleRef} ist ein Feld, das zum Wirksamwerden auf eine vorgegebene Formatvor-lage (Style) zugreift und den Inhalt des nächstgelegenen Absatzes mit dieser For-matvorlage wiedergibt.

Ordnen Sie einem {StyleRef}-Feld in der Kopfzeile die Formatvorlage *Überschrift 1* zu, so fügt das Feld den mit *Überschrift 1* formatierten Titel des Kapitels in die Kopfzeile ein.

Ebenso können Sie mit *Überschrift 2* die erste Abschnittsebene in der Kopfzeile anzeigen lassen. Findet Word auf einer neuen Seite eine neue Überschrift der angegebenen Gliederungsebene, ersetzt es in der Kopfzeile die bisher angezeigte Überschrift.

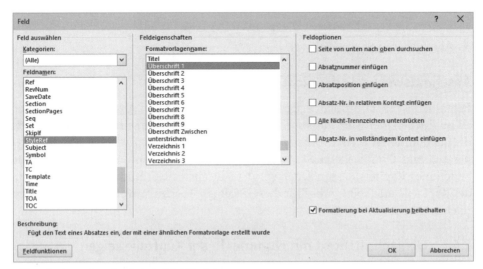

Abb. 2.8: Einstellen der StyleRef-Feldfunktion

Die Grundform des {StyleRef}-Feldes für die Überschriften-Wiederholung sieht in der Feldansicht so aus: ⁅ StyleRef "Überschrift 1" ⁆.

Aus der Trickkiste: Kolumnentitel bei multilingualem Workflow

Sofern Sie im Workflow mit Kollegen zusammenarbeiten, die eine anderssprachige Word-Version verwenden, kommt es dort zu Fehlermeldungen, weil auch die Namen der Formatvorlagen den Sprachen angepasst werden. Eine englische Word-Version erwartet daselbst den Eintrag "Heading 1", mit "Überschrift 1" vermag sie nichts anzufangen.

Sie umgehen das Problem, indem Sie die Angabe der Formatvorlage durch einen Feldschalter[14] mit der Nummer der Gliederungsebene ersetzen, also ⁅ StyleRef 1 ⁆.

---

14 Mehr zu Feldern und Feldschaltern finden Sie in Kapitel 19.

Diese Eingabe wird leider vom FELD-Dialog nicht unterstützt. Deshalb ist Handeingabe angesagt.

1. Schalten Sie mit $\boxed{\text{Alt}}$+$\boxed{\text{F9}}$ die Feldansicht[15] ein.
2. Löschen Sie im Feld das Wort »Überschrift«.
3. Aktualisieren Sie das Feld mit $\boxed{\text{F9}}$.

Oder Sie geben die Feldfunktion komplett manuell ein:

1. Fügen Sie mit $\boxed{\text{Strg}}$+$\boxed{\text{F9}}$ ein Feld ⁅⁆ ein.
2. Tragen Sie zwischen die Feldklammern `StyleRef 1` ein.
3. Aktualisieren Sie das Feld mit $\boxed{\text{F9}}$.

Abschnittswechsel oder nicht?

Eigentlich ist es dafür nicht erforderlich, das Dokument in Abschnitte pro Kapitel zu unterteilen, denn die Funktion {StyleRef} sucht sich die seitenaktuellen Inhalte der zugeordneten Formatvorlagen selbst. Weil aber nur die für jeden Abschnitt separat gültige Option ERSTE SEITE ANDERS dafür sorgen kann, dass auf der ersten Seite eines Kapitels dessen Überschrift nicht auch noch unmittelbar darüber in der Kopfzeile erscheint, muss für diesen Fall ein Abschnittswechsel vor jedem Kapitel stehen.

2.6.1 Überschriftentext mit Nummer in der Kopfzeile zeigen

Die Überschrift wird ohne Nummer angezeigt. Möchten Sie in der Kopfzeile Überschriftennummer und Überschriftentext sehen, benötigen Sie ein weiteres {StyleRef}-Feld, das dem bereits vorhandenen vorangestellt wird und für das Sie beim Einrichten die Option ABSATZNUMMER EINFÜGEN (Abbildung 2.8) aktivieren. In der Feldansicht erkennen Sie diese Option am Feldschalter \n[16] nach der Angabe der Formatvorlage.

2.6.2 Mehrere Überschriften in die Kopfzeile

Möchten Sie die Überschriften des Kapitels und der ersten Abschnittsebene in die Kopfzeilen stellen, um den Lesern die Orientierung zu erleichtern? Dazu gibt es zwei Varianten.

---

15 Die Feldansicht zeigt anstelle des Ergebnisses die Feldfunktion an; Sie schalten zwischen Feld- und Ergebnisansicht mit $\boxed{\text{Alt}}$+$\boxed{\text{F9}}$ um.

16 Es gibt auch einen Schalter \s mit derselben Funktion, der allerdings nur von Hand eingetragen werden kann.

Mehrere Gliederungsebenen in einer Kopfzeile

Setzen Sie zwei {StyleRef}-Felder nebeneinander in die Kopfzeile, getrennt durch einen Schrägstrich oder Gedankenstrich, und weisen Sie dem ersten Feld die Formatvorlage *Überschrift 1*, dem zweiten *Überschrift 2* zu. In der Feldansicht sehen Sie

❰ StyleRef "Überschrift 1" ❱ – ❰ StyleRef "Überschrift 2" ❱

Gliederungsebenen wechselseitig

Sollen sich die Gliederungsebenen in den Kopfzeilen wie in diesem Buch zwischen geraden und ungeraden Seiten abwechseln (siehe Abschnitt 3.2.2), setzen Sie {StyleRef}-Felder mit unterschiedlichen Formatvorlagen-Verweisen in die Kopfzeilen der geraden und der ungeraden Seiten.

2.6.3 Die Suchreihenfolge der {StyleRef}-Felder

Trifft Word beim Aufbau einer neuen Seite auf ein {StyleRef}-Feld, sucht es zunächst textabwärts bis zum Ende der Seite nach der vorgegebenen Formatvorlage.

Wird das Programm auf dieser Seite nicht fündig, sucht es textaufwärts bis zum Dokumentbeginn.

Ist auch in dieser Richtung nicht die gewünschte Formatvorlage zu finden, geht die Suche vom Ende der aktuellen Position bis zum Textende weiter.

Erst wenn auch dabei kein Text mit passender Formatvorlage gefunden wird, gibt Word die Fehlermeldung aus:

🔟 »Fehler! Verwenden Sie die Registerkarte 'Start', um Überschrift n dem Text zuzuweisen, der hier angezeigt werden soll.«

🔢 🔢 🔢 »Fehler! Kein Text mit angegebener Formatvorlage im Dokument.«

Suchreihenfolge umkehren

Mit der Option SEITE VON UNTEN NACH OBEN DURCHSUCHEN beginnt Word am Ende der aktuellen Seite und sucht aufwärts. In der Kopfzeile erscheint damit immer die letzte zur jeweiligen Ebene gehörige Überschrift dieser Seite.

2.6.4 Problembehandlung für Kolumnentitel

Sollten bei den Kopfzeilen-Überschriften Merkwürdigkeiten auftreten, prüfen Sie bitte folgende typischen Fehlerquellen:

☐ Ist im Feld {StyleRef} die richtige Überschriften-Formatvorlage eingetragen? (Abschnitt 2.5)

☐ Sind in den Kopfzeilen die Abschnitte richtig entkoppelt (Option WIE VORHE-RIGE deaktiviert)? (Abschnitt 2.5 i. V. m. Kapitel 3)

☐ Ein Backslash \ im Kolumnentitel entsteht, wenn an der Überschrift ein Bild verankert ist[17], erkennbar am Symbol ⚓ links daneben. Dieser Anker erscheint in {StyleRef} als \ vor der Überschrift. Um dem abzuhelfen, greifen Sie den Anker mit dem Mauszeiger und verschieben ihn zum Absatz unter der Überschrift.

---

17   siehe Abschnitt 16.8.3

Kopf- und Fußzeilen

Von einer wissenschaftlichen Arbeit oder einem Sachbuch wird erwartet, dass es über Kopf- und Fußbereiche verfügt, in denen Dokumentinformationen zu finden sind, wenigstens eine Seitennummer, besser noch der Titel des Dokuments, bei längeren Dokumenten des Kapitels, evtl. Angaben zum Autor etc.

Dabei handelt es sich um vom Fließtext unabhängige, immer wieder gleiche Angaben – abgesehen von der fortlaufenden Seitennummer und wechselnden Überschriften (Kolumnentiteln).[18]

Diese immer wieder neu einzugeben und bei Umbruchänderungen neu zuzurichten, ist überflüssig, wenn Sie die Kopf- und Fußzeilen-Funktion verwenden.

> **Wichtig**
>
> Kopf- und Fußzeilen werden nur in den Ansichten [SEITEN]LAYOUT und VOLL-BILDLESEMODUS angezeigt.

Achten Sie darauf, dass sich Kopf- und Fußzeilen deutlich vom Haupttext abheben. Dazu können dienen:

- andere Schriftart und/oder -größe,
- ausreichender Abstand (Abschnitt 3.1.1),
- eine Absatzrahmenlinie (Abschnitt 12.4) unterhalb der Kopfzeile / oberhalb der Fußzeile.

3.1 Kopf- und Fußzeilen einrichten ⧗

Kopf- und Fußzeilen sind nicht sofort im Arbeitsfenster sichtbar; Sie müssen sie zunächst aktivieren. In einem nach Lieferstandard neu angelegten Dokument sind leere Kopf- und Fußzeilen bereits vorhanden. Um sie zu bearbeiten, müssen Sie lediglich in den freien Bereich am oberen oder unteren Ende des Blattes doppelklicken.

---

18 Die Seitennummerierung wird ausführlich in Kapitel 4 erläutert. Anleitungen für Kolumnentitel finden Sie in Abschnitt 2.6.

Ein weiterer Weg führt über EINFÜGEN | KOPFZEILE / FUSSZEILE. Daraufhin präsentiert Ihnen Word eine erste Auswahl an Kopf- oder Fußzeilenlayouts, aus denen Sie

- eines auswählen oder
- mit KOPFZEILE / FUSSZEILE BEARBEITEN in die freie Kopf-/Fußzeilenbearbeitung wechseln.

Hinweis

Die ¾-Rahmen in den Auswahlen der Kopf- und Fußzeilen sollen die Seitenränder symbolisieren; zusätzliche Rahmen legen Sie nur mit denjenigen Kopf- und Fußzeilenvorlagen an, in denen zusätzlich zum Seitenrand grafische Elemente zu sehen sind.

Wirklich brauchbar sind für wissenschaftliche Arbeiten eigentlich nur die Leer-Varianten, die auch beim direkten Aufruf von KOPFZEILE / FUSSZEILE BEARBEITEN in der dreispaltigen Variante angelegt werden.

Alle anderen sind mehr oder weniger verspielt angelegt, kommen für sachlich-nüchterne Dokumente weniger in Betracht.

Hinweis

Egal, ob Sie eine Kopfzeile oder Fußzeile einrichten, das Pendant wird immer zugleich angelegt.

Beim Aktivieren (egal ob per Doppelklick oder via EINFÜGEN)

- werden Kopf- und Fußzeilenbereich eingeblendet,
- springt die Schreibmarke in die Kopfzeile oder Fußzeile und
- erscheint die Registerkarte KOPF- UND FUSSZEILENTOOLS im Menüband.

Kopf- und Fußzeilenbearbeitung abschließen

Sie verlassen den Kopfzeilen/Fußzeilen-Modus wieder, indem Sie in den Haupttext doppelklicken oder in der Registerkarte KOPF- UND FUSSZEILENTOOLS die Schaltfläche KOPF- UND FUSSZEILE SCHLIESSEN betätigen.

Hinweis

Arbeiten Sie im Text, werden die Inhalte der Kopf- und Fußzeilen blasser dargestellt. Dies dient nur Ihrer Orientierung. Beim Drucken werden auch die Kopf- und Fußzeilen vollfarbig wiedergegeben.

3.1.1 Kopf- und Fußzeilen ausblenden

Falls die Kopf- und Fußzeilen bei der Arbeit stören, lassen sie sich ganz leicht ausblenden, bleiben aber erhalten.

Doppelklicken Sie in den schmalen grauen Streifen, der zwei Seiten in der Ansicht [SEITEN]LAYOUT trennt.

Die Seiten werden zusammengeschoben und nur eine dünne Linie trennt die Seiten.

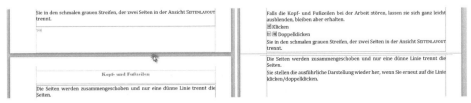

Abb. 3.1: Kopf- und Fußzeilen ausblenden

Sie stellen die ausführliche Darstellung wieder her, wenn Sie erneut auf die Linie doppelklicken.

Abb. 3.2: Die Kopf- und Fußzeilentools

3.1.2 Die erste Seite anders gestalten

Häufig benötigt man eine Konstruktion, bei der für die erste Seite eines Dokuments oder eines Kapitels andere oder überhaupt keine Kopf- oder Fußzeilen erwünscht sind.

Um die für den gesamten Abschnitt geltende Kopfzeile auf der ersten Kapitelseite zu unterdrücken, haben die Entwickler von Word bereits vorgesorgt:

Aktivieren Sie in den KOPF- UND FUSSZEILENTOOLS die Option ERSTE SEITE ANDERS.

Die Option ERSTE SEITE ANDERS nimmt die Kopf- *oder* Fußzeile der ersten Seite eines Dokuments oder Abschnitts aus der Wiederholungsfunktion der Kopf- und Fußzeilen heraus. Sie können so Kopf- und Fußbereich der ersten Seite unabhängig von den Folgeseiten gestalten.

Wichtig, wenn Sie Abschnitte verwenden

- Diese Option gilt immer nur für den aktuellen Abschnitt. Sie müssen sie also in jedem Abschnitt gesondert aktivieren.

- Kopf- und Fußzeilen nutzen diese Option separat. Sie müssen sie also zusätzlich in der Fußzeile aktivieren, wenn auch diese für die erste Abschnittsseite anders sein soll.

Sind keine Abschnitte eingerichtet, gilt diese Ausnahme nur für die erste Seite des Dokuments.

3.1.3 Seiten ohne Kopfzeileneinträge ⧗

Die Seiten des Vortextes benötigen meist gar keine Kopfzeileneinträge. Kopf- und Fußzeilen gelten immer für das gesamte Dokument oder, sofern Abschnitte eingerichtet sind, für einen Abschnitt.

Um Teile des Dokuments mit anderen oder überhaupt keinen Kopf- oder Fußzeilen zu versehen, müssen Sie dafür Abschnitte einrichten:

[SEITEN]LAYOUT | UMBRÜCHE

Allein mit dem Einrichten von Abschnitten ist es aber noch nicht getan, weil zunächst die Kopf- und Fußzeilen abschnittsübergreifend miteinander verknüpft sind.

Sie erkennen das in den KOPF- UND FUSSZEILENTOOLS an der farbig hinterlegten Schaltfläche MIT VORHERIGER VERKNÜPFEN. Die Bezeichnung sagt es schon: Diese Option wirkt rückwärts. Zum Entkoppeln müssen Sie in die Kopfzeile des Folgeabschnitts gehen und dort die Option ausschalten.

Wichtig

- Die Verknüpfung besteht für Kopfzeilen und Fußzeilen separat! Sie können also Kopfzeilen entkoppeln, aber für die Fußzeilen eine einheitliche, durchgekoppelte Fassung beibehalten, z. B. für Seitennummerierungen.

- Erst nach dem Entkoppeln sind die Kopf- und Fußzeilen der verschiedenen Abschnitte zu verändern, ohne dass es Auswirkungen auf die anderen Abschnitte hat.

Sodann klicken Sie in die Kopf- und Fußzeilen der auszunehmenden Abschnitte (Seiten) und löschen die dortigen Angaben.

3.2 Kopf- und Fußzeilen bearbeiten ⌛

Wenn Sie im Text arbeiten, werden Inhalte der Kopf- und Fußzeile aufgehellt dargestellt. Wechseln Sie in den Kopf-/Fußzeilen-Modus, sind die Farben von Kopf- und Fußzeilen kräftig, dafür der Haupttext aufgehellt.

Auch in den leeren Layouts sind bereits Tabulatoren, Tabsprünge und Platzhalter vorhanden, die Ihnen die Einrichtung der Inhalte erleichtern.

Abb. 3.3: Standard-Kopfzeile mit Platzhaltern

Eine Besonderheit bietet die Funktion AUSRICHTUNGSTABSTOPP EINFÜGEN in der Gruppe POSITION der KOPF- UND FUSSZEILENTOOLS. Diese sind nicht fest positioniert, sondern orientieren sich relativ zum Satzspiegel oder zu Einzügen, machen also deren Veränderungen mit. Ein zentrierter Ausrichtungstabstopp steht also immer mittig über dem Satzspiegel. Sie werden allerdings nicht im Lineal angezeigt.

Der Standard-Tabulator am rechten Rand ist rechtsbündig orientiert, sodass Sie keine Probleme haben, nach einem weiteren Tabsprung dort nur eine Seitennummer oder die Angabe »Seite«, gefolgt von der Seitennummer sauber zu platzieren. Wobei Sie die Seitennummern selbstverständlich nicht von Hand eingeben, sondern die Feldfunktion {Page} verwenden, die Ihnen SEITENZAHL | SEITENZAHLEN | EINFACHE ZAHL bequem einfügt.

3.2.1 Abstände einrichten

Zum Einrichten eines ausreichenden Abstands vom eigentlichen Schreibbereich dienen die Einstellungen für KOPFZEILE VON OBEN und FUSSZEILE VON UNTEN, mit denen Sie die vertikale Lage des Eintrags zwischen Seitenrand und Textbegrenzungen bestimmen. Sind diese Werte größer als die im Dialog SEITE EINRICHTEN, Register SEITENRÄNDER festgelegten, passen sich die Seitenränder dem an. Die Kopf- oder Fußzeile wird dann jedoch »auf Knirsch« am Text kleben, was Sie mit Absatzabständen (Abschnitt 9.4.1) bereinigen können.

Es geht aber auch simpler: Nicht ganz den Regeln der Satzkunst entsprechend, aber durchaus probat ist eine Absatzmarke am Ende der Kopfzeile oder am Beginn der Fußzeile. Sie halten damit immer »eine Zeilenhöhe« Abstand zum Satzspiegel.

Optisch noch deutlicher als durch den Abstand hebt sich eine Kopf- oder Fußzeile durch eine waagerechte Linie ab, z. B. eine Absatzrahmenlinie (Abschnitt 9.4.3).

Abb. 3.4: Abstandseinstellungen für Kopfzeilen und -einträge

3.2.2 Kopf- und Fußzeilen für beidseitigen Druck spiegeln 📖

Wenn, wie eben beschrieben, die Seitennummer rechts ausgewiesen wird – egal ob im Kopf- oder Fußbereich einer Seite –, kann das natürlich nur für einseitig bedruckte Seiten gelten. Bei beidseitig bedruckten Blättern erwarten wir die Seitennummer immer außen, also rechts bei ungeraden Seiten und links bei geraden Seiten.

> **Tipp**
>
> Sie können das wechselseitige Paginieren natürlich umgehen, indem Sie die Seitennummer mittig ausrichten, also am mittleren Tabstopp in den Standard-Kopf-/Fußzeilen.

Eleganter ist es jedoch, unterschiedliche Kopf- und Fußzeilen für gerade und ungerade Seiten zu verwenden.

Sie finden die benötigten Werkzeuge sowohl im Dialog SEITE EINRICHTEN als auch direkt in der Registerkarte KOPF- UND FUSSZEILENTOOLS.

Die Option

🔟   UNTERSCH. GERADE UND UNGERADE

⓭ ⓰ ⓲   GERADE & UNGERADE SEITEN UNTERSCH.

legt eigene Kopf- und Fußzeilen für gerade Seiten an. Im Kopf-/Fußzeilenmodus wird Ihnen auch angezeigt, welchen Seitenbezug die Kopf- oder Fußzeile hat.

Nun können Sie auf den geraden Seiten die Seitennummer linksbündig einsetzen, gefolgt von einem Tabsprung, um mittig die gewünschten Dokumentinformationen zu platzieren.

Kapitel 4

Seiten nummerieren

Word beherrscht problemlos eine Seitenzählung von der ersten bis zur letzten Seite und ist sogar in der Lage, die erste Seite des Dokuments ohne Anzeige der Seitennummer zu belassen. Das ist ausreichend, um die Vorgaben der DIN 1422 »Veröffentlichungen aus Wissenschaft, Technik, Wirtschaft und Verwaltung« zu erfüllen, denn dort ist geregelt, dass alle Seiten gezählt werden, mit dem Titelblatt als Seite 1 beginnend.

Wenn aber Entscheidungsträger der Meinung sind, ihren Mitarbeitern oder Studenten mit eigenen Formvorgaben die Arbeit ohne Not erschweren zu müssen, bereitet die Paginierung Probleme – ist jedoch mit Bordmitteln oder Workarounds fast immer zu bewerkstelligen.

Wichtigste Voraussetzung ist das Benutzen der Kopf- oder Fußzeile (Kapitel 3) für die automatischen Seitennummern, denn so treten sie ohne Ihr Zutun auf jeder Seite an derselben Position in Erscheinung und werden von Seite zu Seite hochgezählt.

Wichtig

Seit es MS Word gibt, werden die Bezeichnungen der Paginierung falsch verwendet. »Seitenzahl« ist die Anzahl der Seiten eines Dokuments, Kapitels oder Abschnitts; Word bezeichnet mit »Seitenzahl« allerdings die Seitennummer, was zu Verwechselungen und Irritationen Anlass gibt.

In diesem Buch wird »Seitenzahl« im korrekten Sinn gebraucht, der falsche Word-Terminus »SEITENZAHL« nur bei Funktionsbezeichnungen, ansonsten »Seitennummer«.

4.1 Seitennummern in die Kopf- oder Fußzeile einbringen

1. Setzen Sie die Schreibmarke an die gewünschte Position in der Kopf- oder Fußzeile.
2. Wählen Sie in der mit Klick auf SEITENZAHL | SEITENZAHLEN aufklappenden Liste die gewünschte Darstellungsform aus. Für wissenschaftliche Arbeiten ist die Variante »Einfache Zahl« meist passend.

Sofern bestimmte Vorgaben für die Gestaltung der Paginierung erteilt worden sind, lassen sich diese mit der Funktion SEITENZAHL FORMATIEREN umsetzen, die Sie im Kontextmenü finden, wenn Sie eine Seitennummer mit der rechten Maustaste anklicken.

4.1.1   Seite X von Y ⧖

Um die beliebte Angabe »Seite … von …« zu erzeugen, verwenden Sie für das Übernehmen der Zahlen als einfachsten Weg die einschlägigen Feldfunktionen.[19]

1. Setzen Sie in der Kopf- oder Fußzeile die Schreibmarke an die gewünschte Position.

2. Tragen Sie »Seite « ein.

3. EINFÜGEN | SCHNELLBAUSTEINE | FELD

4. Markieren Sie in der Liste den Eintrag PAGE | OK

5. Ergänzen Sie nach dem Nummernfeld » von «.

6. EINFÜGEN | SCHNELLBAUSTEINE | FELD

7. Markieren Sie in der Liste den Eintrag NUMPAGES | OK

> dann auf das Pluszeichen. Auch das Lesen ist bequemer in der neuen Leseansicht. Sie können Teile des Dokuments reduzieren und sich auf den gewünschten Text konzentrieren. Wenn Sie vor dem Ende zu lesen aufhören müssen, merkt sich Word die Stelle, bis zu der Sie gelangt sind – sogar auf einem anderen Gerät. Video bietet eine leistungsstarke Möglichkeit zur Unterstützung Ihres
>
> Fußzeile
>
> Seite 9 von 11

> dann auf das Pluszeichen. Auch das Lesen ist bequemer in der neuen Leseansicht. Sie können Teile des Dokuments reduzieren und sich auf den gewünschten Text konzentrieren. Wenn Sie vor dem Ende zu lesen aufhören müssen, merkt sich Word die Stelle, bis zu der Sie gelangt sind – sogar auf einem anderen Gerät. Video bietet eine leistungsstarke Möglichkeit zur Unterstützung Ihres
>
> Fußzeile
>
> Seite { PAGE * MERGEFORMAT } von { NUMPAGES * MERGEFORMAT }

Abb. 4.1: "Seite von Seiten"-Anzeige, unten in Felddarstellung

Sofern Sie abschnittsweise separat nummerieren, verwenden Sie bitte anstelle des das gesamte Dokument erfassenden Feldes {NumPages} dessen auf Abschnitte bezogenes Pendant {SectionPages}.

---

19   In den mitgelieferten Schnellbausteinen gibt es auch die Form »Seite x von y« in diversen Variationen, aber bis man die passende herausgesucht hat, ist das mit der hier beschriebenen Methode längst erledigt.

4.1.2 Erste Seite von der Paginierung ausnehmen

Geht es Ihnen nur darum, auf der ersten Seite eines Dokuments oder Abschnitts die Paginierung zu unterdrücken, müssen Sie keinen besonderen Abschnitt für diese Seite einrichten, denn für diesen Fall haben die Entwickler von Word bereits vorgesorgt:

Setzen Sie die Schreibmarke in die Kopf- oder Fußzeile – abhängig davon, wo Ihre Seitennummern platziert sind – und aktivieren Sie in den KOPF- UND FUSSZEILEN-TOOLS die Option ERSTE SEITE ANDERS.

ERSTE SEITE ANDERS nimmt die erste Seite eines Abschnitts von der sonstigen Gestaltung der Kopf- und Fußzeilen aus.

4.1.3 Mehrere Seiten von der Paginierung ausnehmen

Sollen andere als nur die erste Seite von der Paginierung ausgenommen werden, kommen Sie um die Einrichtung von Abschnitten[20] nicht umhin.

Allerdings reicht ein bloßer Abschnittswechsel nicht aus, denn von der Grundeinstellung her sind alle Kopf- und Fußzeilen mit ihren jeweiligen Nachbarn im vorhergehenden Abschnitt verknüpft.

Sie müssen zusätzlich zum Abschnittswechsel auch diese Verknüpfung aufheben:

Setzen Sie die Textmarke in die Kopf- bzw. Fußzeile des Folgeabschnitts, um anschließend die Option MIT VORHERIGER VERKNÜPFEN in den KOPF- UND FUSSZEILENTOOLS zu deaktivieren.

> **Wichtig**
>
> Diese Option ist nicht als Ankreuzfeld ausgeführt, sondern als Schaltfläche, die im aktiven Zustand hervorgehoben wird.

> **⚠ Vorsicht**
>
> Erst nach dem Aufheben der Verknüpfung dürfen die Kopf- und Fußzeilen neu formatiert werden. Anderenfalls vererben sich die Änderungen auf die verknüpften Abschnitte.

4.1.4 Kapitelweise paginieren

Die Form der Paginierung, die mit jedem Kapitel wieder bei 1 zu zählen anfängt, stammt aus der Prä-Computer-Zeit der Texterstellung. Wenn man nicht beginnend mit Kapitel 1 hintereinander weg bis zur letzten Zeile des letzten Kapitels schreibt,

---

20 siehe Abschnitt 1.1.1

sondern beim Schreiben zwischen den Kapiteln springt, weiß man nicht so genau, auf welcher Seite denn Kapitel 10 beginnen wird, wenn erst die Kapitel 1 bis 5 fertiggestellt sind. Eine Krücke zur Umgehung dieses Problems war die Paginierung der Form *Kapitelnummer – (Trennzeichen) – Seitennummer im Kapitel*.

Obwohl das nichtsequenzielle Arbeiten für die Paginierung heute überhaupt kein Problem mehr ist, wird in manchen Vorgaben verlangt, dass die Kapitel separate Seitennummerierungen erhalten sollen. Word bietet im Dialog SEITENZAHLENFORMAT mit KAPITELNUMMER EINBEZIEHEN eine solche Option.

> ## Wichtig
>
> Diese Funktion erwartet, dass die Kapitelüberschriften mit Formatvorlagen des Typs *Überschrift* formatiert und mit einer automatischen Nummerierung versehen sind (siehe Abschnitt 2.4).

Abb. 4.2: Kapitelnummer in die Paginierung einbeziehen

> ## Wichtig
>
> Um die kapitelinterne Nummerierung immer wieder bei 1 starten zu lassen, müssen zwischen den einzelnen Kapiteln Abschnittswechsel eingefügt werden.

> ## Tipp
>
> Sie erleichtern sich die Arbeit, wenn Sie zunächst den kompletten Haupttext als *einen* Abschnitt belassen, die Seitennummern im ersten Kapitel formatieren (einschließlich der Option zum Neustart der Nummerierung) und dann erst die Abschnittswechsel nach jedem Kapitel einfügen. Dabei bleibt die Formatierung der Seitennummer einschließlich Neustart der Zählung pro Kapitel erhalten.

1. Aktivieren Sie im Dialog SEITENZAHLENFORMAT die Option KAPITELNUMMER EINBEZIEHEN.

2. Wählen Sie im Feld KAPITEL BEGINNT MIT FORMATVORLAGE die richtige Überschriften-Formatvorlage (üblicherweise *Überschrift 1*).

3. Stellen Sie den Wert in BEGINNEN BEI auf 1.

4. Suchen Sie über die Dokumentstruktur bzw. den Navigationsbereich den nächsten Kapitelanfang auf.

5. Setzen Sie die Schreibmarke an den Schluss des vorangegangenen Kapitels.

6. [SEITEN]LAYOUT | UMBRÜCHE | NÄCHSTE SEITE oder 📖 UNGERADE SEITE

Wiederholen Sie die Schritte 4 bis 6 für alle Kapitel.

4.2 Paginierungs-Spezialitäten

Über das in Abschnitt 4.1 erläuterte Allernotwendigste zur Paginierung hält Word noch einige Funktionen bereit, mit denen Sie Ihre Seitennummern professioneller einrichten können.

Hinweis

Word übernimmt unterschiedliche Paginierungen in die Seitenzählung der seitlichen Miniaturansicht des Navigationsbereichs.

4.2.1 Welche Seiten wie nummerieren?

Immer wieder steht die Frage im Raum, welche Regeln oder Vorschriften es für die Seitennummerierung gibt.

Kurz geantwortet: »Im Prinzip keine!« Die eingangs erwähnte DIN 1422 gibt dafür keine verbindliche Position vor und die DIN 5008 »Schreib- und Gestaltungsregeln für die Textverarbeitung« enthält nur eine Positionsangabe für den Schriftverkehr. Folgende Grundsätze sollten Sie berücksichtigen:

Jede Seite zählt!

Die erste bedruckte Seite eines Dokuments hat die Seitennummer 1, es sei denn, sie ist ein Deckblatt.

Wird auf der Titelseite keine Seitennummer gewünscht (Option ERSTE SEITE ANDERS), zählt sie dennoch mit. Die häufig auftretende Frage, wie man die automatische Seitenzählung so einrichten kann, dass sie erst auf Seite 2 oder 3 mit 1 beginnt, stellt sich typografisch und nach DIN 1422 einfach nicht. Sofern solches dennoch gewünscht werden sollte, ist die in Abschnitt 4.2.2 beschriebene Methode entsprechend anzuwenden. (Weiter auf Seite 81)

Die Römer-Legende

Für wissenschaftliche Texte wird von vielen Menschen angenommen, die Titelei und das Inhaltsverzeichnis *müssten* mit römischen Seitenzahlen nummeriert werden. Diese Legende wird noch verschärft mit der Behauptung, auch die Anhänge, speziell das Stichwortverzeichnis, seien mit römischen Zahlen zu paginieren – entweder mit einer nach dem Inhaltsverzeichnis fortzusetzenden Nummerierung oder einer neu beginnenden mit »kleinen römischen Zahlen«. (Kleine Römer gibt es in der reinen Lehre gar nicht. Die alten Lateiner klopften ihre Zahlen immer versal in die Marmorblöcke. Minuskeln erfanden erst die Karolinger.)

Das ist alles nur Popanz! Die Nummerierung von Titelei und Inhaltsverzeichnis mit römischen Zahlen war ursprünglich ein Notbehelf. In wissenschaftlichen Werken nimmt das Inhaltsverzeichnis eine vorab nur schwer einzuschätzende Anzahl Seiten in Anspruch. Als solche Werke noch von Hand oder mit der Schreibmaschine geschrieben wurden, konnte das Inhaltsverzeichnis erst nach Fertigstellung des Haupttextes erstellt werden.

Mit einem Trick zog man sich aus der Affäre: Erst auf der ersten Seite des Haupttextes begann die Seitenzählung mit 1.

Da die dem fertigen Werk nachträglich voranzustellenden Seiten auch irgendwie paginiert werden mussten, bekamen diese einfach ihre eigene Nummerierung, der Unterscheidung wegen mit römischen Zahlen.

Weil in der Belletristik derartige Probleme unbekannt sind, kam die Legende auf, dass wissenschaftliche Texte zwingend einer römischen Paginierung des Vortextes bedürften. Dieses Gerücht wurde bis in unsere Zeit kolportiert, ist zwar ein Anachronismus, wird aber immer noch für bare Münze genommen.

Die aktuelle Technik der Dokumentenerstellung erfordert derartige Kunstgriffe nicht mehr. Die einstmals der Arbeitserleichterung dienende unterschiedliche Paginierung ist heute kontraproduktiv, denn sie verlangt vom Autor einen erhöhten Formatierungsaufwand.

An dieser Stelle noch eine Anmerkung zu der in den Geisteswissenschaften beliebten Nummerierung mit Buchstaben: Mit Buchstaben lassen sich nur maximal 26 Seiten nummerieren. Die Automatik von Word ist zwar in der Lage, auch größere Seitenzahlen in Buchstaben darzustellen, indem sie nach Z mit AA weiterzählt, nach ZZ dann mit AAA etc., aber ohne Nachrechnen kommen wir beim Betrachten einer Angabe wie z. B. III (= 62) nicht weiter, mal abgesehen von der in diesem Beispiel bestehenden Verwechselungsgefahr mit Römern.

Leider wird dieses Wissen Ihnen nicht helfen, wenn in der Vorgabe (selbstverständlich ohne Vorlagendatei) steht, dass Vortext, Haupttext und Nachtext unterschiedlich zu paginieren sind. Sei's also drum – hier finden Sie die einschlägigen Anleitungen.

📖 Da auch die Rückseite der Titelseite nicht paginiert wird, ist die erste in einem beidseitig gedruckten Text auftretende Seitennummer mindestens die 3. Beim Buchdruck beginnt die Seitennummernanzeige noch später, meist mit 7, weil auch die komplette »Titelei« keine Seitennummern trägt, aber dennoch mitgezählt wird.

Die Seitennummer steht immer mittig oder außen!

📖 Bei beidseitiger Bedruckung eines Blattes muss in den Seiteneinstellungen die Option für unterschiedliche Gestaltung der geraden und ungeraden Seiten gewählt werden, wenn gerade Seitennummern links und ungerade Seitennummern rechts stehen sollen.

Tipp

Setzen Sie bei beidseitigem Druck die Seitennummer mittig, ersparen Sie sich die Unterscheidung in der Platzierung.

Alle anderen Vorgaben an die Nummerierung (wie auch der Fuß- und Endnotengestaltung, der Quellenformatierung etc.) sind willkürliche Festlegungen der Leute, die den Schreibern weisungsbefugt sind.[21]

4.2.2 Vortext und Nachtext mit eigener Seitenzählung

Um Vor- und/oder Nachtext mit eigener Zählung und eigener Zahlendarstellung zu paginieren, müssen Sie zuerst Abschnitte erzeugen und entkoppeln:

Zur Trennung von Vortext und Hauptteil benötigen Sie Abschnittswechsel

- zwischen Titelei und Verzeichnissen sowie
- zwischen Verzeichnissen und Haupttext.

Zur Trennung von Haupttext und Nachtext benötigen Sie einen Abschnittswechsel zwischen Haupttext und Nachtext.

1. Fügen Sie einen Abschnittswechsel hinter der letzten Zeile des Textes ein, nach dem gewechselt werden soll: [SEITEN]LAYOUT | UMBRÜCHE | NÄCHSTE SEITE 📖 bzw. UNGERADE SEITE, wenn beidseitig gedruckt wird.

2. Entkoppeln Sie die Kopf- oder Fußzeilen, je nachdem, wo die Seitennummer platziert ist:

---

21 Ob und wie sich diese Vorgaben mit dem eingesetzten Textprogramm umsetzen lassen, ist Problem des Autors.

Setzen Sie die Schreibmarke in die ungerade Kopf-/Fußzeile und heben Sie in den Kopf- und Fusszeilentools die Option Mit vorheriger verknüpfen auf.

> 📖 **Zwischenschritt bei beidseitigem Druck**
>
> Sofern Ihr Dokument für doppelseitigen Druck eingerichtet ist und über unterschiedliche Kopf- und/oder Fußzeilen für gerade und ungerade Seiten verfügt, müssen Sie die Entkoppelung auch in den geraden Kopf- bzw. Fußzeilen wiederholen:
>
> Klicken Sie, um zur geraden Kopf-/Fußzeile zu gelangen, in den Kopf- und Fusszeilentools auf die Schaltfläche Nächste und heben Sie auch dort die Option Mit vorheriger verknüpfen auf.

Nun können Sie darangehen, in beiden Abschnitten die Seitennummern zu formatieren:

1. Markieren Sie die ungerade Seitennummer des ersten Kapitels und wählen Sie in der Registerkarte Kopf- und Fusszeilentools: Seitenzahlen | Seitenzahlen formatieren.

2. Im Dialog Seitenzahlenformat wählen Sie oben das gewünschte Zahlenformat und stellen unten

   - mit Fortsetzen vom vorherigen Abschnitt ein, dass die Nummerierung abschnittsübergreifend fortgesetzt wird, lediglich das Nummernformat sich ändert (beim Übergang von der nicht paginierten Titelei zum Inhaltsverzeichnis), oder

   - durch Vorgabe einer Zahl in Beginnen bei, dass die Paginierung des neuen Abschnitts von der bisherigen Nummerierung unabhängig ist (beim Übergang vom Vortext zum mit eigener Nummer versehenen Haupttext).

📖 Auch diese Einstellungen wiederholen Sie ggf. für die gerade Kopf- oder Fußzeile.

> ⚠ **Vorsicht**
>
> Es gibt dieselben Einstellungen auch im Kontextmenü der Seitenzahl, doch wirken dort vorgenommene Änderungen sich nicht auf das Inhaltsverzeichnis aus!
>
> Werden Seitennummern manuell über Feldschalter (Kapitel 19) formatiert, führt das ebenfalls zu Anzeigefehlern der Seitenzahlen im Inhaltsverzeichnis.

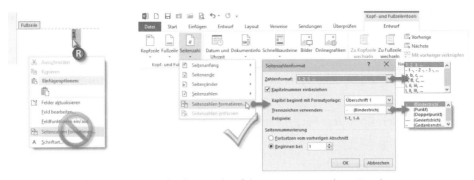

Abb. 4.3: Der richtige Weg zum gleichen Dialog führt zum gewünschten Ergebnis.

4.2.3 Nummerierung im Nachtext

Soll die Paginierung im Nachtext nur eine andere Zahlendarstellung erhalten, ist die Sache einfach zu regeln. Ein Abschnittswechsel trennt den Nachtext vom Haupttext und für die Nummerierung nach dem Wechsel wird im Dialog SEITENZAHLEN-FORMAT das Zahlenformat umgestellt, ohne die Option FORTSETZEN VOM VORHERIGEN ABSCHNITT aufzuheben.

Schwieriger wird es, die Nummerierung des Vortextes im Nachtext wiederaufzunehmen. Die letzte Seitennummer des Verzeichnis-Abschnittes muss von der Nummerierung im Nachtext aufgenommen und fortgesetzt werden.

Deshalb bedarf es zuerst eines Merkpostens, in dem die letzte Seitennummer des Verzeichnis-Abschnitts gespeichert wird. Dies lässt sich mit einem Feld {SectionPages} bewerkstelligen, das die Anzahl der Seiten eines Abschnitts ausgibt.

Um diesen Wert auch aus anderen Abschnitten heraus abzufragen, muss der Feldinhalt in ein abschnittsübergreifendes Feld übernommen werden. Für solche Zwecke dient die SET-Funktion, mit der eine unsichtbare Textmarke angelegt wird.

Sie gehen also wie folgt vor:

1. Fügen Sie neben der Seitennummer des Vortext-Abschnitts das Feld ein:
2. EINFÜGEN | SCHNELLBAUSTEINE | FELD
3. Markieren Sie in der Liste SET.
4. Klicken Sie auf FELDFUNKTIONEN.
5. Tragen Sie nach dem Wort SET im Eintragsfeld ERWEITERTE FELDEIGENSCHAF-TEN einen beliebigen Namen für die Textmarke ein.
6. OK
7. Schalten Sie die Feldfunktionen-Ansicht mit ⇧+F9 oder Alt+F9 ein.
8. Ergänzen Sie hinter dem Textmarkennamen, aber noch innerhalb der Funktionsklammer die Funktion: EINFÜGEN | SCHNELLBAUSTEINE | FELD | SECTIONPAGES.

9. Nach dieser Vorbereitung wechseln Sie nun zur Kopf- oder Fußzeile des Nach-textes und tragen dort diese Formel ein:

⌈=⌈Ref Textmarke⌉ +⌈Page * arabic} * Roman ⌉ ⌉[22]

Anstelle von *Textmarke* fügen Sie den Namen der mit Schritt 4/5 angelegten Text-marke ein.

(Das ginge auch über den FELD-Dialog, ist daselbst allerdings wesentlich kompli-zierter zu handhaben und zu beschreiben.)

10. Markieren Sie die Formel, klicken Sie sie mit der rechten Maustaste an und wäh-len Sie SEITENZAHLEN FORMATIEREN.

11. Setzen Sie den Wert bei BEGINNEN MIT auf 1.

12. OK

13. Drücken Sie F9, um das Ergebnis zu sehen.

📖 Wiederholen Sie die Schritte 8 bis 12 für die gerade Kopf-/Fußzeile des Ab-schnitts.

Erläuterung der Formel

- Der Textmarke wird mit SET die Seitenzahl des Vortextes zugewiesen. Deren Formatierung ist hier noch unerheblich.

- Referenzfelder {Ref …} übernehmen den Inhalt des nachfolgend genannten Feldes, in diesem Fall also der Textmarke.

- {Page} addiert die aktuelle Seitenzahl des neuen Abschnitts hinzu; deshalb ist auch wichtig, dass BEGINNEN MIT 1 festgelegt wird.

- Da der Abschnitt mit römischen Zahlen paginiert wird, Word mit diesen aber nicht rechnen kann, muss die Seitennummer zuvor mit * arabic in eine berechenbare arabische Zahl umgewandelt werden. Das Ergebnis der Be-rechnung wird am Schluss mit * Roman wieder in große Römer verwandelt.

Wichtig

Sollte Ihr Vortext aus mehreren Abschnitten bestehen, müssen natürlich in all diesen Abschnitten Textmarken mit dem Inhalt {SectionPages} erzeugt und in der Formel jede dieser Textmarken mit einem Referenz-Feld als weiterer Sum-mand eingefügt werden.

---

22 Die Feldfunktionsklammern ⌈ und ⌉ setzen Sie paarweise mit Strg + F9.

4.2.4 Seitennummern bei querformatigen Seiten platzieren

Wenn auf einer Seite Objekte, Bilder, Tabellen o. Ä. gezeigt werden sollen, bei denen es auf möglichst große Abbildung ankommt, wird gern per Abschnittswechsel eine Seite im Querformat eingeschoben. Allerdings werden Kopf- und Fußzeilen und damit auch die Seitennummerierung »mitgedreht«. Der Hintergrund dieser Aktion ist simpel: Für Word wurde die Seite nicht gedreht, sondern besitzt nur andere Abmessungen in Höhe und Breite. Folgerichtig setzt es Kopf- und Fußzeile *oben und unten*. Im fertigen, gedruckten Dokument aber laufen bei diesen Seiten die Kopf- und Fußzeilen senkrecht an der Innen- und Außenkante des Blattes.

Es gibt mehrere Techniken, dieses Problem zu umgehen; am einfachsten ist es, das überbreite Objekt um 90° zu drehen. Damit bleibt die Ausrichtung der Seite dieselbe und Kopf- und Fußzeilen stehen im fertigen Dokument dort, wo sie hingehören.[23]

4.2.5 Wechselnde Seitennummerierung gerade/ungerade

Sollen die Seitennummern durchgängig in gleicher Formatierung, lediglich rechts/links wechselnd wegen beidseitigen Drucks, erscheinen, benötigen Sie getrennte Kopf- und Fußzeilen mit der Option GERADE/UNGERADE ANDERS.

Damit lassen sich Kopf- und Fußzeilen und somit auch die dort platzierten Seitennummern für gerade und ungerade Seiten unabhängig voneinander formatieren.

Wichtig

Das bedeutet aber auch, dass Sie **jede Änderung** am Seitennummernformat **doppelt** erledigen müssen!

Wechseln Sie also nach dem Bearbeiten einer Seitennummer in die Kopf- bzw. Fußzeile der gegenüberliegenden Seite und wiederholen Sie dort die Formatierung.

Aus der Trickkiste: Positionswechsel der Seitennummer ohne unterschiedliche Kopf- oder Fußzeilen

Die Verwendung der der Bedingungsformel IF erlaubt in einer für beide Seiten identischen Kopfzeile dennoch den korrekten Positionswechsel ungerade Seite rechts, gerade Seite links:

---

23 siehe auch Abschnitte 15.4 und 16.8.5

Setzen Sie an den linken Rand die Formel

⟦ IF ⟦ = MOD (⟦Page⟧; 2) = "0" "⟦ Page ⟧" ⟧

und an den rechten Rand

⟦ IF ⟦ = MOD (⟦Page⟧; 2) <> "0" "⟦ Page ⟧" ⟧

Erläuterung der Formel

Die IF-Funktion fragt per MOD-Funktion ab, ob die Division der aktuellen Seitennummer durch 2 einen Rest ergibt oder nicht. Wenn es einen Rest gibt, handelt es sich um eine ungerade Seite und die Formel auf der rechten Seite trifft zu. Ohne Rest ist es eine gerade Seite und die linke Bedingung trifft zu. Dementsprechend wird die jeweilige Seitennummer rechts oder links platziert.

4.2.6 Hinweis auf Folgeseite

Im Korrespondenzbereich üblich sind Hinweise am Fuß einer Seite zu jener Seite, auf der der Text weitergeht. ✍ Für wissenschaftliche Arbeiten kommt ein ähnliches Konstrukt zum Einsatz, wenn Seiten mit Zusatzinformationen, Illustrationen oder ein Beihefter den Fließtext unterbrechen wie hier Seite 80.

Auch solche Hinweise lassen sich automatisieren, indem Sie an das Ende der Seite vor der Unterbrechung in kleinerer Schrift ein Berechnungsfeld setzen:

weiter auf Seite ⟦ = ⟦Page⟧ + n ⟧

Anstelle von n ist die Anzahl der zwischengeschobenen Seiten plus 1 einzusetzen.

Kapitel 5

Verweise und Verzeichnisse

Eine wissenschaftliche Ausarbeitung dient dem Nachschlagen, Recherchieren und Vergleichen. Dabei helfen Strukturen im Text, interne und externe Verweise, Verzeichnisse, Erläuterungen und Suchhilfen, die sich dank Assistenzfunktionen in Word leicht erstellen und pflegen lassen.

5.1 Querverweise

Um im Text auf eine andere Textposition zu verweisen, an der mehr zum eben behandelten Thema geschrieben wird, ist ein Vermerk der Art »siehe auch ...« o. Ä. immer sehr hilfreich. Wenn Sie das von Hand erledigen, haben Sie ein Fortschreibungsproblem, sobald sich durch Überarbeitungen die Verweisdaten ändern.

Word nimmt Ihnen die Fortschreibung der Verweise ab; dazu rufen Sie die Funktion VERWEISE/REFERENZEN | QUERVERWEIS auf.

Um einen automatischen Verweis anzubringen, benötigt Word am Ziel irgendeine Art von Strukturdaten, genannt »Tags«, woran sich der Verweis orientieren kann.

Abb. 5.1: Verweisziel und -darstellung auswählen

Zur Auswahl stehen in der Liste VERWEISTYP des QUERVERWEIS-Dialogs alle geeigneten Tag-Typen (siehe Abbildung 5.1 links).

> **Wichtig**
>
> Beim Verweis auf Überschriften und Illustrations-Unterschriften benötigt Word mit den Formatvorlagen »Überschrift 1« bis »Überschrift 9« bzw. »Beschriftung« formatierte Ziele. Sofern Sie eigene Formatvorlagen dafür benutzen, findet die Verweisfunktion sie nicht!

5.1.1 Querverweis einrichten

Sobald Sie in der Liste VERWEISTYP (eigentlich ist es ja der Zieltyp) eine Vorauswahl getroffen haben, werden die passenden Ziele im unteren Fenster angezeigt.

Auch die rechte Listenauswahl VERWEISEN AUF passt sich dem Verweistyp an; je nach Art des Verweistyps stehen unterschiedliche Angaben zur Auswahl, die als Verweis eingetragen werden. Das kann die Seitennummer sein, aber auch der komplette Inhalt einer Bildunterschrift, je nach Bedarf.

Zuletzt markieren Sie in der Liste der Ziele das gewünschte Verweisziel und klicken auf EINFÜGEN. Word fügt ein Feld ein, das den gewünschten Verweis anzeigt.

> **Hinweis**
>
> Zusätzliche Hinweise wie z. B. »siehe Seite« setzen Sie von Hand dazu.

Die Option ALS HYPERLINK EINFÜGEN ist nützlich, wenn Sie beim Überarbeiten die Verweise schnell verfolgen möchten oder wenn Sie den Text als Word- oder PDF-Datei weitergeben wollen. Beim Anklicken des Verweises bei gedrückter $\boxed{\text{Strg}}$-Taste springt die Anzeige zur verwiesenen Textstelle.[24]

Wenn Sie ein Querverweisfeld markieren und $\boxed{\text{⇧}}$+$\boxed{\text{F9}}$ drücken, zeigt sich der Feldcode, ein {REF}-Feld mit kryptischer Adressierung,

z. B. ⁅ REF _Ref288498536 \r \h ⁆,

oder dem Namen der bezogenen Textmarke (siehe Abschnitt 5.1.3). Am Verweisziel lässt sich in diesem Feld nicht basteln, und die Schalter dahinter sind im Dialog FELD BEARBEITEN, den Sie per Kontextmenü öffnen, leichter zu ändern. Weitere Schalter gibt es nicht.

5.1.2 Auf mehrere Ziele verweisen

Wollen Sie auf mehrere Textstellen, z. B. Abbildungen, zugleich verweisen, kommen Sie mit den Möglichkeiten des Verweis-Dialogs nicht aus, denn dort ist immer nur der Verweis auf ein Ziel möglich.

---

24 Ob ein Klick mit oder ohne (Strg) zum Sprung führt, können Sie in den Optionen, Register ERWEITERT mit der Option STRG+KLICKEN ZUM VERFOLGEN EINES HYPERLINKS VERWENDEN bestimmen.

Aus der Trickkiste: Querverweis auf mehrere Ziele

Die Feldfunktion {QUOTE} sorgt in einigen Fällen für Abhilfe. Diese Zitatfunktion arbeitet ähnlich wie {REF}, doch mit {QUOTE} lassen sich durch Formatvorgaben Textinhalte unterdrücken. Wird also aus einem mit {QUOTE} referenzierten Text nur der Zahlenanteil benötigt, formatieren Sie mit * ein Zahlenformat; {QUOTE} unterdrückt in diesem Fall den nichtnumerischen Teil des Zitats.

1. Fügen Sie den Querverweis wie gewohnt mit VERWEIS | QUERVERWEIS ein.

2. Markieren Sie den Querverweis.

3. EINFÜGEN | SCHNELLBAUSTEINE | FELD | QUOTE

4. Wählen Sie in der Liste FORMAT das gewünschte Zahlenformat.

5. OK

Bei mit Alt + F9 eingeschalteter Feldansicht sehen Sie z. B.

⟦ QUOTE ⟦ REF _Ref421446901 \h ⟧ * Arabic * MERGEFORMAT ⟧.

Dieses Verfahren wiederholen Sie mit weiteren zu referenzierenden Abbildungen und ergänzen dann noch um z. B. »siehe Abbildungen« sowie erforderliche Kommata oder Bindewörter.

Dieses Verfahren funktioniert jedoch nicht mit Beschriftungen, die die Kapitelnummer enthalten. Ein bekannter, aber nie behobener Programmfehler addiert Kapitel- und Bildnummer.

Workaround

Sofern sich Verweis und Referenz im selben Kapitel befinden, lassen Sie Word die überflüssige Addition einfach zurückrechnen. Die Kapitelnummer erhalten Sie mit ⟦ STYLEREF \1 \n ⟧ und benutzen Sie in folgender Formel:

⟦ STYLEREF \1 \n ⟧.⟦ = ⟦ QUOTE ⟦ REF Ref_###### ⟧ \arabic ⟧ -
⟦ STYLEREF \1 \n ⟧⟧

5.1.3 Textmarke als Verweisziel

Sollte ausgerechnet auf der Seite oder an der Stelle, auf die Sie verweisen wollen, überhaupt kein Tag existieren, legen Sie dort als Notbehelf eine Textmarke[25] an:

1. Setzen Sie die Schreibmarke an die Position, auf die verwiesen werden soll.

2. Strg + ⇧ + F5 oder EINFÜGEN | TEXTMARKE

3. Fügen Sie im Feld TEXTMARKENNAME des TEXTMARKE-Dialogs einen Namen für die neue Textmarke ein. Der Name darf keine Leerschritte oder Sonderzeichen enthalten.

4. HINZUFÜGEN

---

25 Mehr zu Textmarken erfahren Sie in Abschnitt 19.5.

Textmarken werden im QUERVERWEIS-Dialog aufgelistet, sobald Sie als Verweistyp TEXTMARKE auswählen.

> **Tipp**
>
> Auch als Arbeitserleichterung sind Textmarken zu gebrauchen, indem Sie bestimmte Positionen im Text damit kennzeichnen, zu denen Sie beim Arbeiten immer wieder mal hinspringen müssen.
>
> Fügen Sie an der aktuellen Bearbeitungsposition ein Feld {GoToButton} ein. Dieses Feld benötigt zwei Argumente: das Sprungziel und den als Button anzuzeigenden Text: ⁅ `GoToButton Textmarke Anzeigetext` ⁆.
>
> Dieser »Button« ist zwar optisch nicht vom Text zu unterscheiden, wie der Name suggeriert, ein Doppelklick[26] auf den angezeigten Text bewirkt aber einen Sprung zu der verlinkten Textmarke. Mit ⌂+F5 gelangen Sie zurück zum Ausgangspunkt des Sprungs.

5.1.4 Verweise auf andere Dateien

Wird Ihr Dokument nur in elektronischer Form[27] genutzt, lassen sich auch dokumentexterne Informationen in Verweisform einbinden. Zu diesem Zweck markieren Sie den Hinweis, der den verbalen Verweis enthält, und wählen im Kontextmenü EINFÜGEN | [HYPER]LINK.

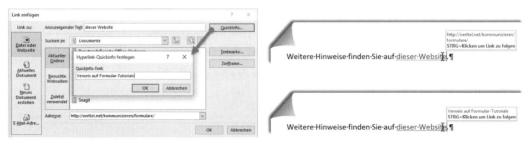

Abb. 5.2: Auswahl einer Verlinkung (links) und deren Darstellung im Text ohne (rechts oben) und mit QuickInfo (rechts unten)

Im Dialog [HYPER]LINK EINFÜGEN navigieren Sie zu dem zu verknüpfenden Dokument und markieren es.

---

26 Der Doppelklick ist der wesentliche Unterschied zum Verweisfeld, das auf einfachen Klick reagiert.

27 Dazu gehört auch ein ins PDF-Format umgewandeltes Dokument, wenn die Strukturtags und Links sauber umgewandelt werden. Der Word-eigene PDF-Export arbeitet diesbezüglich einwandfrei.

Handelt es sich dabei um ein Word-Dokument, das Textmarken enthält, lässt sich der Link mit der Schaltfläche TEXTMARKE präzise auf eine Textmarke lenken.

> **Wichtig**
>
> Bezieht sich der Link auf eine Datei auf Ihrem Computer, funktioniert er selbstverständlich nur dort oder wenn auf einem anderen Computer das Zieldokument im gleichnamigen Pfad liegt.

Wie der Link dargestellt wird, bestimmen Sie mit folgenden Einstellungen:

- In der Standardeinstellung wandelt Word automatisch alle mit einem Link versehenen Texte in blaue, unterstrichene Schrift um. Indem Sie den Text markieren und [Strg]+[Leertaste] betätigen, passen Sie die Darstellung dem umgebenden Text an.

- Beim Mouseover blendet Word eine QuickInfo mit dem Ziel des Links und einem Hinweis ein, wie dieser Link auszulösen ist. Wünschen Sie anstelle der Linkadresse einen anderen Text, geben Sie ihn im Dialog LINK EINFÜGEN als QUICKINFO ein. Word ersetzt in der QuickInfo die Adresse durch diesen Text.

5.2 Fuß- und Endnoten

Erläuterungen, die den Lesefluss beeinträchtigen, sollen in geeigneter Form aus dem Fließtext ausgegliedert werden. Rechts- und Literaturquellenangaben oder nicht unmittelbar zum Textverständnis notwendige Kommentare und Erläuterungen eignen sich dafür besonders.

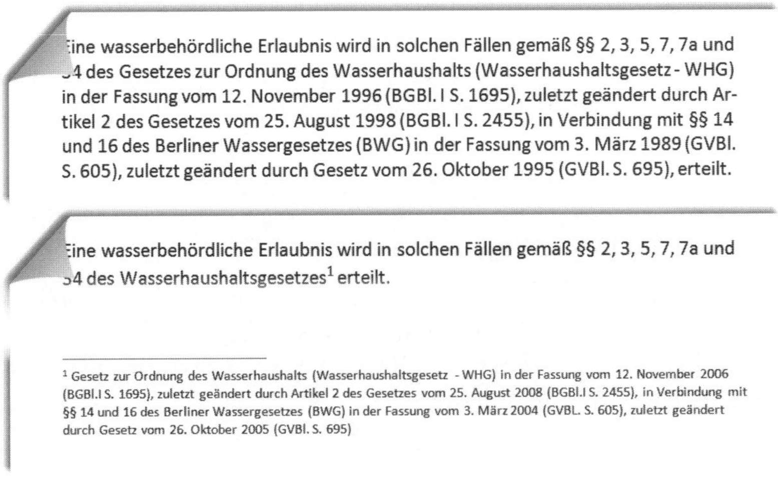

Eine wasserbehördliche Erlaubnis wird in solchen Fällen gemäß §§ 2, 3, 5, 7, 7a und 54 des Gesetzes zur Ordnung des Wasserhaushalts (Wasserhaushaltsgesetz - WHG) in der Fassung vom 12. November 1996 (BGBl. I S. 1695), zuletzt geändert durch Artikel 2 des Gesetzes vom 25. August 1998 (BGBl. I S. 2455), in Verbindung mit §§ 14 und 16 des Berliner Wassergesetzes (BWG) in der Fassung vom 3. März 1989 (GVBl. S. 605), zuletzt geändert durch Gesetz vom 26. Oktober 1995 (GVBl. S. 695), erteilt.

Eine wasserbehördliche Erlaubnis wird in solchen Fällen gemäß §§ 2, 3, 5, 7, 7a und 54 des Wasserhaushaltsgesetzes[1] erteilt.

---

[1] Gesetz zur Ordnung des Wasserhaushalts (Wasserhaushaltsgesetz - WHG) in der Fassung vom 12. November 2006 (BGBl. I S. 1695), zuletzt geändert durch Artikel 2 des Gesetzes vom 25. August 2008 (BGBl. I S. 2455), in Verbindung mit §§ 14 und 16 des Berliner Wassergesetzes (BWG) in der Fassung vom 3. März 2004 (GVBL. S. 605), zuletzt geändert durch Gesetz vom 26. Oktober 2005 (GVBL. S. 695)

Abb. 5.3: Unterbrechungsfreier Lesefluss dank Fußnote

> **Wichtig**
>
> ■ Fuß*noten* haben mit Fuß*zeilen* nur die ersten drei Buchstaben und die Position unterhalb des Textes einer Seite gemein, sonst nichts!
>
> ■ Fuß*noten* haben einen gesonderten Bereich zwischen Text und Fußzeile. Dieser Bereich wird *nicht* von Verzeichnisfunktionen erfasst!

Navigieren in Fußnoten

Wenn Ihre Schreibmarke innerhalb einer Fußnote steht und Sie sie mit den Pfeiltasten verschieben, bewegt sie sich

- vom Anfang des Fußnotenbereichs
  - mit ← zur vorherigen Fußnote,
  - mit ↑ zum darüberliegenden Text,
- vom Ende des Fußnotenbereichs
  - mit → zur nächsten Fußnote,
  - mit ↓ zur ersten Zeile der folgenden Seite.

5.2.1 Wann Fußnoten, wann Endnoten?

Fußnoten dienen der unmittelbaren Erläuterung oder Kommentierung des Textes, wenn zu erwarten ist, dass interessierte Leser schnell an die ergänzende Information gelangen möchten, z. B. kurze Erläuterungen zu nicht gängigen Abkürzungen oder Fachbegriffen.

Endnoten sind immer dann angebracht, wenn die Information der vertiefenden Beschäftigung mit dem Thema dienen soll. Dies ist besonders bei Rechts- und Literaturquellen der Fall.

Sie können auch beide Notenformen in einem Dokument parallel verwenden. Word ist bereits so voreingestellt, dass Fußnoten mit arabischen Zahlen und Endnoten mit kleinen römischen Zahlen nummeriert werden. Die Zahlenformate lassen sich mit den in Abschnitt 5.2.4 vorgestellten Mitteln ändern.

5.2.2 Fuß- und Endnoten einfügen

Stellen Sie die Schreibmarke an die Position im Fließtext, an der der Verweis auf eine Fuß- oder Endnote erscheinen soll, und drücken Sie Strg+Alt+F für Fußnote bzw. Strg+Alt+E für Endnote oder wählen Sie VERWEISE/REFERENZEN | FUßNOTE EINFÜGEN oder ENDNOTE EINFÜGEN.

Damit bewirken Sie folgende Aktionen seitens Word:

Das Programm

- fügt an der Position der Schreibmarke einen Fußnotenhinweis in Form einer hochgestellten Zahl ein,

- legt für Fußnoten am unteren Rand des Satzspiegels, für Endnoten am Text-ende eine waagerechte Linie an, fügt dort wiederum dieselbe hochgestellte Zahl in einem neuen Absatz ein und

- harrt Ihrer Eingabe des Fußnotentextes.

Der Fuß- oder Endnotentext wird in Word mit *Notizen* bezeichnet. Die Schaltflä-che NOTIZEN ANZEIGEN in der Registerkarte VERWEISE/REFERENZEN wechselt beim Anklicken zwischen Fußnotensymbol im Text und Fußnote. Dasselbe erreichen Sie mit einem Doppelklick auf die Fuß- oder Endnotennummer.

Abb. 5.4: Anzeige des Fuß- oder Endnotentextes in einem QuickInfo

Wenn Sie DATEI | OPTIONEN | ANZEIGE | DOKUMENT-QUICKINFOS BEIM DARAUFZEI-GEN ANZEIGEN aktiviert haben, nimmt der Mauszeiger beim Berühren eines Fuß- oder Endnotenhinweises die Form 🖚 an und darüber erscheint eine QuickInfo mit der zugehörigen Notiz. Die Nummerierung der Fuß- und Endnoten wird in-tern verwaltet. Sie müssen sich nicht darum kümmern, wenn Sie vor einer bereits existierenden Fußnote eine weitere einschieben. Word nummeriert automatisch neu und reiht auch die Notizen richtig ein.

Aus der Trickkiste: Mehrfach auf dieselbe Fuß- oder Endnote verweisen

Sie können auf dieselbe Fuß- oder Endnote mehrfach verweisen, indem Sie anstel-le des weiteren Notenhinweises einen *Querverweis* (Abschnitt 5.1) des Typs Fußno-te einfügen:

VERWEISE/REFERENZEN | QUERVERWEIS | Verweistyp FUSSNOTE.

Bei VERWEISEN AUF wählen Sie FUSSNOTENNUMMER; so wird auf eine Fußnote an zwei verschiedenen Stellen verwiesen.

5.2.3 Fuß- und Endnoten löschen

Wenn Sie versuchen, eine Fuß- oder Endnote einschließlich ihrer Nummer zu lö-schen, erhalten Sie eine Fehlermeldung.

Fuß- und Endnoten lassen sich nur löschen, indem Sie das Verweiszeichen im Text löschen.

5.2.4 Fuß- und Endnotennummer gestalten

Verweise/Referenzen | Gruppe *Fußnoten* ↘ öffnet den Dialog zum Gestalten und Platzieren der Fuß- und Endnoten.

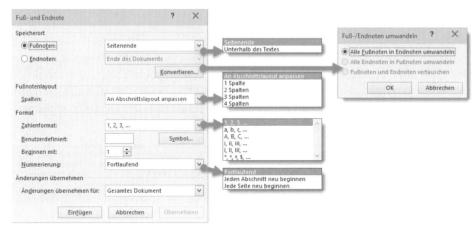

Abb. 5.5: Fuß- und Endnoten formatieren

Bis auf wenige Details ist dieser Dialog selbsterklärend.

- In der Liste Speicherort für Fußnoten bedeutet
    - Seitenende, dass die Fußnote oberhalb der Fußzeile, also ganz unten eingefügt wird,
    - Unterhalb des Textes, dass die Fußnote unmittelbar auf das Textende der Seite folgt.
- In der Liste Zahlenformat findet sich zuletzt eine Folge von Symbolen: *, †, ‡, §. Die ersten vier so definierten Fußnoten erhalten das jeweilige Zeichen aus dieser Reihe. Die nächsten vier wiederum die Zeichen aus dieser Reihe, aber verdoppelt, dann verdreifacht ...
- Als Benutzerdefiniert kann jedes Zeichen herhalten, das Sie dort per Tastatur oder mit der Symbolauswahl eintragen, auch eine Folge von Symbolen. Dieses benutzerdefinierte Symbol gilt nur für diese eine Notiz. Auch die benutzerdefinierten Symbole werden hochgestellt formatiert.

Hinweis

Andere Formatierungsmöglichkeiten[28] für Fußnoten gibt es nicht. Unübliche Anforderungen können nur manuell oder mit Makros und Add-Ins erfüllt werden.

---

28 Das immer wieder nachgefragte Fußnotenzeichen in eckigen Klammern [1] ist eine Krücke der textbasierten frühen Netzkommunikation. In der Druck- und Satztechnik war es nie üblich, und deren Regeln gelten auch für den virtuellen Satz.

5.2.5 Fußnotentext einrücken

Die Standard-Einstellung für Fußnotentexte ist ein linksbündiger Absatz, bei dem auf die Fußnotennummer erst ein Leerschritt und dann der Text folgen.

Um die Fußnotennummer deutlicher abzuheben, können Sie den Leerschritt durch einen Tabsprung ersetzen und die Fußnote mit einem hängenden Einzug formatieren (siehe Abschnitt 9.4.2).

Vergessen Sie nicht, die geänderte Fußnotenformatierung in die Formatvorlage *Fußnotentext* zu übernehmen, wie in Abschnitt 6.3.2 beschrieben.

5.2.6 Fußnotentrennlinie gestalten

Nicht im FUSSNOTEN-Dialog zu finden ist eine Änderungsmöglichkeit für die Trennlinie, mit der Word den Fußnotenbereich vom Text abgrenzt. Diese Formatierung haben die Entwickler aus unbekannten Gründen seit jeher ganz woanders angesiedelt, wo ihn unbefangene Nutzer wohl nie finden.

Wechseln Sie die Ansicht des Dokuments mit

1. ANSICHT | ENTWURF
2. VERWEISE/REFERENZEN | NOTIZEN ANZEIGEN

Die Fußnoten werden in einem separaten Fenster am unteren Ende des Textfensters angezeigt. Eine Liste gestattet Ihnen die FUSSNOTENTRENNLINIE zu bearbeiten.

Gestalten Sie die Trennlinie mit Textzeichen neu oder wählen Sie mit START | ABSATZ: ⊞ RAHMEN | RAHMEN UND SCHATTIERUNG eine grafische Trennlinie.

5.2.7 Fußnoten mit Platzproblemen

Obwohl längere Texte nicht in Fußnoten gehören, sondern ins Glossar, kommt es gelegentlich vor, dass Fußnoten länger werden oder mehrere Fußnoten auf einer Seite den Fußnotenbereich stark nach oben ausdehnen.

Word steckt dabei in einer Zwickmühle zwischen Absatzformatierung und Fußnotengestaltung, die zu eigenartigen, aber ökonomisch durchaus sinnvollen Effekten führt. Die Fußnote, die keinen Platz mehr hat, wird auf die nächste Seite umbrochen. Zur Kennzeichnung, dass es sich eigentlich nicht um eine zu dieser Seite gehörige Fußnote handelt, wird der Trennstrich über die volle Satzspiegelbreite durchgezogen.

All diese Umbrüche sind »völlig normal«. Es bereitet den potenziellen Lesern Ihres Werkes keine Probleme, dieser Logik zu folgen. Abhilfe wäre nur durch Textumstellungen zu erzielen.

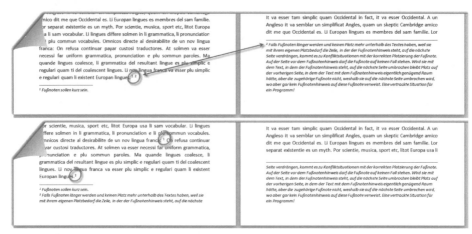

Abb. 5.6: Ökonomische Fußnotenumbrüche

Auf die Gestaltung der Fußnoten-Fortsetzungen haben Sie nur insoweit Einfluss, als Sie die von der Grundeinstellung her über die ganze Spaltenbreite laufende Fußnotentrennlinie verändern und einen Hinweistext für die Fortsetzungen von Fußnoten vorgeben können.

Dazu dient wiederum die Fußnotenansicht:

1. ANSICHT | ENTWURF

2. VERWEISE/REFERENZEN | NOTIZEN ANZEIGEN

Wählen Sie in der Auswahl des Fußnotenfensters FUSSNOTEN-FORTSETZUNGSTRENNLINIE bzw. FUSSNOTEN-FORTSETZUNGSHINWEIS.

Abb. 5.7: Werkzeuge im Fußnotenfenster

⚠ **Bug: Zu großer Abstand zwischen Fußnote und Seitenrand**

Sollte durch nachträgliche Änderungen im Text vor einer umbrochenen Fußnote die Verteilung auf zwei Seiten nicht mehr erforderlich sein, reagiert Word eigenartig: Es kann passieren, dass die zusätzliche Zeile für den Fortsetzungshinweis erhalten bleibt und für einen zusätzlichen Abstand zwischen Fußnote und Fußzeile sorgt.

Dieser Leerraum lässt sich nicht wieder entfernen!

Workaround: Formatieren Sie die Hinweiszeile in der Fußnotenansicht auf 1 pt Schriftgrad und 0 pt Absatzabstand nach oben und unten.

In anderen Fällen kommt es auch vor, dass die Zeile mit dem Fußnotenverweis ebenfalls auf die nächste Seite umbrochen wird, obwohl sie auf der vorhergehenden Seite noch Platz gefunden hätte, aber nicht mehr die zugehörige Fußnote.

5.3   Verzeichnisse

Da es keine verbindlichen Normen für die Gestaltung wissenschaftlicher Ausarbeitungen gibt, gilt auch für Verzeichnisse das Wilde-13-Prinzip: Wer den Hut auf hat, sagt, wo es langgeht.

5.3.1   Wohin mit welchen Verzeichnissen?

Sollten Ihnen vom Auftraggeber oder prüfenden Institut diesbezüglich keine Vorgaben auferlegt worden sein, sind folgende Positionen der verschiedenen Verzeichnisse zu empfehlen:

- Das **Inhaltsverzeichnis** gehört zwischen Titelei und Haupttext, damit der Leser beim Aufschlagen des Werkes sofort den Überblick hat.
- Das **Stichwortverzeichnis** (Index) steht ganz am Ende, denn dort wird es generell erwartet.
- **Alle anderen Verzeichnisse** werden zwischen Haupttext und Index eingefügt. Die Reihenfolge richtet sich nach der Bedeutung, im Zweifel nach Länge absteigend sortiert.

Das ist eine probate und bewährte Empfehlung, aber – wie mehrfach erwähnt – es gibt keine verbindlichen Regeln.

5.3.2   Unterschiedliche Grunddaten für Verzeichnisse

Während sich das Inhaltsverzeichnis und die Illustrationsverzeichnisse an Formatvorlagen orientieren, benötigen alle anderen Verzeichnisse spezielle Felder im Text, an denen sich Word bei der Verzeichniserstellung orientiert.

> ⚠️ **Vorsicht**
>
> Zur Erzeugung solcher Einträge gibt es Tastenkürzel mit einer Kombination aus ⇧+Alt+Buchstabentaste. Leider verwendet Windows die Tastenkombination ⇧+Alt bereits zum Umschalten der Spracheinstellungen.
>
> Wenn Ihre Tastatur plötzlich keine Umlaute mehr erzeugt und die Satzzeichen ganz woanders liegen, schauen Sie doch mal ganz rechts in Ihrer Windows-Taskleiste nach, ob dort »DE« oder »DEU« steht.[29] Ist ein anderes Sprachkurzzeichen zu sehen, stellen Sie mit ⇧+Alt wieder auf DE/DEU um.

Abb. 5.8: Beim Verwenden von ⇧+Alt-Tastenkombinationen Spracheinstellung im Auge behalten!

5.4 Inhaltsverzeichnis

Zum Erstellen eines automatischen Inhaltsverzeichnisses müssen alle Überschriften Ihrer Arbeit mit den Formatvorlagen *Überschrift 1* bis *Überschrift 9* formatiert sein. Nur auf so formatierte Überschriften greift Word als Inhaltsverzeichniseinträge zurück, ohne dass Sie die Grundeinstellungen verändern müssten.

5.4.1 Überschriften vorbereiten ⏳

Wenn Sie Ihre Überschriften schon mit anderen Mitteln *optisch* als solche formatiert haben, müssen Sie sie so umformatieren, dass Word sie für das Inhaltsverzeichnis auswertet. Dazu gehen Sie am einfachsten wie folgt vor:

1. Setzen Sie die Schreibmarke in eine Kapitelüberschrift.
2. 🔟 Rechtsklick: FORMATVORLAGEN | TEXT MIT ÄHNLICHER FORMATIERUNG MARKIEREN

    🔟🔟🔟 START | Gruppe BEARBEITEN: MARKIEREN | TEXT MIT ÄHNLICHER FORMATIERUNG MARKIEREN

Nun sucht Word alle Ihrer Kapitelüberschrift entsprechend formatierten Absätze und markiert sie.

> **Vorsicht**
>
> Wenn Sie andere Textteile genauso formatiert haben wie Ihre Überschriften, rechnet Word sie bei dieser Suche ebenfalls den Überschriften zu.

---

29 Die Varianten für Liechtenstein, Luxemburg, Österreich und die Schweiz werden ebenfalls als DEU angezeigt. Die konkrete Sprachvariante zeigt sich, wenn Sie auf die Anzeige in der Taskliste klicken.

3. Wählen Sie in den Formatvorlagen *Überschrift 1*, wie in Abbildung 5.9 gezeigt.

4. Sollen nicht nur die Kapitelüberschriften ins Inhaltsverzeichnis gelangen, sondern auch jene von Unterkapiteln und tieferen Gliederungsebenen, müssen Sie diese Prozedur für die anderen Überschriftenebenen wiederholen und jeweils *Überschrift 2, Überschrift 3* etc. als Formatvorlage zuweisen.

Abb. 5.9: Auswahl der Formatvorlagen für Überschriften

5.4.2 Inhaltsverzeichnis generieren

Ein Standard-Inhaltsverzeichnis fügen Sie an der Position der Schreibmarke ein mit

⑩ Verweise/Referenzen | Inhaltsverzeichnis | Inhaltsverzeichnis einfügen.

⑬ ⑯ ⑲ Verweise/Referenzen | Inhaltsverzeichnis | Benutzerdefiniertes Inhaltsverzeichnis.

Einige vorgefertigte Formatierungen ersparen Ihnen Arbeit, sofern Sie keiner zwingenden Vorgabe folgen müssen.

Mit dem Dialog Inhaltsverzeichnis sind Sie imstande, Ihr Inhaltsverzeichnis nach eigenen Vorstellungen oder Vorgaben zu gestalten.

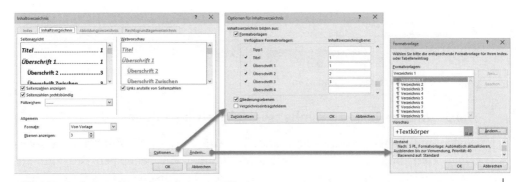

Abb. 5.10: Freie Gestaltung des Inhaltsverzeichnisses

5.4.3 Inhaltsverzeichnis aktualisieren ⧗

Aktualisiert wird das Inhaltsverzeichnis bei jedem Druckvorgang. Sie können es auch manuell aktualisieren, wenn Sie

⑩   in der Registerkarte VERWEISE, Gruppe *Inhaltsverzeichnis,* die Schaltfläche TABELLE AKTUALISIEREN,

⑬ ⑯   in der Registerkarte VERWEISE, Gruppe *Inhaltsverzeichnis,* die Schaltfläche INHALTSVERZEICHNIS AKTUALISIEREN,

⑲   in der Registerkarte REFERENZEN, Gruppe *Inhaltsverzeichnis,* die Schaltfläche INHALTSVERZEICHNIS AKTUALISIEREN

anklicken.

5.4.4 Weitere Formatvorlagen zum Inhaltsverzeichnis hinzufügen

Word erfasst qua Voreinstellung nur die ersten drei Überschriftenebenen. Sollen noch tiefere Gliederungsüberschriften ins Inhaltsverzeichnis aufgenommen werden, müssen Sie dies von Hand nachtragen.

Mit der Schaltfläche OPTIONEN im INHALTSVERZEICHNIS-Dialog gelangen Sie zu einer Auswahl aller Formatvorlagen. Bei jenen, die zusätzlich in das Inhaltsverzeichnis aufzunehmen sind, tragen Sie im Feld rechts daneben eine Zahl für die Gliederungsebene ein. So werden alle Texte, die so formatiert sind, ebenfalls erfasst.

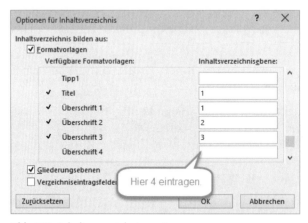

Abb. 5.11: Inhaltsverzeichnis ergänzen

5.4.5 Andere Texte zum Inhaltsverzeichnis hinzufügen

Sollen im Inhaltsverzeichnis noch andere Einträge als nur die mit den Formatvorlagen *Überschrift* formatierten auftauchen, können Sie beliebigen Text zum Inhaltsverzeichnis hinzufügen lassen, indem Sie ihn entsprechend kennzeichnen.

Mit ⊞+Alt+O öffnen Sie den Dialog Eintrag für Inhaltsverzeichnis festlegen. Vorher markierter Text wird in diesen Dialog ins Feld Eintrag übernommen.

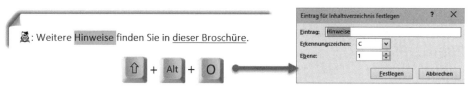

Abb. 5.12: Zusätzliche Einträge fürs Inhaltsverzeichnis festlegen

Im Feld Erkennungszeichen lässt sich ein Eintrag einem bestimmten Verzeichnis zuordnen, wenn Sie unterschiedliche Inhaltsverzeichnisse anlegen. Zu diesem Zweck müssen Sie die Inhaltsverzeichnisse allerdings mit der Feldfunktion {TOC} anlegen und dort denselben Kennbuchstaben als \f-Schalter eintragen. Der vorgegebene Kennbuchstabe C ist quasi der Joker für die Standardeinstellung.

In Ebene stellen Sie ein, in welcher Verzeichnisebene dieser Text im Inhaltsverzeichnis erscheinen soll.

Der markierte Text wird als Feldeintrag mit der Textoption Ausgeblendet versehen. Das Feld wird also auf dem Bildschirm nur angezeigt, wenn Sie die Steuerzeichenanzeige ¶ aktiviert haben, und nicht gedruckt, solange nicht die Druckoption Ausgeblendeten Text drucken aktiviert ist.

Hinweis

Die F9-Funktionen zur Anzeige von Feldern haben auf diese Einträge keinen Einfluss.

Fehlerhafte Zuweisungen korrigieren

In der Registerkarte Verweise/Referenzen gibt es in der Gruppe Inhaltsverzeichnis die Schaltfläche Text hinzufügen. Diese ist eine reine Korrekturfunktion für fehlerhafte Zuordnung von Formatvorlagen und darf nicht mit der in diesem Abschnitt beschriebenen Eintragsfestlegung verwechselt werden. Mit Text hinzufügen weisen Sie Absätzen Formatvorlagen für Überschriften zu oder setzen fälschlich als Überschrift formatierte Absätze mit Nicht im Inhaltsverzeichnis anzeigen auf die Formatvorlage *Standard* zurück.

Überschriften vom Inhaltsverzeichnis ausnehmen

Es gibt auch den umgekehrten Fall, dass Überschriften zwar im Text erkennbar sein, aber nicht im Inhaltsverzeichnis erscheinen sollen. Ein typischer Anwendungsfall für ein derartiges Anliegen ist die Verwendung des Navigationsbereichs.

Auch beim Umwandeln in ein PDF-Dokument ist eine Pseudo-Überschrift nützlich, denn sie werden bei der Konvertierung als PDF-Lesezeichen berücksichtigt.

Verwenden Sie dazu eine der unteren Ebenen der Überschriften-Formatvorlagen, der Sie durch Formatierungsänderungen das Aussehen der erwünschten Überschrift geben. So erscheint diese Überschrift optisch wie jene der höheren Ebene und taucht auch in den Lesezeichen des PDF-Dokuments auf, nicht jedoch im Inhaltsverzeichnis.

5.4.6 Inhaltsverzeichnis formatieren

Das Inhaltsverzeichnis besitzt eigene Formatvorlagen *Verzeichnis 1* bis Verzeichnis 9, die Sie Ihren Bedürfnissen anpassen können, indem Sie im Dialog INHALTSVERZEICHNIS auf die Schaltfläche ÄNDERN klicken. Aus der Auflistung der Formatvorlagen markieren Sie die zu ändernde und klicken auf ÄNDERN. Sie gelangen damit in den in Kapitel 6 beschriebenen Änderungsmodus für Formatvorlagen.

> **Wichtig**
>
> Sie können auch im Inhaltsverzeichnis direkt ändern und umformatieren, doch werden alle manuellen Änderungen bei der nächsten Aktualisierung zurückgesetzt, sofern Sie die Änderungen nicht mit der in Abschnitt 2.3 beschriebenen Methode in die Formatvorlagen übernehmen.

Schwierigkeiten beim Ändern der Verzeichnis-Formatvorlagen bereitet eine Eigenschaft, die eigentlich wohlmeinend sein sollte: Bei Inhaltsverzeichnissen, die eine Hyperlinkfunktion besitzen, um vom Eintrag direkt zur Textstelle springen zu können, überlagern die Hyperlink-Formatvorlagen die Verzeichnis-Formatvorlage.[30] Sie sollten deshalb auch die Formatvorlage »Hyperlink« bearbeiten, damit Sie beim Aktualisieren keine Überraschungen erleben.

5.4.7 Inhaltsverzeichnis »einfrieren«

Es gibt Situationen, in denen der Inhalt des Inhaltsverzeichnisses nicht mehr aktualisiert werden soll, zum Beispiel, um es in ein anderes Dokument zu kopieren, das nicht über die bezogenen Überschriften verfügt. Dann würde ein Inhaltsverzeichnis mit Feldfunktionen zu Fehlermeldungen führen.

Abhilfe schafft das Umwandeln des Feldes in reinen Text: Markieren Sie das Inhaltsverzeichnis und betätigen Sie die Tastenkombination Strg+⇧+F9 oder Strg+6.

---

30 Das funktioniert, weil »Hyperlink« eine Zeichen-Formatvorlage ist, »Verzeichnis *n*« dagegen sind Absatz-Formatvorlagen. (Näheres dazu in Abschnitt 6.2.1.)

5.5 Abbildungs-, Tabellen- und Formelverzeichnis

Um Verzeichnisse der Bilder, Formeln und Tabellen zu erstellen, bedarf jedes dieser Objekte einer **Beschriftung**, die Sie einfügen, indem Sie

1. das Objekt bzw. das Tabellensymbol ⊞ rechtsklicken,
2. im Kontextmenü BESCHRIFTUNG EINFÜGEN wählen und
3. im folgenden Dialog den Beschriftungstext eingeben.

Auf diese Beschriftungseinträge greift der Assistent für Abbildungs-, Tabellen- und andere Verzeichnisse zu.[31]

5.5.1 Verzeichnis der Abbildungen, Tabellen oder Formeln einfügen

Sie setzen die Schreibmarke an die Stelle im Text, an der das Verzeichnis erscheinen soll, und wählen VERWEISE/REFERENZEN | ABBILDUNGSVERZEICHNIS EINFÜGEN.

Welche Art von Verzeichnis Sie einfügen, richtet sich nach Ihrer Auswahl in der Liste BESCHRIFTUNGSKATEGORIE des Registers ABBILDUNGSVERZEICHNIS.

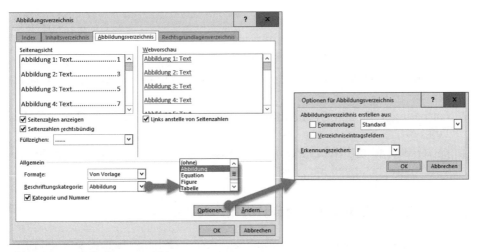

Abb. 5.13: Verzeichnisart auswählen

Der Assistent orientiert sich an der Kategorie, der eine Beschriftung angehört.

Das Abbildungsverzeichnis unterscheidet sich als Feld vom Inhaltsverzeichnis lediglich durch den Schalter \c *Kategorie*, also z. B. ⁅TOC \c Tabelle⁆. Aufgelistet werden Kategoriename und Nummer sowie der Inhalt der Beschriftung.

---

31 Mehr zur Beschriftung finden Sie in Kapitel 18.

5.5.2 Quellenangaben für Illustrationen

Sofern Ihre Bildunterschriften urheberrechtliche Hinweise zur Bildherkunft enthalten, stören diese im Abbildungsverzeichnis. Da das Abbildungsverzeichnis auf die Formatvorlage *Beschriftung* zugreift, brauchen Sie lediglich dem Quellenhinweis eine andere Absatz-Formatvorlage zuzuweisen. Um dennoch Bildunterschrift und Quellenhinweis in einer Zeile unter dem Bild zu halten, wenden Sie folgenden Trick an:

Aus der Trickkiste: Quellenangaben im Abbildungsverzeichnis unterdrücken

Legen Sie eine weitere Formatvorlage auf der Basis von *Beschriftung* an.

1. START | FORMATVORLAGEN ⊾
2. NEUE FORMATVORLAGE 🖺
3. Wählen Sie in der Liste FORMATVORLAGE BASIERT AUF: *Beschriftung*.
4. Geben Sie der neuen Formatvorlage einen passenden Namen, z. B. *Beschriftung ohne Eintrag*.
5. OK

Diese Formatvorlage können Sie nun jederzeit zum Abtrennen der Quellenhinweise in den Bildunterschriften einsetzen:

1. Setzen Sie die Schreibmarke an den Beginn des Quellenhinweises und betätigen Sie ↵.
2. Formatieren Sie den Quellenhinweis mit der Formatvorlage *Beschriftung ohne Eintrag*.
3. Setzen Sie die Schreibmarke in den Absatz davor (die eigentliche Bildunterschrift) und betätigen Sie Strg+Alt+↵.

5.6 Zitate, Quellen, Literaturhinweise

Ein für wissenschaftliche Arbeiten nahezu unverzichtbares Instrument sind Angaben zu Quellen und Zitathinweise.

Seit Version 2007 besitzt Word eine Quellenverwaltung. Leider ist dieses Feature problembehaftet, weil Microsoft zwar unterschiedliche Formatierungen der Quellenangaben mitliefert, aber ausgerechnet für die hierzulande nach DIN ISO 690:2013-10[32] übliche Zitierform zwei nicht mehr aktuelle Fassungen anbietet.

Dieses Manko sollte Sie allerdings nicht hindern, die Datenbank-Funktionen für Ihre Quellen zu nutzen. Sie erleichtert die Arbeit mit Quellenangaben; die Gestal-

---

32 Die früher als Zitatstandard in Deutschland gültige D IN 1505-2 wurde 2013 durch DIN ISO 690:2013-10 ersetzt.

tung ist ohnehin so gut wie immer manuell nachzuarbeiten, weil auch die vom Auftraggeber oder Institut erteilten Vorgaben für Quellenverzeichnisse und -hinweise häufig weder der aktuellen ISO 690 noch deren Word-Varianten entsprechen. Sie müssen also in jedem Fall mit Feldfunktions-Schaltern, Programmierkenntnissen oder externen Programmen[33] vor- bzw. nacharbeiten.

Die Anweisungen für die Gestaltung von Quellenangaben speichert Word als XSL-Dateien im Ordner `C:\Programme\Microsoft Office\Office##\Bibliography\Style`. Der Pfad kann auch `Programme(x86)` lauten; die Zeichen ## stehen für die Office-Versionsnummer⑩. Mit guten Kenntnissen der XSL-Programmierung lassen sich die vorhandenen Steuerdateien umarbeiten.

Einige wenige Hochschulen stellen für ihre üblichen Zitatvorgaben eigene Style-Dateien im XSL-Format bereit. Speichern Sie diese Datei in den Style-Ordner und wählen Sie diese Zitate-Formatvorlage für Ihr Dokument aus.

Einen Eindruck vom Aussehen der Quellenhinweise und des Quellenverzeichnisses verschaffen Sie sich, wenn Sie VERWEISE/REFERENZEN | QUELLEN VERWALTEN aufrufen. Dazu muss allerdings mindestens eine Quelle in Ihrem Quellenverzeichnis eingetragen sein. In einer der beiden Listen markierte Einträge werden im Vorschaufenster so angezeigt, wie sie als Verweis und im Verzeichnis erscheinen werden.

5.6.1 Quellen eintragen

Alle Werkzeuge für die Quellenbearbeitung und -verwaltung finden Sie in der Registerkarte VERWEISE/REFERENZEN, Gruppe Zitate und Literaturverzeichnis. Zum Eintragen benötigen Sie die Funktion ZITAT EINFÜGEN | NEUE QUELLE HINZUFÜGEN.

Die Option ALLE LITERATURVERZEICHNISFELDER ANZEIGEN unten links erweitert den zunächst für eine Minimalausstattung angelegten Dialog. Die mit * gekennzeichneten Felder benötigt die Datenbank unbedingt, alle weiteren Einträge sind optional, falls Sie diese für Ihre spezifische Gestaltung benötigen. In den Feldern AUTOR, HERAUSGEBER und ÜBERSETZER sollten Sie nichts direkt eintragen, sondern die Aufteilung der Namen mit dem BEARBEITEN-Dialog nutzen, um flexibler beim Anpassen zu sein.

> **Wichtig**
>
> Wichtig ist der *Tagname*; er ist das eineindeutige Ordnungskriterium der Datenbank und gestattet über Feldfunktionen den Zugriff auf den Datensatz.

---

33 Mit dem Stichwort »Word Quellenverwaltung« erhalten Sie in Suchmaschinen einschlägige Hinweise. Achten Sie bei der Auswahl auch darauf, ob ein Zugriff auf bibliografische Daten aus dem Internet (z. B. der Deutschen Nationalbibliothek) möglich ist, das erleichtert die Quellenverwaltung erheblich. Viele Hochschulen haben Sammel-Lizenzverträge mit den Anbietern von »Citavi« oder »Zotero«, die gut mit Word zusammenarbeiten und über direkten Zugriff auf Internetquellen verfügen.

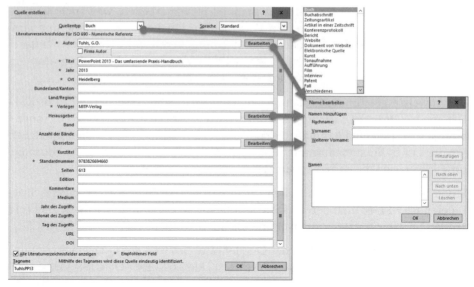

Abb. 5.14: Erstellen von Quellendaten

$\boxed{OK}$ speichert diesen Datensatz nicht nur in der Datei, sondern auch in einer Datenbank, der »Masterliste«, die für alle Dokumente zur Verfügung steht.

Word speichert die Quellen in der Datei

```
C:\Users\(Benutzername)\AppData\Roaming\Microsoft\Bibliography\
sources.xml
```

oder

```
C:\Dokumente und Einstellungen\(Benutzername)\Anwendungsdaten\
Microsoft\Bibliography\sources.xml
```

Tipp

Falls Sie an mehreren Computern parallel arbeiten, gleichen Sie die Datei `sources.xml` zwischen den Geräten regelmäßig ab!

5.6.2 Quellen organisieren

In der Masterliste erfasst Word alle in welchem Dokument auch immer erfassten Quellen. Diese stehen zwar allen Dokumenten zur Verfügung, jedoch nicht unmittelbar, sondern müssen als dokumentbezogene »Aktuelle Listen« daraus extrahiert werden. Nur die Inhalte der »Aktuellen Liste« können zum Einfügen selektiert werden und erscheinen im Literaturverzeichnis.

Wählen Sie zu diesem Zweck VERWEISE/REFERENZEN | QUELLEN VERWALTEN.

Im linken Fenster sehen Sie die in der Masterliste vorhandenen Quelleneinträge. Aus der Masterliste übernehmen Sie Einträge in Ihre dokumentspezifische Liste (rechtes Fenster), indem Sie sie links markieren und mit HINZUFÜGEN nach rechts kopieren.

5.6.3 Quellenhinweis einfügen

Sobald Sie Quellen eingetragen haben, erscheinen diese beim Betätigen der Schaltfläche ZITAT EINFÜGEN zusätzlich zu den Funktionen. Mit einem Klick auf die gewünschte Quelle übernimmt Word diese als Klammervermerk an der Position der Schreibmarke in Ihren Text. Allerdings nicht als Zitat, sondern nur als Verweis auf das am Schluss des Dokuments noch einzufügende Quellenverzeichnis.

Soll der Quellenhinweis in einer Fußnote erscheinen, muss vorab eine Fußnote angelegt und dort ZITAT EINFÜGEN angewendet werden.

In welcher Form und Detaillierung der Hinweis erscheint, entscheiden Sie mit der Auswahl der FORMATVORLAGE gleich neben der Schaltfläche ZITAT EINFÜGEN.

Der Quellenhinweis ist ein Feld, das sich im Nachhinein noch verändern lässt, indem Sie es markieren und die Schaltfläche ▼ rechts im Zitatrahmen anklicken.[34]

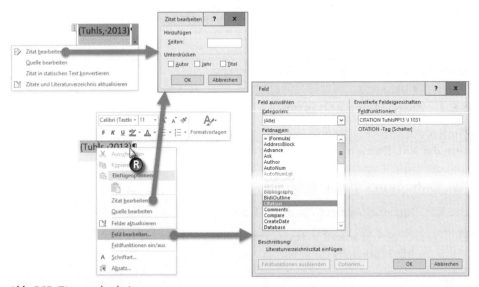

Abb. 5.15: Zitat nacharbeiten

---

34 Sollten Sie im Kompatibilitätsmodus arbeiten, funktioniert der Quellenassistent zwar, jedoch werden Zitate nicht als Feld, sondern als Text eingefügt.

Mit ZITAT BEARBEITEN lassen sich Seitenzahlen nachtragen und auf Wunsch Teile der automatisch eingefügten Daten unterdrücken.

Mehr Bearbeitungsmöglichkeiten bietet das Kontextmenü mit FELD BEARBEITEN. Dieser Befehl öffnet den FELD-Dialog (vgl. Kapitel 19). Leider besitzt der Dialog für das Feld CITATIONS keine Optionsauswahl wie andere Felddialoge, weshalb in die Feldfunktion die Feldschalter laut Tabelle 5.1 von Hand einzutragen sind. Alternativ lässt sich das natürlich auch direkt in der mit ⌂+F9 oder Alt+F9 einschaltbaren Feldansicht erledigen.

Schalter	Zitat wird ergänzt um
\l	Gebietsschema, Sprache: \l 1031 = deutsch, \l 1033 = englisch
\v	Feld *Band* aus dem Datensatz, sofern vorhanden
\f "..."	freien Text an den Anfang des Zitats, z. B. „siehe auch", „vgl."
\s "..."	freien Text an das Ende des Zitats, z. B. „ff." nach Seitenhinweis
\m *Tagname*	Quelle mit dem Tagnamen als zusätzliches Zitat

Tabelle 5.1: Feldschalter für Zitate

Schalter	Zitat wird ergänzt um
\n	ohne Angabe des Autors
\y	ohne Angabe des Erscheinungsjahres
\t	ohne Angabe des Titels
\p *Seitennummer*	Seitennummer

Tabelle 5.2: Feldschalter aus dem Dialog ZITAT BEARBEITEN

5.6.4 Zitierweisen anpassen

Für das Ändern von Zitierweisen gibt es keine Schalter; dies geht nur durch Ändern der XSL-Dateien,[35] die die Formatvorlagen steuern.

XSL-Datei zum Öffnen vorbereiten

Die XSL-Dateien speichert Word im Ordner

🔟   `C:\Programme`[36]`\Microsoft Office\Office##\`
        `Bibliography\Styles`[37]

---

35 Nicht zu verwechseln mit XLS, das sind Excel-Dateien. XSL (Extensible Stylesheet Language) ist eine Codierung zum Gestalten von XML-Dokumenten (XML = Extensible Markup Language). Seit Version 2007 werden alle Office-Dateien in XML gespeichert.

36 Oder in ProgramFiles(x86)

37 ## steht für die interne Office-Versionsnummer 🔤.

13 16 19   `C:\Benutzer\(Name)\AppData\Roaming\Microsoft\`
`Bibliography\Style`

Dort suchen Sie jene XSL-Datei, die Sie als Formatierung für Ihre Quellenhinweise und -verzeichnisse ausgewählt haben, und kopieren sie in einen beliebigen anderen Ordner, um im Falle eines Fehlers das Original zurückholen zu können.

Sollte sich die Datei in diesem Ordner nicht bearbeiten lassen, kopieren Sie sie in einen anderen, nicht geschützten Ordner, bearbeiten sie dort und kopieren sie nach `Bibliography\Style` zurück.

> **Wichtig**
>
> Öffnen Sie die Datei *nicht mit einem Doppelklick,* sondern mit
>
> Rechtsklick | ÖFFNEN MIT | WORDPAD oder EDITOR.
>
> (Ein Doppelklick öffnet XML-Dateien mit dem Standard-Browser.)

Style-Namen ändern

Um der modifizierten Datei einen neuen Style-Namen zu geben, suchen Sie diese Zeilen

```
<xsl:when test="b:StyleName ">
<xsl:text>ISO690NED</xsl:text>
</xsl:when>
```

und ersetzen dort den oben durchgestrichenen Text durch:

```
<xsl:when test="b:StyleName">
<xsl:text>ISO 690 - Modified</xsl:text>
</xsl:when>
```

Weiter bei »XSL-Datei speichern«

Runde Klammern durch eckige ersetzen

Word setzt die Zitate in runde Klammern. Das ist erstens nicht sonderlich auffällig, zweitens wird als Vorgabe häufig ein Zitieren in eckigen Klammern erwartet. Dafür gibt es keine Schalter, für diese Änderung müssen Sie in die XSL-Dateien einsteigen, die die Formatvorlagen steuern.

1. Öffnen Sie die XSL-Datei wie oben beschrieben.
2. Mit `Strg`+`F` rufen Sie die Suche auf und tragen »OpenBracket« ein.

3. WEITERSUCHEN

4. Sie gelangen zu der Stelle im Code, an der die öffnenden Klammern für die Zitate definiert sind. Hier ersetzen Sie die Zeile

```
<xsl:value-of select="/*/b:Locals/b:Local[@LCID=$_LCID]/
b:General/b:OpenBracket"/>
```

durch

```
<xsl:text>[</xsl:text>
```

5. Dasselbe wiederholen Sie einen Abschnitt weiter bei »CloseBracket«, nur dass Sie dort die schließende Klammer mit `<xsl:text>]</xsl:text>` vorgeben müssen.

Nach dem Speichern (siehe weiter unten) wird die geänderte Quellenformatierung mit eckigen Klammern auf Quellen verweisen.

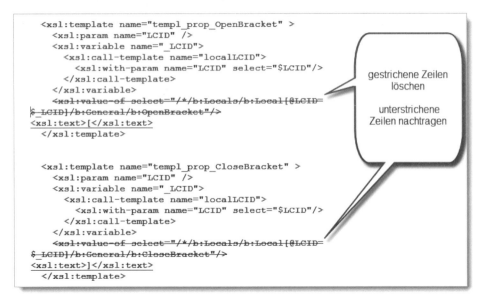

Abb. 5.16: Änderungen in der XSL-Steuerdatei für Quellenverweise

»et al.« vermeiden

Möchten Sie die Angabe »et al.« vermeiden, löschen Sie die Zeilen

```
<xsl:call-template name="templ_prop_AuthorsSeparator"/>
<xsl:call-template name="templ_str_AndOthersUnCap"/>
```

XSL-Datei speichern

Die geänderte Datei abzuspeichern, geht leider nur auf Umwegen, weil sich die originale XSL-Datei nicht ohne Weiteres überschreiben lässt.

1. Speichern Sie die geänderte Datei in den Ordner Styles unter anderem Namen.
2. Löschen Sie die originale Datei; bestätigen Sie die Sicherheitsabfrage.
3. Benennen Sie die zwischengespeicherte Datei mit dem Namen der Originaldatei; bestätigen Sie die Sicherheitsabfrage.

5.6.5 Zitatverweis mit Platzhalter

Manchmal kommt man in die Situation, dass für ein Zitat noch keine Quelle erfasst ist. Für diesen Fall ist der Befehl NEUEN PLATZHALTER EINFÜGEN in der Auswahlliste von ZITAT EINFÜGEN gedacht. Geben Sie in der Abfrage nach einem Namen am besten den dafür vorgesehenen Tagnamen ein, das erspart Ihnen später das Ändern.

Den Platzhalter ersetzen Sie später über QUELLEN VERWALTEN durch die tatsächliche Quelle. In der *Aktuellen Liste* werden Platzhalter mit **?** gekennzeichnet. Markieren Sie den Platzhalter und klicken Sie auf BEARBEITEN, dann blendet Ihnen Word den Dialog QUELLEN BEARBEITEN ein, in dem Sie die Quelle erfassen. Nach Abschluss der Erfassung wird der Platzhalter durch den Verweis ersetzt.

5.6.6 Literatur- oder Quellenverzeichnis einfügen

Die Verweise im Text bedürfen natürlich einer zugehörigen Liste am Ende des Dokuments. Diese erstellen Sie ganz simpel mit

VERWEISE/REFERENZEN | LITERATURVERZEICHNIS.

Word setzt ein Feld {BIBLIOGRAPHY} ein, das sämtliche in der *Aktuellen Liste* enthaltenen Quellen anzeigt. Sie haben die Auswahl zwischen drei Designformen: zwei mit und eine ohne Überschrift.

Sollte Ihnen diese Auswahl nicht genügen, weichen Sie auf die Feldfunktion

EINFÜGEN | SCHNELLBAUSTEINE | FELD | BIBLIOGRAPHY

aus. Wie auch für {CITATIONS} gibt es hier keine Schalter; manuell einfügen in die Funktion lässt sich nur der Schalter \l mit Angabe des Sprach- und Gebietsschemas. Weitergehende Anpassungen sind nur über Veränderungen an den XSL-Dateien möglich.

5.6.7   Mehrere Quellenverzeichnisse

Werden unterschiedliche Quellenverzeichnisse verlangt, z. B. zur Abgrenzung von Internetquellen gegenüber Printmedien, so bietet Word dafür keine Funktion an, doch es gibt einen Workaround.

Erfassen Sie die abzugrenzenden Quellen mit der Auswahl SPRACHE in der Erfassmaske als anderssprachig. Mehrere sprachlich getrennte Quellenverzeichnisse vermag Word mithilfe des Schalters \l zu erstellen.

Vorgegeben sind zwei Sprachen, meist Deutsch und Englisch. Benötigen Sie mehr als zwei Quellenverzeichnisse, lässt sich die Sprachenauswahl wie folgt erweitern:

⊞ WINDOWS-STARTMENÜ | ALLE PROGRAMME | MICROSOFT OFFICE TOOLS | MICROSOFT OFFICE SPRACHEINSTELLUNGEN

Fügen Sie weitere Sprachen im Register BEARBEITUNGSSPRACHEN hinzu.

5.7   Rechtsgrundlagenverzeichnis

Eine Sonderform der Quellenangabe ist das Rechtsgrundlagenverzeichnis. Auch für andere Arten von indizierten Verzeichnissen ist diese Form geeignet, weil sie recht flexibel anpassbar ist.

5.7.1   Zitate eintragen

Um ein Rechtsgrundlagenverzeichnis bereitzustellen, benötigt Word eine Zitatensammlung, die Sie wie folgt erstellen:

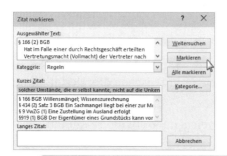

Abb. 5.17: Einträge für das Rechtsgrundlagenverzeichnis festlegen (links) und abrufen (rechts)

1. Markieren Sie das Zitat.

2. ⌂+Alt+I oder VERWEISE/REFERENZEN | ZITAT FESTLEGEN

Der Dialog ZITAT MARKIEREN setzt den markierten Text ins Feld AUSGEWÄHLTER TEXT, wo Sie ihn bei Bedarf noch nacharbeiten können. Dieser Text wird in der Rechtsgrundlagensammlung angezeigt.

3. Wählen Sie im **Feld** KATEGORIE die zugehörige Kategorie aus.

> **Hinweis**
>
> Die **Schaltfläche** KATEGORIE dagegen führt zum Änderungsmodus für die Kategorienbezeichnungen.

4. Geben Sie im Feld KURZES ZITAT an, unter welchem Kürzel das Zitat im Haupttext erwähnt werden soll.

> **Hinweis**
>
> Das Feld darunter und das unterste Feld LANGES ZITAT werden automatisch befüllt, wenn Sie die Erfassung abschließen.

5. Schließen Sie die Erfassung mit einem Klick auf MARKIEREN ab.

Word fügt hinter dem markierten Text eine Wiederholung als AUSGEBLENDETER TEXT ein und überträgt die Einträge im Dialog ZITAT MARKIEREN von den oberen Feldern in die unteren, manuell nicht zugänglichen.

Sie können auf diesen Eintrag jederzeit mit ⌂+Alt+I wieder zugreifen und die Verknüpfung erneut benutzen.

5.7.2 Einträge hinzufügen

Der Dialog ZITAT MARKIEREN gehört zu denen, die das Weiterarbeiten nicht behindern, während sie geöffnet sind. Das erleichtert das Hinzufügen weiterer Einträge. Mit WEITERSUCHEN oder Scrollen gehen Sie zum nächsten erforderlichen Eintrag im Text, markieren diesen und klicken in den Dialog – sofort übernimmt der Dialog die markierte Textpassage und Sie können direkt mit der Zuordnung zu einer Kategorie und der Feinarbeit am Eintragstext weitermachen.

5.7.3 Zitate wiederverwenden

Der Dialog ZITAT MARKIEREN ist multifunktional. Er ist auch zu verwenden, wenn Sie von Ihrer Quelle an anderer Stelle im Dokument Gebrauch machen wollen.

1. Setzen Sie die Schreibmarke an die Position, an der das Zitat verwendet wird.
2. ⌴+Alt+I oder VERWEISE/REFERENZEN | ZITAT FESTLEGEN
3. Suchen Sie in der Liste KURZES ZITAT die passende Quelle und markieren Sie sie durch Anklicken.
4. Klicken Sie auf die Schaltfläche MARKIEREN.

Komplettmarkierung gleicher Zitate

Wollen Sie, dass in der Rechtsgrundlagensammlung auf alle Textstellen, die ein bestimmtes Zitat betreffen, verwiesen wird, markieren Sie im Dialog ZITAT MARKIEREN die gewünschte Kurzform und klicken auf die Schaltfläche ALLE MARKIEREN. Damit wird eine Indexmarke bei allen Zitatstellen eingefügt, und beim Erstellen des Rechtsgrundlagenverzeichnisses wird auf all diese Textstellen verwiesen.

Rechtsgrundlagen-Zitate finden

Eine speziell für das Aufspüren von Rechtsgrundlagen in einem Text bestimmte Funktion verbirgt sich hinter der Schaltfläche WEITERSUCHEN im Dialog ZITAT MARKIEREN. Dieser Assistent durchsucht den Text nach typischen Kennzeichen von Rechtstexten, vornehmlich nach dem §-Zeichen, aber auch anderen vermeintlich juristischen Wörtern und Kürzeln.

5.7.4   Rechtsgrundlagenverzeichnis einfügen

Setzen Sie die Schreibmarke an die Position im Text, an der das Rechtsgrundlagenverzeichnis erscheinen soll, und betätigen Sie dann

VERWEISE/REFERENZEN | RECHTSGRUNDLAGENVERZEICHNIS EINFÜGEN.

Abb. 5.18: Funktionen des Rechtsgrundlagenverzeichnisses

Im Dialog RECHTSGRUNDLAGENVERZEICHNIS wählen Sie die Kategorie aus, zu der das Verzeichnis erstellt werden soll, und formatieren die Darstellungsform, bevor Sie das Erstellen mit einem Klick auf OK starten.

Die Feldfunktion für das Rechtsgrundlagenverzeichnis lautet {TOA}. Über die Optionen im Dialog RECHTSGRUNDLAGENVERZEICHNIS hinaus enthält der FELD-Dialog keine wirklich relevanten Feldschalter.

Die Option PASSIM VERWENDEN wirkt sich erst aus, sobald mindestens fünf Fundstellen zu einer Quelle gefunden werden. In diesem Fall werden die Seitenhinweise durch das Wort »passim« ersetzt.[38]

5.8 Index (Stichwortverzeichnis)

Für ein Stichwortverzeichnis müssen zunächst Stichworte erfasst werden, die Word automatisch sortiert als Index ausgeben kann.

5.8.1 Stichworte (Einträge) erfassen

Markieren Sie den zu erfassenden Begriff und betätigen Sie die Tastenkombination ⎇+Alt+X oder VERWEISE/REFERENZEN | EINTRAG FESTLEGEN.

⚠ Vorsicht!

Die Tastenkombination ⎇+Alt ohne zusätzlichen Buchstaben veranlasst Windows, das Tastaturschema zu wechseln. Meist stellt man das erst später fest, weil einige Tasten andere Zeichen produzieren. Betätigen Sie dann ⎇+Alt erneut oder stellen Sie mit der Sprachanzeige rechts in der Windows-Taskleiste (zeigt grundsätzlich DEU oder ENG an) wieder Ihre Sprachversion ein, falls Sie mehr als zwei Sprachregionen aktiviert haben sollten.

Der Dialog INDEXEINTRAG FESTLEGEN übernimmt den markierten Text ins Feld HAUPTEINTRAG, wo Sie ihn bei Bedarf noch nacharbeiten können. Dieser Text wird im Index angezeigt.

Mit einem Klick auf FESTLEGEN oder ⏎ fügen Sie diesen Begriff als ausgeblendeten Text und der Feldkennung {XE} für einen Indexeintrag in Ihren Text ein.

Wichtig

Der für den Haupteintrag übernommene Text nimmt manuelle Formatierungen mit. Diese Formatierung behält er auch beim Erstellen des Stichwortverzeichnisses bei. Deshalb ist es wichtig, dass Sie einen manuell formatierten Eintrag mit Strg+Leertaste zurücksetzen.

---

[38] »Passim« (lat.) steht für »überall« und wird anstelle konkreter Seitenhinweise verwendet, wenn der Begriff im Text so häufig und unspezifisch vorkommt, dass ein Verweis auf eine Fundstelle nicht weiterführend wäre.

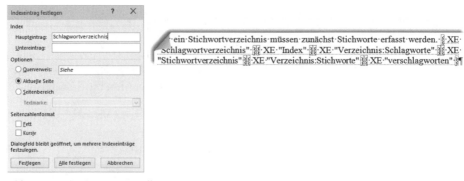

Abb. 5.19: Indexeinträge erstellen

Wichtig

Bedenken Sie bei der Kennzeichnung von Stichworten, welche Stichworte Sie an welcher Stelle erfassen: Es sollen Begriffe sein, die die Leser ggf. suchen werden, und die im Index angegebene Seitenzahl soll dorthin verweisen, wo das Stichwort erläutert wird.

5.8.2 Einträge hinzufügen

Der Dialog INDEXEINTRAG FESTLEGEN gehört zu denen, die das Weiterarbeiten nicht behindern, während sie geöffnet sind. Lediglich Drag&Drop ist aus unerfindlichen Gründen nicht möglich.

Das erleichtert das Hinzufügen weiterer Einträge. Scrollen Sie zum nächsten erforderlichen Eintrag im Text, markieren Sie diesen und klicken Sie in den Dialog – sofort übernimmt der Dialog die markierte Textpassage und Sie können direkt mit der Feinarbeit am Eintragstext weitermachen.

Komplettmarkierung gleicher Begriffe

Wollen Sie, dass im Stichwortverzeichnis auf alle Textstellen, an denen ein bestimmtes Wort auftritt, verwiesen wird, klicken Sie im Dialog INDEXEINTRAG FESTLEGEN auf die Schaltfläche ALLE FESTLEGEN. Damit wird ein XE-Feld bei allen Begriffspositionen eingefügt, und beim Erstellen des Stichwortverzeichnisses wird auf all diese Textstellen verwiesen.

5.8.3 Untereinträge

Sie können den Haupteintrag um Untereinträge ergänzen, die Sie in das Feld UNTEREINTRAG des Dialogs schreiben; bei der Erstellung werden solche Einträge eingerückt beim Haupteintrag aufgelistet.

Untereinträge sind im Feld durch einen Doppelpunkt vom Haupteintrag getrennt. Sie können Untereinträge auch in dieser Weise direkt ins Feld schreiben, zum Beispiel ⟦XE "Index:erfassen"⟧.

> **⚠ Vorsicht**
>
> Achten Sie beim Ergänzen der Feldinhalte darauf, dass keine Leerzeichen zwischen Eintrag und den begrenzenden Anführungszeichen sowie um den Doppelpunkt stehen. Führende und abschließende Leerzeichen stören die Sortierung im Stichwortverzeichnis und verursachen Doppelnennungen.

5.8.4 Verweisoptionen

Der Eintrag im Stichwortverzeichnis verweist grundsätzlich auf die Seite, auf der das zugehörige {XE}-Feld steht. Zwei Varianten sind mit den Optionen neben AKTUELLE SEITE möglich:

- **Querverweis** erlaubt die direkte Angabe eines anderen Suchbegriffs, unter dem der gesuchte Begriff erläutert wird. So wird doppelte Indizierung vermieden.
- **Seitenbereich** erlaubt den Verweis auf mehrere aufeinanderfolgende Seiten; für diese Form müssen allerdings die bezogenen Seiten vorab mit einer Textmarke versehen worden sein.

5.8.5 Index erstellen

Stellen Sie Ihre Schreibmarke mit Strg+Ende ans Ende des Dokuments, geben Sie falls nötig noch einen Abschnittsumbruch ein und erstellen Sie dort mit

VERWEISE/REFERENZEN | INDEX EINFÜGEN

Ihr Stichwortverzeichnis, das intern als Feld {INDEX} daherkommt und mit ⇧+F9 der manuellen Bearbeitung erschlossen werden kann.

Unterschiedliche Stichwortverzeichnisse

{XE}-Felder lassen sich mit dem Feldschalter \f verschiedenen Kategorien bzw. Gruppen zuordnen. So wird z. B. mit ⟦XE "H2SO4" \f Formeln⟧ die Schwefelsäure nur dann in einem Index auftauchen, wenn dieser ebenfalls mit dem Schalter \f Formeln ausgestattet ist, das Feld also ⟦INDEX \f Formeln⟧ lautet.

Selbstgestaltete Stichwortverzeichnisse

EINFÜGEN | SCHNELLBAUSTEINE | FELD | INDEX

erlaubt Ihnen, sich die Stichwortliste unabhängig von den mitgelieferten Mustern zu gestalten.

Wenn Sie die FELDFUNKTIONEN aktivieren und dort OPTIONEN aufrufen, finden Sie weitere Varianten, die dieses Feld über die Einstellungen des INDEX-Dialogs hinaus zu bieten hat.

Schalter	Wirkung
\b Textmarke	erstellt den Index nur für den Teil des Dokuments, den die angegebene Textmarke umschließt
\s	setzt vor die Seitenzahl die Kapitelnummer
\d "Trennzeichen"	legt für den Schalter \s das Trennzeichen zwischen Kapitel- und Seitennummer fest
\g "Trennzeichen"	gibt an, was bei einem Bereichsverweis als Begriff zwischen den Seitenzahlen stehen soll
\h "Überschrift"	trennt das Stichwortverzeichnis nach Anfangsbuchstaben. Als Überschrift können Sie zusätzliche Zeichen einbeziehen, z. B. "- A -". Der im Schalter \h angegebene Buchstabe ist egal. Wollen Sie nur Leerzeilen als Trenner haben, geben Sie in den Anführungszeichen einen Leerschritt ein.
\l "Trennzeichen"	ersetzt das Komma zwischen Seitenzahlen zum selben Eintrag durch ein beliebiges anderes Zeichen
\p "Buchstabe-Buchstabe"	begrenzt den Index auf Einträge mit den angegebenen Anfangsbuchstaben

Tabelle 5.3: Zusätzliche Feldschalter für das Stichwortverzeichnis

5.8.6 Glossar und Abk.-Verz.

Steht zu erwarten, dass Ihre Ausarbeitung auch von Nichtfachleuten gelesen werden soll, sind Glossar und Abkürzungsverzeichnis obligatorisch. Bei nur wenigen Einträgen können beide auch als ein gemeinsames Verzeichnis auftreten.

Word stellt für diese Aufgaben leider keine Assistenzfunktionen bereit. *OneNote* ist dafür besser gerüstet. Wollen Sie dennoch solche Verzeichnisse in Word anlegen und pflegen, sind diese Workarounds zu empfehlen:

Workaround »Rechtsgrundlagenverzeichnis«

Ein wenig Automatik ist möglich, wenn Sie die Funktionen des Rechtsgrundlagenverzeichnisses nutzen, denn dieses ist im Grunde nichts anderes als ein Glossar.

Workaround »Stichwortverzeichnis«

Das Stichwortverzeichnis kann für ein Abkürzungsverzeichnis herhalten, indem Sie den Schalter \f verwenden, um einen gesonderten Index für Abkürzungen zu erstellen und im Feld QUERVERWEIS des Dialogs den Langtext angeben (siehe Abschnitt 5.8.4).

Workaround »Tabellennotiz«

Ohne Assistenzfunktion legen Sie die Sammlung erläuterungsbedürftiger Fachbegriffe und Abkürzungen am besten als Tabelle an, damit Sie während der Einträge nicht auf die Sortierung achten müssen. Meist fallen einem die notwendigen Einträge während der Arbeit am Text auf, dann sollten Sie mit einem kurzen ⎇Alt⎇+⇆ in das – während der Bearbeitung am besten noch separate Dokument – Verzeichnis diesen Eintrag rasch vornehmen und zum Weiterschreiben in den Haupttext zurückkehren. Erst am Schluss der Arbeit sortieren Sie die Tabelle. Als Sortierung kommt selbstverständlich nur eine alphabetische in Betracht. Eine gelegentlich geforderte Sortierung nach Auftreten im Text lässt sich als Endnoten leichter erstellen, nützt dem Rat suchenden Leser aber überhaupt nichts.

5.9 Verzeichnis-Spezialitäten

Einige Besonderheiten, die für mehrere Arten von Verzeichnissen gleichermaßen gelten, sind hier zusammengefasst.

Aus der Trickkiste: Kleiner-als-Zeichen < vor der Verzeichnisüberschrift unterdrücken

Ein bisher nicht beseitigter Bug führt gelegentlich dazu, dass vor der automatisch generierten Überschrift eines Verzeichnisses das Symbol »<« erscheint. Es zu beseitigen, bedarf eines Workarounds:

Setzen Sie, bevor Sie das Verzeichnis erstellen lassen, einen leeren Absatz davor. Damit dieser optisch nicht stört, formatieren Sie die Absatzendemarke mit Schriftgrad 1 pt.

5.9.1 Verzeichnisse und Hyperlinks

In den meisten Verzeichnissen werden automatisch Querverweise hinterlegt, die Sie standardmäßig mit Mausklick bei gedrückter ⎇Strg⎇-Taste anspringen können.

Möchten Sie auf die ⎇Strg⎇-Taste verzichten, können Sie die Option

DATEI | OPTIONEN | ERWEITERT | BEARBEITUNGSOPTIONEN: STRG + KLICKEN ZUM VERFOLGEN EINES HYPERLINKS VERWENDEN

abschalten.

Welcher Modus eingestellt ist, erkennen Sie, wenn Sie mit dem Mauszeiger den Hyperlink berühren: Eine QuickInfo zeigt Ihnen, wie Sie den Sprung auslösen; außerdem verändert sich der Mauszeiger bei der Methode ohne ⎇Strg⎇ sofort zum Link-Symbol ⬆.

Aktives Dokument	Aktives Dokument
Klicken, um Link zu folgen	**STRG+Klicken um Link zu folgen**

Abb. 5.20: Unterschiedliche Vorgehensweisen beim Ansteuern eines Links

5.9.2 Verzeichnisse über mehrere Dokumente

Haben Sie für jedes Ihrer Kapitel eine eigene Datei angelegt, müssen Sie diese nicht zwangsläufig zu einem Dokument zusammenführen und auch nicht mit Filialdokumenten arbeiten, um ein Gesamt-Inhaltsverzeichnis, Gesamt-Abbildungsverzeichnis oder einen Gesamt-Index zu erstellen.

Die Feldfunktion {RD} ist in der Lage, die Überschriften, Abbildungen, Indexeinträge usw. aus externen Dokumenten auszulesen; mehrere aufeinanderfolgende {RD}-Felder fügen sich so zu einem Verzeichnis der gewünschten Art zusammen.

> **Hinweis**
>
> Die Funktion {RD} greift auf die Überschriften, Abbildungen usw. durch; es ist nicht erforderlich, in den Einzelkapiteln die entsprechenden Verzeichnisse anzulegen.

Im Nachfolgenden erläutere ich die Vorgehensweise für ein übergreifendes Inhaltsverzeichnis. Für die anderen Verzeichnisse funktioniert es ähnlich.

Einziger Haken bei dem übergreifenden Inhaltsverzeichnis ist die Seitennummerierung, die in jedem Kapitel mit 1 neu beginnt. Die {RD}-Funktion ist also sinnvoll für Kapitel mit separat nummerierten Seiten unter Einbeziehung der Kapitelnummer einsetzbar, wenn Sie nicht manuell alle Kapiteldateien mit Startnummern für die Paginierung versehen wollen.

Das Gesamt-Inhaltsverzeichnis beginnt mit einer Verzeichnis-Feldfunktion, z. B. {TOC}, die ihre Einträge aus den in den nachstehenden {RD}-Feldern[39] aufgeführten Dateien bezieht ➧. Das gesamte Gebilde sieht dann ungefähr so aus:

```
{ TOC }
{ RD "Kap_01.doc" \f }
{ RD "Kap_02.doc" \f }
{ RD "Kap_03.doc" \f }
```

etc. Das Verzeichnisfeld können Sie in einem leeren Absatz über der Liste entweder

- mit Hilfe der einschlägigen Funktion der Registerkarte VERWEISE/REFERENZEN erzeugen oder

---

39 RD = Related Document

- mit `Strg`+`F9` selbst konstruieren

und mit `F9` aktualisieren.

Die Anführungszeichen um die Dateinamen können entfallen, wenn im Datei-pfad und -namen keine Leerzeichen vorkommen.

Der Schalter \f definiert den aktuellen Ordner als Ausgangspunkt für den Pfad der auszulesenden Dateien; das spart Schreibarbeit.

Die {RD}-Zeilen bleiben erhalten und sind für weitere Verzeichnisse nutzbar, indem Sie die jeweilige Verzeichnis-Feldfunktion {BIBLIOGRAPHY}, {INDEX}, {TOA} oder {TOC} mit den jeweiligen Spezifikationen darüberschreiben.

Kapitel 6

Formatvorlagen professionell

Ohne Formatvorlagen läuft bei Word gar nichts! Beim Start eines leeren Dokuments richtet sich der Text, den Sie eingeben, nach den Vorgaben der Formatvorlage *Standard*. Sobald Sie Formatänderungen am Text vornehmen, gibt es je nach Einstellungen des AutoFormats[40] zwei Möglichkeiten:

- Ist die Option FORMATVORLAGEN BASIEREND AUF FORMATIERUNG DEFINIEREN in AUTOFORMAT WÄHREND DER EINGABE aktiv, prüft Word, ob es eine Formatvorlage mit exakt diesen Einstellungen gibt und verknüpft Ihre Handformatierung mit der gefundenen Formatvorlage.

- Ist diese Option nicht aktiv oder sollte es nichts Vergleichbares in den vorhandenen Formatvorlagen geben, legt das Programm auf der Basis der ursprünglichen Formatvorlage eine neue an mit dem originären Namen, ergänzt um »+« und die Angabe der Abweichungen. Sie können auf diese provisorische Formatvorlage zugreifen wie auf jede andere, um diese Formatierung auch auf andere Textteile zu übertragen. Besser ist es natürlich, dieses Provisorium in eine wirkliche Formatvorlage umzuwandeln oder eigene Formatvorlagen von Grund auf zu erstellen.

Professionell genutzt, erleichtern Formatvorlagen die Arbeit mit Word gerade bei längeren Dokumenten immens.

6.1 Alle Formatvorlagen anzeigen

In der Registerkarte START ist nur eine Auswahl der Formatvorlagen enthalten. Den Gesamtumfang der verfügbaren Formatvorlagen finden Sie im Aufgabenbereich FORMATVORLAGEN:

START | FORMATVORLAGEN ⬲ oder [Strg]+[⇧]+[Alt]+[S]

Mit den OPTIONEN erhalten Sie Zugriff auf die Organisation der angezeigten Formatvorlagen; so können Sie dort mit ANZUZEIGENDE FORMATVORLAGEN AUSWÄHLEN: ALLE FORMATVORLAGEN einen Überblick über den Gesamtbestand der in diesem Dokument verfügbaren Formatvorlagen gewinnen.

---

40 DATEI | OPTIONEN | DOKUMENTPRÜFUNG | AUTOKORREKTUR-OPTIONEN

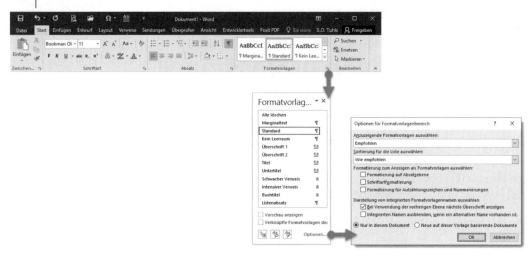

Abb. 6.1: Aufgabenbereich FORMATVORLAGEN nebst Optionen

6.2   Formatvorlagen verwenden

Das Wissen um einige Spezialitäten der Anwendung von Formatvorlagen kann Ihnen helfen, wenn Sie in kniffelige Situationen geraten.

Manuelle Änderungen von Teilen eines Textes bleiben beim Zuweisen einer neuen Formatvorlage erhalten. Sie müssen sich also keine Sorgen machen, dass Hervorhebungen im Text durch Ändern der Formatvorlage verschwinden könnten.

⚠ Vorsicht!

Wenn Sie zweimal hintereinander derselben Markierung dieselbe Formatvorlage zuweisen, betrachtet Word das als Aufforderung, auch die manuell zugewiesenen Abweichungen dem Stil der Formatvorlage anzupassen.

Ausnahme:

Dieser Effekt passiert jedoch nicht in der Formatvorlage »Standard«.

6.2.1   Zeichen- oder Absatzformat?

Beim Zuweisen einer Formatvorlage ohne vorherige Markierung gilt es eine bedeutende Unterscheidung zu beachten, die nur im Aufgabenbereich FORMATVORLAGEN deutlich wird:

- Steht die Schreibmarke *ohne Markierung* in einem Wort, wird
  - das komplette Wort formatiert, sofern es sich um ein »Zeichenformat« handelt,
  - der komplette Absatz formatiert, sofern es sich um ein »Absatzformat« handelt.
- Ist ein Teil eines Absatzes *markiert*, wird
  - die Markierung formatiert, sofern es sich um ein »Zeichenformat« handelt,
  - der komplette Absatz formatiert, sofern es sich um ein »Absatzformat« handelt.

Ob Zeichenformat oder Absatzformat, entscheidet eine Einstellung in der Formatvorlage, die in der Liste hinter dem Namen der Formatvorlage angezeigt wird:

a = Zeichenformatvorlage

¶ = Absatzformatvorlage

Stehen *beide* Zeichen dahinter, handelt es sich um eine *verknüpfte Formatvorlage*, die

- bei Markierung auf den markierten Text oder
- ohne Markierung auf den kompletten Absatz angewandt wird.

Wichtig

Ist unten im Aufgabenbereich FORMATVORLAGEN die Option VERKNÜPFTE FORMATVORLAGEN DEAKTIVIEREN eingeschaltet, werden verknüpfte Formatvorlagen in jedem Fall als Absatzformat behandelt und unabhängig von der Markierung auf den kompletten Absatz angewandt.

Steht hinter dem Formatvorlagennamen keine Kennung, handelt es sich um eine automatisch angelegte Formatvorlage für eine abweichende Formatierung, deren Nutzen im Kasten »Irritationen in Word 2010« auf Seite 132 beschrieben wird.

⚠ Vorsicht beim Aktualisieren von Formatvorlagen

Die Option AUTOMATISCH AKTUALISIEREN im Dialog FORMATVORLAGE ÄNDERN kann tückisch sein, wenn folgende Situation eintritt:

Sie markieren einen Teil eines Absatzes und weisen dieser Markierung eine Absatz-Formatvorlage zu. Dann legt Word eine neue *verknüpfte* Formatvorlage an mit dem Namen der ursprünglichen Formatvorlage, ergänzt um »Zchn«

> Leider kommt Word selbst mit diesen Formatvorlagen nicht gut zurecht, was zu Fehlformatierungen führen kann. Außerdem lassen sie sich entweder überhaupt nicht löschen oder nehmen beim Löschen gleich die ursprüngliche Absatz-Formatvorlage mit.

Mit Bordmitteln werden Sie diese Fehlerquellen nicht los, deshalb ist Prophylaxe oberstes Gebot, indem Sie

- die Option AUTOMATISCH AKTUALISIEREN *immer ausgeschaltet* lassen und
- Absatz-Formatvorlagen ausschließlich ganzen Absätzen zuweisen.

6.2.2 Formatvorlagen auf handformatierte Texte anwenden

Bei zugelieferten Texten kann es passieren, dass diese komplett handformatiert wurden, weil der Autor nicht mit Formatvorlagen gearbeitet hat. Wollen Sie solche Texte in Ihr Dokument übernehmen, werden die im Quelldokument auf *Standard* formatierten (also belassenen) Passagen an die Formatvorlage *Standard* Ihres Dokuments angepasst. Für die anders formatierten Texte müssen Sie aber nicht mühsam jede einzelne Überschriftenzeile etc. nachformatieren.

Handformatierte Textstellen finden

Wenn Sie bereits beim Durchlesen handformatierte Einträge erkennen, markieren Sie diese und weisen sie ihnen die korrekte Formatvorlage zu. Sollen gleich alle in gleicher Weise handformatierten Passagen damit beseitigt werden, bietet Word ein Werkzeug zur Rundummarkierung an: START | MARKIEREN | TEXT MIT ÄHNLICHER FORMATIERUNG MARKIEREN. (**In Word 2010** gibt es diese Funktion auch im Kontextmenü.)

Aufspüren anhand der verwendeten Formatvorlagen

Da Word für jede Handformatierung einen Eintrag in der Liste der Formatvorlagen anlegt, lassen sich Handformatierungen leicht aufspüren.

1. Öffnen Sie den Aufgabenbereich *Formatvorlagen* mit START | *Formatvorlagen*: ⬃
2. Öffnen Sie daselbst die OPTIONEN und wählen Sie in der Liste ANZUZEIGENDE FORMATVORLAGEN AUSWÄHLEN die Auswahl VERWENDET.
3. OK
4. Achten Sie nun in der Formatvorlagenliste auf Einträge, die kein nachgestelltes »a«, »¶« oder »¶a« besitzen. Meist geht dieser Mangel einher mit Formatvorlagennamen, die um ein »+« und zusätzliche Spezifikationen ergänzt sind.
5. Rechtsklicken Sie einen solchen Eintrag und wählen Sie ALLE N INSTANZEN AUSWÄHLEN.

Abb. 6.2: Verräterisches Fehlen der Kennung in der Formatvorlagenliste

Damit werden alle ebenso formatierten Absätze markiert.

Handformatierungen zurücksetzen

Haben Sie nach einer der vorgenannten Methoden die zurückzusetzenden Handformatierungen markiert, formatieren Sie sie durch einen Klick auf die Formatvorlagen-Schaltfläche wunschgemäß.

Wollen Sie in bestimmten Absätzen Handformatierungen lediglich auf das Absatzformat zurücksetzen, markieren Sie den zu neutralisierenden Absatz und drücken Sie

- `Strg`+`Q`, um Absatzformate wie Einrückungen, Rahmen etc.,
- `Strg`+`Leertaste` oder `Strg`+`⇧`+`Z`, um Schriftattribute wie fett, kursiv, unterstrichen etc.

zurückzunehmen. Damit werden alle manuellen Formatierungen gelöscht und dem Text die Formatierung des Absatzes laut Formatvorlage aufgezwungen.

6.2.3 Einen Absatz mit mehreren Absatz-Formatvorlagen formatieren

Weitgehend unbekannt ist eine Funktion, mit der sich einem Absatz unterschiedliche Absatz-Formatvorlagen zuweisen lassen. So ein Fall kann auftreten, wenn Sie einen Teil eines Absatzes mithilfe einer anderen Absatz-Formatvorlage vom Rest dieses Textes abheben wollen.

1. Setzen Sie die Schreibmarke an den Beginn des abzuhebenden Textes und betätigen Sie `↵`.
2. Formatieren Sie die beiden Absätze mit unterschiedlichen Formatvorlagen.

3. Setzen Sie die Schreibmarke in den oberen Absatz und betätigen Sie
$\boxed{\text{Strg}}$+$\boxed{\text{Alt}}$+$\boxed{\leftarrow}$.

Die beiden Absätze werden mit Schritt 3 wieder zu einem Absatz vereint. Bei eingeschalteter Steuerzeichenanzeige sehen Sie, dass die Absatzmarke ¶ eingerahmt wurde: ▓. Diese versteckte Absatzmarke trennt den Absatz logisch in zwei separat formatierbare Absätze, aber nicht optisch.

Abb. 6.3: Zwei unabhängig formatierte Absätze, optisch zu einem zusammengefügt

Hinweis

Word fügt automatisch einen Leerschritt nach dem Formatvorlagentrennzeichen ein.

Sofern es nach der anderen Formatvorlage mit der vorher verwendeten Absatzformatvorlage weitergehen soll, setzen Sie die Schreibmarke an das Ende des abzuhebenden Textes und wiederholen Sie den Vorgang.

6.3 Formatvorlagen bearbeiten

Der professionelle Weg zur eigenen Formatvorlage führt über den Aufgabenbereich FORMATVORLAGEN.

Hinweis

Allerdings ist eine Ausnahme zu beachten: **Gliederungen** können nur noch durch Übernahme einer Musterformatierung (Kasten »Irritationen in Word 2010« auf Seite 132) in eine Formatvorlage eingerichtet und geändert werden.[41]

6.3.1 Eigenschaften einer Formatvorlage anzeigen

Bewegen Sie den Mauszeiger auf eine im Aufgabenbereich angezeigte Formatvorlage, zeigt Ihnen Word in einem QuickInfo deren Formatierung an.

---

41 In den Versionen vor 2007 waren noch Gliederungen im Formatvorlagen-Dialog bearbeitbar; die Funktion ist ohne Erklärung seither verschwunden.

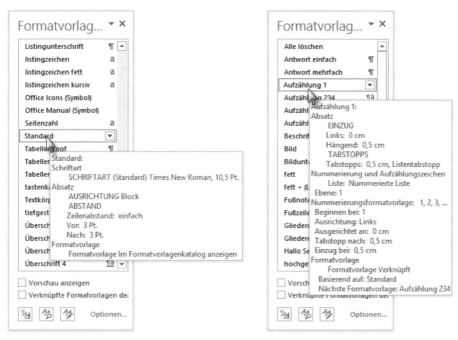

Abb. 6.4: Informationen über Eigenschaften der Formatvorlagen

Die Formatvorlage des Textes, in dem die Schreibmarke steht, ist in der Liste markiert. Bereits an dieser Stelle können Formatierungsprobleme erkannt werden.

Hinweis

Word legt automatisch für jede abweichende, also von Hand erstellte Formatierung eine neue Formatvorlage an.

Wenn Sie also in einem Absatz, der vermeintlich mit *Standard* formatiert ist, irgendwelche Absonderlichkeiten bemerken, kontrollieren Sie anhand der Formatvorlagen-Liste, ob die Formatierung wirklich *Standard* ist oder davon abweicht.[42]

6.3.2 Formatvorlagen erstellen und ändern

Ob Sie eine vorhandene Vorlage ändern oder eine neue erstellen möchten, ist von den Abläufen her kein wesentlicher Unterschied, jedoch ist das Neuerstellen insoweit aufwendiger, als Sie von null beginnen müssen, eine Vorlage aufzubauen.

---

42 Mehr Möglichkeiten zum Aufspüren von Formatierungsfehlern sind in Abschnitt 6.5 beschrieben.

> **Tipp**
>
> Leichter ist es, eine existierende Formatvorlage, die der Vorgabe schon nahe-
> kommt, anzupassen. Dies gilt besonders für Formatvorlagen mit »Spezialitäten«
> (Überschriften, Listen etc.), die werkseitig bereits alle *technischen* Eigenschaften
> mitbekommen haben und nur noch *optisch* Ihren Vorstellungen oder Vorgaben
> anzupassen sind.

Zum **Anlegen** einer neuen Formatvorlage wählen Sie im Aufgabenbereich FOR-
MATVORLAGEN: 🆕 NEUE FORMATVORLAGE.

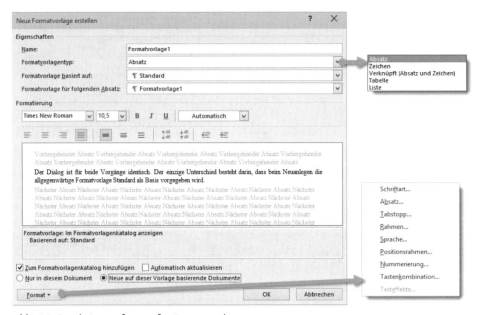

Abb. 6.5: Bearbeitungsfenster für Formatvorlagen

Um eine vorhandene Formatvorlage zu **ändern** und anzupassen, wählen Sie in
deren Kontextmenü ÄNDERN.

Der Dialog ist für beide Vorgänge identisch. Der einzige Unterschied besteht darin, dass beim Neuanlegen die allgegenwärtige Formatvorlage *Standard* als Basis
vorgegeben wird.

Zum Bearbeiten der Formatvorlage stehen Ihnen folgende Möglichkeiten offen:

Name

Die Formatvorlage benötigt einen aussagekräftigen Namen.

Formatvorlagentyp

Neben den oben erläuterten Zeichen- und Absatz-Formatvorlagen kennt Word noch die Typen für Listen und Tabellen. Wenn Sie solche einrichten wollen, ändern sich nach Auswahl des Typs die nachfolgenden Einstellungen.

Formatvorlage basiert auf

Hier lässt sich jede im Dokument vorhandene Formatvorlage als Basis für eine neue Formatvorlage auswählen. Wenn Sie hier einen Bezug eintragen, wirken sich Änderungen an der bezogenen Formatvorlage auch auf darauf basierende Formatvorlagen aus.

Formatvorlage für Folgeabsatz

Die hier getroffene Einstellung erleichtert das strukturierte Schreiben enorm. Damit vermeiden Sie, dass Sie z. B. nach dem Schreiben einer formatierten Überschrift von Hand auf die Fließtext-Absatzformatierung zurückschalten müssen; mit einem ⏎ nach der Überschrift erhält der neue Absatz die hier gewählte Formatierung.

Bereich »Formatierung«

Die wichtigsten Zeichen- und Absatzattribute sind hier für den schnellen Zugriff aufgeführt, um Ihnen für einfache Änderungen von Auszeichnungen das Aufklappen der FORMAT-Einstellungen zu ersparen.

Format

Mit einem Klick auf die Schaltfläche FORMAT erhalten Sie Zugriff auf alle Formatierungsmöglichkeiten, die es auch in der Registerkarte START des Menübands gibt. Hier ist auch der Aufruf zum Zuweisen einer Tastenkombination für die Formatvorlage versteckt.

Tastenkombination zuweisen

Tastaturorientierte Vielschreiber schätzen es, wenn häufig benötigte Funktionen per Tastenkombination ausgelöst werden können. Das Zuweisen von Formatvorlagen gehört zweifelsohne dazu.

Für die Überschriften-Formatvorlagen sind bereits werkseitig Alt+1 bis Alt+3 für die ersten drei Überschriftenebenen eingerichtet.

Eigene Tastenkombinationen weisen Sie beliebigen Formatvorlagen zu, indem Sie im Dialog NEUE FORMATVORLAGE ERSTELLEN oder FORMATVORLAGE ÄNDERN unten links auf die Schaltfläche FORMAT klicken und aus der Liste TASTENKOMBINATIONEN wählen. Damit öffnet sich der in Anhang B beschriebene Dialog TASTATUR ANPASSEN, mit dem Sie der aktuell bearbeiteten Formatvorlage eine Tastenkombination zuweisen.

Weitere Optionen

- NUR IN DIESEM DOKUMENT speichert die neue Formatvorlage mit dem aktuellen Dokument,

- NEUE AUF DIESER VORLAGE BASIERENDE DOKUMENTE sorgt dafür, dass die neue oder geänderte Formatvorlage in der Dokumentvorlage gespeichert wird, die dem Dokument zugrunde liegt, in dem Sie gerade arbeiten.

Sofern es sich bei der Vorlagendatei um Normal.dot, Normal.dotx oder Normal.dotm handelt, werden die Einstellungen fortan automatisch in jedem neuen Dokument wirksam, sofern Sie keine andere Vorlagendatei wählen (siehe auch Abschnitt 6.4).

Zudem gibt es noch die Option

⑩   ZUR LISTE DER SCHNELLFORMATVORLAGEN HINZUFÜGEN,

⑬⑯⑲   ZUM FORMATVORLAGENKATALOG HINZUFÜGEN,

mit der Sie veranlassen, dass diese Formatvorlage in der Registerkarte START, Gruppe FORMATVORLAGEN zur direkten Auswahl erscheint.

⚠ Vorsicht

Aktivieren Sie auf keinen Fall die Option AUTOMATISCH AKTUALISIEREN! Sie sorgt dafür, dass alle Formatierungen an einem Text die zugewiesene Formatvorlage unmittelbar modifizieren.

Diese Option ist ein häufiger Anlass für Entsetzen, weil die bloße Änderung eines Textteiles plötzlich das gesamte Dokument umformatiert.

Abhilfe

Wenn Ihnen solches passiert, hilft als Sofortmaßnahme ein Strg+Z, die Formatänderung wieder auf die Auswahl zu begrenzen. Anschließend sollten Sie unverzüglich die zugehörige Formatvorlage von dieser Einstellung befreien.

Irritationen in Word 2010

In der Registerkarte START gibt es eine Schaltfläche mit der Bezeichnung FORMATVORLAGEN ÄNDERN, die jedoch nur die Auswahl zwischen einigen unterschiedlichen Stil-Sets und anderen generellen Einstellungen enthält.

6.3.3 Formatvorlage aus handformatiertem Text erstellen

Die Formatierung eines Muster-Absatzes kann für eine neue Formatvorlage herangezogen werden, denn für jede nicht mit einer Formatvorlage übereinstimmende Formatierung legt Word eine eigene Formatvorlage an, die Sie weiterverwenden können.

1. Markieren Sie den Absatz, der als Formatierungs-Muster dienen soll.
2. Öffnen Sie die Liste der Formatvorlagen mit einem Klick auf ⬊ in START | Gruppe *Formatvorlagen*.

Die Formatvorlage der aktuellen Schreibmarkenposition wird in der Liste durch einen Rahmen markiert.

3. Klicken Sie auf ⬇ neben dem markierten Eintrag und wählen Sie im Kontextmenü ÄNDERN.
4. Tragen Sie im Dialog FORMATVORLAGE ÄNDERN in das Feld NAME einen zutreffenden Namen ein.
5. OK

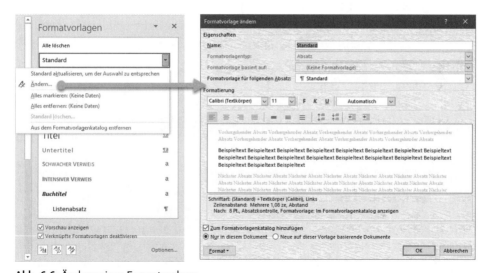

Abb. 6.6: Ändern einer Formatvorlage

Sie können aber auch jeden beliebigen formatierten Text/Absatz ohne Rücksicht auf seine Herkunft für eine neue Formatvorlage heranziehen.

1. Rechtsklicken Sie in den markierten Text.
2. ⑩ Klicken Sie im Kontextmenü auf AUSWAHL ALS NEUE SCHNELLFORMATVORLAGE SPEICHERN.

   ⑬ ⑯ ⑲ Klicken Sie in der Minisymbolleiste auf die Schaltfläche FORMATVORLAGEN und dann in der aufklappenden Liste auf FORMATVORLAGE ERSTELLEN.
3. Klicken Sie in der *Namensabfrage* NEUE FORMATVORLAGE ERSTELLEN auf ÄNDERN.
4. Fahren Sie fort wie in Abschnitt 6.3.2 beschrieben.

6.3.4 Überschriften-Formatvorlagen

Damit Überschriften in der Gliederungsansicht, im Navigationsbereich, in der Querverweis-Auswahl und im automatisch erzeugten Inhaltsverzeichnis erscheinen können, müssen die für sie verwandten Formatvorlagen besonders gekennzeichnet sein.

Beim Ändern vorhandener Überschriften-Formatvorlagen ist diese Kennung bereits vorhanden, beim Selbstanlegen müssen Sie darauf achten, dass im Absatzdialog (START | ABSATZ ⬎) in der Auswahlliste GLIEDERUNGSEBENE eine andere Auswahl als *Textkörper* getroffen wird – am besten natürlich die Ebene, zu der diese Überschrift gehören soll.

6.3.5 Formatvorlage löschen

Mit einem Rechtsklick auf eine Formatvorlage in der Liste oder einem Klick auf das Symbol ▾ rechts neben dem Namen (erscheint erst, wenn Sie mit dem Mauszeiger über dem Listeneintrag stehen) öffnen Sie das Kontextmenü, in dem Sie auch einen Befehl zum Löschen der Formatvorlage finden.

Haben Sie den Löschbefehl erteilt, kommt eine Abfrage, ob Sie »alle Instanzen der Formatvorlage löschen« möchten. Das klingt dramatisch, ist es aber nicht. Gelöscht wird nur die Formatvorlage; die ihr zugewiesenen Texte bleiben erhalten und werden auf die Formatierung der der gelöschten Formatvorlage zugrunde liegenden Formatvorlage (»Formatvorlage basiert auf« im FORMATVORLAGEN-Dialog) zurückgesetzt.

6.4 Dokumentvorlagen

Jedes mit Word neu angelegte Dokument basiert auf einem Formatvorlagensatz, der aus einer Vorlagendatei stammt. Ohne weitere Vorgabe ist das die Datei `Normal.dotm`, die beim Starten von Word und beim Neuanlegen via `Strg`+`N` verwendet wird. Dabei bedeutet »verwenden«, dass auf der Basis dieser Dokumentvorlage ein neues Dokument aufgebaut wird; die Vorlagendatei bleibt von jeglichen Änderungen im neuen Dokument unberührt. Sie arbeiten im neuen Dokument quasi in einer Kopie der Vorlagendatei.

Legen Sie ein neues Dokument mit DATEI | NEU an, dürfen Sie auswählen, welche Vorlage Sie verwenden.

Auch wenn Sie im Windows-Explorer auf eine Datei mit der Endung .dot[43], .dotx oder .dotm doppelklicken, startet Word – korrekte Konfiguration des Explorers

---

43 .dot war die Vorlagen-Dateiendung bis Word 2003. Vorlagen dieses Standards können mit den neuen Versionen zwar verwendet werden, doch beachten Sie bitte unbedingt Abschnitt 6.4.2.

vorausgesetzt[44] – mit einem auf der Basis dieser Vorlage erstellten neuen Dokument.

Hinweis

Eine Dokumentvorlage kann außer Formatvorlagen noch weitere Informationen enthalten, zum Beispiel vorgefertigte Briefköpfe, Texte und Felder für Formulare, selbst gestaltete Registerkarten für das Menüband, Autotexte, Makros etc.

Wenn Sie sich für Ihre Arbeiten einen Formatvorlagensatz zusammengestellt haben, können Sie den als leere (textfreie) Dokumentvorlage mit der Funktion DATEI | SPEICHERN UNTER als Dateityp WORD-VORLAGE zur jederzeitigen Verwendung ablegen.

Andere Dokumentvorlage verwenden

Stellen Sie im Nachhinein fest, dass Sie mit einer falschen Dokumentvorlage gearbeitet haben, lässt sich dies leicht beheben, indem Sie mit

ENTWICKLERTOOLS[⊕] | DOKUMENTVORLAGE | ANFÜGEN

die richtige Dokumentvorlage auswählen und mit OK zuweisen. Word stellt dann alle Formatierungen auf gleichnamige der neuen Dokumentvorlage um.

Jedes Word-Dokument merkt sich, aus welcher Vorlage es erstellt wurde. Word greift beim Öffnen auf diese Vorlage zu, sofern sie erreichbar ist. Liegt die Vorlagendatei auf einem nicht angeschlossenen Laufwerk oder wurde sie verschoben, können darin enthaltene Zusatzinformationen nicht abgerufen werden und in der Vorlage definierte Funktionen eingeschränkt sein. Sorgen Sie dafür, dass der Speicherpfad erreichbar ist, oder ordnen Sie die Zuordnung neu mit ENTWICKLERTOOLS[⊕] | DOKUMENTVORLAGE | ORGANISIEREN.

Hinweise

- Die Formatierungen in Ihrem Dokument bleiben auch bei fehlender Dokumentvorlage erhalten.
- Sobald Sie eine andere Vorlage zuweisen, ändern sich die Formatierungen Ihres Dokuments, weil gleichnamige Formatvorlagen angepasst werden.
- Enthält die neue Vorlage Makros, werden diese nicht übernommen.

---

44 Beim Installieren von MS Office wird der Explorer entsprechend präpariert, irgendwann danach können aber durch andere Einflüsse die Parameter verbogen werden. Im Anhang A finden Sie Hinweise, wie diese Fehler zu bereinigen sind.

Dokument an geänderte Dokumentvorlage anpassen

Werden in einer Dokumentvorlage Formatvorlagen geändert, wirken sich diese Änderungen auf die Formatvorlagen der darauf basierenden Dokumente nur aus, wenn in deren Einstellungen die Option AUTOMATISCH AKTUALISIEREN eingeschaltet ist.

Richtig ablegen

Bis Word 2010 müssen Sie im linken Fenster des Dialogs SPEICHERN UNTER ganz nach oben gehen, dort finden Sie einen Link zum Vorlagenordner `\Templates`, den Sie durch Anklicken öffnen.

Ab Word 2013 sorgt die Auswahl des Dateityps WORD-VORLAGE beim Speichern dafür, dass als Speicherziel der Vorlagenordner `C:\Users\[Benutzername]\Documents\Benutzerdefinierte Office-Vorlagen` angesteuert wird.

> **Vorschau-Miniatur für die Vorlagenauswahl mitspeichern**
>
> Erzeugen Sie ein neues Dokument mit DATEI | NEU, zeigt Ihnen Word Ihre Vorlagen nur dann als Miniaturbild an, wenn Sie beim Speichern der Vorlage im SPEICHERN UNTER-Dialog ein Häkchen bei MINIATUR SPEICHERN gesetzt haben.

Aus der Trickkiste: Wo speichert Word die Vorlagen?

Die Speicherorte der Vorlagen können Sie den Word-Optionen entnehmen:

DATEI | OPTIONEN | ERWEITERT | ganz unten: DATEISPEICHERORTE

ab 13 auch: DATEI | OPTIONEN | SPEICHERN

Word zeigt Ihnen nun darunter den Pfad des Vorlagenordners an.

Die in diesem Ordner abgelegten Vorlagen erscheinen, wenn Sie eine neue Datei mit DATEI | NEU[45] anlegen, in der Auswahl 10 MEINE VORLAGEN, ab 13 PERSÖNLICH.

6.4.1 Das Mysterium Normal.dot/m/x

Sobald Sie Word starten, prüft das Programm, ob im Vorlagenordner eine Datei `Normal.dotm`, `Normal.dotx` oder `Normal.dot` existiert.

45 Diese Auswahl sehen Sie nur, wenn Sie über DATEI | NEU ein neues Dokument anlegen. Die Schaltfläche NEU in der Schnellzugriffsleiste erzeugt wie die Tastenkombination (Strg)+(N) ein leeres Dokument auf der Basis der Normal.dotm.

Wichtig

Fehlt eine solche Datei, legt Word einen Standardsatz Formatvorlagen für das leere Dokument an.

Erst wenn Sie Word wieder schließen, wird eine neue `Normal.dotm` anhand der Einstellungen dieses Dokuments gespeichert!

Wenn Sie die Normal.dotm nicht auf Anhieb finden sollten, hilft Ihnen Word:

1. Öffnen Sie in den ENTWICKLERTOOLS den VISUAL-BASIC-Editor.
2. ANSICHT | DIREKTBEREICH/DIREKTFENSTER
3. Tragen Sie dort ein: `?Application.NormalTemplate.FullName` und drücken Sie ↵.

Aus der Trickkiste: Normal.dotm (g)runderneuern

Das Löschen dieser Datei kann manchmal als Rettung herhalten, wenn Word »spinnt«.

1. Schließen Sie Word.
2. Suchen Sie mit dem Explorer die `Normal.dotm` und löschen Sie sie.
3. Starten Sie Word.

Word findet beim Neustart keine Vorlagendatei und startet »neutral«, wie oben beschrieben.

6.4.2 Formatvorlagen wiederverwenden

Formatvorlagen können von einer in eine andere Datei kopiert werden. Dabei ist es unerheblich, ob es sich um Dokumentdateien oder Vorlagendateien handelt. Zwischen den Dateien und Dateitypen lassen sich Formatvorlagen im Aufgabenbereich FORMATVORLAGEN unten: 🗲 FORMATVORLAGEN VERWALTEN | IMPORTIEREN/EXPORTIEREN völlig freizügig austauschen.

In dem Fenster, das sich nun öffnet, lassen sich links und rechts Dokument- und Vorlagendateien öffnen, zwischen denen sich die Formatvorlagen nach Belieben hin und her kopieren lassen. Leider verhält sich Word dabei manchmal etwas widerspenstig und passt in der Zieldatei bereits vorhandene Formatvorlagen nicht richtig an.

Aus der Trickkiste: Formatvorlagen sicher übernehmen

Mit Hilfe einer einzigen Programmzeile schaffen Sie es, dass gründlich renoviert wird:

1. Öffnen Sie mit [Alt]+[F11] oder in der Registerkarte Entwicklertools mit Visual Basic die VBA-Entwicklungsumgebung.

2. Wählen Sie Ansicht | Direktfenster

   Im unteren Bereich des Editors ist nun das Fenster »Direktbereich« zu sehen.

3. Tragen Sie dort

   ```
   ActiveDocument.CopyStylesFromTemplate Template:=
   ```

   ein, ergänzt um Pfad und Namen der Quelldatei, komplett in Anführungszeichen, also z. B. `"F:\Projekt\Vorlage Projekt.dotm"`.

4. Beenden Sie die Eingabe mit [↵].

Word führt diese Anweisung aus und passt die Formatvorlagen jenen der Vorlage an.

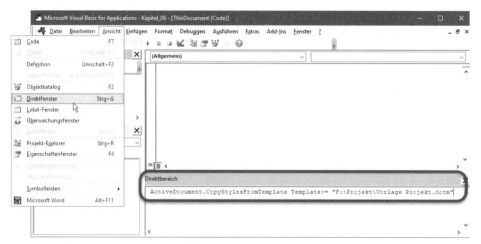

Abb. 6.7: Übernehmen von Formatvorlagen mit VBA-Funktion

Versionsübergreifendes Recycling

Wie oben schon erwähnt, ist beim ersten Start von Word noch keine `Normal.dotx/m` vorhanden; erst mit dem ersten Schließen einer Word-Instanz legt das Programm eine solche Vorlagendatei an. Findet Word beim ersten Start allerdings eine Normal.dot, verwendet es diese und generiert aus deren Inhalt die Vorgaben für eine neue Normal.dotx oder Normal.dotm.

Experten raten jedoch davon ab, Vorlagendateien des alten Typs `.dot` einfach auf diese Weise in die neuen Versionen zu übernehmen. Falls die alte Vorlagendatei Einstellungen enthält, die mit der neuen Office-Technik seit 2007 nicht mehr kompatibel sind, können diese Störungen verursachen.

Deshalb ist es sicherer, die alte `Normal.dot` aus dem Vorlagenordner an eine andere, unverdächtige Stelle zu verschieben. Word legt daraufhin eine `Normal.dotm` an, die Sie dann nachträglich auf die oben beschriebenen Weisen mit den gewünschten Features aus der alten `Normal.dot` anreichern.

6.5 Formatfehler finden

Der Schmetterling, der ein Erdbeben auslösen kann, steckt häufig in fehlerhaften Formatierungen in Word. Winzige Ursachen verursachen manchmal weitreichende Fehler, deren Ursache man kaum in Formatabweichungen vermutet. Da häufig Formatabweichungen durch Augenschein nicht leicht erkennbar sind, besitzt Word neben den in Abschnitt 6.2.2 beschriebenen Methoden einige einschlägige Analysefunktionen.

Haben Sie die Steuerzeichenanzeige ¶ eingeschaltet, werden Sie feststellen, dass neben allen Absätzen, die nicht mit der Formatvorlage *Standard* formatiert sind, am linken Rand kleine Quadrate ■ angezeigt werden. Das hilft schon, kleinere Formatierungsfehler aufzuspüren. Eine Überschrift *ohne* ■ kann nur falsch sein, ebenso ein Textkörper *mit* ■.

Eine weitere Anzeige der Formatierung hat man von jeher gut versteckt: den *Formatvorlagenbereich* in der Entwurfs- und Gliederungsansicht. Sie finden die Einstellung dafür in

DATEI | OPTIONEN | ERWEITERT | Bereich *Anzeigen:* BREITE DES FORMATVORLAGEN-BEREICHS IN ENTWURFS- UND GLIEDERUNGSANSICHTEN

Von Hause aus ist dieser Wert auf 0 gestellt. Geben Sie dort 2 bis 2,5 cm ein, dann zeigt Ihnen Word in beiden Ansichten links neben dem Text zu jedem Absatz die zugewiesene Formatvorlage an.

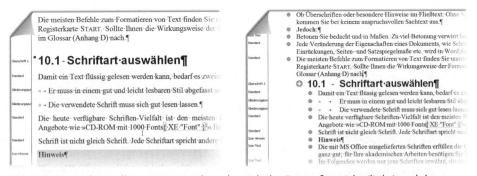

Abb. 6.8: Formatkontrolle im Formatvorlagenbereich der Entwurfsansicht (links) und der Gliederungsansicht (rechts)

6.5.1 Formatierungen analysieren und vergleichen

Detailliertere Informationen über die Formatierung des Textes erhalten Sie, wenn Sie ⌂+F1 drücken: Ein Aufgabenbereich zeigt Ihnen alle Einstellungen an der aktuellen Position der Schreibmarke bzw. des markierten Textes.

Durch direkten Vergleich der Formatierung zweier identisch wirkender Absätze werden hier Abweichungen sichtbar gemacht:

1. Markieren Sie den verdächtigen Bereich Ihres Textes.
2. Drücken Sie ⌂+F1.
3. Aktivieren Sie im Aufgabenbereich oben die Option MIT ANDERER MARKIERUNG VERGLEICHEN.
4. Markieren Sie nun einen Textteil, der sich korrekt verhält.

Im Feld FORMATIERUNGSUNTERSCHIEDE werden Ihnen die **Abweichungen** aufgelistet.

Mit der Schaltfläche ▾ neben der Anzeige des zweiten Textes im Aufgabenbereich erreichen Sie eine Auswahl, wie mit der Abweichung umgegangen werden soll. Sie können aber auch durch Klicken auf die blauen Überschriften im Feld FORMATIERUNGSUNTERSCHIEDE direkt die zuständigen Format-Dialoge aufrufen, um damit den markierten Text umzuformatieren.

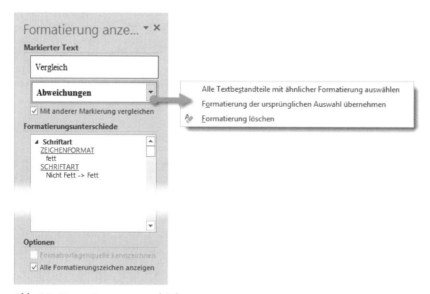

Abb. 6.9: Formatierungen vergleichen

6.5.2   Automatische Formatierungsüberwachung

Die Optionen Formatierung mitverfolgen und Inkonsistenzen bei Formatie-
rungen markieren in Datei | Optionen | Erweitert | Bearbeitungsoptionen
sorgen dafür, dass Word sämtliche manuellen Abweichungen von der zugewiesenen Formatvorlage blau unterkringelt. Ein Rechtsklick auf den markierten Text
zeigt Vorschläge zum Umgang mit der Abweichung an.

6.5.3   Der Formatinspektor

Am unteren Ende der Formatvorlagenliste finden Sie eine Schaltfläche ⬛, mit der
der Formatinspektor gestartet wird. Ein Fenster zeigt Ihnen, ob an der aktuellen
Position der Schreibmarke Abweichungen gegenüber der Standard-Formatvorlage
festgestellt wurden.

Abb. 6.10: Der Formatinspektor hat Abweichungen gefunden.

Mit den Schaltflächen ⬛ daneben lassen sich die Abweichungen einzeln oder mit
Alle löschen komplett wieder auf *Standard* zurücksetzen.

Vor dem Betätigen von Alle löschen sollten Sie den Absatz markieren, damit
auch alle Formatierungen zurückgesetzt werden. Anderenfalls nimmt Word Schrift-
formatierungen nur an der aktuellen Schreibmarkenposition zurück.

Ein Klick auf die zweite Schaltfläche am unteren Rand ⬛ leitet das Anlegen einer
neuen Formatvorlage anhand dieser Abweichung wie im Kasten »Irritationen in
Word 2010« auf Seite 132 ein.

Weitere Bearbeitungsmöglichkeiten bieten die Kontextmenüs zu den jeweils oberen Anzeigen der beiden Blöcke. Abhängig von den gefundenen Fehlern fallen sie
unterschiedlich aus (Abbildung 6.10 rechts).

Mit der Schaltfläche ⬛ in diesem Info-Fenster gelangen Sie zum in Abschnitt 6.5.2
beschriebenen Formatierungsvergleich.

Teil II

Word ist keine Schreibmaschine

Eigentlich eine banale Erkenntnis, dass Word keine Schreibmaschine ist, dennoch arbeiten sehr viele Menschen mit Textverarbeitungsprogrammen wie mit einer Schreibmaschine, wenden die üblichen Bedienweisen der alten Klapperatismen auch hier an und wundern sich, warum die Assistenzfunktionen versagen.

Die Assistenzfunktionen sind es, die die Arbeit am Text wesentlich vereinfachen, doch um sie zu benutzen, sollte man sie verstehen. Anderenfalls sind Frusterlebnisse vorprogrammiert. Gewisse Konventionen sind zu beachten, um der Maschine überhaupt Gelegenheit zu geben, uns zu unterstützen. Denn anders als häufig unterstellt macht dieser dumme Blechkasten exakt das, was wir ihm aufgeben. Das ist wie beim Autofahren: Sie können noch so viel Gas geben – solange kein Gang eingelegt ist, bewegt sich das Gefährt nicht von der Stelle. Genau dasselbe passiert mit den Assistenzfunktionen in Word: Weil irgendwo irgendetwas manuell nicht den Erwartungen des Programms gemäß eingestellt wurde, spielt die Automatik scheinbar verrückt.

Sie sollten die folgenden Kapitel unbedingt lesen, um mit Word folgerichtig umzugehen.

In diesem Teil:

Kapitel 7

Text eingeben und bearbeiten

Am Computer Texte zu schreiben und zu gestalten, wird durch zahlreiche, im Hintergrund wirkende Assistenzfunktionen erleichtert. Bereits wenn Sie die ersten Buchstaben eintippen, laufen im Programm zahlreiche Prozesse ab, die seltsame Wirkungen haben können, sofern Sie gewisse Grundregeln nicht beachten.

7.1 Text eingeben

Text geben Sie immer an der Stelle ein, an der die *Schreibmarke* zu sehen ist. Das ist ein blinkender senkrechter Strich |, zunächst am Textanfang, der sich mit dem Schreibfluss bewegt. Der Mauszeiger nimmt innerhalb des Textes die Form I an.

Sie können die Schreibmarke nur innerhalb bereits bestehenden Textes bewegen,

- entweder mit den Pfeil-Tasten [←], [→], [↑] und [↓]
- oder durch einen Klick mit der Maus, dann setzt sich die Schreibmarke an die Stelle, auf die der Mauszeiger weist.

Der Mauszeiger in der Darstellung Iᶠ zeigt an, dass Sie sich außerhalb des Textbereichs befinden, dort aber per Doppelklick einen Textbeginn platzieren können. So ist es scheinbar möglich, die Schreibmarke an eine beliebige Stelle auf dem unbeschriebenen Blatt zu setzen.

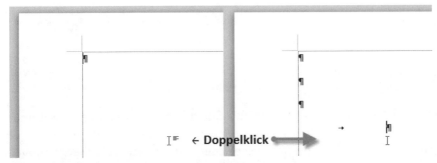

Abb. 7.1: An beliebiger Stelle ins Blatt doppelgeklickt erzeugt Vorschub.

Bei eingeschalteter Steuerzeichenanzeige (siehe Abschnitt 7.2.1) wird deutlich, worauf dieser Trick beruht: Bei dieser Aktion baut Word von der obersten Zeile des Blattes (oder von der letzten beschriebenen Zeile) bis zur Zeile des Doppelklicks mehrere leere Absatzmarken ¶ ein. Den horizontalen Versatz erledigt ein Tabsprung exakt zur Position des Doppelklicks.

Sie können diese Funktion mit der Option KLICKEN UND EINGEBEN AKTIVIEREN in DATEI | OPTIONEN | Register ERWEITERT | Bereich BEARBEITUNGSOPTIONEN beeinflussen.

Wenn die (Standard-)ANSICHT | SEITENLAYOUT eingestellt ist, zeigt uns die sogenannte WYSIWYG[46]-Technik den eingegebenen Text gleich richtig an, in einer bestimmten Schriftart und -größe, in bestimmten Seitenrändern. Bereits das ist die erste Automatik, die uns in einer Textverarbeitung begegnet: Das Programm überwacht selbstständig, dass der Text die vorgegebenen Rahmen nicht überschreitet. Am Ende einer Zeile oder Seite wird er umbrochen, also eine neue Zeile oder Seite begonnen, ohne dass wir uns darum kümmern müssen. Beim nachträglichen Ändern des Textes werden die Umbrüche automatisch der neuen Textmenge angepasst.

7.2 Text bearbeiten

Der größte technische Fortschritt gegenüber der Schreibmaschine ist die Möglichkeit, Textstellen beliebig oft ohne Tipp-Ex verändern und nachbessern zu können. Damit das komplikationslos abläuft, sind aber ein paar grundsätzliche Regeln zu beachten.

7.2.1 Steuerzeichen anzeigen lassen

Im Bearbeitungsfenster werden Ihnen beileibe nicht alle Informationen angezeigt, die im Dokument gespeichert sind. Im Text versteckt sind diverse Steuerzeichen, die Sie nur auf ausdrücklichen Wunsch zu sehen bekommen.

> **Tipp**
>
> Sie sollten immer mit angezeigten Steuerzeichen arbeiten, um *genau* zu wissen, wo die Schreibmarke gerade steht und welche sonst unsichtbaren Informationen die Bearbeitung beeinflussen.

In der Registerkarte START des Menübands findet sich eine Schaltfläche ¶. Damit lassen sich Textteile anzeigen, die üblicherweise unsichtbar sind, insbesondere Steuerzeichen[47]. Das sind im Text gespeicherte Informationen, deren Anblick

---

46 WYSIWYG = What you see is what you get. Du siehst, was du bekommst.

47 Die Steuerzeichen werden in Word »Formatierungszeichen« tituliert, was manche Anwender zu dem Irrtum verleitet, man könne damit Text formatieren: eine der Ursachen der »Hoppelformatierung«.

beim Überarbeiten von Texten hilfreich, beim Schreiben allerdings auch störend sein kann. Darum gibt es die Option, sie anzuzeigen oder nicht.

Abb. 7.2: Steuerzeichenanzeige ein- und ausschalten (links) und in den Optionen konfigurieren (rechts)

In DATEI | OPTIONEN | ANZEIGE lassen sich sechs dieser Steuerzeichen separat als dauernd sichtbar einstellen – unabhängig vom Status der Schaltfläche ¶.

Es gibt darüber hinaus noch weitere Steuerzeichen, die aber nur mit der Schaltfläche ¶, der Tastenkombination Strg + ⇧ + + [48] oder

DATEI | OPTIONEN | ANZEIGE | ALLE FORMATIERUNGSZEICHEN ANZEIGEN

zugeschaltet werden können.

Die Bedeutung der einzelnen Steuerzeichen wird im Kontext mit den zugehörigen Funktionen in den jeweils einschlägigen Kapiteln erläutert.

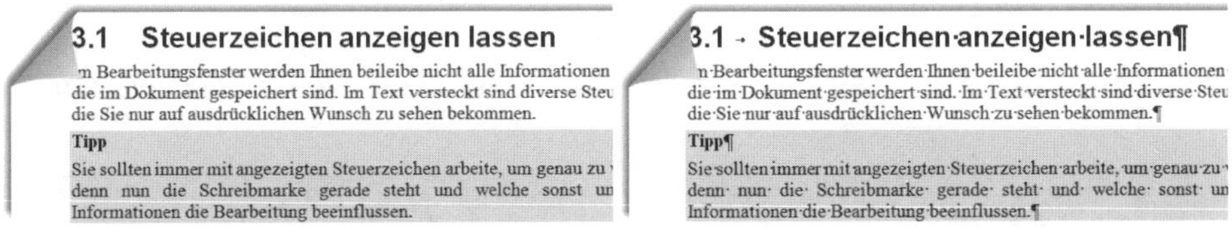

Abb. 7.3: Eingeblendete Steuerzeichen (rechts)

Absatzmarken und letzte Absatzmarke

- Die Absatzmarke ¶ ist nicht nur ein Umbruchsymbol, sondern auch Sinnbild des »Aufbewahrungsorts« für alle Formatierungen (Kapitel 12) im Absatz. Deshalb haben Änderungen, die Absatzmarken einschließen, manchmal erweiterte Auswirkungen auf den umgebenden Text.

- Die obligatorische letzte Absatzmarke in jedem Word-Dokument steht für alle grundlegenden Formatierungen des Dokuments, deshalb lässt sie sich auch nicht entfernen.

---

48 auf der CH-Tastatur Strg + ⇧ + 8

■ Wenn Sie den letzten Absatz eines Textes per Drag&Drop nach oben verschieben, legt Word eine *neue letzte Absatzmarke* nach der Absatzmarke des dadurch zum letzten Absatz gewordenen Absatzes an.

7.2.2 Text ändern

Die nachträgliche Korrekturmöglichkeit lässt uns stressfrei schreiben. Jeder kleine oder große Fehler lässt sich problemlos nachträglich und unsichtbar ausbügeln.

Um vergessene Buchstaben oder Wörter nachzutragen, bewegen Sie mit den Pfeiltasten Ihre Schreibmarke an die Einfügeposition oder klicken mit der Maus, wenn der Text-Mauszeiger I an dieser Stelle steht. Anschließend geben Sie den Text ein.

Wollen Sie einzelne Buchstaben löschen, bewegen Sie Ihre Schreibmarke vor oder hinter diese Stelle und betätigen anschließend ⎡Entf⎤, um nach rechts zu löschen, oder ⎡Backspace⎤, um nach links zu löschen.

Ganze Wörter löschen Sie nach rechts mit ⎡Strg⎤+⎡Entf⎤ und nach links mit ⎡Strg⎤+⎡Backspace⎤. Dabei gelten durch Bindestrich gekoppelte Wörter als zwei Wörter; Sie müssen die Tastenkombination insgesamt dreimal drücken, einmal zusätzlich für den Bindestrich.

Text bei Finger- und Stifteingabe löschen (Word 2019)

Die Registerkarte Zeichnen bietet Erleichterungen beim Löschen, wenn der Freihand-Editor eingeschaltet ist. Wählen Sie in der Werkzeugauswahl Stift oder Bleistift und überstreichen den zu löschenden Textteil. Dieser Text wird gelöscht. Beim einfachen Durchstreichen eines kompletten Absatzes wird dieser vollständig gelöscht.

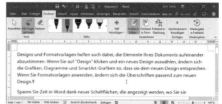

Abb. 7.4: Löschen mit dem Freihand-Werkzeug, links die Handeingaben, rechts deren Umsetzungen

Einfügen oder überschreiben?

Word ist werkseitig auf den Einfügemodus eingerichtet, bei dem nachgetragene Zeichen den folgenden Text aufschieben. In welchem Modus sie gerade schreiben, erkennen Sie in der Statusanzeige am unteren Fensterrand.

Abb. 7.5: Hinweis auf den aktuellen Bearbeitungsmodus in der Statuszeile

Sie können mit folgenden Methoden in den Überschreibmodus und zurück wechseln:

- `Einfg` oder
- Mausklick auf die Statusanzeige.

Mehrere Wörter überschreiben

Um mehrere Wörter oder komplette Textblöcke durch anderen Text zu ersetzen, müssen Sie nicht in den Überschreibmodus wechseln. Text lässt sich markieren (siehe Kapitel 8), um dann durch die nachfolgenden Eingaben ersetzt oder durch Betätigen von `Entf` oder `Backspace` gelöscht zu werden.

Das Ersetzen markierten Textes bei der Eingabe lässt sich vermeiden, indem Sie

DATEI | OPTIONEN | Register ERWEITERT | Bereich BEARBEITUNGSOPTIONEN | Option EINGABE ERSETZT MARKIERTEN TEXT

abschalten.

7.3 Interpunktion

Ein Text setzt sich zusammen aus Buchstaben, die im Zusammenhang Wörter ergeben. Grammatikalisch vollständig wird er durch die Satzzeichen.

Korrekte Interpunktion im Text ist wichtig für die gute Lesbarkeit und für das reibungslose Funktionieren eines Textprogramms; auch Word arbeitet strikt nach nationalen Zeichensetzungsregeln. Viele Automatismen setzen korrekte Zeichensetzung voraus, um richtig zu funktionieren.

> **Wichtig**
>
> Manche eigenartige Reaktion von Word hat ihre Ursache in falscher Zeichensetzung, die korrekt interpretiert wird, aber in ihrer Korrektheit den Fehler verstärkt.

7.3.1 Die Satzzeichen

Im Buchdruck wie beim Maschinenschreiben gilt die Regel, dass Wörter voneinander und von Symbolen durch Leerzeichen getrennt werden. Aber nicht immer! So stehen Satzzeichen *nach* dem letzten Buchstaben des vorangegangenen Wortes immer ohne Leerzeichen mit einer Ausnahme: Gedankenstriche sind nach beiden Seiten vom umgebenden Text durch Leerzeichen abgegrenzt.

Auf ein Satzzeichen folgt immer ein Leerzeichen, ein Zeilen- oder ein Absatzwechsel. Keine Regel ohne Ausnahme: Zwischen öffnender Klammer und erstem Buchstaben des Begriffs innerhalb der Klammer steht kein Leerzeichen.

Falsch¤	Richtig¤
Am·Satzende·steht·ein·Satzeichen·ohne·Leerschritt·davor·.¶	Am·Satzende·steht·ein·Satzeichen·ohne·Leerschritt·davor.¶
Nach·einem·Satzeichen·folgt·immer·ein·Leerschritt.Oder·ein·Zeilenwechsel.¶	Nach·einem·Satzeichen·folgt·immer·ein·Leerschritt.·Oder·ein·Zeilenwechsel.¶
Verlassene·Bindestriche·am·Zeilenende·sind·unprofessionell,·z.·B.·Abschlussarbeiten·und·-prüfungen.¶	Verlassene·Bindestriche·am·Zeilenende·sind·unprofessionell,·z.·B.·Abschlussarbeiten·und-·-prüfungen.¶
Wert·und·Maßeinheiten·werden·durch·einen·Leerschritt·getrennt,·dürfen·aber·nicht·wie·hier·20·m²,·am·Zeilenende·getrennt·werden.¶	Wert·und·Maßeinheiten·werden·durch·einen·Leerschritt·getrennt,·dürfen·aber·nicht·wie·hier·20°m²·am·Zeilenende·getrennt·werden.¶

Abb. 7.6: Die wichtigsten Interpunktionsregeln

Ob ein Leerzeichen (Leerschritt, Leerschlag) an der falschen Stelle steht, erkennen Sie am besten, wenn Sie mit der Schaltfläche ¶ oder mit der Tastenkombination ⌨Strg+⇧+⊞ die Steuerzeichen einblenden. Ein Leerschritt erscheint in dieser Ansicht als hochgestellter Punkt ·.

Tipp

So erkennen Sie auch leicht versehentlich eingefügte Doppel-Leerzeichen.[49]

7.3.2 Leerzeichen, aber wo und welche?

Das häufig zu sehende Abgrenzen von Satzzeichen – meist Doppelpunkt, Ausrufe- und Fragezeichen – mit einem Leerzeichen zum vorangehenden Wort ist nach deutscher Grammatik ein Fehler, der nicht nur das Erscheinungsbild des Textes beeinflusst, sondern auch den Umgang des Textprogramms mit diesen Zeichen.

---

49 Methoden zum automatischen Ausmerzen doppelter Leerzeichen etc. finden Sie in Kapitel 10.

Word sieht wie alle Textprogramme im Leerzeichen eine Chance, den Text in die nächste Zeile zu umbrechen[50]. Steht vor einem den Satz beschließenden Satzzeichen nun ein Leerzeichen, kann es passieren, dass das Satzzeichen auf der nächsten Zeile landet. Technisch zu Recht, denn am Leerzeichen darf immer umbrochen werden, grammatikalisch selbstverständlich falsch.

Leerzeichen vor dem Zeilenumbruch bewahren

Was aber, wenn ein Leerzeichen zwar nach den Schreibregeln vorgeschrieben ist, dennoch an dieser Stelle nicht umbrochen werden darf?

- Werte und Maßeinheiten (300 €, 25 m³),
- Abkürzungen (z. B.),
- Paragraphenzeichen und Nummer (§ 17) etc.

dürfen trotz des trennenden Leerzeichens nur gemeinsam umbrochen werden.

Abhilfe schafft hier das »geschützte Leerzeichen« mit der Tastenkombination `Strg`+`⇧`+`Leertaste`. Haben Sie die Steuerzeichenanzeige eingeschaltet (Schaltfläche ¶ in der Registerkarte START), wird dieses geschützte Leerzeichen als ° dargestellt, im Gegensatz zum einfachen Leerzeichen, das als · erscheint und umbrochen werden darf. Diese beiden Leerschritte sind gleich breit, unterscheiden sich nur in der Behandlung beim Zeilenumbruch.

Das umbruchgeschützte schmale Leerzeichen

Nach den Regeln der Typografie gehört ein *schmaler Leerschritt* in die genannten Fälle, doch wurde diese Regel durch die Schreibmaschine, die nur einen Leerschritt kannte, verwässert und wird am Computer kaum noch angewendet. Wollen Sie typografisch korrekt arbeiten, verwenden Sie das *umbruchgeschützte schmale Leerzeichen*, das Sie mit dem Code 202F, gefolgt von `Alt`+`C`, in den Text einfügen.

Satztechnische Puristen achten auf spezielle Abstandsbreiten zwischen Wörtern.[51] In Unicode-Zeichensätzen sind diverse unterschiedlich breite Leerzeichen enthalten. Sie erreichen diese Leerzeichen mit

- EINFÜGEN | SYMBOL, Registerkarte SONDERZEICHEN (einige wenige),
- EINFÜGEN | SYMBOL, auf der Registerkarte SYMBOLE, Subset *Allgemeine Interpunktion* (vollständig) oder
- der *Mathematischen AutoKorrektur* (siehe Abschnitt 17.3.3). 🐜

---

50 Nicht »umzubrechen«! (Die Betonung liegt bei »umbrechen« auf der zweiten Silbe.)
51 Wikipedia gibt zum Stichwort »Leerzeichen« eine Übersicht mit Erläuterungen und Codierungen.

7.3.3 Striche – verbindend und trennend

Über die Unterschiede zwischen Bindestrich und Gedankenstrich macht man sich beim Texten kaum Gedanken. Da gibt es rechts unten auf der Tastatur die Taste ⌑-, die wird gedrückt, wenn ein wie auch immer gearteter Querstrich benötigt wird.

Weit gefehlt: Es gibt verschiedene Breiten, die für den Schriftsatz am Computer unerlässlich und in EINFÜGEN | SYMBOL, Registerkarte SONDERZEICHEN zu finden sind. Der *Geviertstrich* ist der breiteste, der *Halbgeviertstrich* oder *Gedankenstrich* ist halb so breit, wie der Name schon sagt, und der für allerlei Zwecke einzusetzende *Bindestrich* misst ein Viertel des Geviertstrichs.

Bindestrich, Trennstrich, Ergänzungsstrich

Der Viertelgeviertstrich kommt immer dann zum Einsatz,

- wenn zwei Wörter miteinander verbunden werden (Binde- oder Kopplungsstrich),
- wenn am Zeilenende ein Wort nicht mehr in die Zeile passt und deshalb per Silbentrennung auf zwei Zeilen verteilt wird (Trennstrich),
- wenn ein zusammengesetztes Wort, dessen erster Teil in einer Aufzählung bereits genannt wurde, als Zeugma-Zeichen zu Beginn einen Bindestrich erhält, z. B. »Abschlussarbeiten und -prüfungen« (Ergänzungsstrich).

Um den Trennstrich brauchen Sie sich nicht zu kümmern, wenn Sie im Register [SEITEN-]LAYOUT des Menübands die *Automatische Silbentrennung* aktiviert haben.[52]

Unprofessionell wirkt ein verlorener Ergänzungsstrich am Zeilenende, den Word als willkommenen Anlass zum Zeilenumbruch betrachtet; er lässt sich durch den *geschützten Trennstrich* Strg+⇧+⌑- vermeiden. Anders als der geschützte Leerschritt lässt sich der geschützte Bindestrich bei eingeschalteten Steuerzeichen nicht von seinem einfachen Pendant unterscheiden.

Gedankenstrich

Der Halbgeviertstrich oder Gedankenstrich – ersetzt die Kommata eines eingeschobenen Nebensatzes (Parenthese). Er ist das einzige Satzzeichen, bei dem ein Leerzeichen sowohl vorangeht als auch folgt.

Gedankenstrich-Automatik

Ist ein Bindestrich von Leerzeichen umgeben, ersetzt Word ihn nach Abschluss des darauf folgenden Wortes durch einen Halbgeviertstrich.

---

52 siehe Abschnitt 9.1

Beim nachträglichen Einfügen des Bindestriches funktioniert die Automatik nicht! Dann müssen Sie den Gedankenstrich tatsächlich als Symbol einfügen:

EINFÜGEN | SYMBOL | Registerkarte SONDERZEICHEN | HALBGEVIERTSTRICH, oder per Strg+-, allerdings müssen Sie dafür die -Taste aus dem numerischen Tastenblock benutzen. (Die -Taste im Buchstabenblock erzeugt zusammen mit Strg eine Trennfuge zur potenziellen Silbentrennung.)

Automatik abschalten

Die Automatik lässt sich zurücksetzen, indem Sie nach der Umwandlung mit dem Mauszeiger auf das blaue Rechteck unter dem Strich weisen, dann die Schaltfläche 🖅 anklicken und RÜCKGÄNGIG: STRICH wählen. Schneller geht es mit Strg+Z.

Dauerhaft abzustellen ist diese Automatik ebenfalls mit dem Smarttag 🖅, das Ihnen anbietet, diese Korrektur

- mit RÜCKGÄNGIG: STRICH im Einzelfall zurückzunehmen oder
- mit KEINE AUTOMATISCHE ERSTELLUNG VON BINDESTRICHEN auch weiterhin zu unterbinden.

Wollen Sie die Automatik wieder einschalten, wechseln Sie in die AutoKorrektur-Optionen

DATEI | OPTIONEN | DOKUMENTPRÜFUNG | AUTOKORREKTUR-OPTIONEN,

um dort im Register AUTOFORMAT WÄHREND DER EINGABE die Option BINDESTRICHE (--) DURCH GEVIERTSTRICH[53] einzuschalten.

Weitere Einsatzzwecke des Halbgeviertstrichs

Neben seiner Hauptfunktion als Gedankenstrich wird der Halbgeviertstrich auch für folgende Zwecke eingesetzt:

- Er kann in strukturierten Texten (Tabellen u. ä.) das Wort »bis« ersetzen, speziell bei Zahlenangaben, z. B. 3–4 cm, aber auch in verbalen Streckenangaben wie »Hamburg–Berlin«. Im Fließtext ist »bis« allerdings auszuschreiben.
- Bei negativen Zahlen und in Formeln übernimmt er die Rolle des Minuszeichens, wenn seine Breite mit jener der mathematischen Operanden +, ×, ÷ und = übereinstimmt.

  ⚠ Selbst in professionellen Schriftarten können Sie sich darauf nicht verlassen. Benutzen Sie besser das Unicode-Minuszeichen, das Sie mit dem Code 2212, gefolgt von Alt+C erzeugen.

---

[53] Die falsche Bezeichnung dieser Option hält sich schon seit Word-Generationen und führt Anwender immer wieder in die Irre. Dasselbe gilt für die symbolische Darstellung (--), die zu der falschen Annahme verleitet, aus zwei einfachen Bindestrichen würde ein Gedankenstrich. Der doppelte Bindestrich wird genauso zum Halbgeviertstrich wie der einfache, wenn diese Option gesetzt ist.

⚠ Wollen Sie mit einem solchen Term rechnen, erwartet Word völlig untypografisch den Bindestrich!

■ Für Aufzählungen kommt der Halbgeviertstrich als »Spiegelstrich« zum Einsatz.

Geviertstrich

Der mit ⌈Strg⌉+⌈Alt⌉+⌈-⌉ (im Nummernblock) einzufügende Geviertstrich kommt selten zum Einsatz.[54] Dieser Strich sollte im Idealfall die Breite zweier Ziffern einnehmen, womit er sich für die weggelassenen Nachkommastellen glatter Währungsbeträge eignet, also z. B. 25,– € statt 25,00 €.

> **Hinweis**
>
> Word erkennt den Geviertstrich bei Berechnungen als glatten Betrag an und rechnet korrekt damit.

In professionellen Computerschriften hat der Geviertstrich keine Abstände zum vorherigen und nächsten Zeichen.

7.3.4 Problemfall Apostroph

Der Apostroph ist sowohl sprachlich als auch typografisch ein Problem. Um die grammatikalischen Vergewaltigungen dieses Auslassungszeichens (Stichwort: Deppenapostroph) soll es hier nicht gehen; ich unterstelle den Lesern dieses Buches, dass sie die Unterschiede des deutschen und (angel)sächsischen Genitivs kennen.

Leider finden viele Leute auf der Schreibmaschinentastatur nicht die richtige Taste für den Apostroph: ⌈⇧⌉+⌈#⌉, ganz rechts, gleich neben der dicken ⌈↵⌉-Taste bzw. als eigene Taste oben rechts auf der Schweizer Tastatur.

Die beiden schrägen Zeichen zwei Reihen darüber (auf der Schweizer Tastatur rechts daneben) sind keine Auslassungszeichen, sondern Akzente! Dass sie etwas Besonderes sind, sollte spätestens auffallen, wenn ihnen zum Sichtbarwerden eine ⌈Leertaste⌉ nachgesetzt werden muss.

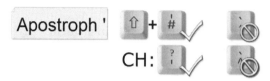

Abb. 7.7: Apostroph: Es kann nur einen geben!

---

54 Der Name kommt aus der Typografie, die ein den breitesten Buchstaben eines Alphabets umschließendes Quadrat »Geviert« nennt.

Zu allem Überfluss macht auch Word einige Sperenzchen beim Apostroph-Einsatz.

Wenn Sie in den AutoKorrektur-Optionen, Register Autoformat während der Eingabe die Option "Gerade" Anführungszeichen durch „Typografische" ersetzen eingeschaltet haben, wendet Word diese Option auch auf den Apostroph an.

Für Apostrophe als Auslassungszeichen am Ende eines Wortes oder im Wort ist diese Umwandlung korrekt; der seltene Fall des Apostrophs am Wortanfang jedoch gerät mit der Anführungszeichen-Automatik zum Fiasko, denn statt des Apostrophs erscheint ein unteres einfaches Anführungszeichen, vom Komma nicht zu unterscheiden. Mit Strg+Z oder einem Klick auf ↶ beheben Sie diesen Fehler am schnellsten. Typografisch korrekt wäre beim führenden Apostroph ja die Variante ', aber dazu müssten Sie sich eine völlig neue Tastenkombination einrichten. Da ist der Verzicht auf den typografisch korrekten Apostroph durchaus hinnehmbar.

Abb. 7.8: Apostroph-Falle bei der Anführungszeichen-Umwandlung

> **Wichtig**
>
> Achten Sie in diesem Fall darauf, dass auch Ihre abschließenden und Binnen-Apostrophe immer die gerade Form aufweisen! Die Mischform ist typografisch inkorrekt.

7.3.5 Anführungszeichen

Einer der häufigsten Typografie-Fehler ist die Verwendung falscher Anführungszeichen[55]. Vom Schreibmaschinen-Zeichensatz sind nur die geraden "Tippelchen" bekannt, die auf der umgeschalteten Taste [2] liegen und für Anführung wie Abführung verwendet wurden. Diese Hilfslösung muss am Computer nicht mehr beibehalten werden; Zeichensätze der grafischen Oberflächen enthalten verschiedene „typografisch korrekte" An- und Abführungszeichen, auch in der «französi-

---

55 Korrekt wäre »Anführungs- und Abführungszeichen«, im heutigen Sprachgebrauch allerdings fast ausschließlich »öffnende und schließende Anführungszeichen« genannt.

schen» Ausführung, die korrekt *Guillemets* heißen. Im deutschsprachigen Buch-druck werden meist die *umgekehrten französischen Anführungszeichen,* auch »Che-vrons« genannt, verwendet.[56]

Typ	Serifenschrift		Serifenlose Schrift	
	öffnend	schließend	öffnend	schließend
gerade	〞	〞	〞	〞
typografisch D/A	„	〝	〝	〝
typografisch CH	‹‹	››	‹‹	››
Chevrons	››	‹‹	››	‹‹

Tabelle 7.1: Im deutschen Sprachraum übliche Anführungszeichen

Wenn Sie in den AUTOKORREKTUR-OPTIONEN, Register AUTOFORMAT WÄHREND DER EINGABE die Option "GERADE" ANFÜHRUNGSZEICHEN DURCH „TYPOGRAFISCHE" ER-SETZEN eingeschaltet haben, müssen Sie sich keine weiteren Gedanken um Anfüh-rungszeichen machen, ⇧+2 wird passend zum eingestellten Sprachschema un-verzüglich in die korrekte Form umgesetzt: im Deutschen zu „ am Wortanfang und " am Wortende.[57] Ist als Sprachschema Deutsch (Schweiz) eingestellt, wandelt Word die Anführungszeichen in die «Schweizer Variante» mit Guillemets um.

Da wissenschaftliche Arbeiten oft auf Englisch veröffentlicht werden, hier als er-gänzender Hinweis die dafür "übliche" Form (66 oben, 99 oben), in die ⇧+2 bei korrekter Spracheinstellung von der AutoKorrektur verwendet wird.

Einfache Anführungszeichen

Für An- und Abführungen innerhalb eines in Anführungszeichen gebetteten Textes kommen deren einfache Varianten zum Einsatz, also , und ' oder einfache ‹Guille-mets› bzw. ›Chevrons‹. Verwenden Sie dafür bitte auf keinen Fall die Winkel auf der Taste links unten, sondern die korrekten Zeichen, wie in Abbildung 7.2 gezeigt.

Alle gängigen Anführungszeichen sind in allen Zeichensätzen enthalten und per EINFÜGEN | SYMBOL erreichbar, wie Tabelle 7.2 zeigt. Benötigen Sie diese öfter, legen Sie eine AUTOKORREKTUR oder TASTENKOMBINATION dafür im Symboldialog an (siehe auch Kasten »Tipp« auf Seite 164).

---

56 Eine sehr ausführliche Darstellung finden Sie in Wikipedia zum Stichwort »Anführungszei-chen«.
57 Fachsprachlich werden diese Formen der Anführungszeichen auch »99 unten« und »66 oben« genannt, angelehnt an ihre Form in Serifenschriften.

Typ		Alt +￼		Alt +￼		Alt +￼		Alt +￼
typografisch D/A	„	0132	"	0147	‚	0130	'	0145
typografisch CH	«	0171	»	0187	‹	0139	›	0155
Chevrons	»	0187	«	0171	›	0155	‹	0139

Tabelle 7.2: Anführungszeichen und ihre Eingabecodes mit ￼Alt￼ und Zifferntasten

Zoll statt Anführungszeichen

Das gerade Anführungszeichen " hat noch eine andere Bedeutung als Kürzel für die Maßeinheit Zoll oder Inch. Da auf die Maßzahl ein (geschütztes) Leerzeichen folgt und dann erst das Symbol, macht die AutoKorrektur daraus konsequent ein „. In dieser Situation hilft nur ein sofortiges ￼Strg￼+￼Z￼, um die automatische Änderung zurückzunehmen.

Schweizer Anführungszeichen

In der Schweiz werden «Guillemets» als An- und Abführungszeichen verwendet – soweit die Theorie. Mit Schreibmaschinen und frühen Textprogrammen war es allerdings nicht möglich, diese Regel einzuhalten, weshalb sich zunächst die einfachen, geraden Anführungszeichen einbürgerten, die bei Einführung der grafischen Textbearbeitung durch die „deutschen Anführungszeichen" ersetzt wurden. Lediglich im Schulbetrieb und Buchdruck blieben die Guillemets erhalten.

Lange Jahre forderten Typographen aus der Schweiz eine eigene Umwandlung der Anführungszeichen von den Softwareherstellern. Microsoft kam dem mit der Office-Version 2016 nach, doch es wurde nicht gedankt. Die „deutschen Anführungszeichen" waren inzwischen gewohnheitsmäßiger Standard in der Geschäftskorrespondenz geworden, und man wünschte sich die alte Version zurück. Das ist jedoch nicht so einfach, weil Word anhand der Spracheinstellung entscheidet, durch welches typografische Anführungszeichen die "Tippelchen" von ￼⇧￼+￼2￼ zu ersetzen sind. Verzicht auf Rechtschreib- und Grammatikprüfung nach eidgenössischen Regeln oder Guillemets? Vor dieser Entscheidung glaubte man zu stehen.

Es gibt aber einen Mittelweg:

Die Spracheinstellung »Deutsch (Liechtenstein)« vereint ß-freie Rechtschreibung mit deutschen Anführungszeichen.

Anführungszeichen umwandeln

Es kommt vor, dass aus anderen Quellen übernommene Texte Anführungszeichen enthalten, die nicht zum Stil des empfangenden Dokuments passen und deshalb umgewandelt werden sollen. Das geht recht gut mit der AUTOFORMAT-Funk-tion℗, die allerdings mit einigen Risiken behaftet ist, wenn Apostrophe im Text enthalten sind.

Die ERSETZEN-Funktion hilft, aber nicht so geradlinig, wie man denkt.

Aus der Trickkiste: "Gerade Anführungszeichen" durch „typografische" ersetzen

Wichtig
In den AutoKorrektur-Optionen muss die Option "GERADE" ANFÜHRUNGSZEI-CHEN DURCH „TYPOGRAFISCHE" ERSETZEN eingeschaltet sein!

1. Setzen Sie die Schreibmarke an den Textanfang.
2. Rufen Sie mit `Strg`+`H` die ERSETZEN-Funktion auf.
3. Geben Sie in beiden Feldern SUCHEN NACH und ERSETZEN DURCH gerade An-führungszeichen " mit `⇧`+`2` ein.
4. Klicken Sie auf ALLE ERSETZEN.

Dank der AutoKorrektur-Option werden die Anführungszeichen typografisch kor-rekt in die öffnende und schließende Form umgewandelt.

Tipp
Bei **aus**geschalteter Option "GERADE" ANFÜHRUNGSZEICHEN DURCH „TYPOGRAFI-SCHE" ERSETZEN eignet sich die Methode zum Rückwandeln typografischer Anführungszeichen in gerade.

Aus der Trickkiste: „Anführungszeichen" durch »Chevrons« oder «Guillemets» ersetzen

Wichtig
In den AutoKorrektur-Optionen muss die Option "GERADE" ANFÜHRUNGSZEI-CHEN DURCH „TYPOGRAFISCHE" ERSETZEN ausgeschaltet sein!

1. Setzen Sie die Schreibmarke an den Textanfang.
2. Rufen Sie mit `Strg`+`H` die ERSETZEN-Funktion auf.
3. Geben Sie im Feld SUCHEN NACH: ˆ0132 und im Feld ERSETZEN DURCH: ˆ0187 ein.
4. Klicken Sie auf ALLE ERSETZEN.

5. Geben Sie im Feld SUCHEN NACH: ^0147 und im Feld ERSETZEN DURCH: ^0171 ein.

6. Klicken Sie auf ALLE ERSETZEN.

Wollen Sie statt Chevrons Guillemets, vertauschen Sie die Ersatzcodes in ERSETZEN DURCH.

Tipp

Mit Hilfe einiger einfacher Makros lassen sich diese Ersetzungen auch automatisieren. ☞

7.4 Zahlen

Auch wenn Zahlen für sehr sachliche Aussagen, nämlich Werte stehen, gibt es auch zu ihnen einige typografische Besonderheiten zu erwähnen.

7.4.1 Zahlwörter bis zwölf

Es besteht eine ungeschriebene Regel, nach der Zahlen bis zur Zwölf grundsätzlich als Zahlwort geschrieben werden sollen.

Ausnahmen: Eine Zahl wird *immer* in Ziffern geschrieben, wenn sie

- für einen Wert steht, vor allem dann, wenn eine Maßeinheit folgt,
- eine Ordinalzahl ist,
- ein Datum oder eine Uhrzeit angibt.

7.4.2 Zahlenbreiten und -abstände

Es gibt Proportionalschriften und Schriften mit festem Zeichenabstand. Bei Zahlen, die in Kolonnen stehen, könnte ein proportionaler Zeichenabstand absonderlich wirken, denn die 1 ist schmaler als alle anderen Zahlen. Deshalb gibt es in den meisten Fonts für alle Ziffern gleiche Zeichenbreiten, genannt »dicktengleich« oder »monospaced«.

Eine 1 im Fließtext benötigt aber keine feste Zeichenbreite, hier käme Proportionalschrift durchaus zupass.

Einige OpenType-Fonts besitzen zu diesem Zweck beide Eigenschaften, und es ist an Ihnen, beim Verfassen des Textes auszuwählen, ob die Zahlenbreiten fest oder proportional sind.

START | SCHRIFTART ⬊ | Register ERWEITERT oder

START | Gruppe SCHRIFTART: 🅰 | ZAHLENFORMATVORLAGEN

In der Auswahlliste ZAHLENABSTAND können Sie wählen, ob die Zahlen proportionale oder tabellarische (feste) Zeichenabstände besitzen sollen.

Hinweis

In den mitgelieferten Office-Schriften besitzen *Candara*, Constantia und Corbel als Standardeinstellung proportionale Zeichenabstände für Zahlen, die bei Bedarf auf tabellarisch umgeschaltet werden müssen. Calibri, Cambria, Consolas, Segoe und Verdana dagegen sind Zeichensätze mit Festbreiten-Ziffern, verfügen aber über einen optional abrufbaren proportionalen Ziffernsatz.

7.4.3 Die Tausender-Trennung

Große Zahlen werden unübersichtlich, deshalb sollen sie nach jeweils drei Stellen getrennt werden – sowohl vor als auch hinter dem Komma. Die DIN 5008 gibt als Trennzeichen das Leerzeichen oder den Punkt an, also 123 456 789,098 765 432 10 oder 123.456.789,098.765.432.10. Wenn Sie die Leerzeichen-Variante benutzen, verwenden Sie bitte kein einfaches Leerzeichen, sondern das mit [Strg]+[⇧]+[Leertaste] zu erzeugende geschützte, sonst kann es Ihnen passieren, dass Ihnen eine Zahl am Zeilenende umbrochen wird.

Hinweis

Ob Punkt oder Komma als Tausender-Trennung für Rechenfunktionen in Word gelten, wird nicht in den Office-Programmen festgelegt, sondern in den Lokalisierungseinstellungen des Betriebssystems: SYSTEMSTEUERUNG | REGION UND SPRACHE bzw. ⚙ EINSTELLUNGEN | ZEIT UND SPRACHE | REGION UND SPRACHE.

Wichtig

Achten Sie bei der in der Schweiz üblichen Tausender-Trennung mit Apostroph darauf, ob der Apostroph von der Automatik für typografische Anführungszeichen erfasst wird (vgl. Abschnitt 7.3.5).

7.4.4 Brüche

Für gebrochene Zahlen gibt es in den meisten Zeichensätzen eigene Zeichen, allerdings häufig nur für ¼ , ½ und ¾. Ob der Bruchstrich gerade oder schräg ist, richtet sich nach dem jeweiligen Zeichensatz. Über das AUTOFORMAT WÄHREND DER EINGABE[58] ist die Umwandlung von 1/4, 1/2 und 3/4 in die Bruch-Darstellung bereits automatisiert. Für alle anderen Brüche benötigen Sie Unicode-Schriften

---

58 siehe auch Abschnitt 7.5.5

mit erweiterten mathematischen Zeichen oder spezielle Fonts mit gebrochenen Zahlen.[59] In Unicode-Zeichensätzen erhalten Sie weitere Brüche, wenn Sie bei gedrückter $\boxed{\text{Alt}}$-Taste die Codenummer laut Tabelle 7.3 der numerischen Tastatur eingeben:

Bruch	Code	Bruch	Code	Bruch	Code
$^1/$	215F	$^1/_5$	2155	$^3/_5$	2157
$^1/_{10}$	2152	$^1/_4$	00BC	$^2/_3$	2154
$^1/_9$	2151	$^1/_3$	2153	$^3/_4$	00BE
$^1/_8$	215B	$^3/_8$	215C	$^4/_5$	2158
$^1/_7$	2150	$^2/_5$	2156	$^5/_6$	215A
$^1/_6$	2159	$^1/_2$	00BD	$^7/_8$	215E

Tabelle 7.3: Unicodes für Brüche

Eine Besonderheit stellt der Code 215F dar, der mit $\boxed{\text{Alt}}$+$\boxed{\text{C}}$ zu $^1/$ umgewandelt wird. So können Sie beliebige Divisoren daransetzen, allerdings bitte als Index formatiert, z. B. $^1/_{24}$.

Um die Code-Eingabe zu umgehen, lassen sich über die Schaltfläche AUTOKORREKTUR im SYMBOL-Dialog benutzerdefinierte Regeln einrichten (siehe Kapitel 11).

Sollten Sie Brüche benötigen, für die keine geeigneten Zeichen verfügbar sind, finden Sie nachfolgend zwei Workarounds.

Brüche mit Schrägstrich

Eine Hilfskonstruktion ist es, eine gebrochene Zahl in der Form »Zähler Schrägstrich Nenner«, z. B. $\pi/2$, einzugeben. Diese nicht so elegante Technik aus der Schreibmaschinenzeit wirkt etwas gefälliger, wenn Sie den Zähler hochstellen und den Nenner tiefstellen mit START | SCHRIFTART | $\boxed{\text{x}^2}$ bzw. $\boxed{\text{x}_2}$, also $^\pi/_2$.

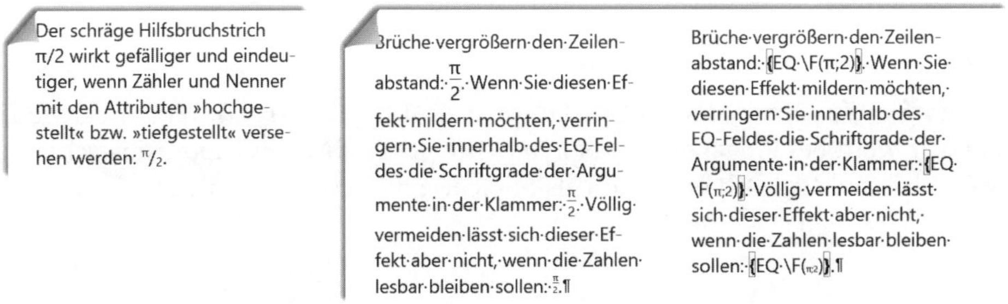

Der schräge Hilfsbruchstrich π/2 wirkt gefälliger und eindeutiger, wenn Zähler und Nenner mit den Attributen »hochgestellt« bzw. »tiefgestellt« versehen werden: $^\pi/_2$.

Brüche·vergrößern·den·Zeilenabstand:·$\frac{\pi}{2}$·Wenn·Sie·diesen·Effekt·mildern·möchten,·verringern·Sie·innerhalb·des·EQ-Feldes·die·Schriftgrade·der·Argumente·in·der·Klammer:·$\frac{\pi}{2}$.·Völlig·vermeiden·lässt·sich·dieser·Effekt·aber·nicht,·wenn·die·Zahlen·lesbar·bleiben·sollen:·$\frac{\pi}{2}$.¶

Brüche·vergrößern·den·Zeilenabstand:·{EQ·\F(π;2)}.·Wenn·Sie·diesen·Effekt·mildern·möchten,·verringern·Sie·innerhalb·des·EQ-Feldes·die·Schriftgrade·der·Argumente·in·der·Klammer:·{EQ·\F(π;2)}.·Völlig·vermeiden·lässt·sich·dieser·Effekt·aber·nicht,·wenn·die·Zahlen·lesbar·bleiben·sollen:·{EQ·\F(π;2)}.¶

Abb. 7.9: Bruchstrich-Kosmetik

---

59 Fragen Sie die Suchmaschine Ihres geringsten Misstrauens nach »font fraction«.

Brüche per Feldfunktion

Eine andere Methode, frei definierbare Brüche einzufügen, bietet die Feldfunktion {EQ}[60]. Mit dem Argument \f versehen, fügt sie einen Bruchstrich ein, dessen Zähler und Nenner durch Semikolon getrennt in der nachfolgenden Klammer stehen.

Beispiel: ⟦ EQ \f (π;2) ⟧ (Umsetzung siehe Abbildung 7.9, Mitte)

Diese Methode vergrößert allerdings die Abstände zwischen den Zeilen. Sie können das abmildern, indem Sie den Argumenten einen geringeren Schriftgrad zuweisen, denn die {EQ}-Funktion übernimmt die Schriftattribute komplett.

> **⚠ Vorsicht**
>
> Wenn Sie auf ein {EQ}-Feld doppelklicken, wird es in ein Objekt des alten *Formel-Editors 3.0* umgewandelt[61], den Microsoft im Januar 2018 aus Sicherheitsgründen per Update aus allen Office-Installationen getilgt hat. Diese Umwandlung ist irreversibel; Sie können das Feld nur noch mit dem Add-In MathType® bearbeiten.

Brüche mit dem Formel-Editor

Mit dem Formeleditor lassen sich Brüche in verschiedener Darstellung einfügen, professionell $\frac{\pi}{2}$, linear $\pi/2$ und als Text π/2.

Abb. 7.10: Workaround für Brüche: der Formel-Editor

Der neue Formel-Editor (Kapitel 17) verfügt selbstverständlich über eine Bruch-Darstellung, aber sie weist dieselben Probleme beim Zeilenabstand auf wie die {EQ}-Funktion.

7.4.5 Englische Ordinalzahlen

Haben Sie die Option ENGLISCHE ORDINALZAHLEN (1ST) HOCHSTELLEN aktiviert, wandelt Word bei Eingaben von 1st, 2nd, 3rd, 4th ff. diese in Exponentialschreibweise: 1st, 2nd, 3rd, 4th um, wenn als Sprache Englisch eingestellt ist.

---

60 EQ steht für Equation (Gleichung), ist aber selbstverständlich auch für Terme und Ausdrücke geeignet. 🐜

61 Das war eigentlich als Service gedacht, weil in sehr frühen Word-Versionen die EQ-Funktion die einzige Formeleingabe darstellte und nach Einführung des FE 3.0 vorhandene EQ-Felder bequem auf dessen Codierung umgestellt werden konnten.

7.5   Sonderzeichen

Wissenschaftliche Arbeiten kommen in den seltensten Fällen mit dem Standardzeichensatz aus. Symbole und Sonderzeichen als Bezeichner der verschiedensten Sachverhalte sind vonnöten – vom µ bis zur Integralformel. Hierfür stellt Word einige Hilfsmittel bereit, die nahezu alle Bedürfnisse abdecken; nur der Weg zum Ziel ist je nach Sachlage unterschiedlich. Zu unterscheiden sind Sonderzeichen, die in den Schriftdateien (Fonts) bereits vorgefertigt existieren und anderen, die erst in Word konstruiert werden müssen.

7.5.1   Das große Eszett

Das 2017 offiziell als korrektes Zeichen der Deutschen Rechtschreibung freigegebene versale ß kann auf folgende Weise mit der Tastatur eingegeben werden:

- sofern Windows 10 installiert ist, mit ⌂+AltGr+ß, ansonsten
- Alt+7 8 3 8 auf dem Ziffernblock oder
- Unicode-Hexwert 1E9E eintippen, dann Alt+C.

Das Zeichen wurde eingeführt, um in Versalschreibweise nicht immer das ß durch Doppel-S substituieren zu müssen. Die Sache hat allerdings mehrere Haken.

Beim Wechsel der Schreibweisen mit der Schaltfläche Aa▾ auf GROSSBUCHSTABEN wird weiterhin das Doppel-S-Substitut verwendet. Dieser Wechsel ist nicht reversibel, wenn Sie anschließend eine der anderen Varianten wählen. Benutzen Sie also vorher Strg+Z.

Nicht jeder auf Ihrem Computer installierte Zeichensatz enthält das neue Zeichen. Von den mit Windows und MS Office mitgelieferten Fonts sind gerade mal die in Abbildung 7.11 mit ß ausgestattet. Auf dem »freien Markt« finden sich weitere, auch kostenlose Fonts mit dieser Ergänzung.

	Calibri	Consolas	Segoe	Tahoma	Verdana	Cambria	Courier	Times
GROẞ	ẞ	ẞ	ẞ	ẞ	ẞ	ẞ	ẞ	ẞ
Klein	ß	ß	ß	ß	ß	ß	ß	ß

Abb. 7.11: Standardfonts mit versalem ß

Fehlt im verwendeten Zeichensatz das ẞ, ersetzt Word es

- in *Serifenschriften* durch das ẞ aus Cambria und
- in *serifenlosen Schriften* durch das ẞ aus Calibri,

was gelegentlich wie ein »Zwiebelfisch«[20] aussieht.

Auch bei Kapitälchenschreibweise macht der neue Großbuchstabe keine gute Figur, nicht mal in der eigenen Schrift.

Unterschiede beim Versal-ß zwischen GROßSCHREIBUNG und Kapitälchen

	Alt	*Neu*
GROßSCHREIBUNG	STRASSE	STRAßE
Kapitälchen	Strasse	Straße

Beispiele für Versal-ß-Substitute als »Zwiebelfische«

Century	Lucida Bright	Arial	**Impact**	**Rockwell**	Perpetua
FLIEßTEXT	FLIEßTEXT	FLIEßTEXT	**FLIEßTEXT**	**FLIEßTEXT**	FLIEßTEXT

Abb. 7.12: Probleme beim Einsatz des Versal-ß

Tipp

Da man mit so einem Verhalten nicht gut arbeiten kann und von Microsoft in absehbarer Zeit auch keine Verbesserung zu erwarten ist, helfen bei der Umwandlung in Kapitälchen und Versale VBA-Makros, die die Funktionen Kapitälchen aus Start | Schriftart ⬊ und GROSSBUCHSTABEN aus Start | Aa▾ Gross-Kleinschreibung ersetzen. 🏍

7.5.2 Sonderzeichen per Tastatur

Einige Sonderzeichen lassen sich über voreingestellte Tastenkombinationen erzeugen, die am häufigsten benötigten finden Sie als drittes Zeichen auf den Tastenkappen angegeben. Diese sind durch gleichzeitiges Drücken von `AltGr` und der so gekennzeichneten Taste zu erzeugen.

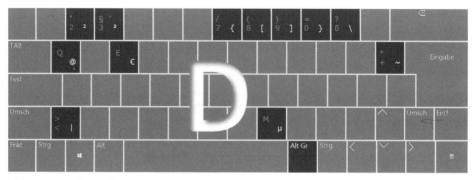

Abb. 7.13: Sonderzeichen mit `AltGr` auf der deutschen Tastatur

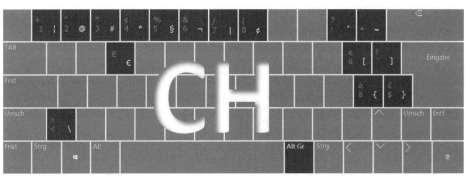

Abb. 7.14: Sonderzeichen mit `AltGr` auf der Schweizer Tastatur[62]

Weitere Sonderzeichen bedürfen komplizierterer Tastendrücke, z. B.

`Strg`+`⇧`+`7`, gefolgt von `0`, ergibt ø.

Sie finden die voreingestellten Tastenkombinationen, indem Sie EINFÜGEN | SYM-BOL wählen und anschließend auf WEITERE SYMBOLE klicken. Sofern nicht ohnehin eingestellt, wechseln Sie oben in der Schriftartauswahl auf »(normaler Text)«.

⚠ **Vorsicht**

■ Wenn das Sonderzeichen aus »(normaler Text)« ausgewählt oder per Tastenkombination ohne Formatierung eingegeben wird, passt es sich beim Wechsel der Schriftart an. Sofern die neue Schriftart nicht über dieses Sonderzeichen verfügt oder ein anderes Zeichen an dieser Position besitzt, wird die Anzeige nicht mehr stimmen.

■ Fügen Sie das Sonderzeichen jedoch nach Auswahl einer bestimmten Schriftart mit dem SYMBOL-Dialog ein, bleibt das Zeichen in dieser Schriftart erhalten, wenn der umgebende Text auf eine andere Schriftart umgestellt wird.

Eigene Tastenkombinationen

Sofern Sie bestimmte Sonderzeichen häufiger benötigen, empfiehlt es sich, dafür eigene Tastenkombinationen zu bestimmen.

Wählen Sie in der Sonderzeichentabelle das gewünschte Symbol aus und klicken Sie dann auf TASTENKOMBINATION.

Damit öffnen Sie den Dialog TASTATUR ANPASSEN, in dem das gewünschte Symbol bereits eingetragen ist. Ihre Aufgabe ist es nun, *auf der Tastatur* jene Tastenkombination zu drücken, die Sie für dieses Symbol künftig benutzen möchten. Sie wird

---

62 Da die Schweizer Tastatur gerade bei Sonderzeichen anders belegt ist, treffen nicht alle in diesem Buch erwähnten Tastaturkürzel auch für die Schweiz zu.

automatisch in das Feld NEUE TASTENKOMBINATION übernommen. Mit einem Klick auf ZUORDNEN schreiben Sie diese Tastenkombination fest.

Wichtig

Im Feld SPEICHERN IN ist angegeben, in welcher Vorlagendatei diese Tastenkombination gespeichert wird. Achten Sie darauf, dass dort die richtige Datei angezeigt wird, falls Sie mit mehreren Vorlagendateien arbeiten.

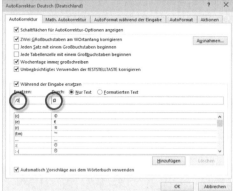

Abb. 7.15: Tastenkombination oder AutoKorrektur für Sonderzeichen festlegen

Mehr zum Einrichten von Tastenkombinationen finden Sie in Anhang D.

7.5.3   Sonderzeichen per Symbolauswahl

EINFÜGEN | SYMBOL | WEITERE SYMBOLE öffnet das Auswahlfenster für alle in einer Schriftart (Font) verfügbaren Zeichen. Je nach Ausstattung gibt es deren mehr oder weniger. Abbildung 7.16 zeigt die Mindestausstattung, aber auch die kann vom gezeigten Standard abweichen oder gar unvollständig sein.

Unicode

Mit Einführung der Unicode-Technik wurden immer mehr Standard-Fonts um Sonderzeichen der unterschiedlichsten Art angereichert. Stellen Sie im SYMBOL-Dialog unten rechts die Auswahl auf »Unicode (hex)« um, dann erschließt Ihnen der Rollbalken rechts neben der Tabelle die volle Zeichenauswahl der oben links ausgewählten Schriftart.[63]

---

[63] Gibt es diese Auswahl nicht, handelt es sich um einem Font alter TrueType-Bauart, der nur über den Zeichenumfang wie in Abbildung 7.16 verfügt.

Sobald Sie in der Tabelle ein Zeichen anklicken, das nicht zur üblichen Tastaturbelegung gehört, erscheint unten ein Hinweis auf die in Word zugehörige Tastenkombination, wobei das Komma zwei aufeinanderfolgende Tastenkombinationen trennt.

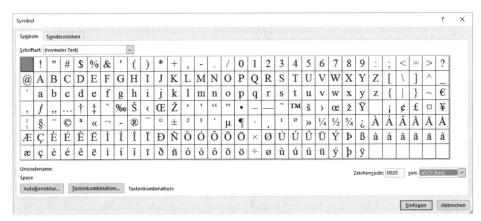

Abb. 7.16: Zeichenumfang nach (altem) TrueType-Standard

Die Registerkarte SONDERZEICHEN des SYMBOL-Dialogs erschließt einige typografisch wichtige Zeichen, die in diesem Buch im Kontext mit dem Einsatzzweck erläutert werden.

Symbol-Zeichensätze

Trotz des großen Zeichenumfangs gibt es neben Unicode-Schriften auch spezielle Symbolzeichensätze. So finden Sie auch im üblichen Lieferumfang von Office einige Zeichensätze, die nur Symbole enthalten. Den meisten Benutzern ist die Schriftart *Wingdings* schon begegnet, ein Zeichensatz mit allerlei Symbolen für viele Gelegenheiten. Tabelle 7.4 zeigt weitere Fonts, die Sie bei der Suche nach Sonderzeichen ins Visier nehmen sollten.

Schriftname	Beschreibung
Cambria Math	Standard-Zeichensatz, ergänzt um sowohl mathematische als auch Symbole aus anderen Fakultäten – wird vom Formeleditor (Kapitel 17) verwendet
Marlett, MS Outlook und MT Extra	wenige Symbole, für IT- und ähnliche Dokumentationen zu gebrauchen
MS Reference Sans Serif	Standard-Zeichensatz, ergänzt um Buchstaben mit div. Akzenten
MS Reference Speciality	Bruchzahlen, Wurzelzeichen und andere Symbole

Tabelle 7.4: Mit Windows und Office gelieferte Schriftarten mit Symbolen

Schriftname	Beschreibung
Segoe MDL2 Assets	Symbole zu den Themen *Medien* und *Technik*
Segoe UI	Internationaler Zeichensatz mit zusätzlichen Symbolen
Segoe UI Emoji	Standard-Zeichensatz, ergänzt um div. Symbole, die auch in Segoe UI Symbol enthalten sind
Segoe UI Historic	Standard-Zeichensatz, ergänzt um antike Zeichensätze
Segoe UI Symbol	Standard-Zeichensatz [a], ergänzt um div. Symbole
Symbol	griechisches Alphabet, ergänzt um technisch-wissenschaftliche Symbole
Webdings	Piktogramme
Wingdings	die klassische Symbolsammlung
Wingdings2	Ergänzung zu Wingdings
Wingdings3	Pfeile für jeden Anlass

Tabelle 7.4: Mit Windows und Office gelieferte Schriftarten mit Symbolen (Forts.)

a   Die Segoe-Schriftfamilie ist quasi die neue Universal-Standardschrift für alle Zwecke. Besonderer Vorteil: Ein in Arial vorliegender Text lässt sich ohne Umbruchänderungen auf Segoe umstellen, damit die Sonderzeichen mit dem umgebenden Text harmonieren.

Auf dem Schriftenmarkt im Internet existieren noch ungezählte weitere Symbol-Zeichensätze, die Ihnen von jeder Suchmaschine zum Suchbegriff »Fonts Symbol« angezeigt werden. Auch als Freeware sind etliche Schriften mit reichhaltiger Unicode-Ausstattung und Schnittauswahl[64] zu bekommen.

Wichtig

Für Symbol-Zeichensätze gelten in Word besondere Formatierungsregeln: Über EINFÜGEN | SYMBOL in den Text gebrachte Zeichen aus so gekennzeichneten Fonts werden beim nachträglichen Ändern der Schriftart des umgebenden Textes ausgenommen; das Symbol bleibt also erhalten.

Aber:

Wenn Symbole aus einem nicht als Symbol-Font gekennzeichneten Zeichensatz eingefügt werden, gilt diese Regel nicht. Nachträgliche Schriftartänderungen erfassen auch diese Symbole und ändern sie auf das an dieser Position im neuen Zeichensatz stehende Zeichen.

Als Anwender haben Sie keine Möglichkeit, das zu beeinflussen, es sei denn, Sie verfügen über eine Software zur Zeichensatzgenerierung.

---

64 siehe Abschnitt 12.1

Aus der Trickkiste: »Cambria Math« nachinstallieren

Probleme mit dem Formeleditor werden oft durch das (unerklärliche) Fehlen der Schriftart »Cambria Math« verursacht. Sollte diese Schriftart fehlen, installieren Sie das Compatibility Pack aus dem Microsoft-Download-Center; darin ist die Schrift enthalten.

Font und Zeichencode eines Sonderzeichens feststellen

Lassen Sie in der Liste der zuletzt verwendeten Symbole den Mauszeiger auf einem Zeichen ruhen, blendet sich evtl. ein Informationsfeld ein, das entweder die verbale Bezeichnung des Symbols anzeigt oder Schriftart und Zeichenposition des Symbols. An der Formulierung merken Sie, dass diese Funktion nicht ganz sauber arbeitet, aber manchmal kann sie hilfreich sein. Der Trickkisten-Tipp in Abschnitt 7.5.4 arbeitet da zusammen mit der Schriftarten-Anzeige in der Registerkarte START zuverlässiger.

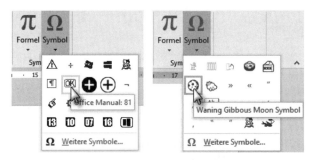

Abb. 7.17: Orientierungshilfe in der Symbolauswahl

7.5.4 Sonderzeichen per Zahlencode

Rechts unten im Fenster der Symbolauswahl finden Sie Angaben zur Codierung des markierten Zeichens. In Kenntnis dieses Codes lässt sich ein anderer Weg zum Einfügen eines Sonderzeichens in den Text beschreiten:

Halten Sie die ⌈Alt⌉-Taste fest und geben Sie auf der numerischen Tastatur die dort unter »ASCII (dezimal)« angezeigte Zahl ein, unbedingt vierstellig, also ggf. um eine führende Null ergänzt. Für ø wäre das ⌈Alt⌉+⌈0⌉⌈2⌉⌈4⌉⌈8⌉.

Mit dem Hexadezimal-Code des gewünschten Zeichens (wird angezeigt, wenn Sie auf »ASCII (hex)« oder »Unicode (hex)« umschalten, funktioniert es umgekehrt: Geben Sie *zuerst* den Code ein und drücken *anschließend* ⌈Alt⌉+⌈C⌉; wird 00f8 zu ø.

Aus der Trickkiste: Zeichencode ermitteln

Sie haben ein Zeichen im Text stehen, dessen Nummer Sie gern wüssten? Kein Problem, markieren Sie das Zeichen und drücken Sie $\boxed{\text{Alt}}+\boxed{\text{C}}$. Der Hexa-Code wird angezeigt und lässt sich mit erneutem $\boxed{\text{Alt}}+\boxed{\text{C}}$ in das Zeichen zurückwandeln.

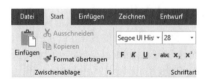 

Abb. 7.18: Zeichencode ermitteln

Hinweis

Dieser Trick funktioniert leider nicht mit Symbolen, die per EINFÜGEN | SYMBOL aus einer anderen Schriftart eingefügt wurden, weil Word dafür eine spezielle Unicode-Nummerierung verwendet.

Workaround

Benutzen Sie statt $\boxed{\text{Alt}}+\boxed{\text{C}}$ dieses kleine Makro: 🐉

```
Sub SymbolKennung()
Selection.MoveLeft Unit:=wdCharacter, Count:=1, Extend:=wdExtend
Schrift = Selection.Font.Name
Zeichen = Dialogs(wdDialogInsertSymbol).CharNum + 4096
MsgBox "Font: " & Schrift & Chr(13) & "Zeichen-Nr: " & Zeichen
End Sub
```

7.5.5 Sonderzeichen per AutoKorrektur

Ein bequemer Weg ist das Ersetzen bestimmter Zeichenfolgen durch ein Symbol. Die Symbolauswahl bietet einen direkten Weg dazu mit der Schaltfläche AUTO-KORREKTUR[65]. Ein Klick darauf öffnet den AUTOKORREKTUR-Dialog, hier ist bereits das in der Symbolauswahl markierte Zeichen eingetragen. Sie müssen nun im Feld ERSETZEN die Zeichenfolge eingeben, die Sie für dieses Symbol zu benutzen gedenken, und abschließend auf OK klicken.

Einige Sonderzeichen sind bereits in der Ersetzungsliste der AutoKorrektur vorgegeben, wie Tabelle 7.5 zeigt. Tragen Sie bestimmte Zeichenfolgen ein, wandelt die AutoKorrektur sie beim nachfolgenden Leerschritt zu Sonderzeichen um.

---

65 siehe Kapitel 11

Zeichenfolge	wird zu	Zeichenfolge	wird zu	Zeichenfolge	wird zu
(tm)	™	(c)	©	(r)	®
-->	→	<--	←	(e)	€
==>	→	<==	←	<=>	⇔

Tabelle 7.5: Standard-Ersetzungen durch AutoKorrektur

Wichtig

Zwischen den beiden Methoden TASTATUR ANPASSEN und AUTOKORREKTUR besteht ein wichtiger Unterschied:

- Wenn Sie ein Sonderzeichen aus einem Symbolzeichensatz verwenden, müssen Sie im Dialog AUTOKORREKTUR die Option FORMATIERTEN TEXT aktivieren. Nur dann wird auch die Schriftart des Symbols gespeichert. Bei NUR TEXT wird das Zeichen in der aktuellen Schriftart eingefügt, also nicht das Zeichen aus der Symbolschriftart.

- Bei TASTATUR ANPASSEN dagegen wird die Schriftart automatisch berücksichtigt.

7.5.6 Sonderzeichen per Mathematischer AutoKorrektur

Haben Sie die Option

⑩   AUTOKORREKTURREGELN FÜR MATHEMATIK IN ANDEREN ALS MATHEMATISCHEN BEREICHEN VERWENDEN

⑬ ⑯ ⑲   MATHEMATISCHE AUTOKORREKTURREGELN IN NICHT MATHEMATISCHEN BEREICHEN VERWENDEN

im Register MATH. AUTOKORREKTUR eingeschaltet, funktionieren die mathematischen Ersetzungen auch im Fließtext. Darin enthalten sind einige Sonderzeichen, die nicht nur in Formeln gebräuchlich sind.[66]

Zeichenfolge	wird zu	Zeichenfolge	wird zu	Zeichenfolge	wird zu
\ast	∗	\star	⋆	\clubsuit	♣
\atop	¦	\emptyset	∅	\spadesuit	♠
\overbar	¯	\underbar	–	\heartsuit	♡
\degree	°	\circ	∘	\diamondsuit	◇
				\diamond	⋄

Tabelle 7.6: Einige auch im nicht mathematischen Fließtext gebräuchliche Sonderzeichen der Mathematischen AutoKorrektur

---

66 Die Mathematischen AutoKorrekturen sind leider alphabetisch nach den einzugebenden Codes sortiert, was ihre Nutzung angesichts der Vielfalt erschwert. 🖉

7.6 Zeichenkombinationen

Sollten Sie Bedarf an weiteren Buchstaben-Spezialitäten haben, die auch nicht in den Unicode-Zeichensätzen zu finden sind, weichen Sie auf Eigenkonstruktionen aus.

7.6.1 Diakritische Zeichen

In den Unicode-Fonts finden Sie einen Bereich DIAKRITISCHE MARKIERUNGEN. Dort sind alle Arten von Akzentzeichen versammelt. Diese Zeichen haben die Eigenart, auf das vorangehende Zeichen zu rutschen. Also genau andersherum als die Akzente der Tastatur, bei denen das nachfolgend eingegebene Zeichen unter den Akzent rutscht!

Benötigen Sie z. B. für eine Formel (ohne Zuhilfenahme des für diese Zwecke vorzuziehenden Formeleditors, Kapitel 17) ein Symbol »ě«, gehen Sie wie folgt vor:

1. Tippen Sie ein »e« ein.
2. EINFÜGEN | SYMBOL | WEITERE SYMBOLE
3. Suchen Sie in der Liste SUBSET den Bereich DIAKRITISCHE MARKIERUNGEN.
4. Markieren Sie das Zeichen »˘« und klicken Sie auf EINFÜGEN.

Als Ergebnis erhalten Sie »ě«.

7.6.2 Zeichenkombinationen der Mathematischen AutoKorrektur

In den Codes der Mathematischen AutoKorrektur sind auch einige Zeichenkombinationen mit Akzenten enthalten.

Zeichenfolge	wird zu	Zeichenfolge	wird zu	Zeichenfolge	wird zu
x\acute	x́	x\grave	x̀	x\hat	x̂
x\tilde	x̃	x\bar	x̄	x\Bar	x̿
x\breve	x̆	x\check	x̌	x\dot	ẋ
x\ubar	x̲	x\Ubar	x̲̲		

Tabelle 7.7: Akzente der Mathematischen AutoKorrektur (x steht als Platzhalter für beliebige Buchstaben)

7.6.3 Zeichenkombination per Feldfunktion

Sollte es den benötigten Akzent nicht als diakritisches Zeichen geben, hilft vielleicht die Feldfunktion {EQ} (vgl. Kasten »Wichtig« auf Seite 160).

1. Fügen Sie mit ⟨Strg⟩+⟨F9⟩ ein Feld ein.
2. Tragen Sie zwischen die Klammern ein: EQ \o (z1;z2), wobei *z1* und *z2* für die zu kombinierenden Zeichen stehen. Diese beiden Zeichen werden dank des

Parameters \O zu einer Zeichenposition zusammengeschoben, was Sie allerdings erst sehen können, wenn Sie F9 betätigt haben.

> ⚠ **Vorsicht**
>
> Zur Option AUTOKORREKTURREGELN FÜR MATHEMATIK IN ANDEREN ALS MATHEMATISCHEN BEREICHEN VERWENDEN bzw. MATHEMATISCHE AUTOKORREKTURREGELN IN NICHT MATHEMATISCHEN BEREICHEN VERWENDEN gibt es folgenden Hinweis im Dialogfenster:
>
> *»Bei einem Konflikt zwischen gängigen AutoKorrekturregeln und Mathematischen AutoKorrekturregeln haben erstere Vorrang.«*
>
> Was nicht erwähnt wird: Es gibt weitere konkurrierende Regeln:
>
> - Der Backslash \ ist in Feldfunktionen Zeichen für einen Feldschalter, was bei eingeschalteter MATHEMATISCHER AUTOKORREKTUR zu unerwünschten Umwandlungen führt (zum Beispiel \O zu O). Mit Strg+Z oder ↰ nehmen Sie diese unerwünschte Umwandlung zurück.
> - Wenn Sie auf ein {EQ}-Feld doppelklicken, wird es in ein Objekt des alten *Formel-Editors 3.0* umgewandelt, den Microsoft im Januar 2018 aus Sicherheitsgründen per Update aus allen Office-Installationen getilgt hat. Diese Umwandlung ist irreversibel; Sie können das Feld nur noch mit dem Add-In MathType® bearbeiten.

Vektorzeichen

Ein Zeichensatz fehlt leider: Buchstaben mit Vektor-Akzent. Sie können im reinen Fließtext (also ohne den Formel-Editor, Kapitel 17) nur aus einem Buchstaben und dem Zeichen ⃗ (\hvec) mit der {EQ}-Funktion zusammengebaut werden:

1. Fügen Sie mit Strg+F9 ein Feld ein.
2. Tragen Sie zwischen die Funktionsklammern ein: EQ \O (x; ⃗)

Kapitel 8

Navigieren und markieren

Beim Bearbeiten von Texten müssen Sie sich im Dokument bewegen, um die Schreibmarke an die Bearbeitungsposition zu setzen, und oft Text markieren, um ihn mit den folgenden Kommandos auf einen Schlag zu bearbeiten. Womit Ihnen Word diese Aufgaben erleichtert, steht in diesem Kapitel.

8.1 Im Text navigieren

Ein Klick mit der Maus oder ein Tipp auf den Touchscreen setzt die Schreibmarke an die gewünschte Stelle.

Per Tastatur bewegen Sie Ihre Schreibmarke mit

←, →	um ein Zeichen in der angegebenen Richtung,
Strg+←, →	um ein Wort in der angegebenen Richtung,
↑, ↓	um eine Zeile in der angegebenen Richtung,
Strg+↑, ↓	um einen Absatz in der angegebenen Richtung.

⚠ Bewegen der Schreibmarke um Fußnoten herum

Wenn Sie mit ↓ oder ↑ über einen Seitenumbruch gehen, vor dem eine Fußnote steht, reagiert Word seit jeher eigenartig. Statt die Fußnote zu überspringen, läuft die Schreibmarke durch die Fußnote hindurch.

Das führt beim Markieren mit ⇧+↑/↓ dazu, dass auch der Fußnotentext mitmarkiert und von der darauffolgenden Aktion erfasst wird.

Abhilfe: Mit →/← wird die Fußnote umgangen.

Zum Versetzen der Schreibmarke in einen entfernteren Textbereich können Sie folgende Varianten einsetzen.

8.1.1 Bildlauftasten und Bildlaufleiste verwenden

Ein Klick auf Bild ↑ oder Bild ↓ bewegt den Text immer so weit, dass die letzte in Rollrichtung lesbare Zeile im neuen Ausschnitt noch sichtbar bleibt.

Drücken Sie zusätzlich zur Bildlauftaste $\boxed{\text{Strg}}$, geht der Sprung über eine volle Seite.

Rechts neben dem Textfenster gibt es Leisten mit drei Bedienelementen:

- zwei Schaltflächen ▼ und ▲ in der seitlichen Leiste, die den Text zeilenweise verschieben und
- den »Rollbalken«, den Sie mit der Maus greifen und innerhalb der Leiste verschieben können, um den Bildausschnitt zu bewegen.

Ist ein so großer Zoom-Faktor eingestellt, dass das virtuelle Blatt Papier in der Breite nicht mehr ins Bearbeitungsfenster passt, erscheint unterhalb des Bearbeitungsfensters ein horizontaler Rollbalken.

> **Wichtig**
>
> Die Schreibmarke bewegt sich während des Verschiebens nur mit, wenn die Option EINFÜGEMARKE MIT BILDLAUF VERSCHIEBEN in DATEI | OPTIONEN | ERWEITERT | BEARBEITUNGSOPTIONEN gesetzt ist.

Sie können auch in die Leiste über oder unter dem Rollbalken klicken, dann verschiebt sich der Bildausschnitt wie beim Betätigen der Bildlauftasten.

Sobald Sie den Rollbalken anklicken, zeigt ein Hinweis daneben an, auf welcher Seite und in welchem Textabschnitt Sie sich gerade befinden; Letzteres allerdings nur, wenn es sich um einen mit Überschriften-Formatvorlagen gegliederten Text handelt.

Abb. 8.1: Word-internes GPS per Rollbalken und Statusleiste

Auch wenn Sie Teile Ihres Dokuments mit anderen als arabischen Zahlen nummeriert haben, zeigt der Hinweis arabische Seitennummern an, bezogen auf die Gesamtseitenzahl des Dokuments.

Eine wenig bekannte Einstellung in der Statusleiste wirkt sich auf diese Anzeige aus:

Aus der Trickkiste: Römische Seitenzahlen in der Statusleiste anzeigen

Rechtsklicken Sie in die Statusleiste und aktivieren Sie die Option FORMATIERTE SEITENZAHL. Word zeigt daraufhin in der Statusleiste neben der normalen (immer arabischen) Information »Seite 11 von 14« auch die abweichende Zählung an.

Hinweis

Diese zusätzliche Anzeige in der Statusleiste bringt Sie mit einem Klick zur Funktion GEHE ZU.

8.1.2 Den Navigationsbereich nutzen

Nur in strukturierten Texten einsetzbar ist der *Navigationsbereich*, der mit ANSICHT | NAVIGATIONSBEREICH aktiviert wird.

Tipp

Am schnellsten geht das Öffnen des Navigationsbereichs mit Strg+F, gefolgt von einem Klick auf den linken Registertab im Kopf des Navigationsfensters.

Ab Word 2013 kommt eine weitere Abkürzung zum Tragen: Klicken Sie mit der Maus in der Statusleiste auf die Seitenanzeige.

Aber: Diese kurzen Wege gelten nur für die aktuelle Bearbeitung dieses Dokuments. Schließen Sie Word und öffnen danach eine neue Word-Instanz, ist der Navigationsbereich wieder ausgeblendet. Dauerhaft bleibt er nur nach Aktivierung in der Registerkarte ANSICHT.

Im Navigationsbereich werden links vom Textbearbeitungsfenster alle Überschriften des Dokuments aufgelistet, also alle Texte, die mit einer der Formatvorlagen »Überschrift 1« bis »Überschrift 9« formatiert sind, auch wahlweise eine Seitenminiaturansicht und eine Kontextdarstellung von Suchergebnissen (Kapitel 13).

Klicken Sie eine dieser Überschriften an, springt das Hauptfenster zu dieser Textposition.

Der dargestellte Umfang der Überschriften lässt sich durch Klick auf die Randsymbole ▷ erweitern und ◢ reduzieren.

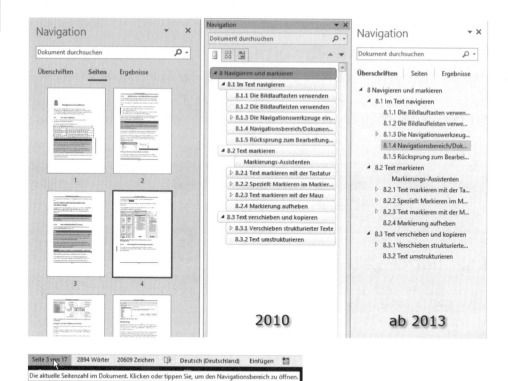

Abb. 8.2: Navigationsbereich, links mit Seitenminiaturen, rechts mit Überschriftenstruktur

8.1.3 Die Navigationswerkzeuge einsetzen

Zum Ansteuern anderer Ziele als Überschriften gibt es im Kopf des Navigationsbereichs ausführliche Suchhilfen, zu öffnen mit ▼ rechts neben dem Lupensymbol.

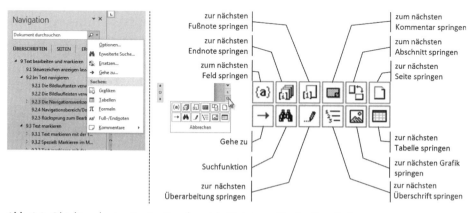

Abb. 8.3: Objektsuche im Navigationsbereich (links) und in der Scrollleiste
(rechts, nur Word 2010)

Navigation mit der Scrollleiste (nur Word 2010)

Word 2010 verfügt über einen Satz redundanter Navigationswerkzeuge in der Scrollleiste.

Am unteren Ende des Rollbalkens finden Sie eine winzige Symbolleiste mit drei Schaltflächen. Die Doppelpfeile nach oben und unten haben unterschiedliche Funktionen:

Grundsätzlich funktionieren sie wie $\boxed{\text{Strg}}$+$\boxed{\text{Bild} \uparrow}$ und $\boxed{\text{Strg}}$+$\boxed{\text{Bild} \downarrow}$, doch während Sie die Suchfunktion verwenden, springen Sie beim Betätigen dieser Schaltflächen den vorherigen oder nächsten Treffer für den Suchbegriff an. (Mehr zur Suchfunktion in Kapitel 13.)

Ebenfalls am unteren Rand der vertikalen Bildlaufleiste gibt es eine unscheinbare Schaltfläche O, die die in Abschnitt 8.1.2 beschriebenen Sprungziele erschließt.

Die Sprungziele

Während die Schnellwahl der Sprungziele jeweils das nächste passende Ziel textabwärts ansteuert, bestimmen Sie über GEHE ZU das genaue Ziel innerhalb einer Gruppe.

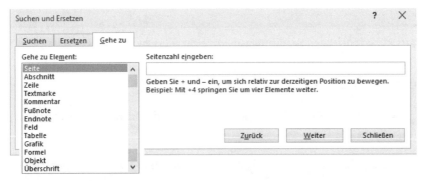

Abb. 8.4: Ziele der Funktion GEHE ZU

Relativsprünge

Neben absoluter Zieladressierung ist mit GEHE ZU auch mit Vorzeichen eine relative Adressierung möglich, also z. B. mit +4 in der Gruppe SEITE vier Seiten nach unten oder mit -3 in der Gruppe ÜBERSCHRIFT zur dritten Überschrift oberhalb der Schreibmarke.

Ein weiteres »relatives« Sprungziel erreichen Sie durch eine Prozentangabe im Eingabefeld von GEHE ZU. Word springt zu der Stelle im Text, die dem Prozentwert, bezogen auf die Gesamtlänge des Textes, entspricht. Dabei ist es egal, ob Sie das %-Zeichen durch einen Leerschritt vom Wert trennen oder nicht.

8.1.4 Rücksprung zum Bearbeitungspunkt

Sie müssen während des Schreibens ein paar Seiten zurückblättern, um dort etwas nachzuschauen. Das geht mit den in den vorhergehenden Abschnitten beschriebenen Werkzeugen leicht. Aber wie finden Sie schnell wieder zurück?

Die einfachste Methode ist die Tastenkombination ⌖+F5. Word merkt sich die letzten drei Bearbeitungspositionen und steuert sie mit dieser Tastenkombination reihum an.

Auch nach dem Schließen und Wiederöffnen finden Sie mit ⌖+F5 den richtigen Punkt zum Weiterarbeiten sofort. Zur Begrüßung zeigt Ihnen **Word ab 2013** beim Öffnen eines Dokuments an, wann und wo Sie zuletzt an diesem Dokument gearbeitet haben. Mit einem Mausklick auf diese Meldung springen Sie dorthin.

Die Meldung bleibt nur einige Sekunden so stehen und wechselt dann ihre Form in ein Lesezeichen. Sobald Sie irgendeine Taste betätigen, verschwindet auch dieses.

Abb. 8.5: Rücksprung zum letzten Bearbeitungspunkt leicht gemacht

8.2 Text markieren

Um Text zu bearbeiten und zu formatieren, muss er in den meisten Fällen markiert sein.

Merksatz
Erst markieren, dann agieren!

Für das Markieren gibt es zahlreiche Mechanismen zur Erleichterung.

> Markierter Text wird farbig hinterlegt angezeigt.

Formatierungsabhängig markieren

Für das Markieren gleich oder ähnlich formatierten Passagen im Text bietet Word diese Assistenzfunktion:

1. Markieren Sie einen Absatz, der die gesuchte Formatierung trägt.

2. **⑩** Rechtsklick | FORMATVORLAGEN | TEXT MIT ÄHNLICHER FORMATIERUNG MARKIEREN

   ⑬ START | Gruppe *Bearbeiten* (ganz rechts): MARKIEREN | ALLE TEXTBESTANDTEILE MIT ÄHNLICHER FORMATIERUNG AUSWÄHLEN (KEINE DATEN)

   ⑯⑲ START | Gruppe *Bearbeiten* (ganz rechts): MARKIEREN | TEXT MIT ÄHNLICHER FORMATIERUNG MARKIEREN

Word sucht alle dem markierten Absatz entsprechend formatierten Absätze und markiert sie. Diese Funktion ist hilfreich, wenn Sie von Hand formatierte Textbereiche (ohne Formatvorlagen-Zuordnung) umformatieren möchten.

8.2.1 Text markieren mit der Tastatur

Mit der Tastatur markiert Word mit den Tastenkombinationen ⌂+→ und ⌂+← zeichengenau, solange Sie nicht mit gleichzeitig gedrückter Strg-Taste eine größere Textmenge ansteuern.

Vorwärts markieren

Setzen Sie die Schreibmarke *vor* den ersten zu ersetzenden Buchstaben.

Halten Sie die Taste ⌂ fest und bewegen Sie die Markierung mit → und/oder ↓ *hinter* den letzten zu ersetzenden Buchstaben.

Rückwärts markieren

Setzen Sie die Schreibmarke *hinter* den letzten zu ersetzenden Buchstaben.

Halten Sie die Taste ⌂ fest und bewegen Sie die Markierung mit ← und/oder ↑ *vor* den ersten zu ersetzenden Buchstaben.

Größere Textmengen markieren

Mit Tastenfunktionen markieren Sie Text von der aktuellen Position der Schreibmarke

Strg+⌂+→	bis zum Wortende.
Strg+⌂+←	bis zum Wortanfang.
⌂+Ende	bis zum Zeilenende.
⌂+Pos1	bis zum Zeilenanfang.
⌂+↓	bis zum Absatzende.
⌂+↑	bis zum Absatzanfang.

`⇧`+`Bild ↓`	bis zum Seitenende.[67]
`Strg`+`⇧`+`Alt`+`Bild ↓`	bis zum Fensterende.
`⇧`+`Bild ↑`	bis zum Seitenanfang.
`Strg`+`⇧`+`Ende`	bis zum Dokumentende.
`Strg`+`⇧`+`Pos1`	bis zum Dokumentanfang.

8.2.2 Speziell: Markieren im Markierungsmodus

Die Taste `F8` startet einen speziellen Markiermodus, in dem jeder weitere Tastendruck eine Markierung bewirkt oder verändert, bis der Modus mit `ESC` wieder aufgehoben wird. Die Markierung bleibt nach dem Aufheben des Modus bestehen, um bearbeitet werden zu können.

Die Pfeiltasten im Markierungsmodus

Mit den Pfeiltasten lässt sich die Markierung in diesem Modus besonders leicht erweitern:

`←` und `→`	um ein Zeichen in die jeweilige Richtung,
`↑` und `↓`	um eine Zeile in die jeweilige Richtung,
`Pos 1` und `Ende`	bis zum Zeilenanfang/-ende,
`Bild ↑` und `Bild ↓`	bis zur ersten/letzten Zeile der Seite.

Hinweis

Im Markierungsmodus wirken sich auch Mausklicks so aus, dass der Bereich von der Schreibmarke bis zur Klickposition markiert wird.

Bereits die Taste `F8` an sich hat schon einige Markierungstricks drauf:

Zweimal `F8`   markiert das Wort, in dem die Schreibmarke steht.

Dreimal `F8`   markiert den Satz, in dem die Schreibmarke steht.

Viermal `F8`   markiert den Absatz, in dem die Schreibmarke steht.

Fünfmal `F8`   markiert den gesamten Text.[68]

`⇧`+`F8`   nimmt die letzte Erweiterung mit `F8` zurück.

---

67 Besteht am Seitenanfang oder -ende ein Absatzschutz, so werden der komplette Absatz und ggf. mit ihm verbundene Folgeabsätze einbezogen.

68 Das geht mit `Strg`+`A` aber wirklich leichter.

Markieren mit der Funktion GEHE ZU

Ist der Markierungsmodus eingeschaltet, lässt sich mit dem Register GEHE ZU des SUCHEN-Dialogs eine Ende-Position für die Markierung, zum Beispiel eine Seitenzahl, eingeben. Word markiert dann ab der Schreibmarke bis zum Anfang bzw. Ende (je nach Suchrichtung) der angegebenen Seite.

GEHE ZU öffnen Sie am einfachsten mit F5.

Textblock markieren

Im Markierungsmodus lassen sich auch rechteckige Textblöcke markieren, unabhängig von Textfluss, Zeilen und Absätzen:

Strg + ⇧ + F8 startet den Rechteck-Markiermodus, in dem Sie mit den Pfeiltasten den Markierungsbereich definieren.

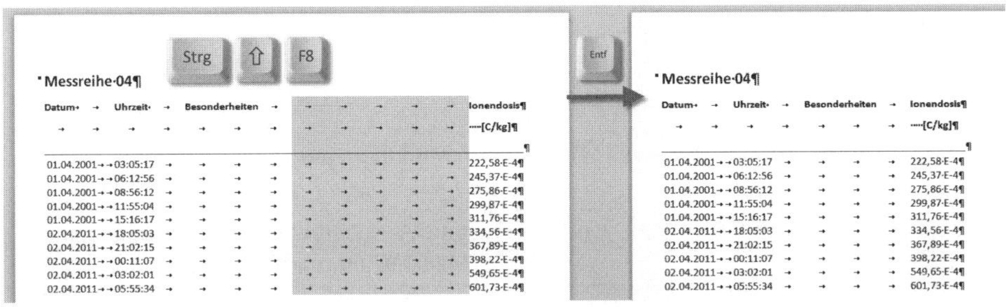

Abb. 8.6: Rechteckig markierter Textbereich wird ausgeschnitten.

Die Blockmarkierung ist besonders hilfreich, wenn Sie einen zugelieferten Text zurichten müssen, der mittels Tabsprüngen und Leerzeichen zu einer Pseudotabelle »hoppelformatiert« wurde. Statt mühsam die überflüssigen Zeichen einzeln zu löschen, markieren und löschen Sie ganze Blöcke und erhalten so wesentlich effizienter ein Ergebnis, das sich in eine ordentliche Tabelle umwandeln lässt.

8.2.3 Text markieren mit der Maus

Hinweis

Das Markieren mit der Maus funktioniert nach völlig anderen Regeln als das Markieren mit der Tastatur.

Markieren Sie mit der Maus, kommen beim Überschreiten einer Wortgrenze »intelligente« Algorithmen zum Einsatz, die Leerschritte, Satz-, Sonder- und Steuerzeichen sowie Absatzmarken in die Markierung einbeziehen. Sofern das nicht gewünscht ist, lassen sich einzelne Zeichen mittels ⇧+Pfeiltasten wieder aus der

Markierung herausnehmen oder generell unterbinden, indem Sie folgende Optionen deaktivieren:

DATEI | OPTIONEN | ERWEITERT | Bereich BEARBEITUNGSOPTIONEN: AUTOMATISCH GANZE WÖRTER MARKIEREN und SMARTE/INTELLIGENTE ABSATZMARKIERUNG

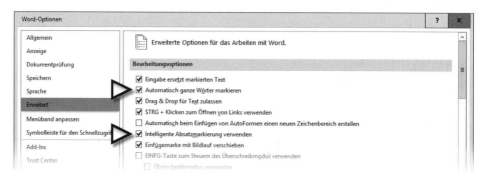

Abb. 8.7: Vielfältige Markierungsoptionen

Option	Wirkung
AUTOMATISCH GANZE WÖRTER MARKIEREN	erfasst beim Markieren ganze Wörter wie Strg + ⇧ + →.
SMARTE/INTELLIGENTE ABSATZMARKIERUNG VERWENDEN	erfasst auch die Absatzendemarke ¶, wenn der ganze Absatz per Mausziehen markiert wird.

Tabelle 8.1: Markierungsoptionen per Maus

Freihandmarkieren

Klicken Sie mit der linken Maustaste vor den ersten zu ersetzenden Buchstaben, halten Sie sie fest, bewegen Sie den Mauszeiger hinter den letzten zu ersetzenden Buchstaben und lassen Sie die Maustaste los.

Ein **Doppelklick** auf ein Wort markiert das Wort (bei zusammengesetzten Wörtern nur bis zum Bindestrich).

Ein **Dreifachklick** in einen Absatz markiert den kompletten Absatz.

Vorwärts markieren

Setzen Sie die Schreibmarke *vor* den ersten zu markierenden Buchstaben.

Halten Sie die Taste ⇧ fest und klicken Sie *hinter* den letzten zu markierenden Buchstaben.

Rückwärts markieren

Setzen Sie die Schreibmarke *hinter* den letzten zu markierenden Buchstaben.

Halten Sie die Taste ⌂ fest und klicken Sie *vor* den ersten zu markierenden Buchstaben.

Größere Textmengen markieren

Bewegen Sie den Mauszeiger so weit in den linken Randbereich, dass er nach rechts weist.

- Ein einfacher Klick markiert die komplette Zeile.
- Ein Doppelklick markiert den kompletten Absatz.
- Ein Dreifachklick markiert den kompletten Text des Dokuments.

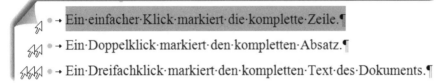

Abb. 8.8: Der Mauszeiger beim großflächigen Markieren im linken Marginal

Mehrere unabhängige Textteile markieren

Halten Sie die Taste Strg beim Markieren mit der Maus gedrückt, lassen sich voneinander unabhängige Textbereiche miteinander markieren:

- **einzelne Wortgruppen** im Text durch Überstreichen, Absetzen, andere Passage überstreichen,
- **mehrere Zeilen** durch einfachen Klick in den linken Rand in Zeilenhöhe.

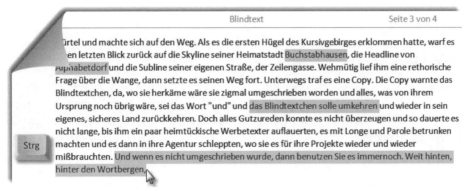

Abb. 8.9: Unabhängige Mehrfachmarkierung mit Maus und Strg

8.2.4 Text markieren auf dem Tablet

Sobald Sie an eine Stelle im Text getippt haben, entsteht dort eine Schreibmarke der Form ⌗ (Abbildung 8.10 **ⓐ**). Diese Schreibmarke lässt sich am Kreis mit der Fingerspitze »greifen« und über den Text ziehen **ⓑ**. Der überstrichene Text wird markiert. Die Markierung erhält nach dem Loslassen zu Beginn und Ende die Schreibmarken ⌗, damit bei Bedarf in beide Richtungen weitermarkiert werden kann **ⓒ**.

Abb. 8.10: Text markieren im Fingereingabemodus

8.2.5 Markierung aufheben

Drücken Sie ⎡ESC⎤ oder klicken/tippen Sie außerhalb der Markierung in das virtuelle Blatt.

Mit ⎡Pos1⎤ nehmen Sie die Markierung zurück und setzen die Schreibmarke an den Anfang der Markierung.

Mit ⎡Ende⎤ nehmen Sie die Markierung zurück und setzen die Schreibmarke an das Ende der Markierung.

8.3 Text verschieben und kopieren

Um Text zu verschieben oder zu kopieren, muss er zunächst markiert sein, wie in Abschnitt 8.2 beschrieben.

Beim **Verschieben beliebiger Textmengen** um nur wenige Zeilen oder Absätze ist die Maus der Tastatur an Effizienz weit überlegen: Klicken Sie mit der linken Maustaste in die Markierung, halten Sie die Maustaste fest und schieben Sie an die Zielposition, wo Sie die Maustaste wieder loslassen – fertig.

Wollen Sie den markierten Text an diese Stelle **kopieren**, halten Sie beim Transfer mit der Maus die Taste ⎡Strg⎤ fest.

Ganze Absätze lassen sich über kurze Strecken leicht mit den Tastenkombinationen ⎡Alt⎤+⎡⇧⎤+⎡↑⎤ aufwärts sowie ⎡Alt⎤+⎡⇧⎤+⎡↓⎤ abwärts verschieben, aber nicht kopieren. Hierfür muss der Absatz nicht markiert sein, es reicht, wenn die Schreibmarke darin steht.

Bei längeren Strecken empfiehlt sich die Verwendung der Zwischenablage:

1. **Verschieben** Sie den markierten Text in die Zwischenablage mit `Strg`+`X` oder START | AUSSCHNEIDEN.

   Kopieren Sie den markierten Text in die Zwischenablage mit `Strg`+`C` oder START | KOPIEREN.

2. Setzen Sie die Schreibmarke an die Zielposition und fügen Sie den Text dort ein mit `Strg`+`V` oder START | EINFÜGEN.

Eine Verschiebevariante ohne Verwendung der Zwischenablage funktioniert so:

1. Drücken Sie nach dem Markieren `F2`.

2. Setzen Sie die Schreibmarke an die Zielposition.

3. Drücken Sie `↵`.

Wollen Sie den Text auf diese Weise **kopieren**, betätigen Sie im ersten Schritt `⇧`+`F2`.

Noch schneller geht es so:

1. Markieren Sie den zu verschiebenden Text.

2. Bewegen Sie den Cursor an die Zielposition und betätigen Sie dort zugleich

   ■ `Strg` und die rechte Maustaste zum **Verschieben**,

   ■ `Strg`+`⇧` und die rechte Maustaste zum **Kopieren**.

8.3.1 Verschieben strukturierter Texte

Für strukturierte Texte existiert ferner die Möglichkeit, komplette Kapitel oder Abschnitte zu verschieben, indem Sie mit ANSICHT | GLIEDERUNG in die *Gliederungsansicht* wechseln.

Dort wird der Text strukturiert dargestellt, das heißt abhängig von der Formatierung der Überschriften – ähnlich der Darstellung in der Dokumentenstruktur bzw. im Navigationsbereich, jedoch ist in der Gliederungsansicht optional auch der zugehörige Textkörper sichtbar.

Diese strukturierte Darstellung ermöglicht es Ihnen, mit einem Klick ganze Textabschnitte zu markieren.

■ Klicken Sie auf einen der Markierungspunkte, um einen Absatz zu markieren.

■ Doppelklicken Sie das Symbol ✚ vor einer Überschrift, um diese nebst zugehörigen Untergliederungen zu markieren.

Die so markierten, logisch zusammengehörenden Textpassagen lassen sich wie in den anderen Modi per Drag&Drop mit der Maus oder via Zwischenablage transferieren.

Hinweis

Beim Einfügen am Ziel werden die Nummerierungen von Kapiteln und Abschnitten fortgeschrieben.

Text mit den Gliederungswerkzeugen verschieben

Für kleinere Bewegungen, also z. B. zum Vertauschen von Absätzen, genügen die Pfeilsymbole in der Registerkarte GLIEDERUNG:

- ▲ bewegt den markierten Text einen Absatz nach oben
- ▼ bewegt den markierten Text einen Absatz nach unten

Wichtig

Gehört zur Markierung eine Überschriftenebene, werden die übersprungenen Absätze in die Hierarchie dieser Überschrift einbezogen und auch die Nummerierung angepasst.

Text im Navigationsbereich verschieben

Strukturierter Text lässt sich auch im Navigationsbereich verschieben wie in der Gliederungsansicht. Greifen Sie eine Überschrift mit der Maus und verschieben sie an eine andere Position, so werden alle zu dieser Überschrift gehörenden Unterebenen an die neue Position verschoben und die Nummerierung neu geordnet.

⚠ Vorsicht

Es gibt Situationen, in denen diese Methode fehlerhaft arbeitet, zum Beispiel wenn Gliederungs-Überschriften in Tabellen stehen.[69] Diese erkennt der Navigationsbereich nicht. Die Gliederungsansicht arbeitet da gründlicher.

Kapitel und Textabschnitte verschieben (ab Word 2013)

Mit Version 2013 wurden einige Funktionen der Gliederungsansicht auch in die Layoutansicht übernommen. Bewegen Sie den Cursor über eine als Überschrift formatierte Zeile, leuchtet am linken Rand ein Dreieck ◢ auf. Ein Klick darauf blendet den dieser Überschrift unterstehenden Text aus, es bleibt nur die Überschrift sichtbar. Zur Kennzeichnung, dass dort Text ausgeblendet ist, erhält die Überschriftszeile eine andere, dauernd sichtbare Dreiecksmarkierung ▷ am linken Rand.

---

69 Solche Eskapaden sollte man aber ohnehin vermeiden.

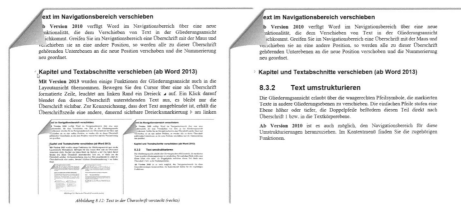

Abbildung 8.12: Text in der Überschrift versteckt (rechts)

Abb. 8.11: Text in der Überschrift versteckt (rechts)

Markieren Sie nun die frei stehende Überschrift, ist damit wie in der Gliederungsansicht der gesamte Textabschnitt markiert und kann kopiert und verschoben werden.

8.3.2 Text umstrukturieren

Die Gliederungsansicht erlaubt über die waagerechten Pfeilsymbole, die markierten Texte in andere Gliederungsebenen zu verschieben. Die einfachen Pfeile stufen eine Ebene höher oder tiefer, die Doppelpfeile befördern diesen Teil direkt nach Überschrift 1 bzw. in die Textkörperebene.

Auch der Navigationsbereich ist für diese Umstrukturierungen nutzbar. Im Kontextmenü finden Sie die zugehörigen Funktionen.

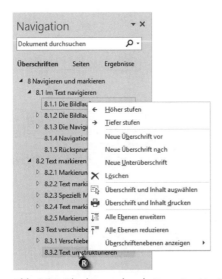

Abb. 8.12: Gliederungsbearbeitung im Navigationsbereich

Kapitel 9

Zeilen und Absätze

Die Gliederung des Textes in Zeilen und Absätze spielt neben dem Schriftbild für das spätere Erscheinungsbild eine wichtige Rolle. So wie ein »ohne Punkt und Komma« gesprochener Text schwer zu verstehen ist, lässt sich auch ein Text ohne Absätze schlecht lesen.

Zwar haben wir gelernt, dass Textprogramme einen automatischen Zeilenumbruch durchführen, wenn das nächste Wort nicht mehr auf die Zeile passt, aber am Ende eines Absatzes benötigen wir ⏎ schon. Viele Leute schlagen diese Taste dann gar doppelt an, um einen Abstand zum nächsten Absatz zu erhalten. Bei eingeschalteter Steuerzeichenanzeige⌇ sind diese Doppeleumel in all ihrer Hässlichkeit erkennbar.¶

¶

Das ist eines der vielen Relikte aus der Schreibmaschinenära, die sich aus unverständlichen Gründen immer noch halten, obwohl die meisten Leute, die heute am Computer Texte verfassen, nie »Schreibmaschine gelernt« haben.¶

¶

Viel wichtiger aber ist, dass durch Schreibmaschinenriten viele Assistenzfunktionen jedweden Schreibprogramms außer Funktion gesetzt werden. So auch der zusätzliche Absatz als Abstandhalter. Den Abstand zwischen zwei Absätzen bekommen Textprogramme viel besser und gefälliger in den Griff[70], genauso wie die komfortable Behandlung der Zeilenumbrüche.

9.1 Zeilenumbruch und Silbentrennung

Word wechselt die Zeile, wenn das letzte Wort in der Zeile nicht mehr untergebracht werden kann. Mögliche Positionen dafür sind Leerzeichen und Bindestriche innerhalb zusammengesetzter Wörter.

Lange Wörter ohne Bindestrich werden komplett in die neue Zeile umbrochen, was zu Lücken am rechten Textrand führt, den sogenannten Flatterrand. Bei Blocksatz (Schaltfläche ▣ in der Registerkarte START, Gruppe ABSATZ) wird die Regel, dass die Zeile bis zum rechten Rand auszugleichen ist, durch große Lücken zwischen den Wörtern eingehalten.

---

70 siehe Abschnitt 9.4

Abhilfe bietet die Silbentrennung, die automatisch oder manuell durchgeführt werden kann: [Seiten]Layout | Silbentrennung.

Abb. 9.1: Automatische Silbentrennung einschalten und einstellen

Für die automatische Silbentrennung lässt sich **in Word 2010** in den Silbentrennungsoptionen eine Trennzone vorgeben; das ist der Bereich am Zeilenende, in dem eine Trennung durchgeführt werden soll – sofern möglich. In den Folgeversionen ist sie zwar noch vorhanden, aber nur im Kompatibilitätsmodus verfügbar.

9.1.1   Silbentrennung vorgeben mit Trennfugen

Die automatische Silbentrennung trennt Wörter nach den allgemeinen Trennregeln. Leider konsequent und ohne Berücksichtigung von Ausnahmen, die gerade bei zusammengesetzten Wörtern nicht selten sind. Zusammengesetzte Wörter sollen nicht ökonomisch, also den verfügbaren Platz bis zum Zeilenende bestmöglich ausnutzend, sondern logisch getrennt werden.

Wörter mit Bindestrich werden von Word daselbst getrennt, egal ob gemäß Trennregel danach noch eine bessere Zeilenausnutzung möglich wäre.

Zwecks Verbesserung unschöner Trennungen können Sie die automatische Silbentrennung mit Vortrennungen, auch Trennfugen genannt, aushebeln:

Setzen Sie die Schreibmarke zwischen die zu trennenden Buchstaben und betätigen Sie ⌨Strg+⌨-. Damit setzen Sie eine Trennfuge in das Wort, an der sich die Silbentrennung orientiert. Die Trennfuge dominiert die automatische Silbentrennung ebenso wie ein echter Bindestrich. Dieser Trennstrich ist jedoch nur sichtbar, wenn er benötigt wird, also wenn das Wort am Zeilenende an dieser Stelle umbrochen wird.

Trennfugen können Sie mit der Steuerzeichenanzeige⁰ auf dem Bildschirm als ¬ sichtbar machen.

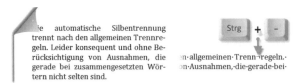

Abb. 9.2: Einsatz einer Trennfuge

Aus der Trickkiste: Trennfugen dauerhaft vorgeben

Als Anwender haben Sie keine Möglichkeit, die Silbentrennungsregeln zu beeinflussen, jedoch gibt es ein Workaround:

1. Schreiben Sie das Wort und setzen Sie die Trennfugen mit `Strg`+`-`.
2. Kopieren Sie das so präparierte Wort in die Zwischenablage.
3. DATEI | OPTIONEN | DOKUMENTPRÜFUNG | AUTOKORREKTUROPTIONEN

Word fügt das vorgetrennte Wort aus der Zwischenablage bereits als Korrektur ins Feld DURCH ein.

4. Tragen Sie das ungetrennte Wort ins Feld ERSETZEN ein.
5. `OK`

Künftig ersetzt die AutoKorrektur dieses Wort von sich aus mit Trennfugen.

9.1.2 Silbentrennung unterdrücken

Seit der so genannten Rechtschreibreform von 1996 ist es zulässig, bereits nach einem einzelnen Vokal am Wortanfang zu trennen. Auch wenn es zulässig ist, sollten Sie diese absurde Trennung in Ihren Arbeiten vermeiden. Da bei kurzen Wörtern (z. B. a-ber, o-der) keine Trennfugen die automatische Trennung unterdrücken können, müssen Sie folgenden Weg beschreiten:

1. Markieren Sie das Wort.
2. Klicken Sie in der Statuszeile auf die Sprachanzeige.
3. Aktivieren Sie die Option RECHTSCHREIBUNG UND GRAMMATIK NICHT PRÜFEN.

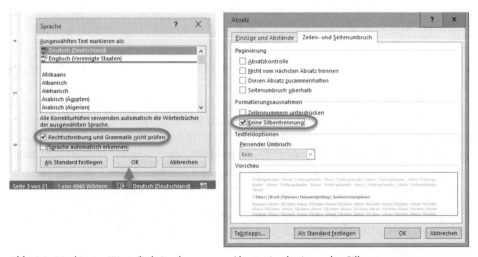

Abb. 9.3: Markiertes Wort (links) oder ganzen Absatz (rechts)von der Silbentrennung ausnehmen

Ganze Absätze können Sie im Absatz-Dialog von der automatischen Silbentrennung ausnehmen: START | ABSATZ ⬉ | REGISTER ZEILEN- UND SEITENUMBRUCH | Option KEINE SILBENTRENNUNG.

9.1.3   Trennfugen an Sonderzeichen

Mit Schrägstrich, Ampersand oder anderen Sonderzeichen zusammengefügte Wörter trennt Word nicht. Soll eine am Zeilenende voll umbrochene Wortkombination an einem dieser Sonderzeichen getrennt werden, kommt eine Trennfuge wie oben beschrieben nicht in Betracht, weil ja kein Trennstrich am Zeilenende benötigt wird. Hier hilft das Sonderzeichen *Bedingter Nullbreite-Wechsel*, das Sie in EINFÜGEN | SYMBOL | WEITERE SYMBOLE | Register SONDERZEICHEN fast am Ende der Liste finden.

Dieses Zeichen bietet Word eine Gelegenheit zum Zeilenumbruch wie ein normaler Leerschritt, ohne dass ein solcher innerhalb der Zeile angezeigt wird. Bei eingeschalteter Steuerzeichenanzeige⁹ sehen Sie an dieser Stelle ein doppelt gerahmtes Rechteck ▣.

9.2   Zeilenabstände

Vom Zeilenende soll das Auge in die nächste Zeile geführt werden. Dieser Vorgang ist der schwerste überhaupt beim Lesen. Jeder wird schon festgestellt haben, dass man gelegentlich den Anschluss nicht findet. In diesen Fällen war der Schriftsatz ungenügend und hat dem Auge keinen Anhaltspunkt gegeben.

Wie leicht man die nächste Zeile findet, ist von verschiedenen Faktoren abhängig.

Da wäre zunächst die **Zeilenlänge**. Ist die Zeile zu lang, verliert man die Anschlusszeile aus dem Augenwinkel und muss sie neu suchen.

Wenn Ihnen nicht zwingend einspaltiger Text vorgegeben ist, sollten Sie es vermeiden, Zeilen zu lang werden zu lassen. Als Obergrenze gut lesbarer Zeilen gilt eine Breite von 50 bis 70 Buchstaben; weniger dürfen es gern sein, aber unter 20 lassen zu viele Silbentrennungen den Text unruhig werden.[71] In der geschäftlichen und privaten Korrespondenz wie auch in wissenschaftlichen Arbeiten gilt ja immer noch die Einspaltigkeit als chic; bei sonstigen Veröffentlichungen sind, sobald die Zeilenbreite 14 cm übersteigt, mindestens zwei Spalten probat. (Der Satzspiegel dieses Buches ist 12,5 cm breit, also noch innerhalb der Grenzen für einspaltigen Text.)

Auch ein zu geringer **Abstand zwischen den Zeilen** irritiert das Auge, deshalb gilt die Regel, dass mit wachsender Zeilenlänge der Zeilenabstand vergrößert werden

---

[71] Im Zeitschriftenbereich hat sich eine Zeilenlänge von ca. 40 Zeichen als Quasistandard etabliert.

muss. Nicht gleich in Halbzeilenschritten, wie man es von der Schreibmaschine gewohnt ist, sondern in feineren Abstufungen. Der Abstand zwischen zwei Zeilen wird in der Setzersprache als *Durchschuss* bezeichnet.

Wichtig

Serifenlose Schriften benötigen mehr Durchschuss als Serifenschriften, weil der Freiraum unter der Zeile die Blickführung der Serifen übernimmt. 🐾

In der Gruppe START | ABSATZ finden Sie die Schaltfläche 🗎 ZEILEN- UND ABSATZ-ABSTAND. Der Funktionsumfang des damit aufklappbaren Menüs ist allerdings sehr dürftig und erinnert an die *gute alte Schreibmaschine* mit dem Ändern von Zeilenabständen in Halbzeilenschritten von einzeilig bis dreizeilig und dem Hinzufügen oder Entfernen von Abständen vor und nach einem Absatz.

Abb. 9.4: Durchschuss einstellen im Absatz-Dialog

Professionell werden Zeilenabstände in Word im Absatz-Dialog für den aktuellen Absatz bzw. für die Markierung formatiert:

- START | ABSATZ ⬊,
- ABSATZ im Kontextmenü,

- Doppelklick auf eines der Einzugssymbole im Lineal oder

- ZEILENABSTANDSOPTIONEN im eben erwähnten Menü 📧 ZEILEN- UND ABSATZ-ABSTAND

führen dorthin.

Der Einstellmöglichkeiten sind nur wenige, doch sie reichen völlig aus. Dabei ist zu beachten, dass

- sich die Einstellungen *Einfach, 1,5 Zeilen, Doppelt* und *Mehrfach* **relativ auf die Schriftgröße beziehen**, während

- mit *Mindestens* und *Genau* ein **absoluter Durchschuss** vorgegeben wird, wobei der Wert Schriftgrad + Durchschuss in pt angibt.

Das bedeutet, dass der Durchschuss

- sich bei den Einstellungen *Einfach, 1,5 Zeilen, Doppelt* und *Mehrfach* proportional zur Schriftgröße verändert,

- bei *Mindestens* bis zur angegebenen Schriftgröße gleich bleibt und dann proportional wächst und

- bei *Genau* unabhängig von der Schriftgröße immer gleich bleibt.

Per Tastatur stellen Sie die Zeilenabstände mit ⌨Strg⌨+⌨1⌨ einzeilig, ⌨Strg⌨+⌨5⌨ anderthalbzeilig und ⌨Strg⌨+⌨2⌨ zweizeilig ein.

Die Einstellungen im Absatz-Dialog gelten für den aktuellen Absatz oder für die markierten Absätze. Da die Zeilenabstände im gesamten Dokument einheitlich sein sollen, ist es sinnvoll, den Zeilenabstand für die Formatvorlage »Standard« umzustellen, wie in Kapitel 6 beschrieben.

9.3 Text drehen

1. Schreiben Sie den zu drehenden Text und markieren sie ihn.

2. EINFÜGEN | TEXTFELD | TEXTFELD ERSTELLEN

Hinweis

Word erstellt ein Textfeld, in das der markierte Text übernommen wird, und aktiviert die Registerkarte TEXTFELDTOOLS bzw. ZEICHENTOOLS. [72]

---

72 Im Kompatibilitätsmodus stehen auch in den neueren Versionen nur die TEXTFELDTOOLS der Version 2007 zur Verfügung.

3. Die Schaltfläche TEXTRICHTUNG ⊞ klappt eine Auswahl von drei Textrichtungen in 90°-Schritten auf.

Darüber hinaus sind Textfelder frei drehbar, denn sowohl der Dreh-Anfasser als auch die Einstellungen im FORMAT-Dialog erlauben das gradweise Drehen.

Eine weitere Möglichkeit, Text zu drehen, gibt es im Tabellenmodus im dortigen Layout-Menü. Mehr dazu in Kapitel 15.

9.4   Absätze

Texte müssen zur besseren Übersicht gegliedert werden; die kleinste Gliederungseinheit sind Absätze, bei eingeblendeten Steuerzeichen[⌗] erkennbar an der Absatzmarke ¶.

Die Absatzassistenten, die am Seitenende darauf achten, dass Absätze nicht falsch umbrochen werden, orientieren sich an dieser Absatzmarke. Wenn Sie allerdings »Leerzeilen« mit ⏎ als Absatzabstand einfügen, ist das für das Programm ebenfalls ein Absatz, egal ob in der Zeile Text steht oder nicht.

Und so kommt es, dass manchmal eine Überschrift in der letzten Zeile steht und der zugehörige Text erst auf der nächsten Seite beginnt, obwohl die Option NICHT VOM NÄCHSTEM ABSATZ TRENNEN eingeschaltet ist. Word erkennt in dem als optischen Absatztrenner gemeinten solitären ¶ einen Absatz, mit dem die Überschrift zusammenzuhalten ist. Danach darf dann fröhlich die Seite umbrochen werden. Alles völlig logisch, aber der Benutzer flucht auf den Computer, obwohl der doch exakt das macht, was ihm vorgegeben wurde.

> **Also:**
>
> Mit *einmal* ⏎ wird ein Absatz beendet und ein neuer Absatz beginnt. Der optische Abstand zwischen den Absätzen ergibt sich aus den Einstellungen im Absatz-Dialog: START | GRUPPE ABSATZ ⬆.

Wird innerhalb eines Absatzes ein *Zeilen*umbruch benötigt, benutzen Sie ⬆+⏎, das fügt einen zwingenden Zeilenwechsel ein, aber die neue Zeile gehört weiter zu diesem Absatz.

Der Unterschied wird bei eingeschalteter Steuerzeichenanzeige[⌗] deutlich:

- Absatzumbrüche sehen aus wie das Symbol auf der Schaltfläche für die Steuerzeichenanzeige: ¶;
- feste Zeilenumbrüche dagegen werden mit dem Symbol ⏎ gekennzeichnet.

> **Tipp**
>
> Oft finden Sie in zugelieferten Texten oder Kopien aus dem Internet überzählige Absatz- oder Zeilenumbrüche, die sich mit den in Kapitel 10 beschriebenen Methoden entfernen lassen.

Um einen Absatzwechsel auf dem bedruckten Papier zu erkennen, brauchen wir beim Lesen einen optischen Hinweis, denn dort erscheint keine Absatzmarke. Im einfachsten Fall ist das ein mitten in der Zeile aufhörender Satz, und der Folgesatz beginnt in der Folgezeile.

Das klappt aber nicht immer. Beim Absatzende im letzten Drittel einer Zeile wird der Absatzwechsel schon nicht mehr so deutlich.

In der Satzlehre gibt es unterschiedliche Methoden, Absätze voneinander abzuheben. Die Werkzeuge dafür stellt Word im Absatz-Dialog (Abbildung 9.4) zur Verfügung, den Sie mit

- START | ABSATZ ⭢,
- ABSATZ im Kontextmenü,
- Doppelklick auf eines der Einzugssymbole im Lineal oder
- ZEILENABSTANDSOPTIONEN im eben erwähnten Menü ☰ ZEILEN- UND ABSATZ-ABSTAND

öffnen.

9.4.1 Durchschuss zwischen Absätzen

Die meist verwendete Methode, zwei Absätze optisch voneinander deutlich zu trennen, ist der Absatzabstand (Durchschuss).

Wenn Sie Absätze durch Abstände trennen wollen, sollten Sie mindestens die Hälfte der Schriftgröße als Abstandswert angeben, also bei 10 bis 12 pt Schriftgröße 6 pt Absatzabstand.

START | ABSATZ ⭢ | Gruppe ABSTAND, VOR ODER NACH

oder

[SEITEN]LAYOUT | Gruppe ABSATZ, ABSTAND VOR ODER NACH

Diese Einstellungen gelten für den aktuellen Absatz oder für die markierten Absätze. Da die Absatzabstände einheitlich durch das gesamte Dokument sein sollen, ist es sinnvoll, den Absatzabstand für die Formatvorlage »Standard« umzustellen, wie in Kapitel 6 beschrieben.

Hinweis

Die Vorgabeeinstellungen von Word zum Absatzabstand in der Formatvorlage »Standard« sind seit jeher nicht zu gebrauchen. War bis 2003 überhaupt kein Absatzabstand vorgegeben, hat man es in den neueren Versionen gleich übertrieben.

Tipp

Mit dem Tastenkürzel ⌊Strg⌋+⌊0⌋ lässt sich ein *Abstand vor* von 12 pt manuell hinzufügen oder ein bestehender Abstand entfernen.

Abstand vor oder nach dem Absatz?

Es ist keine philosophische, sondern eine typografische Frage, ob ein Absatz mit einem *Abstand vor* von seinem Vorgänger getrennt wird oder mit einem *Abstand nach* seinen Nachfolger ein Stück nach unten schiebt.

Interessant wird es am unteren Seitenrand. Es kann vorkommen, dass ein Absatz noch vollständig auf der Seite Platz hätte. Aber wenn da noch ein *Abstand nach* von 6 pt dranhängt, sieht man den zwar nicht, aber Word berücksichtigt ihn und bringt ihn nicht mehr unter, umbricht also die letzten beiden Zeilen auf die nächste Seite. Mit *Absatz vor* wäre das nicht passiert.

Nun hört man häufig Einwände, der *Absatz vor* würde auf einer neuen Seite den Absatz nach unten schieben, wenn er auf dieser Seite beginnt. Wenn das passiert, ist etwas falsch an den Layoutoptionen[**❷**]. Und leider sind sie bis Word 2010 werkseitig falsch eingestellt! Aktivieren Sie also unbedingt

[**10**]   DATEI | OPTIONEN | ERWEITERT | LAYOUTOPTIONEN | Option 'ABSTAND VOR' NACH SEITEN- ODER SPALTENWECHSEL UNTERDRÜCKEN

[**13 16 19**]   DATEI | OPTIONEN | ERWEITERT | KOMPATIBILITÄTSOPTIONEN | Option 'ABSTAND VOR' NACH SEITEN- ODER SPALTENUMBRUCH UNTERDRÜCKEN

Abstand vor ist also die bessere Methode, einen Durchschuss zur Absatztrennung anzubringen.

9.4.2 Absatzeinzüge

Mit den Einstellungen im Bereich *Einzug* des Absatz-Dialogs rücken Sie den Absatz links und rechts ein.

Die Seitenränder bleiben dabei erhalten. Sie erkennen das auch an der Darstellung im Lineal: Die grauen Bereiche bleiben von den Einzügen unberührt.

Mit folgenden Tastenkürzeln bearbeiten Sie Absatzeinzüge:

- ⌜Strg⌟+⌜M⌟ zieht den kompletten Absatz ein.
- ⌜Strg⌟+⌜⇧⌟+⌜M⌟ setzt den Absatzeinzug zurück.
- ⌜Strg⌟+⌜T⌟ zieht die Folgezeilen ein (hängender Einzug).
- ⌜Strg⌟+⌜⇧⌟+⌜T⌟ setzt den Folgezeileneinzug zurück.

Alle Tastenkürzel sind mehrfach hintereinander möglich; bei jeder Betätigung wird der Einzug vergrößert oder reduziert. ⌜Strg⌟+⌜Q⌟ setzt alle Einzüge auf den Seitenrand zurück.

Erstzeileneinzüge

Der Erstzeileneinzug als Absatztrenner ist wieder ein Rückgriff auf Schreibmaschinenpraktiken: Da wurden einige Leerschritte an den Anfang jedes Absatzes gestellt. Am Computer sollte man auf derartige Handarbeit verzichten und stattdessen eine Einrückung verwenden.

START | ABSATZ ↘ | ABSTAND | *Sondereinzug*: ERSTE ZEILE

Für den Fall einer Einrückung zu Beginn eines Absatzes wählen Sie in der Dropdown-Liste *Erste Zeile* und stellen im Feld daneben die Weite des Einzugs ein.

Sonderfall erster Absatz

Einen Absatz sollten Sie von der Einrückung ausnehmen, nämlich den ersten eines Kapitels oder Abschnitts, denn er bedarf keiner Abgrenzung. Hier sorgt die Überschrift für die Separierung.

Hängender Einzug

Eine weitere Form des Erstzeileneinzugs ist der hängende Einzug. Er ist quasi die negative Form des Erstzeileneinzugs, denn bei ihm werden alle Zeilen ab der zweiten eingezogen, die erste ragt links über den eingezogenen Absatz hinaus.

START | ABSATZ ↘ | *Sondereinzug*: HÄNGEND

Solche Einzüge sind immer dann angesagt, wenn ein Absatz durch ein Aufzählungszeichen oder eine Nummerierung eingeleitet wird. Dann steht das Aufzählungszeichen oder die Nummer außerhalb des Absatzes und der Absatz bündig wie in einer zweiten Spalte daneben.

Die Werte für Einzug links und Einzug rechts können auch negativ sein. Dann ragt der Absatz in den Seitenrand hinein. Diese Eigenschaft ist dafür gedacht, Nummerierung oder Aufzählungszeichen im Marginal unterzubringen, damit sie besonders auffallen.

1. Schreiben Sie zunächst das für den Rand vorgesehene Zeichen oder die Nummer vor die erste Zeile, gefolgt von einem Tabsprung.

2. Sodann wählen Sie für den linken Absatzeinzug einen negativen Wert und setzen zugleich einen *Sondereinzug:* HÄNGEND mit demselben, aber positiven Wert fest.

3. Die Nummer oder das Aufzählungszeichen, das in dieser Form auch ein besonderes Signal sein kann, steht außerhalb, der Tabsprung rückt die erste Zeile korrekt auf den Seitenrand.

Tipp

Noch besser ist es natürlich, wenn Sie die automatischen Aufzählungszeichen und Nummerierungen (Kapitel 14) verwenden, denn die erledigen all das gleich mit.

Einziehen mit der Maus

Neben den Einstellungen im Absatz-Dialog lassen sich die Einzüge auch visuell einstellen. Dazu müssen Sie ggf. das Lineal mit ANSICHT | LINEAL einblenden.

Greifen Sie im Lineal mit dem Mauszeiger

⬝ das obere Dreieck, so verschieben Sie den linken Einzug der ersten Zeile,

⬝ das untere Dreieck, so verschieben Sie den linken Einzug der Folgezeilen,

⬝ das Rechteck, so verschieben Sie beide linken Einzüge gemeinsam.

Für den rechten Einzug gibt es nur ein unteres Dreieck, das alle Zeilen gleich einzieht.

Beim Verschieben erscheint unter dem Symbol eine senkrechte, gestrichelte Linie, die die Position zum Text anzeigt. So können Sie die Einzüge an anderen Absätzen oder Objekten auf der Seite orientieren.

Tipp

Die Einzüge lassen sich mit der Maus nur in Viertelzentimeterschritten verschieben. Halten Sie beim Verschieben die ⎇Alt-Taste gedrückt, ist dieses Raster aufgehoben, und Sie können den Einzug auf jede beliebige Position setzen.

Einzug und Tabstopp

Word erzeugt beim Anlegen von Erstzeileneinzügen zusätzlich zum Einzug einen Tabstopp an der Position des Einzugs. Der stört so nicht weiter, wenn Sie jedoch den Einzug nachträglich mit der Maus ändern wollen, greifen Sie beim Anklicken zuerst das Tabstopp-Symbol; erst wenn dieses verschoben oder gelöscht ist, können Sie auch das Einzugssymbol greifen.

Wollen Sie den Tabstopp vermeiden, weil ja der Einzug seine Funktion übernimmt, aktivieren Sie in

🔟 Datei | Optionen | Erweitert | Layoutoptionen℗

⑬⑯⑲ Datei | Optionen | Erweitert | Kompatibilitätsoptionen℗

die Option Bei hängendem Einzug keinen automatischen Tabstopp hinzufügen[73].

Einzüge spiegeln

Mit der Option Einzüge spiegeln sorgen Sie dafür, dass auf geraden und ungeraden Seiten die Einzüge seitenverkehrt angewandt werden, um beim doppelseitigen Druck jeweils innen oder außen zu liegen.

> ⚠ **Vorsicht**
>
> Gespiegelte negative Einzüge können eigenartige Wirkungen zeigen. Diese Option ist nur für gespiegelte Marginale geeignet.

9.4.3 Absätze durch Linien trennen

Wollen Sie einen Absatz vom nächsten durch eine über die Seiten-/Spaltenbreite verlaufende Linie trennen, weil es eine besonders deutliche Trennung sein soll, benutzen Sie keinen Unterstrich, sondern Absatzrahmen wie in Abschnitt 12.4 beschrieben.

Speziell für den Zweck der Absatztrennung besitzt die Rahmen-Funktion einen ganz simplen Assistenten:

Start | Gruppe Absatz: ⊞▾ | 📄 Horizontale Linie bewirkt, dass

- vor der aktuellen Position der Schreibmarke ein Absatz eingefügt wird.

  Sollte die Schreibmarke innerhalb einer Zeile stehen, wird die Zeile an dieser Stelle in zwei Absätze aufgeteilt.

- In den leeren Absatz fügt Word eine Linie in voller Spaltenbreite als Grafik ein.

Die *Horizontale Linie* lässt sich – anders als ein Absatzrahmen – wie ein »Mit Text in Zeile« eingefügtes Grafikobjekt[74] markieren und an eine andere Textposition schieben oder mit Entf wieder löschen. Ein Doppelklick öffnet einen Dialog mit geringen und zum Teil eigenartigen Einflussmöglichkeiten auf die Gestaltung der Linie:

---

73 In der chaotischen Liste finden Sie die Option in den obersten Einträgen.
74 siehe Kapitel 16

- Die *Breite* ist von der Grundeinstellung her in Prozent angegeben. Diese Relation bezieht sich auf die Breite des Satzspiegels. Sie lässt sich auch auf eine fixe Maßangabe in cm umstellen. Ist die Linie kürzer als der Satzspiegel breit, bestimmen Sie im Bereich Ausrichtung, wo die Linie platziert wird.

- *Höhe* und *Farbe* beziehen sich nicht auf die Linie! Wählen Sie eine größere Höhe, wird aus der Linie ein grauer Rahmen in der angegebenen Höhe, den Sie farbig füllen können. Das Auswahlkästchen steht – anders als beschriftet – für Füllung oder keine Füllung dieses Rahmens. In den Rahmen lässt sich nichts anderes als Farbe füllen, kein Text, keine Bilder.

Die andere »Horizontale Linie«

Eine weitere Form der »Horizontalen Linie« begegnet Ihnen **bis Word 2010** im Dialog RAHMEN UND SCHATTIERUNG.

Öffnen Sie dazu den Dialog RAHMEN UND SCHATTIERUNG:

START | Gruppe ABSATZ: ⊞▾ | RAHMEN UND SCHATTIERUNG | Register RAHMEN

Mit der Schaltfläche HORIZONTALE LINIE gelangen Sie zu einer Auswahl grafisch gestalteter Linien.

Durch Anklicken im Musterfenster und nachfolgendem Klick auf OK (ein Doppelklick auf das Muster tut's auch) wird diese Linie als waagerechte Trennlinie eingefügt. Für die Bearbeitung gelten dieselben Regeln wie für die oben beschriebenen »Horizontalen Linien«.

Die Auswahl lässt sich um eigene Muster ergänzen, indem Sie mit Importieren eine geeignete Pixelgrafik hinzufügen.

Automatische Absatztrennlinie

Geben Sie in einem leeren Absatz dreimal hintereinander den Bindestrich ein und drücken dann auf ⏎, ersetzt Word die drei Bindestriche durch eine durchgehende Linie über die volle Seiten- bzw. Spaltenbreite.

Dieser Trennlinienassistent besitzt einige Varianten.

Eingabe	3-mal tippen	Ergebnis nach ⏎
---	⎵	einfache dünne Linie
___	⇧+⎵	fette Linie
***	⇧+➕	unterbrochene fette Linie
===	⇧+⓪	Doppellinie
###	#⃣	Dreifachlinie
~~	AltGr+➕	Wellenlinie

Tabelle 9.1: Schnelle Absatztrennlinien per AUTOFORMAT WÄHREND DER EINGABE

Wichtig

Diese Linien sind keine Zeichen, sondern Absatzattribute! Sie sind nur mit der *Rahmenfunktion* wieder zu entfernen. Für das Entfernen einer solchen (manchmal ungewollt erzeugten) Rahmenlinie gehen Sie wie folgt vor:

1. Setzen Sie die Schreibmarke in den der Linie *vorangehenden* Absatz.
2. Klappen Sie in der Registerkarte START die Rahmenauswahl mit einem Klick auf ▼ der Schaltfläche RAHMEN ⊞▾ auf.
3. Klicken Sie auf ⊞ RAHMENLINIE UNTEN.

Die automatisch erzeugte Linie wird als *Rahmenlinie unten* dem vorangegangenen Absatz zugewiesen. Deshalb muss die Schreibmarke in eben diesem Absatz stehen, um das Attribut Rahmenlinie unten wieder zu entfernen, denn die Schaltfläche RAHMEN hat zwei Besonderheiten:

■ Auf ihr wird immer die zuletzt angewandte Rahmenvariante angezeigt. Ein Klick auf das Symbol weist dem aktuellen Absatz dieselbe Rahmenvariante zu. Um eine andere Rahmenart zu verwenden, müssen Sie mit Klick auf ▼ die Liste aufklappen und daraus wählen.

■ Besitzt der aktuelle Absatz bereits diesen Rahmen, wirkt die Zuweisung als Löschfunktion für diese Rahmenlinie.

9.5   Absatzausrichtung

Ein wesentliches Gestaltungselement für Texte ist die Ausrichtung der Zeilen und Absätze. »Normal« – vor allem für Korrespondenz – ist die linksbündige Ausrichtung der Schrift, also links einen geraden Rand und rechts einen »Flatterrand« zu haben.[75]

In Word ist das Ausrichten von Text sehr einfach und schnell erledigt. In der Registerkarte Start finden Sie in der Gruppe Absatz vier Schaltflächen, die einfach anzuklicken sind. Für Tastaturorientierte gibt es Tastenkürzel zum Ausrichten.

	linksbündig	zentriert	rechtsbündig	Blocksatz
Schaltflächen	▤	▤	▤	▤
Tastenkürzel	Strg+L	Strg+E	Strg+R	Strg+B

---

75 Zu starkes Flattern kann durch Silbentrennung (Abschnitt 9.1) ausgeglichen werden.

9.5.1   Blocksatz

In Büchern, Zeitschriften und anderen Veröffentlichungen wird Text im Blocksatz ausgerichtet. Dazu erweitert Word die Wortzwischenräume so, dass auch rechts ein glatter Rand entsteht. Diese Formatierung hat Tücken:

- Ist keine automatische Silbentrennung eingeschaltet, kommt es bei Zeilen mit langen, ungetrennten Wörtern evtl. zu unschönen Lücken.

  Hier hilft nur die automatische Silbentrennung und intensive manuelle Nacharbeit mit Trennfugen (Abschnitt 9.1).[76]

- Beim manuellen Zeilenwechsel mit ⌂+↵ wird die Zeile gestreckt.

Aus der Trickkiste: Zeilendehnung beim Blocksatz vermeiden

Zur Abhilfe der übermäßigen Dehnung bei manuellem Zeilenwechsel gibt es zwei Methoden:

Die schnelle Methode

Betätigen Sie die ⇆-Taste, bevor Sie mit ⌂+↵ den Zeilenwechsel einfügen. Allerdings ist diese Aktion bei jedem neuen Auftreten des Problems zu wiederholen.

Die dauerhafte Methode

Aktivieren Sie in DATEI | OPTIONEN | ERWEITERT | LAYOUTOPTIONEN die Option ZEICHENABSTÄNDE IN ZEILEN, DIE MIT UMSCHALT-EINGABE ENDEN, NICHT ERWEITERN.

9.5.2   Zentrierter Text

Im zentrierten Satz erhält man auf beiden Seiten des Absatzes einen Flattersatz. Das sieht in den seltensten Fällen gut aus, es war früher mal Standard für Gedichte, wird heute fast nur noch für Überschriften und Bildunterschriften benutzt.

9.5.3   Rechtsbündig

In besonderen Fällen, wenn z. B. das Augenmerk des Lesers auf die rechte Seite des Blattes gelenkt werden soll (weil dort z. B. eine zum Text gehörige Illustration abgebildet ist), empfiehlt sich rechtsbündiger Satz. Um die Rechtsbündigkeit noch deutlicher hervorzuheben, sollte hier die Silbentrennung **ab**geschaltet werden.

---

76 Apropos Trennungen: Im Blocksatz sollten nach reiner Schriftsatzlehre die Trennstriche ein wenig über den rechten Textrahmen hinausgehen. Die von Word und den meisten anderen Textprogrammen gesetzten Trennstriche schließen aber rechtsbündig ab; nur gute Layout-Programme sind dazu imstande.

9.6 Tabulatoren

Solange sich Einrückungen in nur einzeiligen Absätzen abspielen, reicht natürlich auch ein Tabulator. Für Fließtext sind Tabulatoren entbehrlich. Man benötigt sie in der Textverarbeitung nur noch für Listen mit einzeiliger Struktur. Alle anderen auf der Schreibmaschine noch mit dem Tabulator erledigten Angelegenheiten lassen sich mit Einzügen (Abschnitt 9.4.2) oder Tabellen (Kapitel 15) leichter erledigen.

```
.6       →    Genehmigung·bei·Nutzungsänderungen,·sofern·nicht·eine·Gebühr¶
         →    nach·Tarifstelle·1.1·oder·1.7·festzusetzen·ist·¶
¶
         →    je·angefangene·100·m²·Grundfläche                →              →      13¶
¶
         →    mindestens                           →                          →      209¶
¶
1.7      →    Genehmigung·bei·Änderung·oder·Nutzungsänderung·von¶
         →    baulichen·Anlagen·aufgrund·einer·Erhaltungsverordnung·(§§·172,¶
         →    173·BauGB·in·Verbindung·mit·§·30·AGBauGB),·soweit·nicht·Tarif-¶
         →    stelle·1.1·gilt                      →                  0,4·v.·H.·der¶
         →                                   →                        Herstellungskosten¶
¶
         →    mindestens                           →                          →      132¶
```

Abb. 9.5: Diese »Hoppelformatierung« zeigt die Grenzen der Tabulatortechnik deutlich.

Von Haus aus bringt Word ein Standard-Tabulatorenraster mit, dessen Tabstopps im Abstand von 1,25 cm, beginnend am linken Textrand, über die Textbreite reichen. Sie sind erkennbar an den kleinen Strichen unterhalb der Skala des waagerechten Lineals.

Abb. 9.6: Standard-Tabstopps

Beim Betätigen der Taste ⇥ springt die Schreibmarke den nächsten rechts liegenden Tabstopp an. Bei eingeschalteter Steuerzeichenanzeige ¶ wird ein Tabsprung durch das Symbol → angezeigt. Mit ⇧+⇥ springt Word zum links nächststehenden Tabstopp.

9.6.1 Eigene Tabulatoren einrichten

Sie können Tabulatoren mit dem Dialog TABSTOPPS setzen.

START | ABSATZ ↘ | TABSTOPPS oder Doppelklick auf ein Tabstopp-Symbol im Lineal

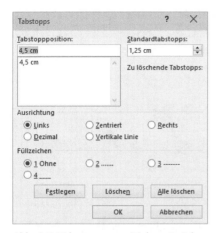

Abb. 9.7: Tabstopps per Dialog einrichten

Hier lassen sich die Abstände der Standardtabstopps verändern oder im Feld TAB-STOPPPOSITION eigene Tabulatoren einrichten, indem Sie den Abstand vom linken Schreibrand eintragen und auf FESTLEGEN klicken. In der Liste darunter sehen Sie alle selbst eingerichteten Tabstopps.

Eigene Tabstopps zeigt Ihnen Word im Lineal an; die Symbole geben die Ausrichtung an, die ein angesprungener Tabstopp dem Text aufzwingt.

L Linksbündig schreibt Text von der Tabstoppposition nach rechts.

⊥ Zentriert verteilt Text um die Tabstoppposition gleichmäßig nach links und rechts.

◢ Rechtsbündig schiebt Text von der Tabstoppposition nach links auf.

⊥ Dezimal wirkt auf Text zunächst wie ein rechtsbündiger Tabstopp, solange kein Komma im Text vorkommt. Was nach dem Komma kommt, wird nach rechts weitergeschrieben. Diese eigentlich für Zahlen vorgesehene Option, die alle Dezimalkommata vertikal ausrichten soll, lässt sich auch für spezielles Ausrichten von Texten missbrauchen.

Die Vertikale Linie **|** setzt keinen Tabstopp, sondern fügt an dieser Stelle eine Linie ein, die ein tabellenähnliches Aussehen bewirkt.

Mit den Ausrichtungsoptionen der Tabstopps können Sie Text unabhängig von der Absatzausrichtung formatieren. Diese Sonderausrichtung bezieht sich immer auf den Text zwischen zwei Tabstopps.

Abb. 9.8: Eigene Tabstopppositionen im Lineal

Wichtig

Eigene Tabstopppositionen unterdrücken die Standardtabstopps; erst rechts vom letzten selbst eingerichteten Tabstopp setzen die Standardtabstopps wieder ein.

⚠ Vorsicht

Sollten sich längere Texte mehrerer Tabstopps gegenseitig in die Quere kommen, schiebt Word sie rigoros aneinander.

Füllzeichen

Die Optionen zu Füllzeichen dienen als Lesehilfe in Listen, wenn zwischen linkem und rechtem Text (zum Beispiel bei Verzeichnissen) größere Lücken sind. Gepunktete oder gestrichelte Linien halten das Auge in der Zeile. Von der Verwendung der durchgezogenen Linie ist abzuraten, das gerät leicht zur Überfrachtung der Liste.

9.6.2 Tabulatoren ändern

Im TABSTOPPS-Dialog können Sie jederzeit Änderungen an der Position und der Ausrichtung einzelner Tabstopps vornehmen.

1. Markieren Sie in der Liste die Position, die Sie ändern möchten. Sie wird in das obere Feld übertragen.

2. Ändern Sie den Wert ab und klicken Sie auf FESTLEGEN.

Wichtig

Word ändert nicht die Position des Tabstopps, sondern fügt einen neuen hinzu. Den alten Tabstopp müssen Sie durch erneutes Markieren und Klick auf Löschen zum Löschen anmelden. Diese Position wird dann rechts neben der Liste als zu löschender Tabstopp aufgeführt. Erst ein Klick auf **OK** übernimmt Ihre Änderungen ins Lineal.

9.6.3 Tabulatoren mit der Maus bearbeiten

Leichter einzurichten und zu bearbeiten sind Tabulatoren mit der Maus.

Klicken Sie an einer beliebigen Stelle ins Lineal, erscheint dort ein Tabstopp. Welche Ausrichtung der neue Tabstopp besitzt, zeigt das Symbol oberhalb des vertikalen Lineals (vgl. Erläuterungen der Tab-Symbole in Abschnitt 9.6.2). Durch (mehrfaches) Anklicken dieses Symbols wählen Sie reihum aus, welche Ausrichtung der anschließend durch Klick ins Lineal erzeugte Tabulator haben wird.

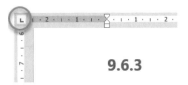

9.6.3

Abb. 9.9: Tabulatorauswahl per Mausklicks

Die **Position eines Tabulators** verändern Sie mit der Maus durch Anklicken, Festhalten der linken Maustaste und Verschieben.

> ### Tipp
>
> Die Tabstopppositionen lassen sich mit der Maus nur in Viertelzentimeterschritten verschieben. Halten Sie beim Verschieben die ⟨Alt⟩-Taste gedrückt, ist dieses Raster aufgehoben, und Sie können den Tabstopp auf jede beliebige Position setzen.

Tabstopps löschen Sie mit der Maus durch Anklicken, Festhalten der linken Maustaste und Verschieben nach unten aus dem Lineal hinaus.

Um die Ausrichtung **nachträglich zu ändern** oder Füllzeichen zuzuweisen, benötigen Sie den Tabstopps-Dialog. Klicken Sie doppelt auf ein Tabulatorsymbol im Lineal, gelangen Sie auf schnellstem Wege in den Tabstopps-Dialog.

9.7 Absätze vor Umbruch bewahren

Häufig gepfuscht wird bei den Absatzumbrüchen. Es wirkt einfach unschön, wenn am Ende einer Seite oder Textspalte die einzelne erste Zeile des nächsten Absatzes steht, ebenso wie die letzte Zeile des vorigen Absatzes auf der Folgeseite/ -spalte; im Extremfall aus nur ein/zwei Wörtern bestehend. (Seit Zeitschriften im Computersatz erstellt werden, treten leider auch dort »Schusterjungen und Hurenkinder«[9] auf.)

Word hat dagegen Schutzvorrichtungen installiert, einige davon sogar schon lieferseitig so eingestellt, dass es so gut wie keine Probleme mehr geben kann.

Die Optionen zum Absatzschutz finden Sie in der Registerkarte Zeilen- und Seitenumbruch des Absatz-Dialogs:

Start | Absatz ⟲ | Register Zeilen- und Seitenumbruch

Abb. 9.10: Einstellungen zum Absatzschutz

Die ABSATZKONTROLLE ist bereits bei der Installation von Word voreingestellt und sorgt dafür, dass

- ein Absatz vollständig auf die nächste Seite umbrochen wird, wenn auf der Vorseite nicht noch mindestens zwei Zeilen untergebracht werden können bzw.
- von einem Absatz mindestens zwei Zeilen auf die nächste Seite umbrochen werden, wenn der Absatz nicht mehr vollständig auf der Vorseite Platz findet.

9.7.1   Überschriften am Folgetext halten

Noch auffälliger ist es, wenn eine Überschrift am unteren Ende einer Seite steht und der zugehörige Text erst auf der nächsten Seite beginnt, weil er nicht mehr unter der Überschrift unterzubringen war.

Dagegen hilft die Option NICHT VOM NÄCHSTEN ABSATZ TRENNEN. Ist sie gesetzt, umbricht Word die Überschrift mit dem nachfolgenden Absatz.

> **Hinweis**
>
> In den Formatvorlagen für Überschriften (Kapitel 2 und Kapitel 6) ist diese Option bereits enthalten.

9.7.2   Seitenumbruch im Absatz vermeiden

Mit der Option DIESEN ABSATZ ZUSAMMENHALTEN sorgen Sie dafür, dass ein Absatz immer komplett auf eine Seite zu stehen kommt. Passt auch nur eine Zeile nicht mehr auf die Seite, wird der komplette Absatz auf die nächste Seite umbrochen.

Kapitel 10

Text importieren und anpassen

Nicht immer schreiben Sie den gesamten Text allein. Texte aus anderen Quellen, von Kollegen, Zitate aus dem Internet oder die Wiederverwendung eigener Arbeiten etc. bereichern das Gesamtwerk.[77]

In diesem Kapitel geht es nur um die Übernahme von *Texten* aus anderen Quellen. Illustrationen, Diagramme, Tabellen etc. werden in den Kapiteln 15 und 16 behandelt. [78]

10.1 Vorsorge bei E-Mail-Anhängen und Downloads

Per Mail zugelieferte oder aus dem Internet bezogene Dateien werden vom System äußerst vorsichtig behandelt, denn auch Word-Dateien können Schadsoftware (z. B. eingebetteten, selbststartenden Programmcode) enthalten. Deshalb wird zumindest ein Warnhinweis gegeben und die Bearbeitung zunächst gesperrt.

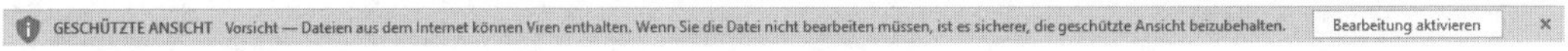

GESCHÜTZTE ANSICHT   Vorsicht — Dateien aus dem Internet können Viren enthalten. Wenn Sie die Datei nicht bearbeiten müssen, ist es sicherer, die geschützte Ansicht beizubehalten.   Bearbeitung aktivieren   ✕

Abb. 10.1: Schutz vor Schadsoftware: geschützte Ansicht

Vom sicheren Vollbild-Lesemodus wechseln Sie mittels BEARBEITUNG AKTIVIEREN bzw. ANSICHT | DOKUMENT BEARBEITEN in den ungeschützten Bearbeitungsmodus.

Den Start im Lesemodus unterbinden Sie dauerhaft durch Deaktivieren der Option E-MAIL-ANLAGEN IM VOLLBILD-LESEMODUS ÖFFNEN in DATEI | OPTIONEN | ALLGEMEIN. ⚠ Bedenken Sie aber, dass Sie damit einen Sicherheitsfaktor ausheben.

---

77 Beachten Sie beim Verwenden von Fremdzitaten die Urheberrechte und kennzeichnen Sie Zitate.
78 Bei der Textübernahme können natürlich auch in der Quelle eingebettete Illustrationen und Tabellen mitgenommen werden, technisch sicherer für die weitere Verarbeitung ist es jedoch, diese separat zu transferieren.

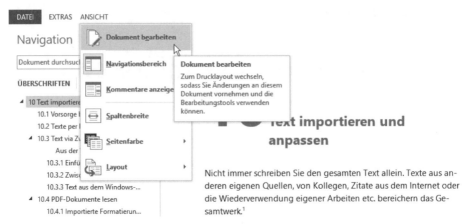

Abb. 10.2: Vom Lesemodus zur Bearbeitung wechseln

10.2 Texte per Drag&Drop übernehmen

Wenn Sie Quell- und Zieldokument in zwei Fenstern anzeigen lassen, können Sie markierten Text per Drag&Drop von einem Fenster ins andere transferieren.

Handelt es sich um zwei in Word geöffnete Dateien, lassen sie sich mit ANSICHT | NEBENEINANDER ANZEIGEN in zwei internen Fenstern darstellen.

Wichtig

■ Beachten Sie, dass manche Programme beim Drag&Drop die markierten Inhalte verschieben und nicht kopieren.

■ Drag&Drop funktioniert nicht mit kompletten Dateien aus dem Explorer ins Word-Fenster. Dabei fügen Sie eine Kopie der Datei als Objekt ein, das sich per Doppelklick öffnen lässt, aber nicht als Text im Text auftritt.

Um mit Drag&Drop Word-Dateien zum Öffnen einzufügen, muss das Word-Fenster leer sein. »Leer« bedeutet, dass auch kein leeres Dokument geöffnet sein darf; das virtuelle »leere Blatt« ist bereits Fensterinhalt.[79]

10.3 Text via Zwischenablage einfügen

Texte lassen sich unabhängig vom Quellformat am einfachsten über die Zwischenablage importieren. Dazu markieren Sie den Text im abgebenden Dokument und kopieren ihn in die Zwischenablage mit Strg+C oder START | KOPIEREN. Anschließend wechseln Sie zum empfangenden Dokument, setzen dort die Schreibmarke an die Zielposition und fügen den Text ein mit Strg+V oder START | EINFÜGEN.

---

79 Mit Strg+W räumen Sie eine Office-Instanz leer.

Aus der Trickkiste: Mehrere Textauszüge auf einen Schlag kopieren

Benötigen Sie aus einem Dokument etliche Textteile für das neue Dokument, kann das einzelne Kopieren mühselig werden. Mehrere Markierungen mit Strg zu setzen, ist keine gute Lösung, weil ein Zittern im falschen Moment die bisherigen Markierungen aufheben könnte. Abhilfe schafft dieser Trick:

1. Markieren Sie alle benötigten Textauszüge mit dem Texthervorhebungswerkzeug ⫶ (Textmarker) in START | SCHRIFTART. Die Farbe spielt keine Rolle.

2. START | BEARBEITEN: SUCHEN ▼ | ERWEITERTE SUCHE

3. Klicken Sie im SUCHEN-Dialog auf ERWEITERN.

4. Klappen Sie mit Klick auf FORMAT die Formatierungsliste auf und wählen Sie dort HERVORHEBEN.

5. Öffnen Sie die Auswahl SUCHEN IN und wählen Sie dort HAUPTDOKUMENT.

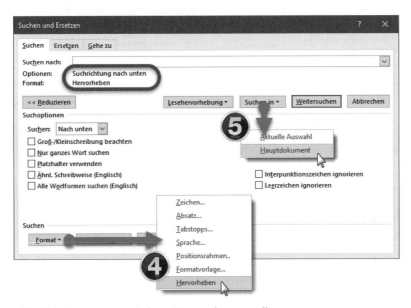

Abb. 10.3: Textauszüge mit dem »Textmarker« erstellen

Word markiert Ihnen alle mit der Hervorhebung versehenen Texte, die Sie nach dem Schließen des Dialogs mit Strg+C in die Zwischenablage kopieren und mit Strg+V ins neue Dokument einbringen können. Beim Einfügen werden zwischen die Einzelmarkierungen Absatzmarken gesetzt.

10.3.1 Einfügeoptionen

Am Ende des eingefügten Textes erscheint die Einfügeoptionen-Schaltfläche ⫶(Strg)▼, die Ihnen nach Anklicken mehrere Anpassungsangebote unterbreitet. Die

Auswahl variiert je nach Art des Textes, der sich in der Zwischenablage befindet. Sofern kein reiner, unformatierter Text in der Zwischenablage steht, prüft Word, welche Einfügeoptionen dafür infrage kommen, und bietet nur diese an.[80]

Die Einfügeoptionen sind symbolische Darstellungen, zu deren Erläuterung Quick-Infos erscheinen, sobald der Mauszeiger das Symbol berührt.

Symbol[a]	QuickInfo	Wirkung
	Nur den Text übernehmen	Der Text wird total an die Formatierung an der Einfügeposition angepasst.
	Ursprüngliche Formatierung beibehalten	Der Text wird mit allen Formatierungen (auch Absatz) übernommen und nicht dem Format des empfangenden Textes angepasst.
	An Zielformat anpassen / Formatierung zusammenführen	Der Text wird an die Schriftart und Absatzformatierung des empfangenden Absatzes angepasst, einzelne Wort- und Zeichenformatierungen bleiben erhalten.
	Zieldesign verwenden	Manuelle Formatierungen des Quelltextes werden übernommen, Standardformatierungen an die Formatvorlage des Ziels angepasst.
	Formatvorlage des Ziels verwenden / Zielformatvorlagen verwenden	
	Liste fortführen	Liste aus der Zwischenablage wird in/an die am Ziel bestehende Nummerierung angepasst.
	Als neue Liste einfügen	Liste aus der Zwischenablage unterbricht eine am Ziel bestehende Liste mit eigener Nummerierung.

Tabelle 10.1: Einfügeoptionen

a   Die Symbole sind versionsabhängig unterschiedlich.

Sie können in DATEI | OPTIONEN | ERWEITERT | AUSSCHNEIDEN, KOPIEREN UND EINFÜGEN eine Standardeinstellung vorgeben, mit der Text abhängig von der Quelle eingefügt wird; die nachträgliche Auswahl über die Einfügeoptionen bleibt Ihnen dennoch erhalten.

Zusätzlich gibt es noch die Option INTELLIGENTES AUSSCHNEIDEN UND EINFÜGEN, die sich mit dem zugehörigen EINSTELLUNGEN-Dialog feinjustieren lässt. Diese sind zum Teil so schlecht verbalisiert, dass sich ihr wirklicher Nutzen kaum erschließt.

---

80 Diese Prüffunktion kann durch Add-Ins gestört werden. Häufige Ursache ist ein Skype-Plug-In für den Internet-Explorer. Schalten Sie den IE ab, dann sollte die Störung behoben sein.

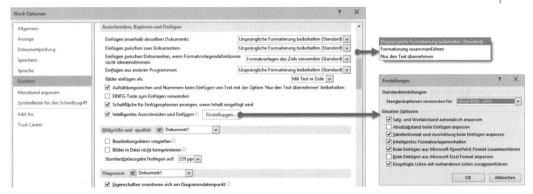

Abb. 10.4: Vorgaben der Einfügeformate

> **Hinweis**
>
> Weitere Einstellungen zum INTELLIGENTEN AUSSCHNEIDEN UND EINFÜGEN sind
> bei den jeweils einschlägigen Themen erläutert.

10.3.2 Zwischenablage spezial: »Inhalte einfügen«

Bereits vorab lässt sich das Einfügeverhalten mit START | EINFÜGEN (unten) | IN-
HALTE EINFÜGEN oder ⌊Strg⌋+⌊Alt⌋+⌊V⌋ im Einzelfall steuern.

Hier finden Sie in einer Auswahlliste folgende Einfügevarianten:

Microsoft-Word-Dokument-Objekt: Fügt ein Textfeld mit dem Inhalt der Zwischenablage ein.

Formatierten Text (RTF) und **HTML-Format:** Der Text wird an die Schriftart und
Absatzformatierung des empfangenden Absatzes angepasst, einzelne Wort- und
Zeichenformatierungen bleiben erhalten.

Unformatierten Text: Der Text wird total an die Formatierung an der Einfügeposition angepasst.

Unformatierten Unicode-Text: Der Text wird unter Beibehaltung der Zeichen des
erweiterten Unicode-Zeichensatzes total an die Formatierung an der Einfügeposition angepasst.

Bild (Erweiterte Metadatei) und **Grafik (Windows-Metadatei):** Der Text wird als textlich nicht bearbeitbares Grafikobjekt eingefügt.

10.3.3 Text aus dem Windows-Explorer importieren

Die Dateivorschau des Windows-Explorers ist an die Zwischenablage angeschlos-
sen. Wenn Sie zum Beispiel Texte aus einem Word-Dokument oder Einträge einer
Excel-Tabelle benötigen, brauchen Sie diese Dateien nicht zu öffnen. Markieren

Sie in der Dateivorschau des Explorers mit der Maus den gewünschten Text und bringen Sie ihn mit $\boxed{\text{Strg}}$+$\boxed{\text{C}}$ oder dem Kontextmenü in die Zwischenablage. Das funktioniert ebenso mit anderen Textdateien, allerdings ohne Kontextmenü.

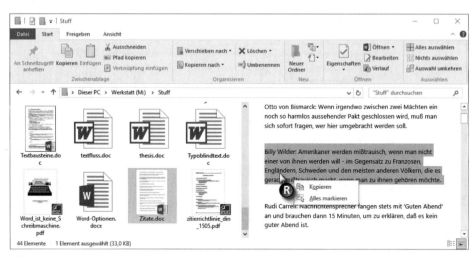

Abb. 10.5: Textübernahme aus der Explorer-Vorschau

10.4 PDF-Dokumente lesen

Seit Version 2013 sind Office-Programme in der Lage, PDF-Dokumente zu öffnen und zu bearbeiten. Damit entfällt eine bisherige Fehlerquelle durch vorgeschaltete PDF-zu-Word-Konvertierungsprogramme.

10.4.1 Importierte PDF-Formatierungsmängel

Die in Word geöffneten Dokumente mögen Ihnen in Teilen seltsam vorkommen, was aber weniger an Word liegt denn am PDF-Format. Die Fließtextorientierung von Word und die Objektorientierung des PDF-Formats harmonieren nun mal nicht so gut. Das Beispiel in Abbildung 10.6 ff. zeigt, dass bestimmte Teile eines Dokuments bereits bei der Umwandlung ins PDF-Format in einzelne Rahmen zerlegt werden, die Word natürlich als eigenständige Objekte interpretiert. Auch die Zuordnung zu Formatvorlagen ist nicht fehlerfrei. Kopf- und Fußzeilen, Tabellen und Seitenumbrüche geben weiteren Anlass zu Fehlinterpretationen.

Bei dem gezeigten Beispiel handelt es sich um eine vergleichsweise leicht zu interpretierende PDF-Datei, denn sie wurde von Word mit dem eigenen PDF-Export erzeugt. Lesen Sie ein mit anderen Programmen erzeugtes oder gar mit OCR lesbar gemachtes PDF-Dokument ein, fallen die Format-Fehlinterpretationen noch heftiger aus.

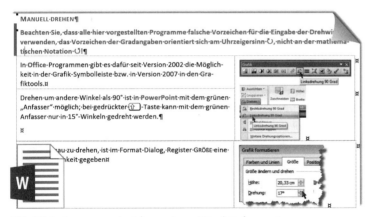

Abb. 10.6: Ausgangmaterial aus einem Word-Dokument ...

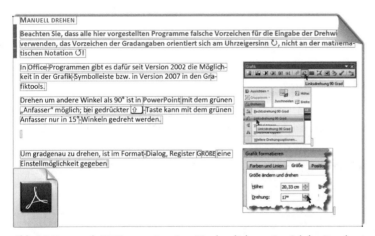

Abb. 10.7: ... nach PDF exportiert (zur Verdeutlichung im Adobe-Reader markiert) ...

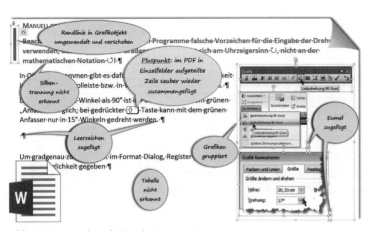

Abb. 10.8: ... und nach Word reimportiert

Sie kommen um eine Formatierungs- und Zuordnungskorrektur bei eingelesenen PDF-Dokumenten, die mehr als reinen Fließtext enthalten, nicht umhin.

10.4.2 Texterkennung (OCR)

Ein weit verbreiteter Irrtum ist die Annahme, ein als PDF-Dokument gescannter Text wäre textlich bearbeitbar. Bloßes Scannen liefert immer eine Pixelgrafik; das so erzeugte PDF ist dann ein PDF mit eingebetteten Pixelgrafiken. Erst eine OCR[81]-Behandlung kann daraus einen mehr oder minder bearbeitbaren Text erstellen.

Auch wenn der Pausenfüller beim PDF-Öffnen es anders suggeriert: Word kann kein OCR, auch ein mit Word geöffneter PDF-Scan bleibt eine Grafik.

Abb. 10.9: Diese Meldung während des Öffnens einer PDF-Datei verspricht zu viel.

Texterkennung in Grafikdaten

Im Office-Paket gibt es durchaus eine OCR-Funktion, nur ist sie aus unerfindlichen Gründen nicht in Word enthalten, sondern in OneNote versteckt.

Abb. 10.10: Texterkennung mit OneNote

Ein in OneNote eingefügtes Bild klicken Sie mit der rechten Maustaste an und lassen es mit TEXT AUS BILD KOPIEREN nach erkennbarem Text durchsuchen. Der Text

---

81 OCR = Optical Character Recognition = Optische Zeichenerkennung

steht anschließend in der Zwischenablage und kann mit $\boxed{\text{Strg}}$+$\boxed{\text{V}}$ in ein Word-Dokument eingefügt werden.

> ## Kein OneNote in Office 2019!
>
> Mit Office 2019 gehört die Office-Version von OneNote nicht mehr zum Lieferumfang. Microsoft verweist auf die mit Windows ausgelieferte, aber weniger leistungsfähige OneNote-Version, die nicht über die OCR-Funktion verfügt. Jedoch lässt sich die letzte Fassung von OneNote 2016 kostenlos beim Downloadcenter herunterladen, *x86* fürs 32-bit-Office, *x64* für die 64-bit-Version:
>
> ```
> https://www.onenote.com/download/win32/x86/de-DE
> ```
>
> ```
> https://www.onenote.com/download/win32/x64/de-DE
> ```

OCR Text Detection Tool

Im Microsoft Store ist zudem das »OCR Text Detection Tool« von Roxy kostenlos[82] erhältlich, das online Texterkennung – auch Handschriftinterpretation – durchführt, sowohl aus Grafikdateien als auch aus PDF-Dateien mit maximal 20 Seiten. Der erkannte Text wird direkt in die Zwischenablage heruntergeladen.

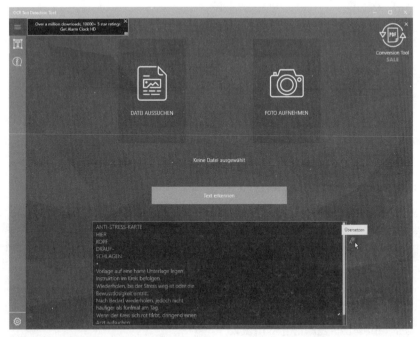

Abb. 10.11: OCR Text Detection Tool

---

82 = durch Werbung finanzierte

10.5 Text aus Fremdformaten importieren

Komplette Dateiinhalte übernehmen Sie mit EINFÜGEN | *Gruppe Text:* OBJEKT ▼ | TEXT AUS DATEI. Word öffnet daraufhin die übliche Dateiauswahlliste, in der alle Dateiformate ausgewiesen sind, die Word zu importieren imstande ist.

Für alle anderen Fremdformate bietet die Zwischenablage den probaten Weg zum Textimport (siehe Abschnitt 10.3).

Auch bei der Übernahme von Texten aus dem Internet liefert nur die Zwischenablage brauchbare Ergebnisse. Zwar gehört zu den mit Word zu öffnenden Dateitypen auch das HTML-Format, aber viel anzufangen ist mit der Interpretation durch Word nicht.

10.6 Importierten Text anpassen

Unabhängig von der Art des Imports kann es immer zu Überraschungen kommen. Word versucht, im importierten Text enthaltene Formatvorlagen – oder was Word dafür hält – an die im aufnehmenden Dokument vorhandenen anzupassen. Das klappt nicht immer. Speziell wenn Sie komplette Word-Dateien auf diese Weise übernehmen wollen, wird häufig ausgerechnet Text der Formatvorlage »Standard« beim ersten Versuch nicht angepasst.

Abhilfen

- **Die Quick&dirty-Methode, die meistens klappt:** Klicken Sie nach dem Einfügen in den Einfüge-Optionen `(Strg)` nacheinander die Schaltflächen 📋 und 📋 an.

- **Die pragmatische Methode:** Holen Sie den Text aus dem Quelldokument **ohne die letzte Absatzmarke** in die Zwischenablage: S+a, U+;, S+c.

10.6.1 Formatierungen korrigieren

Stellen Sie im Nachhinein fest, dass beim Einfügen unerwünschte Formatierungen übernommen wurden, lassen diese sich im markierten Text mit folgenden Tastenkombinationen zurücksetzen:

`Strg`+`⇧`+`N` wendet die Formatvorlage *Standard* auf die Markierung an, behält aber Absatzattribute wie Einrückungen, Absatzrahmen etc. sowie Schriftattribute wie fett, kursiv, unterstrichen etc. bei.

`Strg`+`Q` setzt die Absatzattribute zurück.

`Strg`+`Leertaste` und `Strg`+`⇧`+`Z` neutralisieren die Zeichenformatierungen.

⚠ **Vorsicht**

Die Option FORMATVORLAGEN BASIEREND AUF FORMATIERUNG DEFINIEREN der AUTOKORREKTUR-OPTIONEN, Register AUTOFORMAT WÄHREND DER EINGABE ist in den seltensten Fällen brauchbar. Sie analysiert Absatzformatierungen und vergleicht sie mit in den Formatvorlagen hinterlegten Formatierungen, um bei Übereinstimmung die Formatvorlage zuzuweisen. Leider schießt auch dieser Assistent häufig übers Ziel hinaus, weshalb er keine wirklich brauchbare Unterstützung darstellt.

10.6.2 Überflüssige Absatzmarken, Zeilenumbrüche und Leerzeichen entfernen

Leider sind Quellen, aus denen wir in wissenschaftlichen Arbeiten und Berichten zitieren, häufig mit Absatzmarken ¶ oder festen Zeilenumbrüchen ↵ an jedem Zeilenende umbrochen, und oft genug sind auch Leerzeilen (= Leerabsätze) anstelle von Absatzabständen zur Gliederung enthalten. Gerade bei Texten aus dem Internet, die via Zwischenablage eingefügt wurden, finden sich oft Mengen unnützer Absatzmarken, ebenso »Textzurichtungen« mittels Leerzeichen.

Word kann bereits beim Einfügen automatisch Korrekturen daran vornehmen. Die Einstellungen dazu sind leider recht unglücklich formuliert und in den Einstellungen zu DATEI | OPTIONEN | ERWEITERT | AUSSCHNEIDEN, KOPIEREN UND EINFÜGEN versteckt:

Satz- und Wortabstand automatisch anpassen sorgt für das Löschen überflüssiger und Einfügen erforderlicher Leerzeichen beim Einfügen von Text.

Absatzabstand beim Einfügen anpassen übernimmt den Absatzabstand des umgebenden Textes beim Einfügen und entfernt leere Absatzmarken.

Haben Sie durch nicht angepasstes Einfügen diesen überflüssigen Ballast bereits im Text, lässt er sich nachträglich beseitigen.

Wollen Sie Texte mit überflüssigen Absatzmarken und Leerzeichen[83] weiterverarbeiten, geht das bei kleineren Textmengen manuell:

1. Schalten Sie die Steuerzeichenanzeige ¶ ein.

2. Löschen Sie mit ⌈Entf⌋ oder ⌈Backspace⌋ die unnötigen Absatzmarken und Leerzeichen.

---

83 Haben Sie in der Dokumentprüfung die Option GRAMMATIKFEHLER WÄHREND DER EINGABE MARKIEREN eingeschaltet, werden doppelte Leerzeichen blau unterstrichen.

Für längere Texte lässt sich das automatisieren. Dafür kommt die Funktion AUTO-FORMAT[20] in Betracht oder – weil diese Funktion etwas übereifrig arbeitet – folgende Workarounds:

Haben Sie ein fertiges Dokument zu bearbeiten, in dem die Absatzabstände mit mehrfachem ⏎ »formatiert« wurden, hilft die SUCHEN&ERSETZEN-Funktion:

1. Starten Sie mit [Strg]+[H] das Ersetzen.
2. Geben Sie im Feld SUCHEN NACH diese Zeichenfolge ein: {^p;2}
3. Geben Sie im Feld ERSETZEN DURCH ^p ein.
4. Öffnen Sie mit einem Klick auf ERWEITERN die Zusatzeinstellungen und aktivieren die Option PLATZHALTER VERWENDEN.
5. Klicken Sie auf ALLE ERSETZEN.

Für mehrfache Zeilenumbrüche oder Leerzeichen gehen Sie ebenso vor und ersetzen in Schritt 2 und 3 ^p jeweils

- für Zeilenschaltungen durch ^l,
- für Leerschritte durch ^w.

Wollen Sie harte Zeilenschaltungen entfernen, wenden Sie diese Methode an:

1. Starten Sie mit [Strg]+[H] das Ersetzen.
2. Geben Sie im Feld SUCHEN NACH ^l für Zeilenumbruch ein.
3. Geben Sie im Feld ERSETZEN DURCH ^w für Leerzeichen ein.
4. Klicken Sie auf ALLE ERSETZEN.

Eventuell entstehen dabei doppelte Leerzeichen, die Sie mit der oben beschriebenen Methode wieder loswerden.

Sollen die Zeilenschaltungen in Absatzmarken umgewandelt werden, geben Sie in Schritt 3 anstelle des Leerzeichen ^p ein.

Aus der Trickkiste: Führende Leerzeichen entfernen

Manche Schreiber verwenden Leerzeichen am Absatzbeginn als Einrückung. Sie könnten diese mit ERSETZEN beseitigen; es geht aber noch einfacher:

1. Zentrieren Sie den gesamten Text mit [Strg]+[E] oder mit der Schaltfläche ▤ in START, Bereich ABSATZ.
2. Setzen Sie den Text wieder auf die alte Ausrichtung zurück mit [Strg]+[L] oder ▤ für linksbündig bzw. [Strg]+[B] oder ▤ für Blocksatz.
   ⚠ Benutzen Sie nicht die RÜCKGÄNGIG-Funktion ↰!

Ergebnis: Alle führenden Leerzeichen sind verschwunden.

10.6.3 Schriftarten ersetzen

Um die Schriftart importierten Textes an die Schriftarten des Zieldokuments anzupassen, gibt es mehrere Methoden.

Automatisch per Formatvorlage

Sofern der Verfasser des Quelltextes ordentlich mit Formatvorlagen gearbeitet hat, übernimmt der via Zwischenablage importierte Text die Formatierungen des Zieldokuments, sobald Sie nach dem Einfügen in den Einfügeoptionen (Strg) die Variante ZIELFORMATVORLAGEN VERWENDEN wählen. Gibt es im Zieldokument keine Formatvorlage mit korrespondierendem Namen, wird die Formatvorlage des Quelldokuments ins Zieldokument übernommen.

Wenn Schriftarten fehlen

Sind im importierten Text Schriften verwendet worden, die auf Ihrem System nicht installiert sind, ersetzt Word diese entweder gemäß Formatvorlage (siehe oben) oder – wenn die fehlenden Schriften manuell oder mit einer eigenen Formatvorlage formatiert wurden – durch eine von Windows vorgegebene Ersatzschrift. Diese Automatik arbeitet nur selten zufriedenstellend, was kein Fehler der Software ist, sondern aus mangelhafter Codierung zahlreicher Billigschriften resultiert.

> **Wichtig!**
>
> Dass eine Schriftart fehlt, erkennen Sie nur durch Augenschein oder wenn Sie die nachfolgend beschriebene Funktion SCHRIFTARTEN ERSETZEN verwenden. In START | SCHRIFTART wird Ihnen der Name der ursprünglichen Schriftart angezeigt, auch wenn sie auf Ihrem System gar nicht installiert ist.

Die Ersatzschrift können Sie selbst bestimmen, indem Sie in DATEI | OPTIONEN | ERWEITERT | DOKUMENTINHALT ANZEIGEN die Schaltfläche SCHRIFTARTEN ERSETZEN anklicken. Word zeigt Ihnen, welche im Dokument verwendeten Schriften aktuell nicht installiert sind. Markieren Sie im oberen Fenster die unerwünschte Zuweisung und wählen Sie unten in der Liste eine Ersatzschrift aus, die besser zur Anmutung der fehlenden Schrift passt als die Standardersetzung.

> **Hinweis**
>
> Diese Ersetzung erfasst auch Schriften in Textfeldern.

Abb. 10.12: Fehlende Schrift substituieren

Die Funktion PERMANENT UMWANDELN / DAUERHAFT KONVERTIEREN sorgt dafür, dass die Formate auf die ausgewählten Schriftarten umgestellt und auch so gespeichert werden. Anderenfalls bleibt es bei der originalen Schriftart, die lediglich während der Bearbeitung vorübergehend substituiert, aber nicht beim Speichern verändert wird.

Hinweise

- Word merkt sich diese Ersatzschriftarten und wendet sie beim erneuten Auftreten in anderen Dokumenten ebenfalls an.
- Wird eine fehlende Schrift nachträglich installiert, endet die benutzerdefinierte Substituierung.

Unpassende, handformatierte Schriftart ersetzen

Wollen Sie eine zwar vorhandene, aber Ihnen nicht genehme Schriftart ersetzen, hilft nur diese rigorose Methode der Schriftartenersetzung:

1. Rufen Sie mit ⌷Strg⌷+⌷H⌷ die ERSETZEN-Funktion auf.
2. Setzen Sie die Schreibmarke ins Feld SUCHEN NACH, ohne dort etwas einzutragen.
3. Öffnen Sie die erweiterten Einstellungen mit einem Klick auf die Schaltfläche ERWEITERN.
4. Öffnen Sie die Formatliste mit einem Klick auf FORMAT und wählen Sie SCHRIFTART.
5. Wählen Sie im SCHRIFTART-Dialog die zu ersetzende Schriftart aus.
6. ⌷OK⌷
7. Setzen Sie die Schreibmarke ins Feld ERSETZEN DURCH, ohne dort etwas einzutragen.

8. Öffnen Sie die Formatliste mit einem Klick auf FORMAT und wählen Sie SCHRIFT-ART.

9. Wählen Sie im SCHRIFTART-Dialog die Ersatz-Schriftart aus.

10. OK

11. Klicken Sie auf ALLE ERSETZEN.

10.6.4 Nummerierungen beim Einfügen erhalten

Sobald Sie eine formatierte oder nummerierte Liste aus einem anderen Dokument in Ihren aktuellen Text übernehmen, stehen Sie vor einem Problem:

Um den übernommenen Text vollständig der Zielformatierung anzupassen, ist die Einfügeoption NUR DEN TEXT ÜBERNEHMEN der sicherste Weg. Leider verlieren Listen damit ihre Nummerierungen und Aufzählungszeichen. Dem ist abzuhelfen mit

1. Aktivieren Sie in DATEI | OPTIONEN | ERWEITERT | AUSSCHNEIDEN, KOPIEREN UND EINFÜGEN die Option AUFZÄHLUNGSZEICHEN UND NUMMERN BEIM EINFÜGEN VON TEXT MIT DER OPTION 'NUR DEN TEXT ÜBERNEHMEN' BEIBEHALTEN.

2. OK

Künftig bleiben beim Einfügen von Listen Aufzählungszeichen oder Nummern erhalten, auch wenn Sie die Einfügeoption NUR DEN TEXT ÜBERNEHMEN verwenden.

Nummerierte Listen verbinden

Wollen Sie eine nummerierte Liste in eine andere nummerierte Liste so einfügen, dass die eingefügte Liste die Nummerierung der vorhandenen übernimmt, schalten Sie in DATEI | OPTIONEN | ERWEITERT | AUSSCHNEIDEN, KOPIEREN UND EINFÜGEN die Option INTELLIGENTES AUSSCHNEIDEN UND EINFÜGEN ein und aktivieren Sie in den dazugehörigen Einstellungen die Option EINGEFÜGTE LISTEN MIT VORHANDENEN LISTEN ZUSAMMENFÜHREN.

Abb. 10.13: Nummerierte Liste in andere logisch einfügen

Ist diese Option nicht gesetzt, behält die eingefügte Liste ihre Nummerierung bei.

Ad hoc lässt sich die Einstellung in den Zentraloptionen aushebeln, indem Sie nach dem Einfügen in den Einfügeoptionen zwischen den in Tabelle 10.2 dargestellten Varianten wählen. Alle anderen Formatierungen der beiden Listen bleiben unverändert.

19 16 13	10	QuickInfo	Wirkung
☐	☰	Liste fortführen	Liste aus der Zwischenablage wird in/an die am Ziel bestehende Nummerierung angepasst.
☐	☰	Als neue Liste einfügen	Liste aus der Zwischenablage unterbricht eine am Ziel bestehende Liste mit eigener Nummerierung.

Tabelle 10.2: Einfügeoptionen für nummerierte Listen

Kapitel 11

Korrektur- und Eingabehilfen

Niemand tippt fehlerfrei, schon gar nicht Menschen, die nur gelegentlich schreiben. Aber um etwas Vorzeigbares zu produzieren, muss die Rechtschreibung stimmen. Dabei unterstützen uns Assistenten in Word.

11.1 Rechtschreibung prüfen lassen

Um die Rechtschreibkontrolle Ihren Bedürfnissen entsprechend einzurichten, gibt es diverse Einstellmöglichkeiten in DATEI | OPTIONEN | DOKUMENTPRÜFUNG.

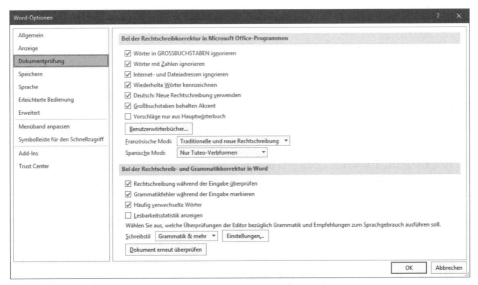

Abb. 11.1: Optionen für die Rechtschreib- und Grammatikkontrolle

Bei gesetzter Option RECHTSCHREIBUNG WÄHREND DER EINGABE ÜBERPRÜFEN wacht die Rechtschreibkontrolle über Ihre Eingaben und vergleicht sie mit dem Inhalt von Wörterbüchern. Wird keine Übereinstimmung gefunden, setzt Word eine rote Kringellinie unter das fragliche Wort. Klicken Sie mit der rechten Maustaste auf das unterstrichene Wort, erscheint ein Kontextmenü zur Rechtschreibung mit mehr oder weniger brauchbaren Korrekturvorschlägen.

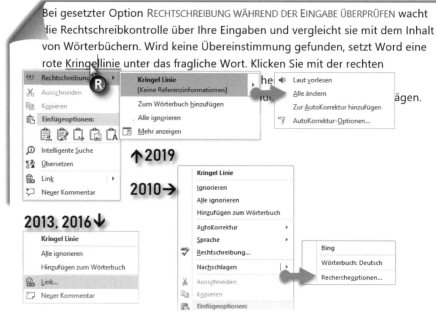

Abb. 11.2: Kontextmenüs zur Rechtschreibprüfung

Durch Anklicken im Kontextmenü können Sie nun

- einen der Korrekturvorschläge durch Anklicken übernehmen,

- mit Klick auf ALLE IGNORIEREN die bemängelte Schreibweise bis zum Schließen dieses Dokuments akzeptieren lassen,

- **nur in Word 2010** mit Klick auf IGNORIEREN die Schreibweise für diesen Einzelfall bestätigen. **In Word 2019** findet sich diese Variante im »Editor« (siehe Abschnitt 11.1.2),

- mit Klick auf HINZUFÜGEN ZUM WÖRTERBUCH als künftig immer gültige Schreibweise definieren oder

- in **Word 2019** mit Klick auf MEHR ANZEIGEN den »Editor« einblenden, der weitere Möglichkeiten bietet (siehe Abschnitt 11.1.2).

HINZUFÜGEN ZUM WÖRTERBUCH legt diese Schreibweise im *Benutzerdefinierten Wörterbuch* ab. Sie haben immer mindestens zwei Wörterbücher im Einsatz: das mit Office ausgelieferte und ein eigenes für jeden Benutzer.

> **Hinweis**
>
> Um auf gefundene Rechtschreibfehler außerhalb des aktuell gezeigten Textes aufmerksam zu machen, blendet Word in der Statuszeile ein Hinweissymbol ein.

Abb. 11.3: Hinweis, dass noch Rechtschreibfehler existieren

11.1.1 Typische Vertipper abfangen

Die Funktion AUTOKORREKTUR, die Ihnen das Kontextmenü vorschlägt, ist sehr hilfreich für immer wiederkehrende Buchstabendreher und ähnliche Dauerfehler. Mit der AUTOKORREKTUR lässt sich Word auf diese Tippfehler »dressieren«, sodass sie ohne Fehlermeldung gleich korrigiert werden.

Wenn Sie zum Beispiel im Wort »Literatur« gern das »e« vergessen, klicken Sie im Kontextmenü auf AUTOKORREKTUR und bestätigen mit einem Klick auf den Korrekturvorschlag, dass dieser künftig immer angewendet werden soll.

Abb. 11.4: Standard-Tippfehler automatisch korrigieren lassen

Leider nicht in den Versionen 2013 und 2016

Leider ist diese nützliche Querverbindung zur AutoKorrektur bei Word 2013 und 2016 nicht im Kontextmenü der Rechtschreibprüfung enthalten. So bleibt nur der »klassische« Weg, die AutoKorrektur-Optionen von Hand zu erweitern (Abschnitt 11.3.3).

11.1.2 Rechtschreibung nachträglich prüfen

Wenn Sie rote Wellenlinien im Text nicht mögen, können Sie sie durch Abwählen der Option RECHTSCHREIBUNG WÄHREND DER EINGABE ÜBERPRÜFEN ausschalten und Ihren Text nach Fertigstellung mit

⑩⑬⑯ ÜBERPRÜFEN | RECHTSCHREIBUNG UND GRAMMATIK

⑲ ÜBERPRÜFEN | DOKUMENT ÜBERPRÜFEN

auf Fehler prüfen lassen.

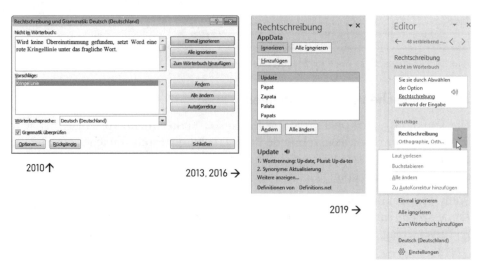

Abb. 11.5: Rechtschreibung nachträglich prüfen

Tipp

Schalten Sie vor dem Start der Rechtschreibprüfung die Steuerzeichenanzeige mit ⟨Strg⟩+⟨⇧⟩+⟨+⟩ oder der Schaltfläche ¶ aus, sonst moniert Word auch Indexeinträge.

Die nachträgliche Prüfung erledigen Sie im

⑩	Dialog RECHTSCHREIBUNG UND GRAMMATIK,
⑬⑯	Aufgabenbereich RECHTSCHREIBUNG,
⑲	Aufgabenbereich EDITOR.

In **Word 2019** zeigt der Start der Dokumentprüfung zuerst im Aufgabenbereich EDITOR eine Statistik der gefundenen Rechtschreib-, Grammatik- und Stilfehler. Beim Klick auf ERGEBNISSE starten Sie den Durchlauf durch alle Fehler aller Kategorien; klicken Sie auf die Kategorien darunter, geht Word nur die zu dieser Kategorie gehörenden Fehler durch.

Word unterrichtet Sie über gefundene oder vermeintliche Fehler und erlaubt Ihnen wie das Kontextmenü (nur mit anderen Termini) die Wahl,

- mit ÄNDERN einen der Korrekturvorschläge zu übernehmen oder
- weitere Fälle dieses Rechtschreibfehlers bis zum Ende des Dokuments ALLE ÄNDERN zu lassen oder
- die Schreibweise EINMAL IGNORIEREN zu lassen oder
- weitere Fälle bis zum Schließen dieses Dokuments ALLE IGNORIEREN zu lassen oder

- diese Schreibweise mit ZUM WÖRTERBUCH HINZUFÜGEN als künftig immer gültige Schreibweise zu definieren; diese Schreibweise wird im *Benutzerdefinierten Wörterbuch* abgelegt.

Abb. 11.6: Rechtschreibprüfung in Word 2019 mit dem »Editor«

11.1.3 Tastaturgesteuerte nachträgliche Rechtschreibprüfung

Für den Tastaturstart der Rechtschreibprüfung gilt F7 als Starter; davon ist jedoch abzuraten, denn F7 startet den oben beschriebenen mausoptimierten Dialog/Aufgabenbereich, dessen Bedienung mit Tasten doch etwas umständlich ist.

Mit Alt + F7 dagegen springt die Markierung zur nächsten Fundstelle und öffnet das Kontextmenü zur Korrektur wie bei der *Rechtschreibprüfung während der Eingabe,* das wesentlich tippfreundlicher gestaltet ist. Sie steuern die gewünschte Option mit den Pfeiltasten an und bestätigen mit ⏎; wollen Sie das Kontextmenü ignorieren, geht es direkt mit Alt + F7 zur nächsten Beanstandung.

> **Hinweis**
>
> In **Word 2013** öffnen F7 und Alt + F7 gleichermaßen den Aufgabenbereich Rechtschreibprüfung. Die Kontextmenü-Korrektur per Tastatur fehlt in dieser Version.

11.1.4 Die Sprache für die Rechtschreibung einstellen

In ÜBERPRÜFEN | SPRACHE | SPRACHE FÜR DIE KORREKTURHILFEN FESTLEGEN teilen Sie Word mit, welche Sprache das Korrekturprogramm verwenden soll. Zum selben Dialog gelangen Sie mit einem Mausklick auf die Sprachanzeige in der Statuszeile.[84]

Im Dialog zu SPRACHEINSTELLUNGEN definieren Sie die im Dokument vorkommenden Sprachen. [ALS] STANDARD [FESTLEGEN] DIENT zur Bestimmung der Sprache, in der Sie hauptsächlich arbeiten. Diese Einstellung gilt generell.

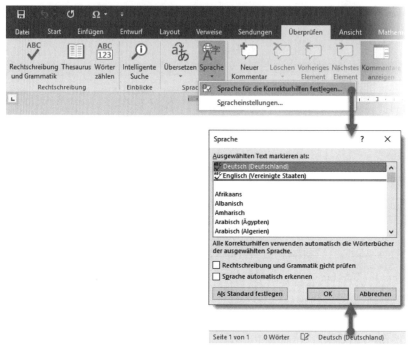

Abb. 11.7: Korrektursprache vorgeben

Sprachen für multilinguale Texte festlegen

Sobald ein Dokument Texte in verschiedenen Sprachen enthält, kann die Rechtschreibprüfung durcheinanderkommen. Die Option SPRACHE AUTOMATISCH ERKENNEN arbeitet nicht immer zufriedenstellend.[85]

---

84 Die Sprache für die Rechtschreibprüfung hat nichts mit der Sprache für die Anzeige des Menübands, der Dialoge und der Aufgabenbereiche zu tun. Diese wird durch so genannte »Anzeige-Sprachpakete« vorgegeben, herunterzuladen bei https://support.office.com/de-de/article/Ändern-der-sprache-für-menüs-und-korrekturhilfen-in-office-f5c54ff9-a6fa-4348-a43c-760e7ef148f8.

85 Sofern Sie nur einsprachige Texte bearbeiten, empfiehlt es sich, die Option SPRACHE AUTOMATISCH ERKENNEN abzuschalten.

Sie können Word die Arbeit erleichtern, indem Sie unterschiedliche Formatvorlagen für unterschiedliche Sprachen verwenden:

1. START | FORMATVORLAGEN ⬊
2. Klicken Sie unten auf die Schaltfläche NEUE FORMATVORLAGE 🔲.
3. Geben Sie der Formatvorlage im Formatvorlagendialog einen Namen.
4. Wählen Sie im Feld FORMATVORLAGE BASIERT AUF die zugrundeliegende Formatvorlage aus.

Tipp

Wenn die Schreibmarke bei Schritt 2 bereits in einem Text mit der zugrundeliegenden Formatvorlage steht, wird diese automatisch gewählt.

5. Öffnen Sie die Liste FORMAT am unteren Rand.
6. Wählen Sie in SPRACHE die gewünschte Sprache aus. (Der Dialog ist identisch mit Abbildung 11.7, gilt aber nur für mit dieser Formatvorlage formatierten Text.)
7. OK

11.1.5 Wörterbücher bearbeiten

Das vom System vorinstallierte Benutzerwörterbuch ist im Ordner

`C:\User\(Benutzername)\AppData\Roaming\Microsoft\Proof\Custom.dic`

gespeichert. Sie können unterschiedliche Benutzerwörterbücher anlegen und für ein Dokument auswählen.[86]

Alle Aktionen zu den Wörterbüchern laufen im Dialog BENUTZERWÖRTERBÜCHER, zu dem Sie mit DATEI | OPTIONEN | DOKUMENTPRÜFUNG gelangen.

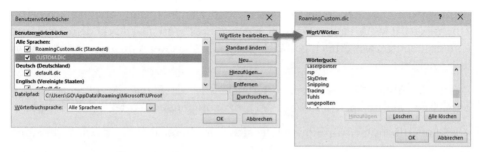

Abb. 11.8: Benutzerwörterbuch bearbeiten

---

86 Ein Benutzerwörterbuch ist auf eine Größe von 64 kB begrenzt.

Neues Wörterbuch anlegen

1. Schalten Sie ggf. die Option VORSCHLÄGE NUR AUS HAUPTWÖRTERBUCH ab.
2. Klicken Sie auf BENUTZERWÖRTERBÜCHER.
3. Klicken Sie auf NEU.
4. Geben Sie dem neuen Benutzerwörterbuch im Feld DATEINAME einen Namen und klicken Sie anschließend auf SPEICHERN.

Vorhandenes Benutzerwörterbuch aktivieren

Im Dialog BENUTZERWÖRTERBÜCHER sehen Sie die verfügbaren Benutzerwörterbücher.

1. Klicken Sie auf HINZUFÜGEN.
2. Suchen Sie den Ordner mit dem gewünschten Benutzerwörterbuch auf und doppelklicken Sie auf die Datei.

Sprache für das Benutzerwörterbuch ändern

Beim Erstellen eines neuen Benutzerwörterbuchs wird das Wörterbuch auf ALLE SPRACHEN festgelegt. Das heißt, dieses Wörterbuch überprüft die Rechtschreibung in einem Text mit beliebiger Sprache.

Sie können aber auch einem Benutzerwörterbuch eine bestimmte Sprache zuweisen, damit Word dieses Wörterbuch nur für in dieser Sprache abgefasste Texte verwendet.

1. Klicken Sie im Dialog BENUTZERWÖRTERBÜCHER auf das Wörterbuch, dem Sie eine Sprache zuordnen möchten.
2. Wählen Sie in der Liste WÖRTERBUCHSPRACHE diejenige Sprache aus, die mit dem Wörterbuch verknüpft werden soll.

Standardbenutzerwörterbuch wechseln

Wörter, die die Rechtschreibprüfung weder im Hauptwörterbuch noch in aktiven Benutzerwörterbüchern findet, werden mit der roten Wellenlinie markiert. Mit HINZUFÜGEN ZUM WÖRTERBUCH lässt sich ein solches Wort als korrekt definieren und wird im Benutzerwörterbuch gespeichert. Wohin aber, wenn mehrere Benutzerwörterbücher im Gebrauch sind?

Das dafür zuständige Benutzerwörterbuch wird als *Standardbenutzerwörterbuch* bezeichnet, in ihm speichert Word die hinzuzufügenden Wörter.

Als Standardbenutzerwörterbuch lässt sich jedes Benutzerwörterbuch definieren.

Markieren Sie in der Liste der Wörterbücher das gewünschte Benutzerwörterbuch und klicken Sie dann auf STANDARD ÄNDERN.

Bearbeiten der Wörterliste in einem Benutzerwörterbuch

Gelegentlich passiert es, dass man zu voreilig auf ZUM WÖRTERBUCH HINZUFÜGEN klickt. Sie können Ihre Benutzer-Wörterbücher pflegen, indem Sie im Dialogfeld BENUTZERWÖRTERBÜCHER

1. das Wörterbuch auswählen, das Sie bearbeiten möchten,
2. auf WORTLISTE BEARBEITEN klicken.
3. Tragen Sie im Feld WORT/WÖRTER ein neu aufzunehmendes Wort ein und klicken Sie dann auf HINZUFÜGEN.

   Markieren Sie im Feld WÖRTERBUCH ein fälschlicherweise aufgenommenes Wort und klicken Sie dann auf LÖSCHEN.

11.1.6 Probleme mit der Rechtschreibprüfung beheben

Ein häufig auftretender Fehler ist das unerklärliche Totalversagen der Rechtschreibkorrektur. Häufig genug jedenfalls, dass Microsoft ein Bugfix dazu veröffentlicht hat. Rufen Sie die Webseite `http://support.microsoft.com/kb/822005/de` auf, klicken Sie auf das Icon FIX IT und folgen Sie den Anweisungen, dann wird die Rechtschreibprüfung wieder aktiviert.

Eine andere Fehlerursache können Add-Ins dazugekaufter Rechtschreibprüfungen sein. Zwei Rechtschreibprüfungen parallel funktionieren selten reibungslos. Schalten Sie entweder die externe Rechtschreibprüfung oder die Option RECHTSCHREIBUNG BEI DER EINGABE PRÜFEN ab, wenn Sie ein derartiges externes Tool installiert haben und Probleme auftreten.

Sollte der Befehl HINZUFÜGEN ZUM WÖRTERBUCH ausgegraut sein, dürfte Ihr Benutzerwörterbuch fehlerhaft sein. Prüfen Sie zunächst die zugehörigen Einstellungen:

DATEI | OPTIONEN | DOKUMENTPRÜFUNG | BENUTZERWÖRTERBÜCHER

Hier muss mindestens das Standard-Benutzerwörterbuch `CUSTOM.DIC` bzw. `BENUTZER.DIC` gelistet und ein Listeneintrag angehakt sein.

Sollte der Pfad auf ein Netzwerklaufwerk verweisen, prüfen Sie, ob dieses Netzlaufwerk im Zugriff ist und Sie auf diesem Laufwerk schreibberechtigt sind.

Versuchen Sie, die Wörterbuchdatei mit WORDPAD aus dem Windows-Zubehör zu öffnen. Wenn es dabei zu Lesefehlern kommt, muss die Datei neu angelegt werden.

Radikalkur: Benennen Sie die defekte Datei um, sofern Teile davon noch lesbar sind; anderenfalls löschen Sie sie. Word legt beim Neustart eine neue, leere Wörterbuchdatei an.

11.2 Grammatik und Stil prüfen

Zur automatischen Grammatikprüfung ist nicht viel mehr zu erwähnen als: »Nehmen Sie sie nur nicht ernst!«

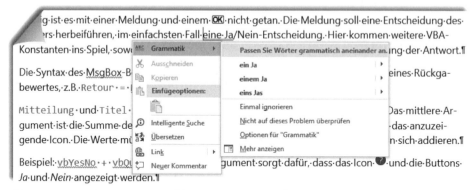

Abb. 11.9: Drei Verbesserungsvorschläge zu Grammatik, davon zwei grammatikalisch falsch und einer irgendwie, nun ja seltsam; der nicht zu beanstandende Vorschlag, den Schrägstrich durch einen Bindestrich zu ersetzen, fehlt.

Eine komplexe Sprache mit komplizierter Grammatik wie die deutsche lässt sich nicht per Algorithmus analysieren. Die Korrekturvorschläge der Grammatikprüfung sind darum meist nutzlos bis kurios. Es gibt auch keine »Lernfunktion« wie das Benutzerwörterbuch; Sie können also absurde Vorschläge nicht unterbinden. Oder doch?

Aus der Trickkiste: Übereifrige Grammatikprüfung korrigieren

Hat Word einen vermeintlichen Grammatikfehler blau unterkringelt (in Word 2019 doppelt blau unterstrichen), markieren Sie diesen Begriff und weisen Sie ihm in den Spracheinstellungen die Eigenschaft RECHTSCHREIBUNG UND GRAMMATIK NICHT PRÜFEN zu. Dann fällt schon mal an dieser Stelle der Kringel weg. Um dauerhaft nicht bemängelt zu werden, tragen Sie den Begriff ohne »Nicht prüfen«-Attribut in die AutoKorrektur ein und als Ersatz mit »Nicht prüfen«-Attribut. Bei jeder Eingabe des Begriffs schlägt künftig die AutoKorrektur zu, ersetzt ihn durch sein vor der Grammatikprüfung geschütztes Pendant, und die Grammatikprüfung moniert ihn nicht.

11.2.1 Stilprüfung

Neu in Word 2019 ist die Prüfungsvariante »Grammatik und Empfehlungen zum Sprachgebrauch« mit eindrucksvollen Einstellungen, aber ebenfalls nicht wirklich brauchbaren Ergebnissen. Glaubt Word, stilistische Fehler gefunden zu haben, werden die Textstellen mit einer ocker punktierten Linie unterstrichen.

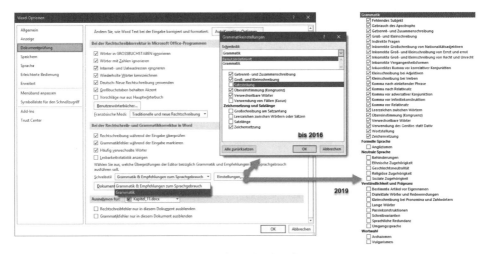

Abb. 11.10: Die Einstellungen zur Grammatik- und Stilprüfung

Diese Hinweise bieten zwar Anhaltspunkte, aber eine echte Stilempfehlung sind sie nicht.

11.2.2 Lesbarkeitsstatistik

Ebenso abenteuerlich ist die Lesbarkeitsstatistik, die zwar auf seriösen kommunikationswissenschaftlichen Methoden basiert, aber für akademische Texte nur wenig brauchbare Informationen liefert. Außerdem bedarf es eines kompletten Korrekturdurchlaufs durch den gesamten Text, um als Nebenprodukt diese Statistik zu erhalten. Diesen Aufwand ist sie nicht wert.

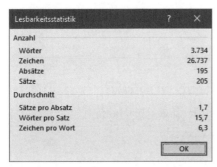

Abb. 11.11: Die Lesbarkeitsstatistik nach Flesch[87]

---

87 Benannt nach Rudolf Flesch (*1912, †1996), Jurist und Sprachforscher

11.3 AutoKorrektur und AutoFormat

Die Assistenten von Word sollen das Schreiben vereinfachen. In manchen Fällen bestätigt sich jedoch die Weisheit, wonach »gut gemeint« das Gegenteil von »gut« ist. Einer der Hauptgründe, warum Word vielen Nutzern auf die Nerven geht, sind übereifrige Assistenzfunktionen, die eingreifen, wenn es ungewollt, überflüssig oder gar zerstörerisch wirkt.

Zu den Hitverdächtigen beim Nervtöten gehört die AutoKorrektur: eine Funktion, die unerwartet und häufig erst zu spät bemerkt eingegebene Texte vermeintlich selbstgefällig verändert. Die meisten dieser automatischen Korrekturen sind zwar nützlich, bei einigen jedoch relativiert sich der Nutzen, wenn sie ohne Warnung mehr korrigieren als erwartet. So ist die sofortige Bereinigung typischer Tippfehler eine wesentliche Erleichterung beim Schreiben, aber nicht alles, was werkseitig voreingestellt ist, hilft uns.[88]

Die AutoKorrektur umfasst diverse Arten von Korrekturmechanismen, die in diesem Buch bei den einschlägigen Themen erläutert werden.[89] Hier geht es um die Korrektur von Fehlschreibungen oder Ersetzungen.

11.3.1 Das Funktionsprinzip

Ganz so klamm und heimlich, wie es von unerfahrenen Word-Benutzern unterstellt wird, arbeitet die AutoKorrektur gar nicht. Auf jede Änderung macht das Programm mit einem kleinen blauen Rechteck aufmerksam, das als Zugang zum Eingreif-Menü fungiert.

Abb. 11.12: Die Phasen der AutoKorrektur

Abbildung 11.12 veranschaulicht, wie die AutoKorrektur abläuft:

1. Ein Wort wird mit zwei Versalien am Wortanfang geschrieben.
2. Der Leerschritt kennzeichnet das Ende des Wortes.
3. Die AutoKorrektur hat zugeschlagen.
4. Berühren Sie mit dem Textcursor das korrigierte Wort, wird unter dem ersten Buchstaben ein winziges blaues Rechteck sichtbar.

---

88 Verglichen mit den Autokorrekturen auf mobilen Geräten sind die Fehlleistungen der Word-AutoKorrektur allerdings geradezu harmlos.

89 Im Index unter dem Stichwort »AutoKorrektur« und »AutoFormat« mit spezifischen Unterpunkten zu finden.

5. Berühren Sie mit dem Textcursor das blaue Rechteck, verwandelt sich der Cursor in den Mauszeiger und ein Smarttag öffnet sich.

6. Nach Mausklick auf das Smarttag können Sie auswählen, wie mit der Korrektur umgegangen werden soll.

> **Tipp**
>
> Viele AutoKorrekturen lassen sich unmittelbar nach ihrem Wirksamwerden mit der Rücktaste ⌈Backspace⌉ oder ⌈Strg⌉+⌈Z⌉ zurücknehmen.

11.3.2 AutoKorrektur anpassen

Zum Glück lassen sich die Voreinstellungen unseren Bedürfnissen und den Regeln der Textbearbeitung[90] anpassen. Sofern Sie nicht gleich nach einer unerwünschten AutoKorrektur mit AUTOKORREKTUR-OPTIONEN STEUERN in die zugehörigen Einstellungen wechseln, gelangen Sie dorthin auch mit

DATEI | OPTIONEN | DOKUMENTPRÜFUNG | AUTOKORREKTUR-OPTIONEN.

In einem Dialog mit mehreren Registern lassen sich unerwünschte Korrekturen abwählen.

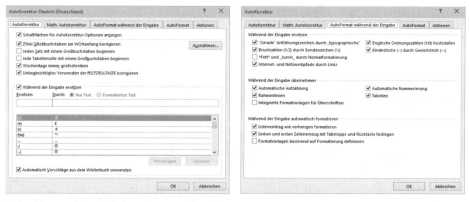

Abb. 11.13: Die wesentlichen Einstellungen für die AutoKorrektur

Ersetzung bei der Texteingabe

Im Register AUTOKORREKTUR des AUTOKORREKTUR-Dialogs finden Sie am unteren Ende eine Liste bereits mitgelieferter Ersetzungen. Darin enthalten sind außer

---

90 DIN 5008: Schreib- und Gestaltungsregeln für die Textverarbeitung, wird bei der Anpassung der deutschen Office-Versionen immer wieder zu Teilen missachtet.

den Verbesserungen typischer Tippfehler auch einige Arbeitserleichterungen für Sonderzeichen (vgl. Abschnitt 7.5).

Manche Ersetzungen werden nicht über die AUTOKORREKTUR gesteuert, sondern in den Registern AUTOFORMAT WÄHREND DER EINGABE[91] und AUTOKORREKTUR FÜR MATHEMATIK[92]. Die Optionen des Registers AUTOFORMAT WÄHREND DER EINGABE korrespondieren mit denen des Registers AUTOFORMAT🐧, das für nachträgliche automatische Änderungen zuständig ist.

Internet- und Netzwerkpfade durch Hyperlinks

Wenn diese Option gesetzt ist und Sie zum Beispiel `http://www.mitp.de` eingeben, wandelt Word diese Adresse automatisch in einen blau unterstrichenen Hyperlink um, der per `Strg` + Mausklick via Browser aufgerufen werden kann. Das nützt Ihnen bei einem gedruckten Werk wenig, es stört eher.

Groß- und Kleinschreibung

Im Deutschen wird die `⇧`-Taste mehr als in allen anderen Sprachen gebraucht. Darum kann es schon mal vorkommen, dass Sie mit dem Tippen des zweiten Buchstabens eines Wortes schneller sind als mit dem Loslassen der Taste `⇧`. Das müssen Sie nicht von Hand verbessern – Word nimmt Ihnen die Arbeit ab mit der Option ZWEI GROSSBUCHSTABEN AM WORTANFANG KORRIGIEREN.

Doch was ist mit Abkürzungen, die mit zwei Großbuchstaben beginnen und dann mit Kleinbuchstaben weitergehen? Hier stört die Automatik!

Ausnahmelisten

Um solche ungewollten Korrekturen zu vermeiden, gibt es Ausnahmelisten, die Sie mit der Schaltfläche AUSNAHMEN erreichen.

Die Liste für Ausnahmen von der Großschreibung am Satzanfang ist bereits lieferseitig gut gefüllt. Word betrachtet nämlich jeden Punkt im Satz – auch als Abschluss einer Abk. – als Satzende und fängt dann mit Großschreibung an. Bekannte Abkürzungen stellen deshalb den Löwenanteil dieser Liste.

Die anderen beiden Listen für WORTANFANG GROSS und ANDERE sind vom Nutzer selbst zu füllen. Tragen Sie oben das Ausnahmewort ein und klicken Sie auf OK, dann wird es nie wieder falsch ersetzt.

Ausnahme- und Ergänzungslisten werden in Dateien mit der Endung `.acl` (Auto Correction List) gespeichert. Für jeden Nutzer gibt es im Ordner `C:\User` bzw.

---

91 Die AutoFormat-Ersetzungen sind in den jeweils einschlägigen Kapiteln beschrieben und im Index unter dem Stichwort »AutoKorrektur« und »AutoFormat« mit spezifischen Unterpunkten zu finden.

92 siehe Abschnitt 7.5.5 und 🐜

`C:\Benutzer` pro installierter Sprache eigene *.acl-Dateien; `1031.acl` enthält die deutschen Listen.

Weitere Großschreibkorrekturen

Ein häufiger heimlich sich einschleichender Fehler ist das versehentliche Betätigen der Taste `CapsLock` statt `⇧`. bEIM wEITERSCHREIBEN SIND DANN gROSS- UND kLEINSCHREIBUNG VERTAUSCHT.

Mit der Option UNBEABSICHTIGTES BETÄTIGEN DER fESTSTELLTASTE KORRIGIE-REN beugt Word diesem Fehler vor: Ein Wort mit Kleinbuchstabe am Anfang und folgenden Großbuchstaben wird als Auslöser dafür genommen, die Schreibweise des Wortes umzukehren und den »Großbuchstaben-Feststeller« zu lösen.

Sie können selbstverständlich die Optionen zur Korrektur von Groß- und Kleinschreibung generell abschalten. Für die Option JEDE TABELLENZELLE MIT EINEM GROSSBUCHSTABEN BEGINNEN ist das sogar ein Muss, denn für den hiesigen Gebrauch ist sie ungeeignet; im Deutschen können Zelleninhalte klein beginnen, wenn es sich nicht um einen vollständigen Satz handelt.

JEDEN SATZ MIT EINEM GROSSBUCHSTABEN BEGINNEN ist wieder mal ein Fall aus der Rubrik »zu gut gemeint«. Sicher ist es schön, wenn Word darauf achtet, dass es nach einem satzbeschließenden Satzzeichen mit einem Großbuchstaben weitergeht, doch nimmt diese Option auch Doppelpunkte und Absatzumbrüche zum Anlass, den ersten Buchstaben zu korrigieren, was häufig unerwünscht oder gar falsch ist. Deshalb ist das Abschalten dieser Option dringend zu empfehlen.

Um dennoch ungewollte Fehler mit Großbuchstaben nicht komplett von Hand erledigen zu müssen, finden Sie in START | Gruppe SCHRIFTART: GROSS-/KLEIN-SCHREIBUNG `Aa▾` eine halbautomatische Korrekturfunktion:

Markieren Sie das falsch geschriebene Wort und wählen Sie die gewünschte Korrektur aus.

Abb. 11.14: Groß-/Kleinschreibung halbautomatisch korrigieren

Durch mehrmaliges Betätigen der Tastenkombination `⇧`+`F3` wechseln Sie die Gross-klein-Schreibweisen reihum. Mit `Strg`+`⇧`+`G` legen Sie direkt die Großschreibung eines markierten Textes fest und heben sie ebenso wieder auf.

11.3.3 Eigene Korrekturregeln anlegen

Sie können eigene Zeichenfolgen bestimmen, die per AutoKorrektur in andere Wörter oder Symbole umgewandelt werden sollen. Für Symbole aus der Symbolauswahl geht das sehr einfach, wie in Abschnitt 7.5.4 beschrieben. Für alle anderen Begriffe öffnen Sie die AUTOKORREKTUR-OPTIONEN in DATEI | OPTIONEN | DOKUMENTPRÜFUNG und tragen im Register AUTOKORREKTUR in der Rubrik WÄHREND DER EINGABE ERSETZEN links das die Korrektur auslösende Wort oder Kürzel und rechts die korrigierte Fassung ein. Ein Klick auf HINZUFÜGEN ergänzt den Katalog der Ersetzungen.

Wichtig

Anders als beim Einfügen von Symbolen per AutoKorrektur nach Abschnitt 7.5.4 ist beim Fließtext meist erwünscht, dass der eingefügte Text die Formatierung des umgebenden Textes übernimmt. Dafür ist im Dialog AUTOKORREKTUR die Option NUR TEXT zu aktivieren.

11.3.4 AutoKorrekturen sichern

Wenn Sie mühsam Ihren eigenen Katalog der Autokorrekturen angelegt haben, wollen Sie diesen vielleicht auch auf dem Notebook oder einer neuen Installation verwenden.

Word speichert die Autokorrekturen in der Datei `mso1031.acl`[93] im Ordner Benutzerverzeichnis `C:\Benutzer\`(*Benutzername*)`\AppData\Roaming\Microsoft\Office`. Kopieren Sie diese Datei auf das Zweitgerät oder sichern Sie sie zur Verwendung auf einer späteren Neuinstallation.

⚠ Vorsicht

Dies gilt allerdings nur für *unformatierte* AutoKorrekturen! Haben Sie die Option FORMATIERTEN TEXT gesetzt, landen diese AutoKorrekturen in der Datei Normal.dotm (siehe Abschnitt 6.4.1).

---

93 Die Nummer 1031 steht für die deutsche Version von Word. Falls Sie anderssprachige Versionen verwenden, enthält der Dateiname an dieser Stelle die zugehörige Sprachnummer.

11.4 Textbausteine (AutoText)

Schreiben Sie gern Wörter wie »Rinderkennzeichnungs-Rindfleischetikettierungs-überwachungsaufgabenübertragungsgesetz«?[94] Sicher nicht. »Formatvorlagen-trennzeichen«, »Magnetresonanztomografie« oder auch »Eierschalensollbruch-stellenverursacher« können beim Schreiben ebenso nerven, wenn sie öfter benötigt werden. Bereits bei Wörtern mit mehr als acht Buchstaben – und deren gibt es im Deutschen genügend, besonders in Fachsprachen – sehnt man sich beim Schreiben nach etwas Bequemlichkeit.

11.4.1 AutoKorrektur als Textbaustein

Die AutoKorrektur ist nicht nur für einzelne Begriffe oder Zeichen verwendbar; Sie können auf diese Weise auch bequem kurze Floskeln als Textbausteine erstellen. Sie ergänzen den Katalog unter WÄHREND DER EINGABE ERSETZEN um solche Begriffe und ordnen ihnen ein Kürzel zu. Haben Sie vor dem Aufrufen des AUTO-KORREKTUR-Dialogs das Wort im Text markiert, wird es gleich in das Feld DURCH: übernommen.

Aus der Trickkiste: Wortteil als AutoKorrektur-Baustein

Gelegentlich benötigt man beim Schreiben Bausteine, die keine ganzen Wörter sind, sondern einzelne Sonderzeichen oder Wortteile, denen unterschiedliche Wort-enden angesetzt werden. Der Leerschritt, mit dem ein AutoKorrektur-Bausteinna-me abgeschlossen wird, ist da hinderlich, weil er zunächst getilgt werden muss.

Das gilt aber nur, wenn das Kürzel der AutoKorrektur auf einen Buchstaben oder eine Ziffer endet. Ein Satzzeichen am Ende dagegen bewirkt, dass sofort nach Ein-gabe dieses Satzzeichens die AutoKorrektur ausgeführt wird und die Schreibmar-ke ohne Abstand unmittelbar hinter dem eingespielten Wort(teil) steht.

11.4.2 AutoText

Darüber hinaus gibt es die Funktion AUTOTEXT,[95] die ähnlich wie die AutoKorrek-tur arbeitet, aber nicht sofort korrigiert, sondern

- zunächst nach Eingabe der ersten vier Zeichen die Korrektur nur anbietet und erst nach Betätigung von ⏎ wirksam werden lässt (oder Sie schreiben einfach weiter) oder

- nach Eingabe der Anfangsbuchstaben und F3 den Baustein einfügt oder

---

94 Dieses Wort ist kein Fake, sondern war der amtliche Kurztitel (sic!) des »Gesetzes zur Übertra-gung der Aufgaben für die Überwachung der Rinderkennzeichnung und Rindfleischetikettie-rung« des Landes Mecklenburg-Vorpommern.

95 In Word 2007 ist diese Funktion nicht expressis verbis in der Multifunktionsleiste zu finden, funktioniert aber wie in den anderen Versionen.

■ den Baustein mit EINFÜGEN | SCHNELLBAUSTEINE | AUTOTEXT aus einer Baustein-
auswahl übernimmt.

Diese Textbausteine können, anders als die AutoKorrektur, auch grafische Elemente enthalten.

Leider hat die Vorschau-Funktion auch einige Haken und Ösen:

■ Sie muss mit der Option AUTO-AUSFÜLLEN-VORSCHLÄGE ANZEIGEN in DATEI |
OPTIONEN | ERWEITERT | BEARBEITUNGSOPTIONEN aktiviert werden.

■ Word verwendet unterschiedliche Speicherorte für die Textbausteine: die Datei
`BuildingBlocks.docx` und die Vorlagen-Dateien mit den Endungen `.dotx`
oder `.dotm` (standardmäßig `Normal.dotm`). Die Vorschau ist nur für jene Bausteine aktiv, die in Vorlagendateien gespeichert sind.

Um Ihre AutoText-Einträge entsprechend zu speichern, beachten Sie im Dialog
NEUEN BAUSTEIN ERSTELLEN (Abbildung 11.15) das Ziel im Feld SPEICHERN IN.

11.4.3 Textbausteine anlegen

Um einen Text als Baustein zu erfassen, schreiben Sie ihn auf, markieren ihn und
betätigen dann ⎡Alt⎤+⎡F3⎤ oder

EINFÜGEN | SCHNELLBAUSTEINE | AUSWAHL IM SCHNELLBAUSTEIN-KATALOG SPEI-
CHERN.

Wichtig

Wenn Sie nur den Text markiert haben, werden Absatzformatierungen nicht
erfasst. Wollen Sie den Baustein als formatierten Absatz erhalten, muss die
Absatzmarke ¶ in der Markierung eingeschlossen sein.

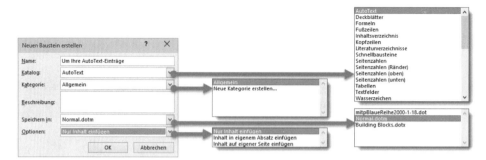

Abb. 11.15: AutoText anlegen

Die Bausteine lassen sich im Dialog NEUEN BAUSTEIN ERSTELLEN *Katalogen* und
Kategorien zuordnen, damit Sie bei der späteren Verwendung und Verwaltung den

Überblick behalten. In den *Optionen* lässt sich festlegen, in welcher Form der Baustein in den Text eingefügt wird.

> **Tipp**
>
> Meist ist es sinnvoll, die Namen der Textbausteine zu ändern, um die automatische Vorschlagsfunktion nicht ständig bei Wörtern mit gleichem Anfang zu erhalten. Die Buchstabenfolge »tb« davorgesetzt, verhindert Kollisionen mit anderen Wörtern und Kürzeln.

11.4.4 Textbausteine verwalten

EINFÜGEN | SCHNELLBAUSTEINE | ORGANIZER FÜR BAUSTEINE

Markieren Sie den Baustein, der bearbeitet werden soll, und klicken Sie auf EIGENSCHAFTEN BEARBEITEN, um in einem Dialog wie bei der Neuerstellung eines Bausteins dessen Attribute zu verändern.

Bausteinkatalog drucken

Sie können Ihre Textbausteine als Liste drucken:

10 Öffnen Sie den obersten Eintrag der EINSTELLUNGEN im Druckdialog und wählen Sie bei DOKUMENTEIGENSCHAFTEN: AUTOTEXT-EINTRÄGE.

13 16 19 Öffnen Sie den obersten Eintrag der EINSTELLUNGEN im Druckdialog und wählen Sie bei DOKUMENTINFORMATIONEN: AUTOTEXT-EINTRÄGE.

11.5 Recherchen und Übersetzungen

Beim Abfassen von Fachliteratur gerät man oft in die Situation, Nachschlagewerke zurate ziehen zu müssen. Mit

10 ÜBERPRÜFEN | RECHERCHIEREN

13 ÜBERPRÜFEN | DEFINIEREN

16 ÜBERPRÜFEN | INTELLIGENTE SUCHE

19 REFERENZEN | INTELLIGENTE SUCHE

haben Sie aus Word heraus direkten Zugriff auf mehrere Nachschlagewerke, zum Beispiel auf die MS-eigene Suchmaschine Bing. Korrespondierende Funktionen finden Sie auch im Kontextmenü.

Leider relativieren sich die Recherchefunktionen durch häufiges Auftreten der Standardmeldung »Es wurden keine Ergebnisse gefunden.« oder abstruse Vorschläge. Sie ersetzen also nicht vollständig die Fachliteratur oder eine Suchmaschine, bieten aber eine schnelle Hilfe.

11.5.1 Thesaurus

Eine Frage guten Schreibstils ist das Vermeiden von Wiederholungen derselben Begriffe in kurzen Abständen. Das wird in einem wissenschaftlichen Beitrag wegen der Fachbegriffe häufig nicht gelingen, aber für landläufige Begriffe sollten Sie Wiederholungen vermeiden. Dabei hilft Ihnen der Thesaurus. Dieses Synonymlexikon erscheint beim Aufruf mit ÜBERPRÜFEN | THESAURUS oder im Aufgabenbereich RECHERCHIEREN oder mit ⬆+F7 am rechten Fensterrand und bietet Ihnen Wörter an, mit denen das Wort, in dem Ihre Schreibmarke gerade steht, ersetzt werden kann. Ein Klick auf das geeignete Synonym ersetzt das Wort im Text.

11.5.2 Übersetzen

Eines kann Word nicht: Ihren kompletten Text in eine andere Sprache übersetzen – zumindest nicht vernünftig. Der Test, mit dem dieser Absatz ins Englische und zurück übersetzt wurde, wird wohl auch die größten Babelfisch-Optimisten überzeugen.

Abb. 11.16: Übersetzung und Rückübersetzung mit Microsofts Translator

Sie können die Übersetzungsfunktion aber gut gebrauchen, wenn Ihnen die eine oder andere Vokabel nicht einfällt. Markieren Sie das gewünschte Wort und wählen Sie ÜBERPRÜFEN | ÜBERSETZEN oder ÜBERSETZEN im Kontextmenü. Im Aufgabenbereich RECHERCHIEREN/TRANSLATOR zeigt Ihnen Word die Übersetzung an.

Kapitel 12

Text formatieren und hervorheben

Ob Überschriften oder besondere Hinweise im Fließtext: Ohne Schriftattribute zur Hervorhebung oder Betonung kommen Sie bei keinem anspruchsvollen Sachtext aus.

Jedoch:

Betonen Sie bedacht und in Maßen. Zu viel Betonung verwirrt beim Lesen.

Jede Veränderung der Eigenschaften eines Textes, wie Schriftart, -größe und -farbe, Zeilen- und Absatzabstände, Einrückungen, Seiten- und Satzspiegelmaße etc. wird in Word *formatieren*❾ genannt.

Die meisten Befehle zum Formatieren von Text finden Sie unmittelbar in der Registerkarte START, Gruppe SCHRIFTART; per Klick auf die Schaltfläche ⌐ erweiterbar auf einen ausführlichen Dialog mit allen Einstellungen.

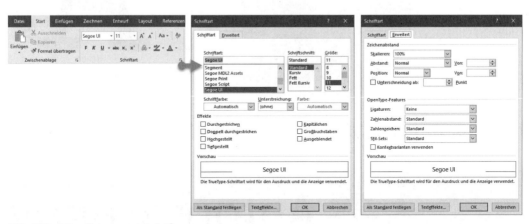

Abb. 12.1: Einstellungen zur Schrift

12.1   Schrift: technische Daten

Zur Buchdrucker- und Setzerkunst gehört über die Kenntnis der Schriftarten hinaus das Verständnis für die Anwendung von verschiedenen Schriftgrößen, Fettegraden, Laufweiten und Auszeichnungen. Hier folgen die wichtigsten fachkundlichen Themen für die Gestaltung Ihres Textes. 🔖

12.1.1 Schriftgröße

In Textprogrammen taucht häufig der Begriff »Schriftgrad« als Synonym für Schriftgröße auf; es sind jedoch zwei unterschiedliche Maße. Hier müssen wir zum Verständnis auf die »alte« Buchdruckerkunst zurückgreifen, in der die Schriftgröße die Höhe des den Buchstaben tragenden Körpers (fachsprachlich *Kegel* genannt) angab – diese Größe wird als Kegelhöhe oder Schriftgrad bezeichnet. Man trifft aber auch auf Computer-Schriften, deren Maß die Versalhöhe meint, sodass der Abstand zur nächsten Zeile (Durchschuss) unbedingt von Hand eingebracht werden muss. Bei den mit Windows und Word gelieferten Schriften brauchen Sie sich darum keine Gedanken zu machen, hier ist tatsächlich der Schriftgrad das korrekte Schriftmaß.

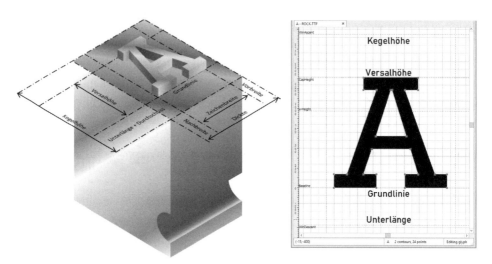

Abb. 12.2: Maße eines Zeichens auf dem Druckkegel (links) und das virtuelle Pendant im Fonteditor (rechts)

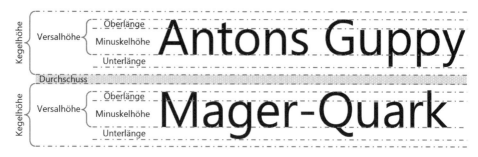

Abb. 12.3: Die Höhenmaße des Schriftsatzes

Beim Druck wird die Schriftgröße in der Maßeinheit *Typografischer* Punkt[96] (pt) angegeben. Es gibt deren verschiedene:

- den europäischen *Didot-Punkt* mit 0,376 mm,

- den amerikanischen *Pica-Punkt* mit 0,351 mm und

- den *DTP-Punkt* mit 0,3527 mm im Bereich des Computersatzes.[97] Auch Word verwendet den DTP-Punkt; in Einstellfeldern in MS Office wird er vom standardmäßigen *pt* abweichend mit *Pt.* abgekürzt.

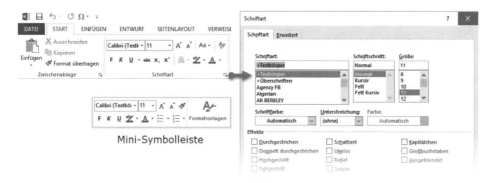

Abb. 12.4: Einstellungen zu Schriftart und -grad (-größe) im Menüband und in der Mini-Symbolleiste

Schriften mit gleicher Schriftgradangabe sind nicht zwingend gleich groß. Abhängig davon, wie das eigentliche Zeichen die Kegelhöhe ausnutzt, kann das Erscheinungsbild der Schrift unterschiedlich groß sein.

Heizölrückstoßabdämpfung

Heizölrückstoßabdämpfung

Heizölrückstoßabdämpfung

Heizölrückstoßabdämpfung

Heizölrückstoßabdämpf

Abb. 12.5: Alle fünf Schriften sind vom Schriftgrad her gleich groß.

---

96 Der Plural von *Punkt* ist *Punkt*. Wie alle Maßeinheiten wird auch das Maß *Punkt* im Deutschen nicht flektiert.

97 Der DTP-Punkt misst 1/864 *Fuß* und damit 1/72 *Zoll (inch)*.

Übliche Schriftgrade in der Praxis

Für Fließtext sind Schriftgrößen von 10 bis 13 pt üblich. Wenn Sie mit mehreren Schriftarten innerhalb eines Textes arbeiten, werden Sie feststellen, dass die gleichen Buchstaben bei unterschiedlichen Schriften trotz identischer Schriftgröße ungleich hoch sein können.

Die Schriftgröße stellen Sie in dem Zahlenfeld neben der Schriftart ein. Daneben gibt es zusätzlich die Schaltflächen Ａ und Ａ, mit denen die angezeigte Größe schrittweise eingestellt werden kann.

> **Tipp**
>
> Sie sind nicht an die vorgegebenen Schritte von Ａ und Ａ gebunden, ebenso wenig an die Standardschriftgrößen der Liste, die nach Klick auf ▼ neben dem Schriftgröße-Feld aufklappt. In dieses Feld können Sie durch manuelles Überschreiben auch beliebige Zwischenwerte im Halbpunkt-Abstand erzielen. Das gilt für alle in Word einstellbaren Maße, also auch Abstände etc., dort sogar in Zehntelschritten. Wirksam werden manuelle Änderungen in diesem Feld erst nach Betätigen von ⏎.

Kleinere Schriften werden für Anmerkungen, Fußnoten und Bildunterschriften eingesetzt, wobei 7 pt untere Grenze sein sollte, darunter ist Text nur schwer lesbar.

Die Schriftgröße von Überschriften wird größer gewählt. Wenn Sie auch Untertitel verwenden, können Sie zwischen Fließtext und Hauptüberschrift weitere Größenabstufungen verwenden, allerdings sollte der Schriftgrad einer Hauptüberschrift 24 pt nicht übersteigen. Überschriften sind darüber hinaus durch Abstände vom Fließtext abzuheben.

Für Überschriften kann auch fettere Schrift oder eine vom Fließtext abweichende Schriftart eingesetzt werden.

Schriftgröße am Bildschirm

Am Computer wird Schrift per Bildschirm dargestellt. Die Maßeinheit des Monitors ist die Auflösung, also die Anzahl der Leuchtpunkte (Pixel – px) pro Längeneinheit.

Die übliche Auflösung beträgt mindestens 96 Pixel pro Zoll (ppi – pixel per inch). Da auch der typografische Punkt auf der Maßeinheit Zoll beruht, fällt die Umrechnung leicht: Eine 12-pt-Schrift ist am Bildschirm bei einer Skalierung von 100 % 16 px hoch. Damit kann keine vernünftige Rundung erzeugt werden, um die Schrift korrekt darzustellen, weshalb man sich eines Tricks bedient, um das Auge zu betrügen. An den Rundungen eines Zeichens werden einzelne Pixel in Graustufen statt schwarz dargestellt. So entsteht der Eindruck, die Pixel seien dort gerundet.

Schriftgrad 12 pt

Schriftgrad 12 pt

Abb. 12.6: Stark vergrößerte Bildschirmschrift mit deutlich erkennbaren Graupixeln zur Kantenglättung

Für die Kantenglättung ist in Windows das ClearType-System installiert, das Sie in gewissen Grenzen an Ihre Sehgewohnheiten anpassen können:

Windows 7 und 8: Rechtsklick in den Windows-Desktop | ANPASSEN | ANZEIGE | CLEARTYPE-TEXT ANPASSEN

Windows 10: Rechtsklick in den Windows-Desktop | ANPASSEN | SCHRIFTARTEN | CLEARTYPE-TEXT ANPASSEN

Aus mehreren Testanzeigen können Sie die Ihnen jeweils genehme Kantenglättung auswählen.

Gedruckte Schriftgröße

Drucker besitzen eine höhere Auflösung als der Bildschirm, üblich sind 300 Druckpunkte (dots) pro Zoll (dots per inch – dpi). Die Umrechnung der Darstellung vom Bildschirm auf das Druckermaß erledigt der Druckertreiber.

12.1.2 Enger oder weiter

Ein weiteres Gestaltungsmittel ist die Schriftweite. Mit den verschiedenen Weiten kann man sich vorgegebenem Platz oder unterschiedlichsten Anforderungen anpassen. Gegenüber der Grundschrift werden in der Weite geänderte Schriften als kondensiert bzw. expandiert bezeichnet. Man findet sowohl deutsche als auch aus dem Amerikanischen übernommene Bezeichnungen am Schriftnamen.

Skalierung	gestaucht	gedehnt
ca. 10 %	eng, narrow, condensed	weit, wide, expanded
bis ca. 20 %	extra narrow	extra wide
mehr als 20 %	ultra narrow	ultra wide

Tabelle 12.1: Bezeichnungen der Schriftweitenänderungen

Größere Stauchungen und Dehnungen wirken verzerrt.

⚠ Vorsicht

Vertrauen Sie nicht auf Weitenbezeichnungen der Fonthersteller. Schriftgestalter halten sich häufig nicht an diese Regeln.

Mit den Zeichenattributen im SCHRIFTART-Dialog START | SCHRIFTART ⬎ | Register ERWEITERT | SKALIEREN lassen sich Änderungen der Zeichenbreite erzielen, doch ist das Ergebnis nicht mit echten Schriftbreiten vergleichbar, weil nur berechnet und nicht als echter Schnitt gestaltet.

Fehlende Spaltenbreite kann ein Grund sein, auf einen engeren Schnitt auszuweichen. Das ist auf jeden Fall besser, als einfach einen kleineren Schriftgrad zu nehmen, denn die Lesbarkeit verschlechtert sich durch das Verkleinern mehr als durch einen engeren Schriftschnitt.

Mehr Weite bei kleinen Schriftgraden

Gerade bei kleinen Schriftgrößen wird es notwendig, weitlaufende Schnitte einzusetzen, um die Lesbarkeit zu verbessern. Bei großen (Über-)Schriften verhält es sich gerade umgekehrt. Hier sind schmale Schriftschnitte vorzuziehen.

Sonderfall einheitlicher Zeichenbreite

Ein Relikt der Schreibmaschinentechnik sind Schriften, die für jedes Zeichen dieselbe Breite vorsehen, fachtechnisch »dicktengleich« oder »monospaced« genannt. Schmale Zeichen wie »i« und »l« werden mit gestalterischen Mitteln breiter gemacht, breite Zeichen wie »M« und »W« gestaucht. Heute werden sie eigentlich nur noch in seltenen Fällen pseudo-tabellarischer Darstellungen benötigt. Im Fließtext sollten Sie sie vermeiden, denn sie sind schwieriger zu lesen als proportionale Schriften.

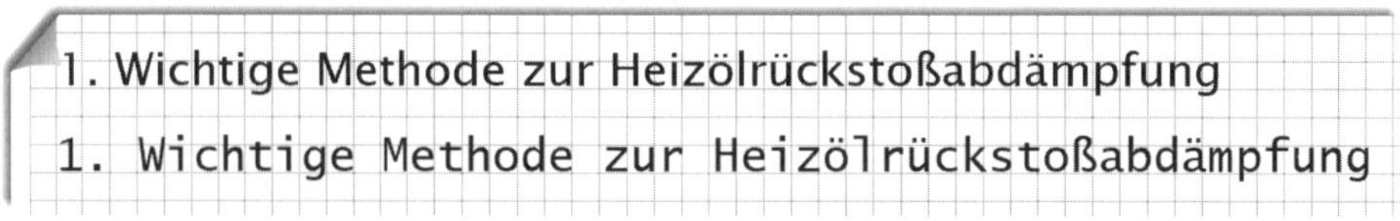

Abb. 12.7: Dieselbe Schrift, oben in proportionaler, unten in dicktengleicher Ausführung

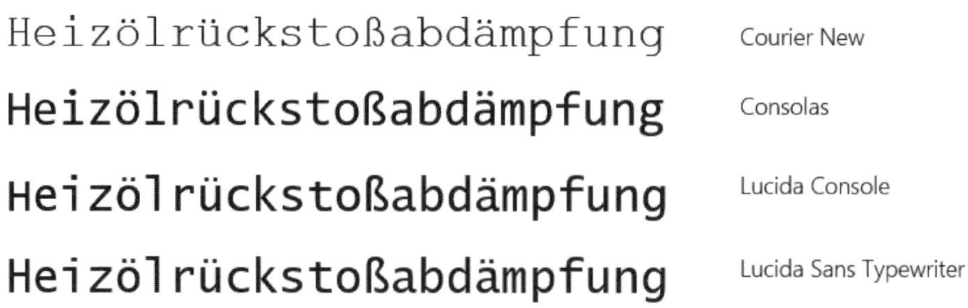

Abb. 12.8: Dicktengleiche Schriften aus dem Standard-Lieferumfang von Office

Derartige Schriften kommen häufig bei der Dokumentation von Programmcodes zum Einsatz; häufig sieht man dann die Courier-Schrift, obwohl es unter den Office-Standardschriften durchaus besser lesbare gibt.

12.1.3 Die Laufweite

Ein anderer Weitenbegriff ist die *Laufweite*, die auch in Fachpublikationen häufig mit der Schriftweite verwechselt wird. Laufweite ist der Abstand der Zeichen voneinander, unabhängig von der Schriftweite. Diese Technik, auch Spationieren genannt, erledigen Sie am Computer natürlich programmgestützt.

START | SCHRIFTART ↘ | Register ERWEITERT | ABSTAND

Die Laufweite lässt sich punktweise verringern und vergrößern; das Vergrößern (»Austreiben«, im Bleisatz wurden Metallstreifen zwischen die Lettern getrieben) können Sie zum Beispiel zum Erzeugen von Sperrschrift verwenden, eine heute im Fließtext aus der Mode gekommene Hervorhebungsform, weil nun bessere Möglichkeiten bestehen.

> ⚠ **Vorsicht**
>
> Beim Verringern der Laufweite ist Vorsicht geboten. Zu leicht führt das Aneinanderrücken der Buchstaben zur Verschlechterung der Lesbarkeit.

Sperrschrift

Gesperrte Schrift war zur Schreibmaschinenära ein Mittel zur Textauszeichnung, nur dass damals eine 100%ige Austreibung durch Einfügen von Leerzeichen erfolgte. Heute kann man wesentlich feiner austreiben, aber nur noch selten findet man die Sperrungen als Hervorhebung, weil es bessere Formen gibt.

Mehr Laufweite bei kleinen Schriftgraden

Sinnvoller ist gesperrter Text zur Verbesserung der Lesbarkeit sehr kleiner Schriften. Die größeren Buchstabenabstände verhindern, dass die Buchstaben optisch ineinanderlaufen.

Unterschneidung

Wenn auf ausladende Großbuchstaben wie T, V, W, Y Kleinbuchstaben oder Großbuchstaben mit schrägem Aufstrich folgen, können die dabei entstehenden Leerräume störend wirken. Diesem Schönheitsfehler hilft die *Unterschneidung* ab, mit der solche Buchstabenpaare enger zusammengerückt werden.

Übrigens

Der Begriff ist im Ursprung wörtlich zu nehmen: Früher schnitten die Setzer tatsächlich keilförmige Teile aus dem Kegel (Körper der Druckletter), um die Buchstaben enger zu setzen.

Auch diesen Effekt erzeugen Sie im Schriftart-Dialog START | SCHRIFTART ↘ | Register ERWEITERT | ABSTAND.

1. Markieren Sie mindestens die Buchstaben, die unterschnitten werden sollen; bei dem Wort »Text« also das T und das e.

2. Verringern Sie im Feld ABSTAND den Wert.

Gute Fonts verfügen auch über automatische Unterschneidung. »Gut« bedeutet, dass es nur mit qualitativ guten (kommerziellen) Schriften funktioniert, die Listen mit »Kerningpaaren« enthalten. *Kerning* ist der englische Ausdruck für Unterschneiden, in den Kerninglisten sind alle infrage kommenden Zeichenpaare mit dem individuellen Grad der Unterschneidung aufgeführt und werden vom Programm entsprechend zusammengeschoben. Billige Schriften sind nicht so ausgestattet, deshalb hat die Aktivierung der automatischen Unterschneidung bei ihnen keinen Einfluss.

Tragen Sie zur Nutzung dieser Option im Feld UNTERSCHNEIDUNG AB die Schriftgröße ein, ab der die Unterschneidung wirksam werden soll. Totale automatische Unterschneidung lohnt sich nur bei Schriftgrößen von 14 pt aufwärts, also für Überschriften.

nicht unterschnitten: unterschnitten:

Abb. 12.9: Unterschneidung gegen hässliche Abstände

Ligaturen

Eine andere Form der Unterschneidung sind die *Ligaturen*, ineinander übergehende Buchstaben. Wirklich guter Buchdruck kam nicht ohne Ligaturen aus, denn eine Vielzahl von Buchstaben lässt sich zu Ligaturen zusammenziehen und erweckt einen besonders gefälligen Eindruck. So wurden die bleiernen Zeichensätze der Prä-Computersatz-Zeiten nach der Anzahl der enthaltenen Ligaturen bewertet.

Für sachliche Texte kommt man ohne Ligaturen aus, auch wenn uns einige durchs tägliche Leben begleiten wie das »ß« und das kaufmännische »&«, bei dem man in einigen Schriftarten sogar noch die Herkunft vom »et« erkennen kann.

Die OpenType-Technik kennt ebenfalls Ligaturen, teilweise als echte, im Zeichensatz enthaltene Zeichen, teilweise aber auch lediglich errechnete und per Laufweite und Verbindungsstriche zusammengeschobene Einzelzeichen. Bevor Sie konstruierte Ligaturen verwenden, verzichten Sie besser darauf. ⚒

Ligaturen und Unterschneidungen als Feldfunktion

In allen Word-Versionen gibt es eine wenig bekannte Feldfunktion, mit der Buchstaben enger zusammengeschoben werden können: {Advance}

1. Setzen Sie die Schreibmarke vor den nach links zu rückenden Buchstaben.
2. EINFÜGEN | SCHNELLBAUSTEINE | FELD | ADVANCE
3. Aktivieren Sie die Feldoption VERSATZ TEXT LINKS und geben Sie einen Punktwert ein, um den dieser Buchstabe nach links verschoben werden soll.
4. OK
5. F9

Diese Feldfunktion lässt natürlich auch Zeichenverschiebungen in alle anderen Richtungen zu, aber nach links dürfte die nützlichste sein.

12.2 Schriftattribute

Auch die Strichstärke. steht in enger Beziehung zur Schriftgröße. Bei kleinen Schriftgrößen sind fette Schnitte eine Zumutung für die Leser. Bei großen Schriftgraden dagegen erzeugen die normalen oder mageren Schnitte ein zu lockeres Schriftbild.

Die Schaltflächen F und K sind sicher jedem Word-Benutzer bekannt; mit ihnen lässt sich dem markierten Text ein **fetter** oder *kursiver* Schriftschnitt zuweisen. Dieselben Effekte ergeben sich beim Betätigen von Strg+⇧+F für **fett** und Strg+⇧+K für *kursiv*.

Grundregel für Fett- und Kursivschrift

Fettdruck ist ein Blickfänger, der den Blick beim Lesen zu einer bestimmten Stelle im Text lenken soll, während *Kursivdruck* im Fließtext den Lesefluss unterbricht, das Auge »stolpern lässt«.

Zurücknehmen lassen sich Attributzuweisungen durch Markieren des hervorgehobenen Textes und nochmaliges Anklicken (Ausschalten) der zugehörigen Schaltfläche oder nochmaliges Drücken der zugehörigen Tastenkombination.

Mehrere Attribute nehmen Sie mit Strg+Leer oder Strg+⇧+Z auf einen Schlag zurück; damit wird die Einstellung laut Formatvorlage wiederhergestellt.

Automatische Umwandlung von Fett- und Kursivkennzeichnungen

Sollten Sie im Usenet oder anderen textbasierten Diskussionsgruppen ohne WYSIWYG-Reader und -Editor arbeiten, sind Ihnen in Sternchen oder Unterstriche eingefasste Wörter sicher geläufig. Sofern Sie daran gewöhnt sind, in dieser Form Texte *fett* oder _kursiv_ auszuzeichnen, unterstützt Sie Word bei der Umsetzung in echte Schriftattribute, wenn Sie folgende Option einschalten:

DATEI | OPTIONEN | DOKUMENTPRÜFUNG | AUTOKORREKTUR-OPTIONEN | Register AUTOFORMAT WÄHREND DER EINGABE | Option *FETT* UND _KURSIV_ DURCH NORMALFORMATIERUNG

> ### Hinweise
>
> Diese Autoformatierung wirkt auch, wenn Sie die Sternchen oder Unterstriche nachträglich setzen.
>
> Mit der korrespondierenden Option im Register AUTOFORMAT[^9] lässt sich importierter Text dieser Form ebenfalls in echte Schriftattribute umsetzen.

Der technische Hintergrund von fett und kursiv

Je nach Schriftart fallen die Schriftattribute mehr oder weniger deutlich aus, manchmal wirken sie sogar befremdlich. Der Grund dafür liegt in der Qualität der verwendeten Schrift.

Windows erkennt bis zu vier Fontdateien als zu einer Schrift gehörig an, wenn bei deren Erzeugen bestimmte Merkmale im Dateikopf eingesetzt wurden: Grundschrift, fett, kursiv und fettkursiv. In der Schriftarten-Auswahl werden diese vier Dateien als ein Font angezeigt.

Wenn Sie ein Schriftattribut zuweisen, tauscht Word die Grundschrift gegen die jeweils zugehörige Schnittdatei dieser Schrift aus.

Schriften, für die keine anderen Schnittdateien als die Grundschrift vorhanden sind, werden auf die gewünschte Auszeichnung umgerechnet und so dargestellt. Beim Attribut *kursiv* fällt dieser Fake besonders ins Auge (siehe Abbildung 12.12).

Mit dem Explorer können Sie im Ordner Windows\Fonts leicht feststellen, welche Ihrer installierten Fonts über mehrere Schnitte verfügen. Für sie wird ein gestaffeltes Symbol verwendet. In der Explorer-Ansicht DETAILS können Sie auch die Art der vorhandenen Schnitte erkennen.

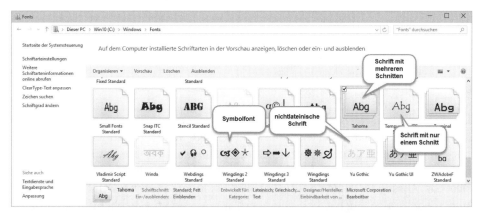

Abb. 12.10: Anzeige unterschiedlicher Schnittausstattungen im Schriftarten-Ordner

---

Wichtig

Vermeiden Sie fettkursive Schrift, auch wenn es einen solchen Schnitt für die meisten Brotschriften⁹ gibt. Diese beiden Schriftstile behindern sich in der Kombination meist gegenseitig und sehen so in den seltensten Fällen gut aus. Unter Typografen ist diese Kombination verpönt.

12.2.1 Fett

Was in den Stilmenüs der Textprogramme als »fett« bezeichnet wird, hängt davon ab, welcher Fettegrad als Font hinterlegt ist. Meist handelt es sich dabei um einen halbfetten Grad (*demi* oder *medium*).

Fett zusammen mit einem größeren Schriftgrad wird gern zur Hervorhebung von Überschriften eingesetzt.

Falsches Fett

Fehlt die für den Fettstil erforderliche Datei des Fontdateien-Quartetts, versucht Word, das Ergebnis rechnerisch zu substituieren, was nur selten gelingt.

Haben Sie einen solchen Font ohne echten fetten Schnitt in Gebrauch, können Sie **ab Word 2010** manuell bessere Ergebnisse als die automatische Fett-Substitution erreichen: Richten Sie der Schrift mit START | Gruppe SCHRIFTART: 🅰⁻ | 🅰⁻ KONTUR eine Kontur in der Schriftfarbe ein.

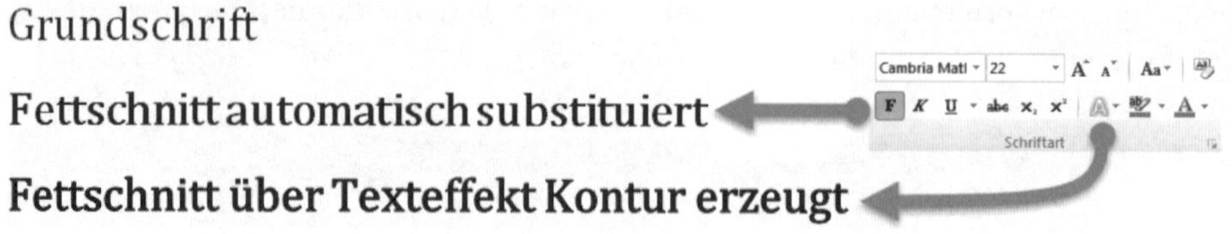

Grundschrift

Fettschnitt automatisch substituiert

Fettschnitt über Texteffekt Kontur erzeugt

Abb. 12.11: Manuelle Fett-Substitution schlägt Automatik.

12.2.2 Kursiv oder oblique?

Der Begriff »kursiv« ist nicht immer korrekt, denn kursiv können nur Serifenschriften sein, bei Grotesk nennt man die schräge Schrift »oblique«. Das ist nicht nur ein Unterschied in der Bezeichnung, auch das Aussehen kursiver und obliquer Stile unterscheidet sich. Oblique ist einfach nur schräg gestellt, ohne dass sich das Aussehen einzelner Buchstaben verändert. Kursive Schriften dagegen sind mehr, einige Buchstaben verändern ihr Aussehen erheblich. Sehr auffällig wird das beim a, f, g und ß.

Wenn in einer Serifenschrift die für den Kursivstil erforderliche Datei des Fontdateien-Quartetts fehlt, versucht Word, das Ergebnis durch reines Schrägstellen zu substituieren, also einen Oblique-Schnitt zu imitieren. Bei Serifenschrift fällt ein solches falsches Kursiv unangenehm auf.

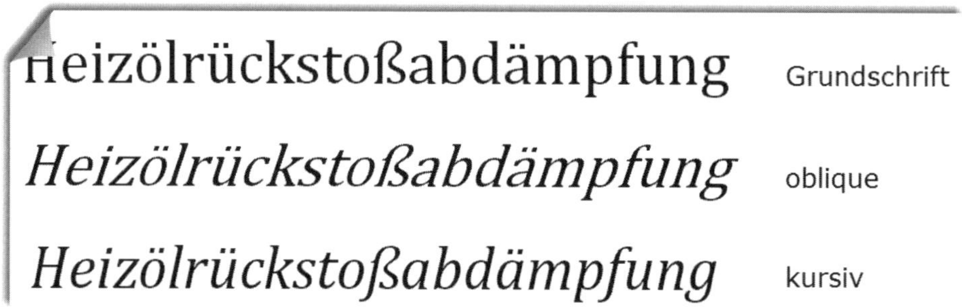

Heizölrückstoßabdämpfung   Grundschrift

Heizölrückstoßabdämpfung   oblique

Heizölrückstoßabdämpfung   kursiv

Abb. 12.12: Unterschiedliche Auswirkung des Attributs »kursiv«

12.2.3 Unterstreichungen

Beschränken Sie Unterstreichungen bitte auf Ausnahmefälle. Die Unterstreichung ist ein Relikt aus der Schreibmaschinenzeit, als sie noch das einzige Betonungsattribut war. Dennoch bietet Word sechzehn unterschiedliche Unterstreichungen an:

START | SCHRIFTART ⬏ | UNTERSTREICHUNG oder

Mausklick auf ▼ neben der Schaltfläche U⎓

Die einfache, gerade Unterstreichung erhalten Sie einem Klick auf Ⓤ und mit der Tastenkombination ⌈Strg⌉+⌈⇧⌉+⌈U⌉,

die doppelte Unterstreichung mit ⌈Strg⌉+⌈⇧⌉+⌈D⌉,

die wortweise Unterstreichung mit ⌈Strg⌉+⌈⇧⌉+⌈W⌉.

Der Effekt der Unterstreichung liegt zwischen jenen von Fett- und Kursivdruck. Die Betonung beim Betrachten der ganzen Seite ist nicht so stark wie beim Fett-Attribut, beim Lesen aber stärker als kursiv; sozusagen der Stolpereffekt mit dem Holzhammer.

ohne Unterstreichung

mit Unterstreichung Ⓤ

Unterstreichung mit Option »Nur Wörter«

Unterstreichung mit Absatzrahmen unten

typografisch korrekte Unterstreichung

Abb. 12.13: Unterstrich-Variationen

Aus typografischer Sicht ist der von Textprogrammen angebrachte Unterstrich ohnehin nicht korrekt. Unterlängen dürfen nicht unterstrichen werden, weil sie mit dem Unterstrich kollidieren. Anstatt eine solche Funktion, wie sie in jedem Desktop-Publishing-Programm zu finden ist, zu installieren, hat Microsoft die weniger nützliche Option NUR WÖRTER eingebaut, die Leerzeichen innerhalb einer unterstrichenen Wortfolge ausnimmt.

Empfehlung

Verwenden Sie die Unterstreichung bitte nur für einzelne Wörter oder Wortfolgen, niemals zum Unterstreichen ganzer Zeilen oder gar Absätze!

Ungewollte »Unterstreichungen«

Manchmal taucht unter einem Absatz ein Unterstrich auf, den Sie vermeintlich gar nicht dort angebracht haben und der sich partout nicht entfernen lässt.

Dann haben Sie vermutlich eine AutoKorrektur erwischt, die auf eine Kombination von drei aufeinanderfolgenden Zeichen mit abschließendem ⌈↵⌉ reagiert und daraus eine Absatzrahmenlinie erstellt.[98] Um diese Linie zu entfernen, gehen Sie wie folgt vor:

1. Setzen Sie die Schreibmarke in den der Linie vorangehenden Absatz.

2. Klappen Sie in der Registerkarte START die Rahmenauswahl mit einem Klick auf ▼ der Schaltfläche RAHMEN ⊞▾ auf.

3. Klicken Sie auf ⊞ RAHMENLINIE UNTEN.

12.2.4 Kapitälchen

Eine andere Form der Textauszeichnung sind »Kapitälchen«. Dabei wird der Text nur aus Großbuchstaben aufgebaut, jedoch sind die nicht großgeschriebenen Buchstaben etwas kleiner als die wirklichen Großbuchstaben. Ein beliebter Einsatzbereich für Kapitälchen sind Überschriften, besonders hervorzuhebende Eigennamen (z. B. von Schiffen) oder in Computerdokumentationen die Angabe von Befehlsfolgen (so wie auch in diesem Buch).

Es gibt Zeichensätze im Rahmen einer Schriftart, bei denen die Kleinbuchstaben (Gemeine, Minuskeln) durch verkleinerte Großbuchstaben (Versalien, Kapitale) ersetzt sind. Dies sind »echte« Kapitälchen.

Word besitzt mit ⌊Strg⌋+⌊⇧⌋+⌊Q⌋ sowie im SCHRIFTART-Dialog START | SCHRIFTART ↘ eine Option KAPITÄLCHEN, die geeignet sein soll, aus jedem Zeichensatz Kapitälchen zu erzeugen. Doch hier ist wieder nur eine Umrechnung am Werk, die nicht nur den Buchstaben verkleinert, sondern auch die Strichstärke verringert.

Grundschrift	Heizölrückstoßabdämpfung
echte Kapitälchen mit eigenem Font	HEIZÖLRÜCKSTOßABDÄMPFUNG
von Word errechnete Kapitälchen	HEIZÖLRÜCKSTOßABDÄMPFUNG

Abb. 12.14: Echte und errechnete Kapitälchen

Hinweis

OpenType-Schriften können Zusatzfeatures für echte Kapitälchen als Stil-Set enthalten:

START | Gruppe SCHRIFTART | TEXTEFFEKTE 𝐀▾ oder ↘ | Register ERWEITERT

---

98 vgl. Abschnitt 9.4.3

12.2.5 Exponenten und Indizes

Hoch- und tiefgestellte Zeichen für Exponenten und Indizes erzeugen Sie mit

- START, Gruppe SCHRIFTART mit den Schaltflächen $\boxed{x^2}$ und $\boxed{x_2}$ oder
- den Tastenkombinationen $\boxed{\texttt{Strg}}+\boxed{+}$ und $\boxed{\texttt{Strg}}+\boxed{\#}$.

12.2.6 Grafische Schriftattribute

Im Dialog SCHRIFTART finden Sie noch Optionen, um Text einfach oder doppelt durchzustreichen; hierfür kennt Word keine voreingestellten Tastenkürzel, ebenso wenig für die grafischen Hervorhebungen SCHATTIERT, UMRISS, RELIEF und GRAVUR. Für Arbeiten im Sinne dieses Buches kommen sie weniger in Frage, genauso wie die meisten Texteffekte, die Ihnen die Schaltfläche TEXTEFFEKTE $\boxed{A}$ offeriert.

Arbeiten Sie im Kompatibilitätsmodus, ist die Schaltfläche TEXTEFFEKTE $\boxed{A}$ ohnehin deaktiviert; grafische Gestaltungsmöglichkeiten haben Sie in diesem Modus mit den WordArt-Funktionen, die Sie mit EINFÜGEN | Gruppe TEXT: WORDART aufrufen.

12.3   Durch Farbe hervorheben

Besonders auffällig sind Hervorhebungen durch Einfärbung des Textes. Sie springen auch beim flüchtigen Betrachten einer Seite sofort ins Auge. Leider nur auf dem Bildschirm und beim Farbdruck – Letzterer aber ist bei akademischen Arbeiten häufig die Ausnahme.

12.3.1 Schrift einfärben

Zum Einfärben von Text bietet Word direkt in der Registerkarte START, Gruppe SCHRIFTART, eine Schaltfläche an: $\boxed{A}$

Der Farbbalken unter dem Buchstaben zeigt die zuletzt verwendete Farbe. Ein Klick auf das Symbol wendet die Farbe auf den markierten Text an. Wünschen Sie eine andere Farbe, klicken Sie auf $\boxed{\blacktriangledown}$ daneben.

> **Wichtig**
>
> Bitte belassen Sie es bei glatten Farben, wenn Sie Schrift einfärben. Farbverläufe über Text sind zwar möglich, aber nur bei plakativen Zwecken sinnvoll, nicht für Fließtext. Gleiches gilt für die anderen Schriftfüllungen und -effekte, die mit dem WordArt-Tool oder den Texteffekten möglich sind.

12.3.2 Farbe im Schwarz-Weiß-Druck

Schwarz-Weiß-Drucker setzen Farbe in Grautöne oder -raster um. Aber das hat natürlich nicht die Wirksamkeit von Farbe, im Gegenteil, die Schrift wird in jedem Fall heller als schwarz. Testen Sie unbedingt vorher, welche Farben zu welchen Ergebnissen auf Ihrem Drucker führen.

12.3.3 Texthintergrund einfärben

Beim Schwarz-Weiß-Druck ist es sinnvoller, nicht die Schrift einzufärben, sondern den Text mit einem Farbton zu hinterlegen, der als Grau- oder Rasterbalken wiedergeben wird.

1. Markieren Sie den zu hinterlegenden Text. Achten Sie darauf, dass eine evtl. folgende Absatzmarke *nicht* erfasst wird, denn sonst würde der komplette Absatz hinterlegt.
2. START | ABSATZ | ▼ der Schaltfläche SCHATTIERUNG

Alternativ benutzen Sie den Dialog RAHMEN UND SCHATTIERUNG

START | ABSATZ | ▼ der Schaltfläche RAHMEN | RAHMEN UND SCHATTIERUNG

Dort gibt es im Register SCHATTIERUNG[99] den Bereich MUSTER, in dem Sie aus der Liste LINIENART abgestufte Graustufen und Linienraster als Texthintergrund abrufen können. Mit diesen Rastern bestimmen Sie von vornherein, wie die Hinterlegung im Schwarz-Weiß-Druck erscheinen wird.

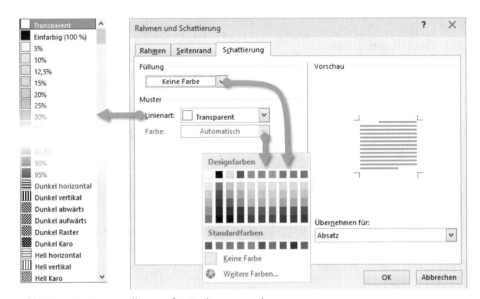

Abb. 12.15: Rastereinstellungen für Texthintergründe

99 »Schattierung« ist ein von jeher von Word verwendeter falscher Terminus für »Hinterlegung«.

Zu geringe Tönungen (< 10 %) fallen meist nicht auf, zu starke (> 50 %) können die Lesbarkeit beeinträchtigen.

⚠ Vorsicht

Bei dünnen Strichbreiten kann die Schrift in der Hinterlegung untergehen, weshalb Sie besser einen fetten Schnitt einsetzen.

Eine Abart der Hinterlegung ist die inverse Schrift. Auch hier empfiehlt es sich, einen fetteren Schnitt zu nehmen, weil sonst die Schrift vom Hintergrund erdrückt wird. Außerdem ist es sinnvoll, je einen zusätzlichen Leerschritt vor und hinter dem Text einzufügen und ihnen dasselbe Farbattribut zuzuordnen.

Hilfreiche Automatik

Ab einer Hinterlegung von 80 % Graustufe schaltet Word automatisch auf weiße Schrift um.

Schrift mit dünner Strichstärke bei 20 % Graustufe

Schrift mit dünner Strichstärke bei 50 % Graustufe

Schrift mit normaler Strichstärke bei 50 % Graustufe

Schrift mit fetter Strichstärke bei 50 % Graustufe

inverse Schrift mit dünner Strichstärke bei 100 % Graustufe

wie vor, aber mit Leerschritten vorab und folgend

Abb. 12.16: Hinterlegung von Schrift mit Graustufen

Texthervorhebung (Textmarker)

Die farbliche Hinterlegung von Text erreichen Sie auch mit der Schaltfläche SCHATTIERUNG ⬚▾ in der Registerkarte START, Gruppe ABSATZ, jedoch ohne die Graustufen. Ähnlich arbeitet die TEXTHERVORHEBUNG ⬚▾ in der Registerkarte START, Gruppe SCHRIFTART.

Beide Werkzeuge arbeiten unterschiedlich:

- Ist nichts markiert,
  - verwandelt TEXTHERVORHEBUNG ⬚▾ den Cursor in das Symbol 𝒜, mit dem Sie den zu betonenden Text bei gedrückter linker Maustaste überstreichen (wie mit einem Textmarker);

- färbt die SCHATTIERUNG ◳▾ beim Anklicken der Schaltfläche den Hintergrund des aktuellen Absatzes komplett ein, in dem die Schreibmarke gerade steht – vollständig zwischen linker und rechter Textbegrenzung und auch im Durchschuss.

- Besteht eine Markierung, färben beide Funktionen den Hintergrund der markierten Wörter exakt vom ersten bis zum letzten Buchstaben ein.

- Geht die Markierung über mehrere Zeilen (aber ohne Absatzmarke), wird von beiden Funktionen jede Zeile für sich eingefärbt. Das bedeutet, dass

  - die Enden der Einfärbung einem Flatterrand folgen und

  - Durchschuss zwischen den Zeilen ungefärbt bleibt.

- Erfasst die Markierung mindestens einen kompletten Absatz, wird

  - mit der TEXTHERVORHEBUNG ✎▾ ebenso eingefärbt wie bei der Zeilenmarkierung,

  - mit der SCHATTIERUNG ◳▾ die gesamte Fläche hinter dem markierten Absatz eingefärbt – vollständig zwischen linker und rechter Textbegrenzung und auch im Durchschuss; ebenso bei mehreren markierten Absätzen.

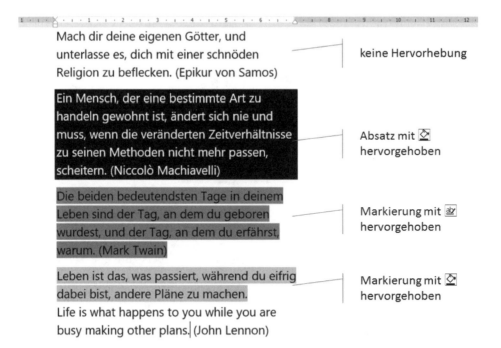

Abb. 12.17: Unterschiedliche Begrenzungen der Texthervorhebung und Schattierung

Gemein ist beiden Werkzeugen, dass beim Anklicken des Symbols die darunter angegebene (zuletzt verwendete) Farbe zum Einfärben benutzt wird; ein Klick auf

⏷ daneben klappt die Farbpalette auf, die sich bei der TEXTHERVORHEBUNG auf wenige Signaltöne beschränkt.

Hintergrundfarbe zurücksetzen

Um die Texthintergrundfarbe wieder zurückzunehmen, markieren Sie den Text und weisen via ⏷ neben dem jeweils zuständigen Werkzeug die Option KEINE FARBE zu oder setzen mit `Strg`+`Leertaste`, `Strg`+`Q` oder `Strg`+`Z` auf die Formatvorlagenwerte zurück.

Wichtig

Bei mit der TEXTHERVORHEBUNG ![abc] hinterlegten Texten funktionieren die Rücksetzungen mit `Strg`+`Leertaste`, `Strg`+`Q` und `Strg`+`⇧`+`Z` nicht, nur die Option KEINE FARBE.

Texthervorhebung ![abc] bei Finger- und Stifteingabe (Word 2019)

Die Registerkarte ZEICHNEN bietet Erleichterungen zur Markierung, wenn der FREIHAND-EDITOR eingeschaltet ist. Wählen Sie einen der Textmarker-Stifte und überstreichen den gewünschten Textteil. Auch ungenaue Linien werden in saubere Hervorhebungen umgesetzt. Beim Überstreichen eines kompletten Absatzes wird dieser vollständig mit der Hervorhebungsfarbe hinterlegt.

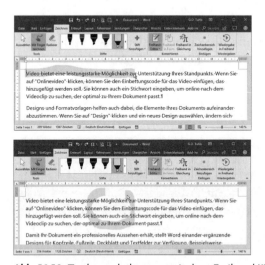

Abb. 12.18: Texthervorhebungen mit dem Freihand-Werkzeug, links die Handmarkierungen, rechts deren Umsetzungen

12.4 Mit Rahmen und Linien betonen

Wenn Zeilen oder Absätze optisch hervorgehoben werden sollen, eignet sich als dezentes und dennoch wirkungsvolles Mittel die Rahmung.

Es muss nicht immer ein vierseitiger Rahmen sein. Seitliche Balken, evtl. farbig und von hinreichend auffälliger Stärke reichen aus, um den Blick des Lesers auf einen bestimmten Absatz zu lenken. Umschließende Rahmen sind eher geeignet, einen Absatz aus dem Kontext zu lösen, zum Beispiel für Erläuterungen oder andere Hinweise, die zu umfangreich für eine Fußnote sind.

Abb. 12.19: Vollrahmen (links) und einseitige Rahmenlinie (rechts)

Die Rahmen liegen seitlich immer außerhalb der Spaltenbreite (wie Tabellenrahmen bis Word 2010). Sollten Sie einen Abschluss mit der Textbegrenzung wünschen, bedarf der Absatz einer Einrückung.

Leider akzeptiert der ABSATZ-Dialog nur mm und cm für das Einzugsmaß. Sie können nun die in pt angegebenen Maße für Rahmenlinienstärke und Abstand des Textes zum Rahmen in mm umrechnen,[100] können sich das Leben aber auch leicht machen und den Einzugseinsteller im Lineal mit dem Mauszeiger greifen, um ihn – ggf. unter Zuhilfenahme der [Alt]-Taste – an die passende Position zu bringen.

Wichtig

Rahmen orientieren sich an den Absatzeinzügen. Haben Sie zwei aufeinanderfolgende Absätze gerahmt, die unterschiedliche Einzüge besitzen, wird jeder Absatz separat gerahmt. Für einen gemeinsamen Rahmen sind die Einzüge anzugleichen.

---

100 Einzug [mm] = (Rahmenstärke [pt] + Rahmenabstand vom Text [pt]) x 0,376; die Werte für Rahmenstärke und Rahmenabstand finden Sie im Rahmen-Dialog, siehe Markierungen in Abbildung 12.22.

12.4.1 Rahmen-Schnellwahl

Am schnellsten rahmen Sie einen Text mit der Schaltfläche RAHMENLINIE in der Registerkarte START, Gruppe ABSATZ.

Die Schaltfläche ist zweigeteilt, links sehen Sie ein Rahmensymbol, das Ihnen anzeigt, welche Rahmenart zuletzt verwendet wurde. Diese Rahmenart wird beim Klick auf das Symbol auf den aktuellen Absatz bzw. auf die aktuelle Markierung erneut angewandt.

Klicken Sie daneben auf ▼, klappt eine Liste mit unterschiedlichen Positionen für Rahmenlinien auf. Wählen Sie nun die gewünschte Rahmenform oder Rahmenlinienposition aus, wird

- sie auf den aktuellen Absatz bzw. auf die aktuelle Markierung angewandt,
- das Symbol auf der Schaltfläche geändert und
- diese neue Rahmenoption beim nächsten Anklicken des Symbols wiederum angewandt.

Besitzt der aktuelle Absatz bereits einen Rahmen oder an der gewählten Position eine Rahmenlinie, wirkt die Zuweisung als Löschfunktion für die zuzuweisende(n) Rahmenlinie(n).

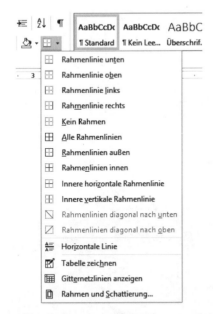

Abb. 12.20: Die schnellen Rahmenwerkzeuge

Alle diese Schnellfunktionen haben einen Nachteil: Sie haben damit keinen Einfluss auf Farbe, Stärke und Art der Rahmenlinien. Es wird immer die zuletzt im Dialog RAHMEN UND SCHATTIERUNG verwendete Formatierung verwendet.

12.4.2 Rahmen-Einstellungen

Einfluss auf das Linienformat nehmen Sie im Dialog RAHMEN UND SCHATTIERUNG, den Sie mit START | ▦▾ | RAHMEN UND SCHATTIERUNG | Register RAHMEN öffnen.

Der Dialog gliedert sich in drei Zonen, die seit jeher etwas unglücklich angeordnet sind:

Sie beginnen im mittleren Bereich mit der Auswahl von Linienart, -farbe und -stärke. Anschließend

- wählen Sie im linken Bereich zwischen drei verschiedenen umlaufenden Rahmenvariationen oder

- legen im rechten Bereich fest, an welchen Seiten des Absatzes Sie Rahmenlinien wünschen.

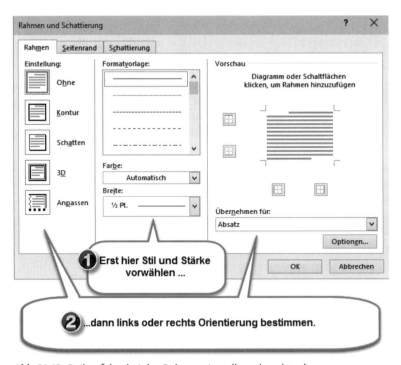

Abb. 12.21: Reihenfolge bei der Rahmeneinstellung beachten!

Die Rahmenlinien im rechten Bereich können Sie wahlweise durch Anklicken einer der vier Schaltflächen oder einer der vier Kanten des Vorschaubildes zuweisen. Klicken auf eine in der Vorschau angezeigte Rahmenlinie oder deren zugehörige Schaltfläche entfernt diese Linie wieder. Erst mit Klick auf [OK] wird der Rahmen auf den Absatz angewandt.

Wichtig

Die in der Mitte gewählten Attribute gelten für alle nachfolgend mit der Rahmenschnellwahl per Schaltfläche RAHMEN(LINIE) ⊞ in der Registerkarte START, Gruppe ABSATZ, zugewiesenen Rahmen und Rahmenlinien.

12.4.3 Kastentext

Sehr auffällig sind voll gerahmte Absätze mit Überschrift, bei denen die Überschriftzeile durch eine andere Farbgestaltung zusätzlich betont wird. Achten Sie in diesem Fall darauf, dass Rahmen und Überschrifthintergrund dieselbe Farbe haben und auch die Überschriftzeile – zusätzlich zur Hinterlegung – einen Rahmen erhält. Fehlt der Überschriftzeile der Rahmen, entsteht am Übergang zum Kastentext eine unschöne Stufe.

Kastentext
Sehr auffällig sind voll gerahmte Absätze mit Überschrift, bei denen die Überschriftzeile durch eine andere Farbgestaltung zusätzlich betont wird. Achten Sie in diesem Fall darauf, dass Rahmen und Überschrifthintergrund dieselbe Farbe haben und auch die Überschriftzeile – zusätzlich zur Hinterlegung – einen Rahmen erhält. Fehlt der Überschriftzeile der Rahmen, entsteht am Übergang zum Kastentext eine unschöne Stufe.

Kastentext
Sehr auffällig sind voll gerahmte Absätze mit Überschrift, bei denen die Überschriftzeile durch eine andere Farbgestaltung zusätzlich betont wird. Achten Sie in diesem Fall darauf, dass Rahmen und Überschrifthintergrund dieselbe Farbe haben und auch die Überschriftzeile – zusätzlich zur Hinterlegung – einen Rahmen erhält. Fehlt der Überschriftzeile der Rahmen, entsteht am Übergang zum Kastentext eine unschöne Stufe.

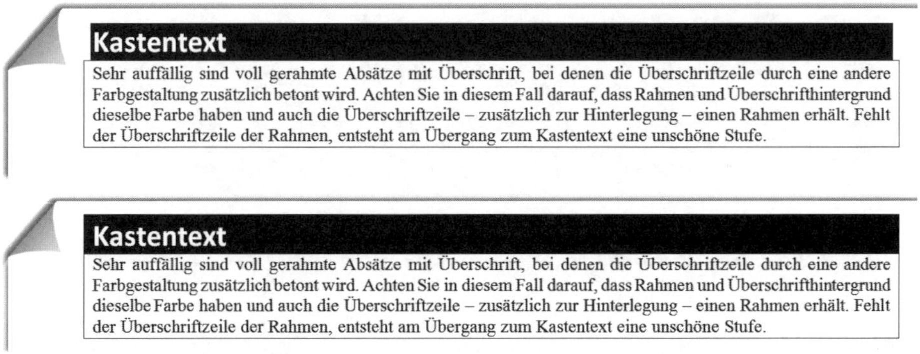

Abb. 12.22: Bei gerahmten Zeilen (unten) füllt eine Schattierung den Rahmen komplett aus.

12.4.4 Abstand zwischen Text und Rahmen

Ist der Text »auf Knirsch« umrahmt, sieht das nicht gut aus und lässt sich auch nicht gut lesen. Rahmenlinien müssen deutliche Distanz zum Text halten. Mit den OPTIONEN zum Register RAHMEN im Dialog RAHMEN UND SCHATTIERUNG lässt sich dieser Abstand in allen vier Richtungen individuell festlegen.

Die Einstellungen für den oberen und den unteren Abstand arbeiten mit dem *Absatzabstand* in der Weise zusammen, dass der *Absatzabstand außerhalb* des Rahmens wirkt, der *Rahmenabstand innerhalb*.

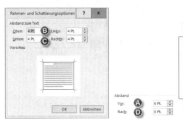

Der Absatz vor dem gerahmten Text. Der Absatz vor dem gerahmten Text. Der Absatz vor dem gerahmten Text.

Der gerahmte Absatz. Der gerahmte Absatz. Der gerahmte Absatz. Der gerahmte Absatz. Der gerahmte Absatz. Der gerahmte Absatz. Der gerahmte Absatz.

Der Absatz nach dem gerahmten Text. Der Absatz nach dem gerahmten Text. Der Absatz danach.

Abb. 12.23: Zusammenspiel von Absatzabstand und vertikalem Rahmenabstand

Kapitel 13

Text suchen, ersetzen und sortieren

Eine sehr wichtige Funktion beim Bearbeiten größerer Dokumente ist die Suchfunktion. Damit lassen sich Begriffe und mehr vorgeben, nach denen Word im Text sucht, dorthin springt und den gesuchten Text markiert.

13.1 Text suchen

Einen ausführlichen SUCHEN-Dialog öffnen Sie mit START | Gruppe BEARBEITEN: SUCHEN | ERWEITERTE SUCHE.[101]

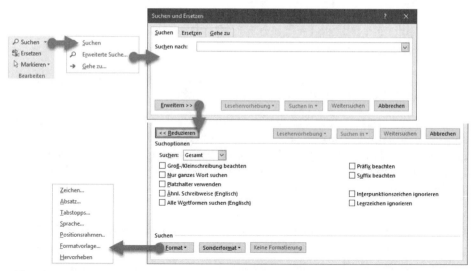

Abb. 13.1: Der Such-Dialog

Im Feld SUCHEN NACH: tragen Sie den gesuchten Begriff ein. Mit einem Klick auf WEITERSUCHEN starten Sie die Suche.

---

101 Die eigentlich »klassische« Suchmethode ist der Aufruf mit Strg + F . Seit Word 2010 ruft diese Tastenkombination ebenso wie START | SUCHEN allerdings die Suche in der Navigationsleiste auf. Mehr dazu in Abschnitt 13.2.

Word sucht ab der aktuellen Position textabwärts nach dem gesuchten Begriff, stoppt, wenn es ihn gefunden hat, und zeigt die Fundstelle mit markiertem Suchbegriff an.

Ist die Fundstelle die richtige, schließen Sie den SUCHEN-Dialog mit einem Klick auf ✖. Der gefundene Begriff bleibt markiert.

Trifft die Fundstelle nicht zu, setzen Sie die Suche mit Klick auf WEITERSUCHEN textabwärts fort. Nach Erreichen des Textendes setzt Word die Suche vom Textanfang an fort bis zur ursprünglichen Schreibmarkenposition.

13.1.1 Suche spezifizieren

Suchen Sie nicht nur nach einem bestimmten Begriff, sondern einem besonders formatierten Begriff, dann finden Sie nach einem Klick auf ERWEITERN zusätzliche Suchoptionen.

> **Wichtig**
>
> Die Klammerzusätze *(Englisch)* bei den Optionen ÄHNL. SCHREIBWEISE und ALLE WORTFORMEN SUCHEN sind ernst zu nehmen. Diese Art der Suche funktioniert nur in der englischen Sprache mit ihren einfachen grammatikalischen Strukturen.

13.1.2 Nach bestimmten Eigenschaften suchen

Ein Klick auf FORMAT lässt Sie die Suche einschränken auf Wörter, die eine bestimmte Formatierung aufweisen müssen. Nach Anklicken einer Formatart in der Liste finden Sie sich im Dialog der entsprechenden Formatierung wieder. Diese Dialoge bedienen Sie wie beim Formatieren, jedoch formatieren Sie hier nicht, sondern geben Formate als Suchkriterien vor.

Wählen Sie z. B. für das gesuchte Wort die Formatart FORMATVORLAGE und dort ÜBERSCHRIFT 1, so findet die Suchfunktion das gesuchte Wort nur, wenn es in Kapitelüberschriften (= Formatvorlage ÜBERSCHRIFT 1) auftritt. Alle anderen Fundstellen desselben Wortes werden ignoriert.

Die Formatkriterien sind kumulativ anwendbar, das heißt, Sie können die Suche sehr spezifisch eingrenzen.

> **Hinweis**
>
> Steht im Feld SUCHEN NACH: kein Text, findet Word jeden Text, auf den die Format-Spezifikation zutrifft.

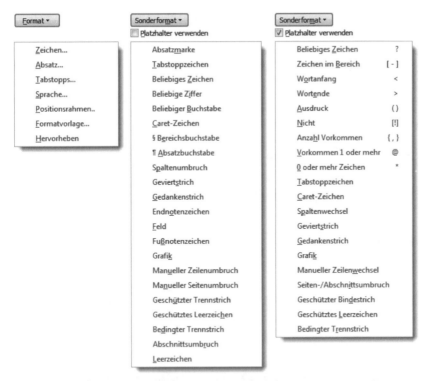

Abb. 13.2: Suchoptionen im erweiterten Einstellbereich

13.1.3 Nach Sonder- und Steuerzeichen suchen

Die Schaltfläche SONDERFORMAT im erweiterten SUCHEN-Dialog irritiert vom Namen her. Sie hat mit Formaten wenig zu tun. Mit ihr gelangen Sie zu einer Auswahl von Sonder- und Steuerzeichen, die sich nicht so einfach in die Suchmaske eintragen lassen.

> **Wichtig**
>
> Es nützt nichts, ein Steuerzeichen als Muster aus dem Text via Zwischenablage ins Suchfeld einzufügen. Word trägt in die Suchmaske das Bildschirmersatzzeichen des Steuerzeichens ein.

Wenn Sie eines der Sonderzeichen anklicken, erscheint im Suchfeld ein zweistelliger Code, bestehend aus einem Zirkumflex ^ und einem Buchstaben.

Alternativ lassen sich die Codes auch von Hand eingeben, indem Sie die Zirkumflex-Taste drücken und den Codebuchstaben direkt folgen lassen.

> **Tipp**
>
> Benötigen Sie in Ihrer zu suchenden Zeichenfolge einen Zirkumflex, geben Sie ihn zweimal hintereinander ein. In der Auswahl ist er als *Caret-Zeichen* aufgeführt.

> **Hinweis**
>
> Die in der Liste SONDERFORMAT im SUCHEN-Dialog aufgeführten Begriffe »¶ Absatzbuchstabe« und »§ Bereichsbuchstabe« sind lediglich irreführende Umschreibungen für die Zeichen ¶ und §.

Suchen per Zeichencode

Word versteht als Suchbegriff auch andere Codierungen. Folgt dem Zirkumflex eine Zahl, sucht das Programm nach dem Zeichen, dem diese Zahl als ASCII-Zeichencode im Zeichensatz entspricht. Die ASCII-Codierung erfahren Sie, indem Sie in der Symbolauswahl von EINFÜGEN | SYMBOL | (WEITERE SYMBOLE) das zu suchende Symbol anklicken (Abbildung 13.3).

> **Wichtig**
>
> Stellen Sie in der Liste ganz rechts in der Symbolauswahl auf *ASCII (dezimal)* um und ergänzen Sie beim Eingeben die Zahl ggf. mit führenden Nullen auf vierstellig.

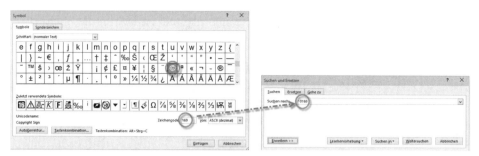

Abb. 13.3: Suchen anhand des Zeichencodes

13.2 Mit dem Navigationsbereich suchen

Eine Variante der Suchfunktion ist Bestandteil des Navigationsbereichs. START | SUCHEN oder [Strg]+[F] aktiviert den Navigationsbereich; falls er noch ausgeblendet sein sollte, und steuert das Suchfeld des Navigationsbereichs an. Ein Klick auf ▼ neben dem Lupensymbol eröffnet weitere Suchmöglichkeiten, darunter auch die in Abschnitt 13.1 beschriebene ERWEITERTE SUCHE.

> ### Hinweis
>
> Die in vielen Computerprogrammen übliche Tastenkombination ⌃Strg⌋+⌊F⌋ ruft eine Suchfunktion wie die im vorherigen Abschnitt beschriebene auf. Falls Ihnen diese klassische Suchmethode mehr liegt, weisen Sie die Tastenkombination ⌊Strg⌋+⌊F⌋ der Funktion START | SUCHEN ▼ | ERWEITERTE SUCHE zu, wie in Anhang B beschrieben.

Über der Dokumentstruktur gibt es ein Eingabefeld für den Suchbegriff. Geben Sie dort den Suchbegriff ein und klicken Sie auf das Lupensymbol oder betätigen Sie nach der Eingabe ⌊↵⌋, so werden alle Vorkommen des Suchbegriffs in der Struktur und im Textfenster markiert, sofern die Option ALLES HERVORHEBEN in den Suchoptionen aktiviert ist.

Abb. 13.4: Suchoptionen im Navigationsbereich

Um den nächsten oder vorherigen Treffer anzusteuern, klicken Sie auf ▲ oder ▼ *unter dem Suchfeld* des Navigationsbereichs.

13.2.1 Inkrementelle Suche

Eine interessante Option ist die INKREMENTELLE SUCHE, die keiner Bestätigung nach Eingabe bedarf, sondern schon mit Eingabe des ersten Zeichens in der Suchmaske startet und mit jedem weiteren Zeichen die Darstellung der Treffer aktualisiert.

Abb. 13.5: Inkrementelle Suche und Suchergebnisse im Kontext (rechts)

13.2.2 Suchbegriff im Kontext anzeigen

Eine weitere Erleichterung beim Suchen bietet das Register

|⑩🖿| DURCHSUCHEN DER ERGEBNISSE DER AKTUELLEN SUCHE

|⑬⑯⑲| ERGEBNISSE des Navigationsbereichs. Hier werden alle gefundenen Begriffe im Kontext gezeigt, so dass Sie bereits hier erkennen können, welche Fundstelle für Sie relevant ist.

13.3 Ersetzen

Die Erweiterung der Suchfunktion ist das Ersetzen, also ein Austausch eines gefundenen Begriffs gegen einen anderen. Dazu

- öffnen Sie in der ERWEITERTEN SUCHE das Register ERSETZEN oder

- rufen Sie den ERSETZEN-Dialog direkt mit START | Gruppe BEARBEITEN: ERSETZEN auf oder

- drücken Sie ⌷Strg⌷+⌷H⌷.

Abb. 13.6: ERSETZEN-Dialog

Die Bedienung der ERSETZEN-Funktionen ist identisch mit der Suchfunktion.

Im Feld SUCHEN NACH: tragen Sie den gesuchten Begriff ein, im Feld ERSETZEN DURCH: den neuen Begriff. Mit einem Klick auf WEITERSUCHEN starten Sie die Suche.

Beachten Sie bei der Behandlung der Treffer diese Bedienweisen:

- Ein Klick auf WEITERSUCHEN übergeht den Treffer beim Ersetzen.

- Ein Klick auf ERSETZEN ersetzt den Treffer durch den neuen Begriff und springt sofort zum nächsten Treffer weiter.

- Ein Klick auf ALLE ERSETZEN wandelt alle Treffer ohne Nachfrage in die Neufassung um.

Die erweiterten Suchoptionen sind nach einem Klick auf ERWEITERN auch für das Ersetzen vorhanden und lassen sich sowohl für den Suchbegriff als auch für den Ersatztext verwenden.

13.3.1 Klein- und Großschreibung beim Ersetzen

Klein- und Großschreibung wird beim Ersetzen an die Schreibweise des gefundenen Begriffes angepasst. Ein Suchbegriff »ersetzen« mit dem Ersatzbegriff »austauschen« ersetzt »Ersetzen« durch »Austauschen« und »ersetzen« durch »austauschen«.

Aber: Eine Suche nach »Maß« mit dem Ersatzbegriff »Bierhumpen« ersetzt »Maß« durch »Bierhumpen«, aber auch das Verb »maß« durch »bierhumpen«. Um dem zu begegnen, können Sie in den erweiterten Optionen die Suchbedingung GROSS- UND KLEINSCHREIBUNG BEACHTEN aktivieren. Damit wird als Treffer nur gewertet, was exakt der Schreibweise im Feld SUCHEN NACH: entspricht.

13.3.2 Ergänzen statt ersetzen

Gelegentlich muss ein Suchbegriff nicht ersetzt, sondern ergänzt werden. Haben Sie z. B. beim Schreiben Ihres Textes mehrfach nur den Hauptautor einer Quelle angeführt, möchten diesen Hinweis in der Endfassung aber um »und andere« ergänzen, geben Sie im ERSETZEN-Feld zunächst ein ^& ein, gefolgt vom Ergänzungstext, im Falle des Beispiels also: »^& und andere«. Word lässt dann den Suchbegriff an den Fundstellen stehen und trägt die Ergänzung nach.

13.3.3 Formatierungen ersetzen

Mit der Ersetzen-Funktion ist es auch möglich, bestimmten Texten eine andere Formatierung zuzuweisen. Geben Sie dazu im Feld ERSETZEN DURCH denselben Text ein wie im Feld SUCHEN NACH oder ^&, lassen aber die Schreibmarke dort stehen und wählen in der Auswahl der Schaltfläche FORMAT jene Formatierungen aus, die dem Suchtext zugewiesen werden soll. Die Formatierungsänderungen werden unterhalb des Feldes ERSETZEN DURCH angezeigt.

Ebenso lässt sich in einem Arbeitsgang ein Text durch einen anderen, anders formatierten Text ersetzen.

13.4 Suchen und Ersetzen mit Platzhaltern

Häufig gerät man in die Situation, ein Wort suchen oder ersetzen zu müssen, dessen genaue Schreibweise nicht bekannt ist oder im Textbestand variiert, zum Beispiel bei den unterschiedlichen Schreibweisen des Namens »Meier«. Für diese Fälle bietet die Suchfunktion an, nicht die komplette Buchstabenfolge als Suchbegriff vorzugeben, sondern *Platzhalter* genannte Jokerzeichen einzusetzen. Sie finden die Jokerzeichen zur Auswahl per Klick, wenn Sie bei gesetzter Option PLATZHALTER VERWENDEN auf die Schaltfläche SONDERFORMAT klicken (siehe Abbildung 13.2).

13.4.1 Die Platzhalter-Codes

Alternativ lassen sich die Jokerzeichen auch von Hand eingeben; dazu gibt Tabelle 13.1 eine Übersicht mit Anwendungsbeispielen. Die Option PLATZHALTER VERWENDEN muss auch bei manueller Eingabe gesetzt sein.

Zeichen	steht für	Beispiele
?	ein einzelnes unbekanntes Zeichen, mehrere ?? für eine exakte Anzahl unbekannter Zeichen	*Me?er* findet sowohl Meier als auch Meyer. *M??er* findet Meier, Meyer, Maier und Mayer, aber auch Maler, Meter etc.
*	mehrere unbekannte Zeichen unbekannter Zahl	*M*er* findet neben den oben genannten Meier-Varianten auch Müller, Mutter, Mittermaier etc.
<*abc*	die nach dem Symbol < angegebene Zeichenfolge zu Beginn eines Wortes	*<vor* findet alle Wörter, die mit der Vorsilbe »vor« beginnen und das allein stehende Wort »vor«.
abc>	die vor dem Symbol > angegebene Zeichenfolge am Ende eines Wortes	*ung>* findet alle Wörter, die auf »ung« enden; sehr nützlich bei der Schlussredaktion juristischer Texte!
[*abc*]	eines der zwischen den eckigen Klammern stehenden Zeichen	*M[ae][iy]er* findet alle Meier-Varianten, keine anderen Wörter.

Tabelle 13.1: Jokerzeichen für die Platzhaltersuche (Die kursiven Zeichen a, b, c, m und n stehen für Zeichen- bzw. Zahlenangaben innerhalb der Ausdrücke.)

Zeichen	steht für	Beispiele
[*a-b*]	eines der Zeichen aus der alphabetisch aufsteigenden Reihe zwischen den um den Bindestrich angegebenen Buchstaben	*[a-m]aul* findet faul, Gaul, Maul, aber nicht Paul und Saul.
[!*a-b*]	jedes Zeichen, das *nicht* in der alphabetisch aufsteigenden Reihe zwischen den um den Bindestrich angegebenen Buchstaben steht	*[!a-m]aul* findet Paul und Saul, aber nicht faul, Gaul, Maul.
{*n*}	das exakt n-fache Vorkommen des vor der geschweiften Klammer stehenden Zeichens	*Kar{2}* findet Karre und Karree, aber nicht Karte
{*n*,}	das mindestens n-fache Vorkommen des vor der geschweiften Klammer stehenden Zeichens	*Schif{2,}ahrt* findet das deutsche Wort für Nautik in alter und neuer Schreibweise und auch Falschschreibungen mit mehr als drei f.
{*n,m*}	das n- bis m-fache Vorkommen des vor der geschweiften Klammer stehenden Zeichens	*Schif{2,3}ahrt* findet das deutsche Wort für Nautik in alter und neuer Schreibweise, aber keine Falschschreibung mit mehr als drei f.
@	das beliebig häufig aufeinanderfolgende Vorkommen des vor dem @ stehenden Zeichens (einschl. einfach!)	*Her@mann* findet Hermann und Herrmann.

Tabelle 13.1: Jokerzeichen für die Platzhaltersuche (Die kursiven Zeichen a, b, c, m und n stehen für Zeichen- bzw. Zahlenangaben innerhalb der Ausdrücke.) (Forts.)

Wichtig

Um ein Zeichen zu suchen, das als Platzhalterdefinition verwendet wird, muss davor ein Backslash stehen, also z. B. \?, um nach einem Fragezeichen zu suchen.

Bei der Platzhaltersuche findet Word nur Text, der genau mit dem angegebenen Text übereinstimmt. Die Optionen GROSS-/KLEINSCHREIBUNG und NUR GANZES WORT SUCHEN sind ausgegraut, was allerdings bedeutet, dass sie vom System her aktiviert sind und nicht deaktiviert werden können.

Wichtig

Die Platzhaltersuche ist auf maximal sieben Ausdrücke in eckigen Klammern begrenzt und findet keine Absatzmarken ¶.

Aus der Trickkiste: Absatzmarke ¶ beim Suchen und Ersetzen mit Platzhaltern

Abhilfe schafft ein Workaround:

1. Ersetzen Sie **ohne Platzhaltermodus** ˆp durch eine »unmögliche« Zeichenkombination, z. B. »äöüß«.

2. Führen Sie das Ersetzen **im Platzhaltermodus** mit den Ersatzzeichen durch.

3. Wandeln Sie anschließend die Ersatzzeichen **ohne Platzhaltermodus** zurück nach ˆp.

13.4.2 Wörter vertauschen oder auslassen mit der Platzhaltersuche

Eine Sonderstellung nehmen bei der Platzhaltersuche (Abbildung 13.4.1) die runden Klammern ( ) im Feld SUCHEN NACH und \ im Feld ERSETZEN DURCH ein. In runde Klammern gesetzte Ausdrücke werden ebenso gefunden wie ohne Klammern, jedoch kann das Suchergebnis mithilfe eines Backslashs, gefolgt von einer Nummer, an beliebiger Stelle im Ersetzen-String eingebunden werden. Die Nummer gibt die Position des geklammerten Begriffs im Suchstring an.

So lässt sich mit der Platzhaltersuche die Reihenfolge von Wörtern vertauschen.

Fehlt im Feld ERSETZEN DURCH: eine Zahl, wird das zugehörige Wort ausgelassen.

> **Beispiel**
>
> *Suchen nach: Paragraph ([0-9])*
> *Ersetzen durch: Abschnitt \1*
>
> ersetzt alle von einem numerischen Wert gefolgten Wörter »Paragraph« durch »Abschnitt« mit der bisher folgenden Zahl; das Wort »Paragraph« ohne nachfolgende Zahl wird nicht ersetzt.

Aus der Trickkiste: Kalenderdaten umformatieren

Diese Austauschfunktion erleichtert es, Kalenderdaten in andere nationale Formen umzuwandeln, z. B. die amerikanische *mm/dd/yyyy* in die deutsche Form tt.mm.jjjj:

Suchen nach: ([0-9]{1,2})/([0-9]{1,2})/([0-9]{2,4})

Ersetzen durch: \2.\1.\3

Diese Formel hat allerdings eine Lücke: Auch dreistellige Jahreszahlen werden akzeptiert, weil nur Längen von,bis in den geschweiften Klammern angegeben werden können.

13.5 Text sortieren

Word vermag Text alphabetisch zu sortieren, wenn Sie im Register START, Gruppe ABSATZ, auf die Schaltfläche SORTIEREN ⏷ klicken. Eine gewisse Grundstruktur ist dafür erforderlich; Sortiereinheit ist im Fließtext ein Absatz.

> **Wichtig**
>
> Der zu sortierende Textbereich muss markiert sein; ist nichts markiert, sortiert Word den kompletten Text.

Bei der Sortierung wird diese Reihenfolge eingehalten:

1. Sonderzeichen in dieser Reihenfolge: - ! " # $ % & ( ) * , . / : ; ? _ | ~ + < = > §,
2. Buchstaben, wobei Umlaute nach den Grundbuchstaben und ß nach s kommen,
3. Zahlen, jedoch werden römische Zahlen unter den Buchstaben I, V, X etc. eingereiht.

> **Wichtig**
>
> Nummerierte Listen werden nicht nach der Nummerierung, sondern nach den Anfangsbuchstaben der Absätze sortiert; die Absätze nehmen dabei die Nummerierung mit.

Zur Unterscheidung von Groß- und Kleinbuchstaben beim Sortieren gibt es in den Optionen zum Sortier-Dialog einen Schalter GROSS-/KLEINSCHREIBUNG BEACHTEN.

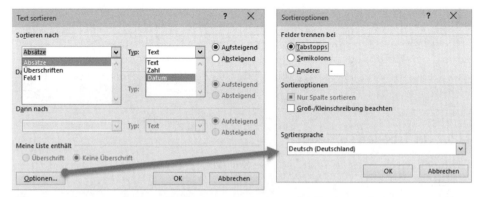

Abb. 13.7: Sortiereinstellungen, für alle Sortierarten identisch, allerdings gibt es die Auswahl »Überschriften« in der linken Liste erst ab Word 2013.

13.5.1 Text nach Überschriften sortieren

Gerade im wissenschaftlichen Bereich kommt es häufiger vor, dass für ausführliche Erläuterungen zu Stichworten im Stil eines Glossars eine tabellarische Darstellung zu platzgreifend wäre, weshalb die erläuterten Stichwörter als Überschriften vorangestellt werden.

Bis Word 2010 benötigen Sie dafür die Gliederungsansicht.

1. ANSICHT | GLIEDERUNG

2. Mit EBENE ANZEIGEN reduzieren Sie die Darstellung auf die Überschriftenebene, die die zu sortierenden Stichwörter enthält.

3. Markieren Sie die Liste der zu sortierenden Stichwörter.

4. START, Gruppe ABSATZ | SORTIEREN 𝔸↓

Word sortiert nun die Überschriften und nimmt bei der Sortierung die zu den Überschriften gehörenden Texte mit.

Hinweis

Die in der Layoutansicht mögliche Reduzierung auf die Anzeige der Überschriften hat keine Auswirkung auf die Sortierung.

Seit Word 2013 lassen sich Texte mit Überschriften ohne Zerstörung der Zusammenhänge sortieren, indem Sie in der Liste SORTIEREN NACH den Eintrag ÜBERSCHRIFTEN wählen.

Die zu den Überschriften gehörenden Fließtexte folgen nun ihren Überschriften bei der Sortierung. Untergeordnete Ebenen werden folgerichtig mitgezogen.

Wichtig

Ist beim Sortieren nach ABSÄTZEN die Option ÜBERSCHRIFT gesetzt, wird *nur die erste* Überschrift nicht in die Sortierung einbezogen; folgende Überschriften gelten als zu sortierende Absätze ohne Rücksicht auf eine Formatierung als Überschrift.

13.5.2 In Tabellen sortieren

Für tabellarisch erfasste Texte ist eine Sortierung am ehesten als sinnvoll zu erachten.

Um die Zeilen in einer Tabelle zu sortieren, rufen Sie die Sortierfunktion in TABELLENTOOLS, Registerkarte FORMAT | SORTIEREN auf.

Sie legen im Sortier-Dialog fest, in welcher Spalte die Sortierkriterien stehen und nach welchem Inhaltstyp zu sortieren ist, klicken anschließend auf **OK** und schon wird die Tabelle dementsprechend umsortiert.

Soll nach mehreren Kriterien sortiert werden, gibt es die Möglichkeit, zwei Untersortierungen zu definieren.

> ⚠ **Vorsicht**
>
> Zellen, die Berechnungsfelder enthalten, begrenzen die Sortierung, damit der Bezug nicht verloren geht.

13.5.3 Strukturierte Listen sortieren

Liegt ein Text in strukturierter Form vor, z. B. indem in jedem Absatz dieselben Trennzeichen zum Abgrenzen unterschiedlicher Sachverhalte benutzt werden, so kann dieser wie eine Tabelle sortiert werden.

Im Dialog TEXT SORTIEREN geben Sie anstelle der Spalten als Sortierschlüssel die Position des Sortierbegriffs im Absatz an (siehe Abbildung 13.8). Die OPTIONEN erlauben Ihnen, das Trennzeichen frei zu wählen. Üblich sind Tabstopps oder Semikola.

Auch bei dieser Sortierform sind zwei tiefere Sortierstufen möglich.

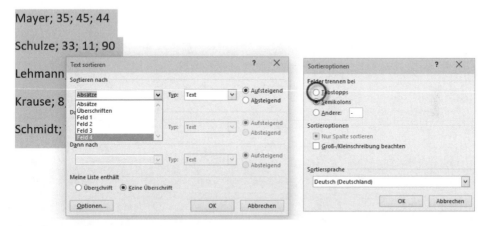

Abb. 13.8: Sortieren strukturierter Listen

Teil III

Ergänzend zum Fließtext

Nur selten kommt man in die Verlegenheit, reinen Text zu verarbeiten. Wissenschaftliche Veröffentlichungen jedweder Art sind mit Tabellen, Grafiken und Bildern angereichert – manchmal auch überladen. Zudem bedürfen manche Fakten einer listenmäßigen Darstellung.

Beim Einfügen solcher Zusatzinformationen in den Text gibt es Stolperfallen zu beachten. Word macht es den Anwendern von jeher nicht leicht dabei, was aber insoweit zu entschuldigen ist, dass Word halt ein Textprogramm ist, kein Layout- oder Satzprogramm. Für Word hat erste Priorität der Fließtext, der Rest ist Beiwerk, das mal recht, mal schlecht mitverwaltet wird.

Wenn Sie sich diese primäre Orientierung des Programms immer vergegenwärtigen, sind manche der unangenehmen Überraschungen zwar immer noch ärgerlich, aber durchaus verständlich, und Sie können ihnen begegnen.

Die Kapitel dieses Teils zeigen Ihnen, welche Zusatzfunktionen Word für Ihre Ausarbeitung anbietet und wo deren Grenzen liegen, um die Ursachen unangenehmer Überraschungen zu reduzieren.

In diesem Teil:

Kapitel 14

Aufzählungen und nummerierte Listen

In Fachtexten kommt man selten um Aufzählungen oder nummerierte Listen herum. Word bietet dazu eine vielfältige Unterstützung, doch leider sind einige Automatismen für unerfahrene Benutzer nicht gleich eingängig. Außerdem sind die Bezeichnungen Aufzählung, Nummerierung, Gliederung und Liste ein wenig willkürlich eingesetzt.

- **Liste** ist der Oberbegriff für Aufzählungen und Nummerierungen, zugleich auch Name der einschlägigen Formatvorlagen.

- Als **Aufzählungen** werden in Word *nicht nummerierte* Listen bezeichnet, deren Absätze durch Aufzählungszeichen eingeleitet werden, um den Neubeginn eines Elements der Aufzählung zu kennzeichnen, so wie in diesem Textteil.

- **Nummerierungen** sind Listen, bei denen jedem Absatz eine laufende Nummer vorangestellt wird, weil die Elemente der Liste einer bestimmten Reihenfolge zuzuordnen sind.

- Mit **Gliederungen** sind nummerierte Listen gemeint, die nicht linear aufeinanderfolgend, sondern in verschiedenen Ebenen hierarchisch nummeriert sind – die Nummerierungsform in wissenschaftlichen Arbeiten schlechthin.

Die Automatik für Aufzählungen und nummerierte Listen ist eine wichtige Arbeitserleichterung in allen Formatierungen, die eine Struktur benötigen, angefangen von der nummerierten Liste über Kapitel-Überschriften bis hin zu nummerierten Bildunterschriften. Ohne deren Automatisierung wäre jedes nachträgliche Einfügen oder Verschieben mit großem manuellem Änderungsaufwand verbunden – Word nimmt Ihnen bei konsequenter Verwendung der Assistenzfunktionen jedwede Fortschreibung ab.

14.1 Aufzählungen – wann?

Aufzählungen dienen dazu, Texte zu strukturieren und Zusammenhänge leichter lesbar zu machen. Dies ist vor allem dann hilfreich, wenn in einem Satz verschiedene Varianten eines Sachverhalts gegenübergestellt sind oder ein verschachtelter Satz zwecks besserer Übersichtlichkeit strukturiert werden soll.

Die Aufwendungen für Unterkunft und Verpflegung sind für höchstens dreiundzwanzig Kalendertage einschließlich der Reisetage bis zum Betrag von 16 Euro täglich, für Begleitpersonen von Schwerbehinderten, deren Notwendigkeit behördlich festgestellt ist, bis zum Betrag von 13 Euro täglich, soweit die Aufwendungen über 12,50 Euro täglich bzw. 10 Euro täglich für die Begleitperson hinausgehen, beihilfefähig.

Die Aufwendungen für Unterkunft und Verpflegung sind für höchstens dreiundzwanzig Kalendertage einschließlich der Reisetage bis zum Betrag von 16 Euro täglich,

- für Begleitpersonen von Schwerbehinderten,
    - deren Notwendigkeit behördlich festgestellt ist,
  - bis zum Betrag von 13 Euro täglich,
- soweit die Aufwendungen über 12,50 Euro täglich
  - bzw. 10 Euro täglich für die Begleitperson
- hinausgehen,

beihilfefähig.

Abb. 14.1: Mit Aufzählungszeichen und Einzügen strukturiert = besser verständlich

Der in Abbildung 14.1 exemplarisch zitierte Satz aus einer Rechtsvorschrift ist in Fließtextform verwirrend und kaum verständlich. Die Struktur mit Einzügen und Aufzählungszeichen verdeutlicht die ineinander verschachtelten Bedingungen.[102]

Selbst in nicht so komplexen Zusammenhängen kann eine Entzerrung des Textes in mehrere Zeilen mit Aufzählungszeichen hilfreich sein.

Hauptsignale zeigen die Signalbilder Hp0 – rot – Halt, Hp1 – grün – Freie Fahrt und Hp2 – gelb – Langsamfahrt.

Hauptsignale zeigen die Signalbilder

- Hp0 – rot – Halt,
- Hp1 – grün – Freie Fahrt und
- Hp2 – gelb – Langsamfahrt.

Signal	Signalfarbe	Bedeutung
Hp0	rot	Halt
Hp1	grün	Freie Fahrt
Hp2	gelb	Langsamfahrt

Abb. 14.2: Vergleich zwischen Fließtext, Aufzählung und Mini-Tabelle

Aufzählungen sind also immer dort angesagt, wo eine Darstellung im Fließtext unübersichtlich wird, aber eine tabellarische Darstellung zu weit führte.

Aufzählungszeichen – welche?

Word ist so eingerichtet, dass Sie jedes beliebige Zeichen, das die auf Ihrem Computer installierten Schriftarten hergeben, als Aufzählungszeichen verwenden könn-

---

102 Noch besser wäre es allerdings, daraus zwei Sätze zu machen.

ten (siehe Abschnitt 7.5). Die Anzahl der für Fachtexte verwendbaren Aufzählungs-zeichen ist weit geringer. Verzichten Sie auf sehr auffällige oder allein für sich aussagekräftige, weil symbolhaft interpretierte Aufzählungszeichen. Beschränken Sie sich auf einfache geometrische Formen oder mit dem Text im Einklang stehende Symbole.

Bei der Auswahl der Aufzählungszeichen seien besonders die Schriftarten MAR-LETT, WINGDINGS und WINGDINGS2 empfohlen.

> **Pfeile?**
>
> Meiden Sie Pfeile als Aufzählungszeichen! Pfeile sind zu reservieren für beson-ders wichtige Passagen, auf die das Auge des Lesers gelenkt werden soll. Wenn Sie ständig Pfeile als Aufzählungszeichen verwenden, begeben Sie sich eines auffälligen Symbols für Besonderheiten.

14.2 Vollautomatische Listen

Geben Sie am Beginn eines neuen Absatzes einen Bindestrich und dann einen Leerschritt ein, schließt die *AutoKorrektur*[103] daraus, dass Sie eine Aufzählung zu schreiben gedenken, und bietet ihre Unterstützung an, indem sie diesen Ab-satz *sofort* umformatiert.

1. Die Funktion ▤ AUFZÄHLUNGSZEICHEN in der Registerkarte START, Gruppe AB-SATZ, wird aktiviert.
2. Der Text wird mit hängendem Einzug eingerückt.
3. Der Leerschritt nach dem Bindestrich wird in einen Tabsprung umgewandelt.

Jeder folgende Absatz wird genauso formatiert, bis Sie die Aufzählung durch Ab-schalten der Funktion ▤ AUFZÄHLUNGSZEICHEN in der Registerkarte START, Grup-pe ABSATZ, oder mit zweimal ⌫ Backspace beenden.

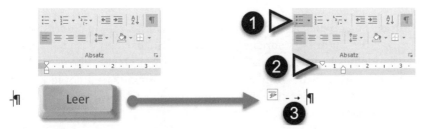

Abb. 14.3: Automatische Umstellung auf Aufzählungsformat

---

103 siehe Abschnitt 11.3

> **Hinweis**
>
> Diese Automatik reagiert auch auf weitere Zeichen: Ein * am Zeilenbeginn wird zu •, zwei Bindestriche -- werden zu ■ und > wird zu ➤.

Bei nummerierten Listen funktioniert das ebenso:

Geben Sie am Beginn eines neuen Absatzes eine Ordnungszahl und dann einen Leerschritt ein, schließt die *AutoKorrektur* daraus, dass Sie eine nummerierte Liste zu schreiben gedenken, und bietet ihre Unterstützung an, indem sie diesen Absatz umformatiert.

1. Die Funktion NUMMERIERUNG in der Registerkarte START, Gruppe ABSATZ wird aktiviert.
2. Der Text wird mit hängendem Einzug eingerückt.
3. Der Leerschritt nach der Zahl wird in einen Tabsprung umgewandelt.

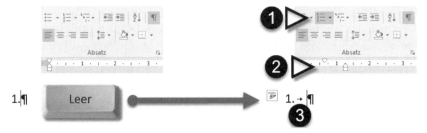

Abb. 14.4: Automatische Listennummerierung

Jeder folgende Absatz wird genauso formatiert und die Nummerierung fortgeführt, bis Sie die Liste durch Abschalten der Funktion ▤ NUMMERIERUNG in der Registerkarte START, Gruppe ABSATZ, oder mit zweimal [Backspace] beenden.

> **Hinweis**
>
> Bei der Auslegung, ob die einleitenden Zeichen Ordnungszahlen sind, ist Word sehr freizügig; die Automatik spricht auch auf die Buchstaben a und A an. Ein großes I oder kleines i wird zur Einleitung für eine römisch gezählte Liste. Auch die Kennzeichnung als Ordinalzahl ist flexibel, die Automatik funktioniert, wenn das Zeichen von Punkt oder runder Klammer gefolgt oder von runden Klammern umgeben ist; z. B. a. a) (a).

Wichtig

Die Nummerierungsautomatik spricht nur an, wenn der Startwert 1, a, A, i oder I ist. Höhere Werte werden ignoriert.

14.2.1 Automatik abschalten

Die Automatik lässt sich zurücksetzen, indem Sie nach der Umwandlung mit dem Mauszeiger auf das blaue Rechteck unter der Umwandlung weisen, dann die Schaltfläche 🔽 anklicken und RÜCKGÄNGIG: AUTOMATISCHE AUFZÄHLUNG/NUMMERIERUNG wählen. Schneller geht es mit ⌨Strg⌨+⌨Z⌨.

Dauerhaft abzustellen ist diese Automatik ebenfalls mit dem Smarttag 🔽 und AUTOMATISCHES ERSTELLEN VON AUFZÄHLUNGEN DEAKTIVIEREN.

Wollen Sie die Automatik wieder einschalten, wechseln Sie in die AutoKorrektur-Optionen

DATEI | OPTIONEN | DOKUMENTPRÜFUNG | AUTOKORREKTUR-OPTIONEN,

um dort im Register AUTOFORMAT WÄHREND DER EINGABE die Optionen AUTOMATISCHE AUFZÄHLUNG und AUTOMATISCHE NUMMERIERUNG einzuschalten.

14.2.2 Aufzählungszeichen oder Nummerierung vor einzelnen Absätzen entfernen

Word wendet die Aufzählungszeichen und Nummerierungen bei einem neuen Absatz konsequent an. Soll innerhalb eines Aufzählungspunktes oder einer Nummer der Text durch Absätze strukturiert, aber keine Unterebene angelegt werden, entfernen Sie das Aufzählungszeichen oder die Nummer des Folgeabsatzes wie folgt:

Setzen Sie die Schreibmarke vor den Text des neuen Absatzes und betätigen Sie die Taste ⌨Backspace⌨. Das Aufzählungszeichen bzw. die Nummer verschwindet, aber die Einrückung bleibt erhalten. Erst ein zweites Betätigen von ⌨Backspace⌨ schaltet die Aufzählungsautomatik ab und setzt die Einrückung zurück.

Dieses Absatzformat vererbt sich auf alle danach angelegten neuen Absätze. Wollen Sie die Nummerierung oder Aufzählung später wiederaufnehmen, geht das am sichersten, indem Sie die Formatierung des letzten nummerierten oder per Aufzählungszeichen eingeleiteten Absatzes mit dem Formatpinsel ◆ oder ⌨Strg⌨+⌨⇧⌨+⌨C⌨/⌨Strg⌨+⌨⇧⌨+⌨V⌨ auf den neuen Absatz übertragen[⌨].

14.3 Halbautomatische Listen

Schreiben Sie den Text, den Sie als Start einer Aufzählung oder nummerierten Liste erstellen möchten, zunächst als einfachen Absatz.

Wählen Sie für diesen Absatz mit

START | Gruppe ABSATZ | SCHALTFLÄCHEN ▤▾, ▤▾ oder ▤▾ (die dritte Schaltfläche ist ungeteilt)

ein Aufzählungszeichen oder eine Nummerierungsvariante aus den angebotenen Mustern aus.

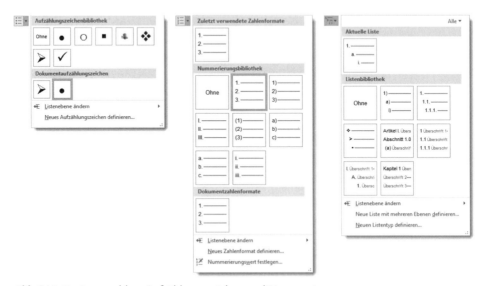

Abb. 14.5: Basisauswahl an Aufzählungszeichen und Nummerierungen

14.3.1 Aufzählungszeichen neu definieren

Mittels START | *Absatz*: ▤▾ AUFZÄHLUNGSZEICHEN | NEUES AUFZÄHLUNGSZEICHEN DEFINIEREN lassen sich die dürftigen Auswahllisten erweitern.

Im Dialog NEUES AUFZÄHLUNGSZEICHEN DEFINIEREN finden Sie oben drei Schaltflächen, mit denen Sie

- die SCHRIFTART für das Aufzählungszeichen wechseln,
- ein anderes ZEICHEN/SYMBOL per Dialog zur Symbolauswahl auswählen oder
- ein BILD, genauer: eine Minigrafik als Aufzählungszeichen verwenden; diese Schaltfläche öffnet eine Clipart-Auswahl, die sich mit der Funktion IMPORTIEREN um eigene Grafiken erweitern lässt.

Die Wahl der AUSRICHTUNG besitzt nur minimal erkennbare Auswirkungen und erschließt sich kaum aus ihrer verbalen Bezeichnung. Gemeint ist die Orientierung des Aufzählungszeichens am Absatzeinzug[104]:

---

104 siehe Abschnitt 9.4.2

Links: Das Aufzählungszeichen steht rechts vom Einzug.

Zentriert: Das Aufzählungszeichen steht mittig auf dem Einzug.

Rechts: Das Aufzählungszeichen steht links vom Einzug.

> **Wichtig**
>
> Diese Ausrichtung ist unabhängig von der Ausrichtung des dem Aufzählungszeichen folgenden Textes.

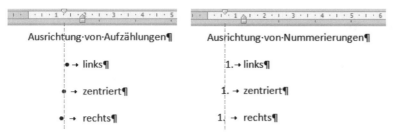

Abb. 14.6: Ausrichtung am hängenden Einzug

Aufzählungszeichen unabhängig vom Text formatieren

Um dem Aufzählungszeichen eine andere Farbe zuzuweisen als dem Text, führt der offizielle Weg über

1. START | *Absatz*: ☰▾ AUFZÄHLUNGSZEICHEN | NEUES AUFZÄHLUNGSZEICHEN DEFINIEREN | SCHRIFTART | FARBE

> **Hinweis**
>
> Standardmäßig steht dort »Keine Farbe«, was aber nicht zutrifft, denn standardmäßig hat das Aufzählungszeichen dieselbe Farbe wie der Text der Liste.

2. Wählen Sie eine Farbe für das Aufzählungszeichen aus. Sie gilt ab sofort für weitere Aufzählungen, bis Sie ein anderes Aufzählungszeichen in START | *Absatz*: ☰▾ definieren.

Aus der Trickkiste: Nur ein Aufzählungszeichen innerhalb einer Aufzählung farblich hervorheben

Für nur ein umzufärbendes Aufzählungszeichen innerhalb einer Aufzählung bedienen Sie sich dieses Tricks:

1. Schalten Sie mit der Schaltfläche START | ¶ oder mit `Strg`+`⇧`+`+` die Steuerzeichenanzeige ein

2. Markieren Sie im zu formatierenden Absatz *nur* die Absatzmarke ¶.

3. Weisen Sie der Absatzmarke die gewünschte Textfarbe zu.

> **⚠ Vorsicht**
>
> Beim Ändern der Absatzformatierung wird das Aufzählungszeichen wieder den Attributen des Textes angepasst.

14.3.2 Zahlenformat neu definieren

Mittels START | ABSATZ: ▤▾ NUMMERIERUNG | NEUES ZAHLENFORMAT DEFINIEREN lassen sich die dürftigen Auswahllisten umgestalten.

Im Dialog NEUES ZAHLENFORMAT DEFINIEREN finden Sie

- eine Auswahl unterschiedlicher Zählweisen,
- die Möglichkeit, die Schriftart zu wechseln und
- eine Ausrichtungswahl.

Aus der Liste ZAHLENFORMATVORLAGE wählen Sie die Grundform Ihrer Nummerierung. Diese lässt sich im Feld ZAHLENFORMAT ergänzen um zusätzliche Zeichen, z. B. Punkte, Klammern, §-Zeichen, »Kapitel«. Nur der grau hinterlegte Teil wird hochgezählt, die Ergänzungen bleiben statisch. Das Vorschaufenster gibt einen guten Eindruck der künftigen Anmutung Ihrer Liste.

Die drei Ausrichtungsvarianten haben nur minimal erkennbare Auswirkungen, solange es sich um kurze Zahlen handelt. Bei mehrstelligen Zahlen wird deutlicher, dass damit die Orientierung der Nummerierung am Einzug gemeint ist (siehe auch Abbildung 14.6):

Links: Die Zahl beginnt am Einzug und läuft nach rechts.

Zentriert: Die Zahl wird gleichmäßig um den Einzug herum nach links und rechts verteilt.

Rechts: Die Zahl endet rechtsbündig am Einzug und läuft nach links.

> **Wichtig**
>
> Diese Ausrichtung ist unabhängig von der Ausrichtung des auf die Nummer folgenden Textes.

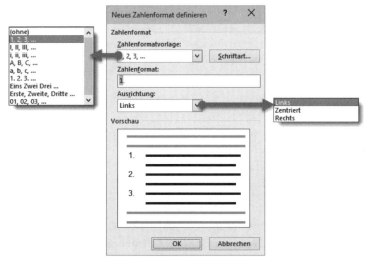

Abb. 14.7: Eigene Zahlenformate generieren

Nummerierung unabhängig vom Text formatieren

Um der Nummer eine andere Farbe zuzuweisen als dem Text, führt der offizielle Weg über

1. ▼ in START | ▤▾ NUMMERIERUNG | NEUES ZAHLENFORMAT DEFINIEREN | SCHRIFTART | FARBE

> ### Hinweis
>
> Standardmäßig steht dort »Keine Farbe«, was aber nicht zutrifft, denn standardmäßig hat das Aufzählungszeichen dieselbe Farbe wie der Text der Liste.

2. Wählen Sie eine Farbe für die Nummer aus. Sie gilt ab sofort für weitere nummerierte Listen, bis Sie eine andere Nummerierung in START | ▤▾ NUMMERIERUNG definieren.

Aus der Trickkiste: Nur eine Nummer innerhalb einer Liste farblich hervorheben

Für nur eine umzufärbende Nummer innerhalb einer Liste bedienen Sie sich dieses Tricks:

1. Schalten Sie mit der Schaltfläche START | ¶ oder mit `Strg`+`⇧`+`+` die Steuerzeichenanzeige ein
2. Markieren Sie im zu formatierenden Absatz *nur* die Absatzmarke ¶.
3. Weisen Sie der Absatzmarke die gewünschte Textfarbe zu.

> ⚠ **Vorsicht**
>
> Beim Ändern der Absatzformatierung wird das Aufzählungszeichen wieder den Attributen des Textes angepasst.

14.3.3 Startwert bestimmen

Ist eine Nummerierung einmal begonnen, zählt Word munter weiter, sobald Sie erneut einem Absatz eine Nummerierung zuweisen. Um eine neue nummerierte Liste zu beginnen, klicken Sie mit der rechten Maustaste die Nummer an und wählen im Kontextmenü NEU BEGINNEN MIT 1.

Soll der Startwert für die nummerierte Liste frei gewählt werden, wählen Sie nach Rechtsklick auf die Nummer im Kontextmenü NUMMERIERUNGSWERT FESTLEGEN und stellen unter BEGINNEN MIT bzw. WERT FESTLEGEN AUF den gewünschten Startwert ein.

> ⚠ **Vorsicht**
>
> Für den Fall, dass eine Nummer in einer Liste übersprungen werden soll, bietet Word eine Zusatzfunktion WERT HÖHERSETZEN an, die aber etwas unorthodox arbeitet. Sie bietet zwar den Vorteil, dass in einer Gliederung jede Ebene leicht einzeln beeinflussbar ist, aber bei dieser Festlegung fügt Word die fehlenden Nummern als ausgeblendeten Text mit einem ansonsten leeren Absatz ein. Sobald Sie die Steuerzeichenanzeige ¶ aktivieren, werden sie sichtbar und auch mitgedruckt, sofern Sie die Option AUSGEBLENDETEN TEXT DRUCKEN in den Word-Optionen, Bereich ANZEIGE | DRUCKEN aktiviert haben. Sauberer arbeitet da die obere Option NEUE LISTE BEGINNEN, die allerdings bei nachträglichen Einfügungen von Hand verwaltet werden muss.

Abb. 14.8: Mit Vorsicht zu genießen: WERT HÖHERSETZEN

14.3.4 Nummerieren mit Buchstaben

Auch wenn es keine Nummerierung im eigentlichen Sinne ist, werden – vor allem in den Geisteswissenschaften – oft und gern Zählweisen der einzelnen Gliederungsebenen aus Zahlen und Buchstaben unterschiedlicher Gestaltung gemischt. Word unterstützt dieses Prinzip für mehrere Varianten, die Sie in den Zahlenformaten (Abschnitt 14.3.2) finden.

Startwert bei Buchstaben-»Nummerierung«

Die freie Bestimmung des Startwertes klappt auch bei der Nummerierung mit Buchstaben. Sobald Sie ein anderes als ein numerisches Zahlenformat eingestellt haben, wechselt auch die Nummernanzeige im Feld BEGINNEN MIT bzw. WERT FESTLEGEN AUF in dieses Format.

⚠ Griechische Buchstaben

Der Standardfont »Symbol« enthält zwar griechische Buchstaben, ist zum »Nummerieren« jedoch nicht zu gebrauchen, weil falsch sortiert. Das kennen wir ja alle noch aus der Schule oder aus Huxleys »Brave New World«:

`alpha beta` *`gamma`* `delta epsilon` *`zeta`* `eta` *`theta`* `iota ...`

Fast alle Fonts mit griechischem Alphabet laufen jedoch so:

`alpha beta` *`chi`* `delta epsilon` *`phi gamma`* `eta iota ...`

Im weiteren Verlauf des Alphabets geht es dann noch weiter durcheinander. Die Reihung orientiert sich an der Transkription ins Lateinische. Achten Sie deshalb darauf, einen korrekt sortierten Font 🕮 zu verwenden, wenn Sie griechische Buchstaben als Ordnungsmerkmal verwenden.

Schriftart: Symbol

A	B	X	Δ	E	Φ	Γ	H	I	ϑ	K	Λ	M	N	O	Π	Θ	P	Σ	T	Y	ς	Ω	Ξ	Ψ	Z
α	β	χ	δ	ε	φ	γ	η	ι	φ	κ	λ	μ	ν	o	π	θ	ρ	σ	τ	υ	ϖ	ω	ξ	ψ	ζ

Schriftart: Altgriechisch

A	B	Γ	Δ	E	Z	H	Θ	I	K	Λ	M	N	Ξ	O	Π	P	Σ	T	Y	Φ	X	Ψ	Ω
α	β	γ	δ	ε	ζ	η	ϑ	ι	κ	λ	μ	ν	ξ	o	π	ρ	σ	τ	υ	φ	χ	ψ	ω

Abb. 14.9: Vergleich eines korrekt sortierten griechischen Alphabets (unten) mit der Schriftart Symbol (oben)

Aus der Trickkiste: aa), bb), cc) ...

Die besonders bei Juristen beliebte, aber nicht in den Zahlenformaten enthaltene Zählweise mit Doppelbuchstaben ist auf dem Umweg über die Startwert-Vorgabe möglich.

1. Bestimmen Sie ein Zahlenformat mit Buchstaben.
2. Tragen Sie im Feld BEGINNEN MIT bzw. WERT FESTLEGEN AUF »aa« ein.

Die Zählung beginnt nun zwar mit 27, was aber bei dieser Darstellung nicht auffällt.

14.4 Strukturiert nummerieren (Gliederung)

In wissenschaftlichen Werken kommt man mit einer eindimensionalen Nummerierung selten aus.

Dabei gibt es zwei verschiedene Formen der hierarchischen Gliederung:

Geisteswissenschaften arbeiten meist mit einer abwechselnden Nummerierung aus Zahlen, Buchstaben und römischen Zahlen, die jeweils einer hierarchischen Ebene zugeordnet sind.

In den MINT-Disziplinen ist eher die rein numerische Notation anzutreffen, aus der sich unmittelbar die Gliederungsebene erkennen lässt.

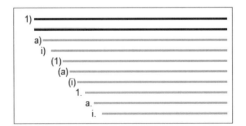 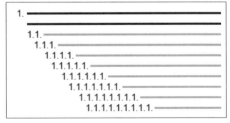

Abb. 14.10: Zwei Varianten der gegliederten Nummerierung

Word bietet beide Formen an mit START | ABSATZ: ▤ LISTE MIT MEHREREN EBENEN.

Die Auswahl und Einstellung der Zahlenformate ist ähnlich der linearen Nummerierung (Abschnitt 14.3.2). So lassen sich z. B. unerwünschte abschließende Punkte hinter der letzten Gliederungsebene im Feld FORMATIERUNG FÜR ZAHL EINGEBEN leicht entfernen.

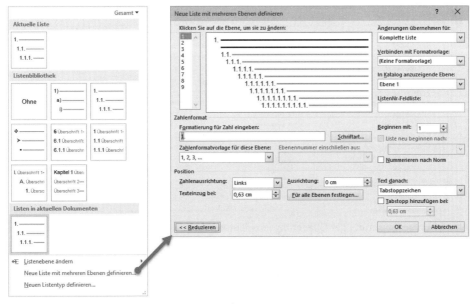

Abb. 14.11: Strukturierte Nummerierung einrichten

14.4.1 Gliederungsebenen richtig einrücken

Die Standard-Einzüge passen nicht zu den längeren Zahlen, die eine hierarchische Nummerierung mit sich bringt. Die Zahlen überschreiten den Einzug und der Text beginnt am nächsten Standard-Tabulator. Bei mehrzeiligen Listeneinträgen gerät das Layout zum Fiasko, weil die Folgezeilen nicht mit der ersten Zeile bündig sind.

Häufig ist auch der Einzug so knapp bemessen, dass der nachfolgende Text nicht genügend von der Nummerierung abgesetzt ist, sondern »an der Nummer klebt«.

In seltenen Fällen kommt es bei nicht dicktengleichen Ziffern[105] vor, dass eine auf 1 endende Nummerierung noch gerade so vor dem Tabstopp Platz findet, die folgenden, breiteren Zahlen aber nicht mehr und der Tabsprung zum nächsten Standardtabstopp weiterspringt. Abhilfe schafft ein Aufschieben der Einrückung, um Platz auch für längere Zählungen zu schaffen.

1. → Verbrennungstriebwagen¶ 1.1.1.→Hauptbahn¶ 1.1.1.1.1.Schnellverkehr¶ 1.1.1.1.2. → Bezirksverkehr¶ 1.1.1.1.3. → Nahverkehr¶	1. → Verbrennungstriebwagen¶ 1.1.1.→Hauptbahn¶ 1.1.1.1.1. → Schnellverkehr¶ 1.1.1.1.2.→Bezirksverkehr¶ 1.1.1.1.3.→Nahverkehr¶

Abb. 14.12: Automatisch gesetzte Einrückung bei Gliederung nachbessern

---

105 siehe Abschnitt 7.4.2

| Grundeinstellung | Einzüge korrigiert | Outline | Zahlenausrichtung rechts |

Abb. 14.13: Verbesserung der Gliederungsausrichtung

Eingerückte Listen sind in wissenschaftlichen Arbeiten eher die Ausnahme, deshalb ist es sinnvoll, wenn Sie den hängenden Erstzeileneinzug tilgen und den Folgezeileneinzug so setzen, dass die längste Nummer noch genügend Platz davor hat.[106] Abbildung 14.13 zeigt in der zweiten Kolonne die simpelste Anpassung ähnlich der in Abbildung 14.12, bei der die Einzüge in allen Ebenen gefällig erweitert wurden. In den beiden rechten Kolonnen sehen Sie zwei Varianten für gleichmäßig eingezogene Texte.

Tabsprung nach der Nummer durch Leerzeichen ersetzen

Standard bei den nummerierten Listen und Aufzählungen ist ein Tabsprung nach der Nummer oder dem Aufzählungszeichen. Das ist nützlich, wenn sich der Eintrag über mehrere Zeilen erstreckt, denn damit wird ein sauberer Einzug erzielt.

Bei einzeiligen Listen reicht auch ein Leerschritt, den Sie wie folgt einrichten:

1. Rechtsklicken Sie eine Nummer oder ein Aufzählungszeichen in der Liste und wählen Sie im Kontextmenü LISTENEINZUG ANPASSEN.
2. Wechseln Sie in der Auswahl TEXT DANACH: den Standardeintrag TABSTOPPZEICHEN gegen ABSTAND.

Damit wird zwar kein echtes Leerzeichen eingefügt, sondern ein zusätzlicher Zeichenabstand, was aber denselben Zweck erfüllt.

Hinweis

Der hängende Einzug bleibt dennoch erhalten!

---

106 Es ist ohnehin unverständlich, wieso die Standard-Gliederungen mit Einrückungen arbeiten, heißt diese Form der Nummerierung doch im Herkunftsland von Word »Outline«.

14.4.2 Gliederungsebenen zuordnen

Welcher Gliederungsebene ein strukturiert nummerierter Absatz zugewiesen ist, legen Sie wahlweise mit

- ⇥ oder ⇧+⇥ vor dem Absatz (auch noch nachträglich möglich) oder
- den Schaltflächen EINZUG VERGRÖSSERN ▦ oder EINZUG VERKLEINERN ▦ in der Registerkarte START, Gruppe ABSATZ

fest.

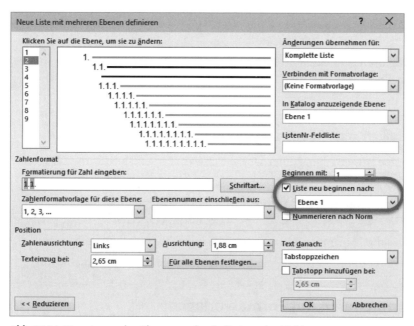

Abb. 14.14: Zuweisung des Ebenenwechsels für korrekte Zählung

Im Dialog NEUE LISTE MIT MEHREREN EBENEN DEFINIEREN lässt sich eine Gliederungsebene direkt per Klick auf die Nummer einer EBENE dem aktuellen Absatz zuweisen. In der Vorschau wird die hier markierte Ebene hervorgehoben.

> **Tipp**
>
> Um eine andere Gliederungsebene zu bearbeiten, müssen Sie den Dialog nicht beenden; es bedarf nur eines Markierens der zu bearbeitenden anderen Ebene.

Im Bereich ZAHLENFORMAT stellen Sie die Zählweise ein wie für die lineare Nummerierung in Abschnitt 14.3.2.

Die Liste VERBINDEN MIT (FORMAT-)VORLAGE sorgt dafür, dass die Gliederungsebene der richtigen (Überschriften-)Formatvorlage zugewiesen wird.

14.4.3 Gliederungen reparieren

Es kommt vor, dass sich durch unbedachte Änderungen einzelne Gliederungsebenen plötzlich seltsam verhalten, z. B. dass nach 1. – 1.1 – 1.2 – 1.3 – 2. nicht mit 2.1 etc. weitergezählt wird, sondern die Gliederung des ersten Abschnitts mit 1.4 etc. fortgeführt wird. Sie können die Ordnung wie folgt wiederherstellen:

1. Markieren Sie die fehlgesteuerte(n) Zeile(n) der Liste.

2. START | LISTE MIT MEHREREN EBENEN | NEUE LISTE MIT MEHREREN EBENEN DEFINIEREN

3. Ordnen Sie die Listenebene richtig zu und achten Sie auf den korrekten Gruppenwechsel bei LISTE NEU BEGINNEN NACH.

4. OK

Schwarze Balken statt Gliederungsnummerierung reparieren

Ein seltener, aber ärgerlicher Fehler ist die Schwärzung einer Nummerierung.[107] Hier liegt meist ein Formatierungsfehler vor, den Sie so beseitigen:

1. Setzen Sie die Schreibmarke rechts neben den schwarzen Balken.

2. Bewegen Sie bei gedrückter Taste ⇧ die Schreibmarke mit ←, um den Tabsprung und die Nummer zu markieren, die hinter dem Balken verborgen sind.

3. Bereinigen Sie mit Strg+Leertaste die fehlerhafte Zeichenformatierung.

14.5 Nummerieren mit Formatvorlagen

> **Hinweis**
>
> Word bringt Formatvorlagen für Nummerierungen mit, die Ihnen die Arbeit erleichtern können. Mehr dazu finden Sie in Abschnitt 14.4.3. Zunächst geht es um die Unterstützung durch die Aufzählungs- und Nummerierungsfunktionen.

Sie sollten für Ihre selbst geschaffenen Gliederungen und Nummerierungen Formatvorlagen anlegen, wie in Kapitel 6 beschrieben. Werkseitig bringt Word

---

107 Diesen Fehler kann auch ein Skype-Add-In verursachen; siehe dazu Anhang C.

im Formatvorlagensatz drei Formatvorlagen-Gruppen für Listen mit, davon eine bereits mit Nummern, allerdings nur in der simplen, eindimensionalen Form. Ein Umbau der Formatvorlagen wäre also unabdingbar.

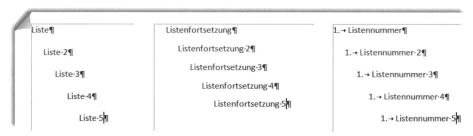

Abb. 14.15: Formatvorlagen für Listen aus dem Standard-Repertoire von Word

Jedoch fehlt diesen Formatvorlagen eine besondere Eigenschaft: Sie sind keine Formatvorlagen vom Typ »Liste«, sondern schlichte Absatz-Formatvorlagen.[108]

Hinweis

Nur mit dem Neuanlegen von Formatvorlagen erzeugen Sie echte Listen-Formatvorlagen.

Formatieren Sie also Ihre Gliederung oder Nummerierung durch und gehen Sie dann wie folgt vor:

1. Rechtsklicken Sie in die formatierte Gliederung.

2. ⑩ Klicken Sie im Kontextmenü auf AUSWAHL ALS NEUE SCHNELLFORMATVORLA-GE SPEICHERN.

   ⑬ ⑯ ⑲ Klicken Sie in der Minisymbolleiste auf die Schaltfläche FORMATVORLA-GEN und dann in der aufklappenden Liste auf FORMATVORLAGE ERSTELLEN.

3. Klicken Sie in der *Namensabfrage* NEUE FORMATVORLAGE ERSTELLEN auf ÄN-DERN.

4. Im *Dialog* NEUE FORMATVORLAGE ERSTELLEN ist unter Formatvorlagentyp »Lis-te« zu wählen.

Das weitere Vorgehen ist identisch mit den Beschreibungen in Abschnitt 6.3.2.

---

108 Das ist von jeher ein Mysterium: Word beherrscht Listen-Formatvorlagen, anlegen muss sie der Anwender aber selbst.

14.6 Listen verlustfrei aus anderen Dokumenten übernehmen

Sobald Sie eine nummerierte Liste aus einem anderen Dokument via Zwischenablage in Ihren aktuellen Text übernehmen, stehen Sie vor mehreren Problemen.[109]

14.6.1 Zusammenführen von Listen

Fügen Sie eine Liste aus der Zwischenablage in eine Liste oder am Ende einer Liste ein, passt Word die eingefügte Liste in die Nummerierung der vorhandenen Liste ein, sofern die Option EINGEFÜGTE LISTEN MIT VORHANDENEN LISTEN ZUSAMMENFÜHREN in DATEI | OPTIONEN | ERWEITERT | AUSSCHNEIDEN, KOPIEREN UND EINFÜGEN aktiv ist (lieferseitig so voreingestellt).

Wollen Sie dies unterdrücken, um die Nummerierung der eingefügten Liste beizubehalten, müssen Sie nicht die Option abschalten, sondern klicken nach dem Einfügen auf das Smarttag für die Einfügeoptionen ⌷(Strg)⌷ und wählen dort LISTE OHNE ZUSAMMENFÜHREN EINFÜGEN.

14.6.2 Listenformatierung beim Einfügen erhalten

Um einen importierten Text vollständig der Zielformatierung anzupassen, ist die Einfügeoption NUR DEN TEXT ÜBERNEHMEN der sicherste Weg. Leider verlieren Listen damit ihre Nummerierungen und Aufzählungszeichen. Den Ausweg bietet

1. DATEI | OPTIONEN | ERWEITERT | AUSSCHNEIDEN, KOPIEREN UND EINFÜGEN
2. Aktivieren Sie die Option AUFZÄHLUNGSZEICHEN UND NUMMERN BEIM EINFÜGEN VON TEXT MIT DER OPTION 'NUR DEN TEXT ÜBERNEHMEN' BEIBEHALTEN.
3. OK

Künftig bleiben beim Einfügen von Listen Aufzählungszeichen oder Nummern erhalten, auch wenn Sie die Einfügeoption NUR DEN TEXT ÜBERNEHMEN verwenden.

14.7 Zeilennummern

Das Durchnummerieren der Zeilen eines Dokuments hat nichts mit der Nummerierungsfunktion zu tun und läuft unabhängig jeglicher Einstellungen in diesem Bereich.

[SEITEN]LAYOUT | Gruppe SEITE EINRICHTEN: ZEILENNUMMERN

---

109 siehe auch Abschnitt 10.3

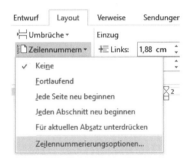 

Abb. 14.16: Zeilennummern-Optionen

Die grundlegenden Einstellungen für Zeilennummern sind selbsterklärend (Abbildung 14.16 links).

Ein Klick auf die ZEILENNUMMERIERUNGSOPTIONEN führt Sie nicht direkt zum Ziel, sondern zunächst in den Dialog SEITE EINRICHTEN, von dem aus Sie dann mit der Schaltfläche ZEILENNUMMERN tatsächlich zu den Einstellungen gelangen.

Zeilen von der Zeilennummerierung ausnehmen

Im ABSATZ-Dialog, Register ZEILEN- UND SEITENUMBRUCH lassen sich einzelne Absätze von der Zählung ausnehmen.

Die Bezeichnung ZEILENNUMMERN UNTERDRÜCKEN trifft die tatsächliche Funktion nicht genau. Die Zeilennummerierung wird für diesen Absatz nicht nur unterdrückt (= nicht angezeigt), sondern der Absatz wird bei der Zählung komplett übersprungen.

Mit dieser Option können Sie z. B. erreichen, dass nur die Textzeilen gezählt werden, nicht aber Überschriften, Bilder und Bildunterschriften, indem Sie in deren Formatvorlagen ZEILENNUMMERN UNTERDRÜCKEN aktivieren.

Kapitel 15

Tabellen

Strukturierte Texte mit multiplen internen Bezügen werden in Tabellenform übersichtlicher.

Mit den Tabellen-Werkzeugen lassen sich nicht nur Tabellen im eigentlichen Sinn herstellen, der Tabellenmodus kann auch in anderen Fällen die Arbeit wesentlich erleichtern, z. B. bei

- **Synopsen:** Eine zweispaltige Tabelle enthält die zu vergleichenden Texte absatzweise in Zellen. Bei Änderungen werden beide nebeneinanderliegenden Zellen gemeinsam verwaltet (Tabellenzeile), womit die Gegenüberstellung erhalten bleibt.

- **Importierte Excel-Tabellen:** Daten, die in die Ausarbeitung einbezogen werden sollen, liegen bereits als Datenblatt in Excel vor. Diese »ordentlich« in Word einzubinden, ist mit einigen Hürden verbunden, aber machbar.

- **Illustrationen:** Als fließtextorientiertes Programm hat Word Schwierigkeiten mit der Platzierung von Abbildungen. Sie werden nicht immer wunschgemäß platziert oder »hüpfen« bei Textänderungen. Abhilfe schafft eine Tabelle mit nebeneinanderstehenden Zellen für Illustration und zugehörigen Text; mehr dazu in Kapitel 16.

⚠ Vorsicht

Für die Tabellenbearbeitung gibt es Tastenkombinationen mit ⬆+Alt+Buchstabentaste. Leider verwendet Windows die Tastenkombination ⬆+Alt bereits zum Umschalten der Spracheinstellungen.

Wenn Ihre Tastatur plötzlich keine Umlaute mehr erzeugt und die Satzzeichen ganz woanders liegen, schauen Sie doch mal ganz rechts in Ihrer Windows-Taskleiste nach, ob dort »DE« oder »DEU« steht. Ist ein anderes Sprachkurzzeichen zu sehen, stellen Sie mit ⬆+Alt wieder auf DE bzw. DEU um.

15.1 Tabelle erstellen

Word kennt mehrere Methoden, Tabellen zu erzeugen; die jeweils passende ist teils von persönlichen Vorlieben, teils von bestimmten Voraussetzungen abhängig.

15.1.1 Tabelle einfügen

Mit EINFÜGEN | TABELLE | TABELLE EINFÜGEN legen Sie eine Tabelle an, deren Spalten- und Zeilenzahl Sie im Dialog festlegen. Nach Klick auf OK erscheint die so gewählte Tabelle in Ihrem Text an der Stelle, an der die Schreibmarke beim Aufruf stand.

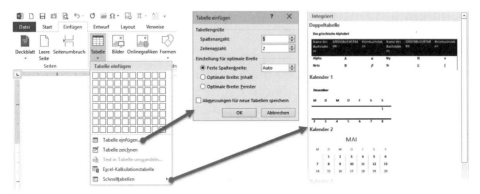

Abb. 15.1: Wege zur Tabelle

Eine schnellere Methode zum Anlegen einer Tabelle bietet das Raster über den Funktionen in EINFÜGEN | TABELLE.

Sie legen die Spalten- und Zeilenzahl durch Überstreichen des Rasters mit dem Mauszeiger bei gedrückter linker Maustaste fest. Beim Loslassen der Maustaste erscheint die Tabelle in Ihrem Text an der Stelle, an der die Schreibmarke beim Aufruf stand. Diese Methode ist auf maximal 10×8 Zellen beschränkt. Größere Tabellen erzeugen Sie mit TABELLE EINFÜGEN.

Die »Schnelltabellen« sind Muster für einige Standardfälle.

Nach dem Einfügen steht Ihre Schreibmarke in der ersten Zelle der Tabelle; zugleich werden die TABELLENTOOLS eingeblendet.

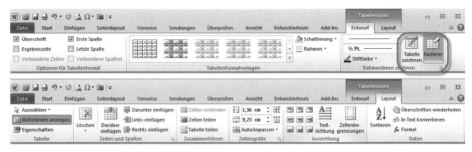

Abb. 15.2: Tabellentools in Word 2010

Abb. 15.3: Tabellentools ab Word 2013

> ⚠ **Vorsicht**
>
> Die Orientierung neu erstellter Tabellen zum Fließtext hat sich seit Word 2013 geändert. Wurden früher Tabellen so eingefügt, dass Fließtext und Tabellentext bündig miteinander erschienen, orientiert sich nun der Tabellenrahmen am Satzspiegel, der Tabellentext ist gegenüber dem Fließtext eingerückt.

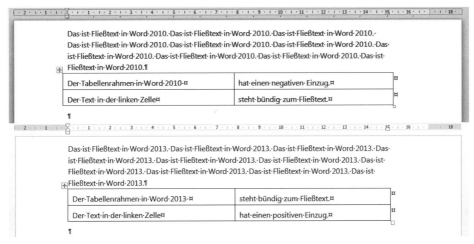

Abb. 15.4: Unterschiede beim Tabelleneinzug bis Word 2010 (oben) und ab 2013 (unten)

Wenn Sie eine Datei, die eine Tabelle enthält, speichern und mit einer anderen Word-Version öffnen, werden die Tabellen dem jeweiligen Standard angepasst, was die Zeilenumbrüche und damit die Gestaltung der Tabelle beeinflussen kann.

Workarounds

- Geben Sie der Tabelle einen beidseitig negativen Einzug in der Größe des Rahmenabstandes (vgl. Abschnitt 15.3.4).

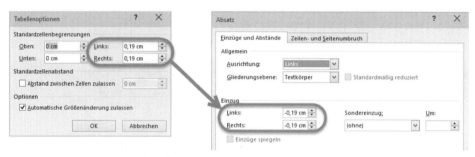

Abb. 15.5: Automatischen Randeinzug korrigieren

■ Wenn Sie wissen, dass Ihr Text auf unterschiedlichen Systemen bearbeitet werden wird, speichern Sie ihn sicherheitshalber im Kompatibilitätsmodus und definieren Sie die Kompatibilität in DATEI | OPTIONEN | ERWEITERT | KOMPATIBILITÄTSOPTIONEN für Word 2010; damit wird die Option WORD 2010-REGELN FÜR TABELLENFORMATVORLAGEN VERWENDEN gesetzt.

15.1.2 Tabelle zeichnen

EINFÜGEN | TABELLE | TABELLE ZEICHNEN eröffnet einen weiteren Weg zur Tabelle. Ein Zeichenstift erscheint als Mauszeiger, mit dem Sie zuerst den Gesamtrahmen der Tabelle auf die Seite zeichnen.

⚠ Vorsicht

Wenn Sie mit diesem Werkzeug komplette Zeilen umrahmen, wird dieser Text in die gezeichnete Tabelle eingefügt.

■ **Bis Word 2010** wird dieser Rahmen von den Voreinstellungen wie ein Absatz im Fließtext behandelt. Zeichnen Sie den Rahmen jedoch mit gedrückter ⌜Strg⌟-Taste, betrachtet Word ihn als vom Text zu umfließendes Objekt.[110]

■ **Ab Word 2013** werden gezeichnete Tabellenrahmen immer vom Text umflossen.

In den Rahmen können Sie anschließend Spalten und Zeilen durch Linienziehen frei festlegen.

---

110 siehe Abschnitt 16.8.2

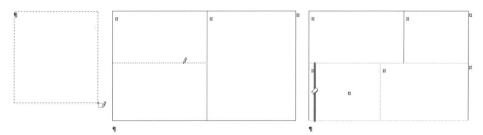

Abb. 15.6: Freies Zeichnen von Tabellen und Ausradieren von Zellenbegrenzungen

Sie beenden den Zeichenmodus mit [ESC] oder indem Sie in den TABELLENTOOLS: ENTWURF die Schaltfläche TABELLE ZEICHNEN erneut anklicken.

Diese Funktionen stehen auch während der Bearbeitung in den TABELLENTOOLS zur Verfügung, um damit nachträglich Tabellenstrukturen zu verändern (vgl. Abschnitt 15.2.4):

🔟   TABELLENTOOLS: ENTWURF | TABELLE ZEICHNEN 🖉 und RADIERER 🗒

⓭ ⓰ ⓳   TABELLENTOOLS: LAYOUT | TABELLE ZEICHNEN 🖉 und RADIERER 🗒

Mit dem **Radierer**-Werkzeug, das Sie in den TABELLENTOOLS gleich neben der Schaltfläche TABELLE ZEICHNEN finden, lassen sich überflüssige Zellengrenzen wieder entfernen.

> **Wichtig**
>
> Sie entfernen nicht nur die Linien, sondern fassen durch das Ausradieren einer Zellentrennlinie zwei Zellen zusammen.

15.1.3 Text in Tabelle umwandeln

Strukturierte Texte lassen sich mit EINFÜGEN | TABELLE | TEXT IN TABELLE UMWANDELN bequem zu Tabellen transformieren.

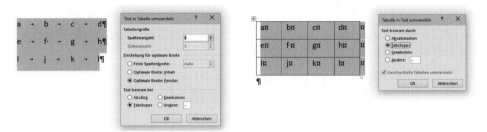

Abb. 15.7: Umwandlungsoptionen zwischen Text und Tabelle

Geeignet sind markierte Texte, die bestimmte strukturierende Merkmale aufweisen:

- Die Automatik legt zugrunde, dass jeder Absatzumbruch im markierten Text eine neue Tabellenzeile startet.

- In jedem Absatz muss dieselbe Anzahl an Trennzeichen vorhanden sein, die als Identifikator für einen Spaltenwechsel dienen. Welches Zeichen das ist, bestimmen Sie im Dialog TEXT IN TABELLE UMWANDELN unter TEXTE TRENNEN BEI.

- Alternativ können Sie aus mehreren Absätzen eine Tabelle erstellen, indem Sie im Dialog TEXT IN TABELLE UMWANDELN unter TEXTE TRENNEN BEI die Option ABSÄTZE wählen und oben bei TABELLENGRÖSSE einstellen, nach wie vielen Absätzen (Spalten) eine neue Tabellenzeile angelegt werden soll.

Tabelle in Fließtext umwandeln

Den umgekehrten Weg, aus einer Tabelle Fließtext zu erzeugen, gehen Sie mit TABELLENTOOLS | LAYOUT | IN TEXT KONVERTIEREN. Auch hier gibt es eine Auswahl, welche Trennzeichen an den getilgten Spaltenwechseln im Fließtext als strukturierende Elemente einzufügen sind (Abbildung 15.7 rechts).

15.1.4 Tabellenraster per Tastatur vorgeben

Eine aus textbasierten Computerzeiten mitgeschleppte Methode sei hier noch der Vollständigkeit halber erwähnt:

1. Bewegen Sie in der Zeile, in der Ihre Tabelle beginnen soll, die Schreibmarke mit Leerschritten an den gewünschten Beginn.

2. Setzen Sie dorthin ein »|« mit [AltGr]+[<].

3. Geben Sie nun so viele Bindestriche ein, bis Sie die gewünschte Breite der Tabellenspalte erreicht haben.

4. Setzen Sie dorthin wieder ein »|«.

5. Wiederholen Sie die Schritte 3 und 4, bis alle Spalten beisammen sind.

6. Beenden Sie die Aktion mit [↵].

Word ersetzt das Konstrukt durch eine einzeilige Tabelle mit den Spaltenbreiten, die sich aus den aufeinanderfolgenden Bindestrichen ergeben.[111]

---

111 Die einzeilige Tabelle wächst beim Füllen der Zellen, wenn Sie in der letzten Zelle [⇥] betätigen, vgl. Abschnitt 15.2.3.

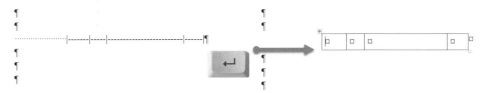

Abb. 15.8: Funktion der Tabellenautomatik

Hinweis

Anstelle der |-Zeichen reagiert diese Automatik auch auf +, doch sollten Sie die MATHEMATISCHE AUTOKORREKTUR® eingeschaltet haben, funkt diese Ihnen dazwischen, weil sie die Zeichenfolge +– durch ± und –+ durch ∓ ersetzt, worauf die Tabellenumwandlung nicht reagiert.

Tabellenautomatik ein- und ausschalten

Ob diese Umwandlung funktioniert, hängt davon ab, ob die Option TABELLEN in DATEI | OPTIONEN | DOKUMENTPRÜFUNG | AUTOKORREKTUR-OPTIONEN | Register AUTOFORMAT WÄHREND DER EINGABE gesetzt ist.

15.2 Tabellen bearbeiten

Das Arbeiten in Tabellen hat gewisse Eigenheiten. Auch konsequenten Tastaturbenutzern sei angeraten, für Arbeiten an Tabellen die Maus zu verwenden. Zwar lassen sich alle Funktionen auch per Tastatur erledigen, doch mit der Maus geht es einfacher und schneller, und die Mausaktionen sind visuell auch leichter zu verstehen.

15.2.1 Text oder Daten in Tabellen eingeben

Bei eingeschalteter Steuerzeichenanzeige ¶ sehen Sie in den Tabellenzellen und jeweils rechts neben der letzten Zelle einer Tabellenzeile das Zeichen ¤, das in den Zellen die Rolle einer Endmarke innehat. Innerhalb einer Zelle können Sie Absätze eingeben, die wie gewohnt mit ¶ gekennzeichnet werden, doch das Zeichen ¤ ist dem Absatz übergeordnet.[112]

---

112 Sollten Sie in einer Tabelle anstelle der ¤-Zeichen Euro-Zeichen € sehen, dann handelt es sich bei der verwendeten Schriftart um eine, bei der das € den Vorgaben der EU-Kommission konform im Zeichensatz platziert ist. Microsoft hält sich nicht an EU-Vorgaben und hat das € in den Zeichensätzen seiner Schriften umgelegt, um das »Sputnik«-Zeichen ¤ für den Tabellenmodus zu erhalten. Weisen Sie eine andere Schriftart zu, wenn Sie das stört.

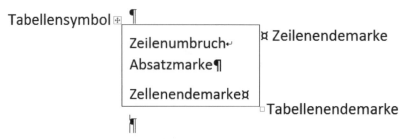

Abb. 15.9: Steuerzeichen und Markierungen in Tabellen

Sie geben Daten in Ihre Tabellenfelder (Zellen) ein wie normalen Text. Mit der Registerkarte EINFÜGEN ist es auch möglich, andere Objekte in jene Zelle einzustellen, in der die Schreibmarke gerade steht.

Zwischen den Zellen bewegen Sie sich mit [⇆] und [⇧]+[⇆] oder durch Anklicken der gewünschten Zelle mit der Maus. Benötigen Sie innerhalb einer Zelle einen Tabsprung, drücken Sie [Strg]+[⇆].

Hinweis

Drücken Sie [⇆] in der letzten Zelle rechts unten, wird eine neue Zeile unter der letzten Zeile angelegt.

Mit [↓] und [↑] gelangen Sie zur jeweils darunter und darüber liegenden Zelle.

Weitere Sprünge erlauben

- [Alt]+[Pos1] zur ersten Zelle in einer Zeile,
- [Alt]+[Ende] zur letzten Zelle in einer Zeile,
- [Alt]+[Bild ↑] zur obersten Zelle in einer Spalte,
- [Alt]+[Bild ↓] zur untersten Zelle in einer Spalte.

Ergänzt um [⇧] *markieren* diese Tastenkombinationen alle Zellen zwischen aktueller Zelle und der jeweiligen Zielzelle.

15.2.2 In Tabellen markieren

Jede Tabelle zeigt, sobald die Schreibmarke in ihr platziert wurde, links oben das Symbol ⊞ an.[113] Sie erkennen an diesem Symbol auch die Grenzen zwischen zusammengeschobenen Tabellen.

Klicken Sie darauf, wird die komplette Tabelle markiert.

---

113 Dieses Symbol fehlt, wenn Sie im Fingereingabe-Modus 👆 arbeiten.

Um die gesamte Tabelle mit der Tastatur zu markieren, betätigen Sie $\boxed{\text{Alt}}$+$\boxed{5}$, allerdings mit $\boxed{5}$ im Nummernblock bei **abgeschalteter** NumLock-Funktion.

> Markierte Zellen werden grau hinterlegt dargestellt.

Text markieren

Text in einer Zelle zu markieren, unterscheidet sich nicht vom Markieren im Fließtext. **Aber:** Sobald Sie die Zellenendemarke ¤ mitmarkieren, ist nicht nur der Text, sondern die komplette Zelle markiert. Das kann beim Verschieben und Kopieren von Text in andere Zellen Auswirkungen haben:

- Ist der Text **ohne** ¤ markiert, wird er beim Verschieben oder Kopieren dem Inhalt der Zielzelle **hinzugefügt**.
- Ist der Text **mit** ¤ markiert, **überschreibt** er beim Verschieben oder Kopieren den Inhalt der Zielzelle.

Mit der Tastatur erreichen Sie durch bloßes Anspringen einer Zelle mit der $\boxed{\leftrightarrows}$-Taste (nicht mit den Pfeiltasten!), dass der Zelleninhalt ohne ¤ markiert wird.

Zellen markieren

Am linken Zellenrand nimmt der Mauszeiger die Form ➚ an; wenn Sie jetzt klicken, wird die komplette Zelle markiert. Ein Dreifachklick mit der linken Maustaste erledigt dies ebenso.

Wollen Sie mehrere Zellen gleichzeitig bearbeiten, fahren Sie mit dem Mauszeiger bei gedrückter linker Maustaste über alle gewünschten Zellen.

Mit $\boxed{\Uparrow}$+Pfeiltasten markieren Sie innerhalb einer Zelle zunächst den Inhalt. Beim wiederholten Drücken der Pfeiltaste springt die Schreibmarke beim Überschreiten der ¤-Marke in die nächste Zelle. Von nun an wird bei jedem weiteren Betätigen der Pfeiltaste die jeweils nächste Zelle in Pfeilrichtung markiert.

Wechseln Sie beim Markieren die Pfeiltaste um 90°, wird die bisherige Markierung in Pfeilrichtung erweitert.

Abb. 15.10: Zellenblock markieren mit Pfeiltasten

Zeilen oder Spalten mit der Maus markieren

Wollen Sie komplette Zeilen oder Spalten **mit der Maus** markieren, bewegen Sie den Mauszeiger neben den linken oder über den oberen Rand der Tabelle, wo er die Form ➡ für Zeilenmarkierung bzw. ⬇ für Spaltenmarkierung annimmt. Ein Klick mit der linken Maustaste markiert dann die komplette Zeile bzw. Spalte.

Da bei großen Tabellen die Kopfzeile zur Spaltenmarkierung häufig außer Sicht ist, enthält das Kontextmenü in MARKIERUNG Befehle, um komplette Spalten oder Zeilen zu markieren; ebenso die Schaltfläche ⬚ AUSWÄHLEN ganz links in den TA-BELLENTOOLS, Register LAYOUT.

Halten Sie die Maustaste gedrückt und ziehen Sie die Maus, werden mehrere Zeilen oder Spalten markiert.

Zeilen oder Spalten mit der Tastatur markieren

Sie markieren von der aktuellen Zelle ausgehend alle Zellen

- bis zum Beginn der Zeile mit ⬆+Alt+Pos1,
- bis zum Ende der Zeile mit ⬆+Alt+Ende,
- bis zum Kopfende der Spalte mit ⬆+Alt+Bild ↑ und
- bis zum Fußende der Spalte mit ⬆+Alt+Bild ↓.

Die Tastenkombinationen sind nacheinander beliebig anwendbar, sodass die Markierung auf der Basis einer bestehenden Markierung erweitert werden kann.

Zeilen oder Spalten mit dem Menüband markieren

TABELLENTOOLS: LAYOUT | AUSWÄHLEN | SPALTE AUSWÄHLEN / ZEILE AUSWÄHLEN markiert Spalten und Zeilen nach folgenden Regeln:

- SPALTE AUSWÄHLEN markiert die Spalte der Zelle, in der die Textmarke gerade steht. Sind mehrere Zellen markiert, werden alle Spalten zu den markierten Zellen markiert.
- ZEILE AUSWÄHLEN markiert die Zeile der Zelle, in der die Textmarke gerade steht. Sind mehrere Zellen markiert, werden alle Zeilen zu den markierten Zellen markiert.

15.2.3 Tabelle erweitern

Wollen Sie in einer vorhandenen Tabelle eine Zeile dazwischenschieben, setzen Sie die Schreibmarke hinter die vorhergehende Zeile (also vor das außen stehende ¤) und betätigen ↵. Word legt dann eine neue Tabellenzeile darunter an. Ebenso funktioniert es, wenn Sie die Tabelle nach unten erweitern wollen: Schreibmarke vor das letzte ¤ und [↵]. Ein [⇥] in der letzten Zelle legt ebenfalls eine neue Zeile unterhalb an.

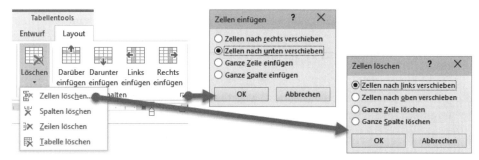

Abb. 15.11: Tabellen erweitern und reduzieren

Benötigen Sie mehrere zusätzliche Zeilen oder Spalten, helfen diese Werkzeuge (Abbildung 15.11):

TABELLENTOOLS: LAYOUT | Gruppe ZEILEN UND SPALTEN

- ZEILEN OBERHALB / DARÜBER EINFÜGEN fügt eine leere Zeile über der Position der Schreibmarke ein; sind mehrere Zeilen markiert, fügt die Funktion dieselbe Anzahl leerer Zeilen über der Markierung ein.

- ZEILEN UNTERHALB / DARUNTER EINFÜGEN fügt eine leere Zeile unter der Position der Schreibmarke ein; sind mehrere Zeilen markiert, fügt die Funktion dieselbe Anzahl leerer Zeilen unter der Markierung ein.

- SPALTEN NACH LINKS / LINKS EINFÜGEN fügt eine leere Spalte links neben der Position der Schreibmarke ein; sind mehrere Spalten markiert, fügt die Funktion dieselbe Anzahl leerer Spalten links von der Markierung ein.

- SPALTEN NACH RECHTS / RECHTS EINFÜGEN fügt eine leere Spalte rechts neben der Position der Schreibmarke ein; sind mehrere Spalten markiert, fügt die Funktion dieselbe Anzahl leerer Spalten rechts von der Markierung ein.

In allen Fällen wird die Tabelle um den benötigten Platz vergrößert und kann evtl. über das Seitenende hinausragen; dann sind entweder die Zellenmaße zu ändern oder für einen »ordentlichen« Seitenumbruch innerhalb der Tabelle zu sorgen. Da der Seitenumbruch bei Tabellen ein sehr spezielles Thema ist, gibt es dazu einen separaten Abschnitt 15.4.1.

Ab Version 2013 bietet Word eine zusätzliche Einfügemöglichkeit: Bewegen Sie den Cursor auf dem linken Rand der Tabelle, leuchtet beim Berühren einer Trennlinie ein Kreis mit einem **+**-Zeichen darin auf.[114] Klicken Sie auf dieses Symbol,

---

114 Diese Funktion fehlt, wenn Sie im Fingereingabe-Modusarbeiten.

wird an dieser Stelle eine Zeile eingefügt. Analog funktioniert das Einfügen einzelner Spalten, wenn Sie den Mauszeiger am oberen Rand entlangführen.

Haben Sie zuvor Zeilen oder Spalten markiert, fügt Word an der angeklickten Position leere Zeilen/Spalten in derselben Anzahl wie die Markierung ein.

15.2.4 Zellen teilen und zusammenfügen

Mit TABELLENTOOLS: LAYOUT | Gruppe ZUSAMMENFÜHREN: ZELLEN TEILEN können Sie aus einer Zelle mehrere machen; wie diese Teilung durchzuführen ist, geben Sie in einem Mini-Dialog vor, nachdem Sie die Schaltfläche angeklickt haben.

Die Inhalte der geteilten Zelle landen in der linken bzw. in der oberen Zelle; die neuen Zellen bleiben leer.

> **Hinweis**
>
> Benutzen Sie das Werkzeug TABELLE ZEICHNEN zum Teilen einer Zelle, wird auch der Inhalt geteilt, wenn die Trennlinie zwischen zwei Wörtern oder zwei Zeilen verläuft.

Mit TABELLENTOOLS: LAYOUT | ZUSAMMENFÜHREN: ZELLEN VERBINDEN werden nebeneinander- oder übereinanderliegende, markierte Zellen zu einer zusammengefasst.

Die Zelleninhalte bleiben erhalten und werden in der gemeinsamen Zelle durch Absatzmarken ¶ voneinander getrennt.

> **Hinweis**
>
> Auch mit dem RADIERER lassen sich Zellen verbinden, indem Sie die Zellentrennlinie damit entfernen.

15.2.5 Zeilen oder Spalten verschieben

Markierte Zeilen oder Spalten lassen sich mit der Maus durch Greifen und Ziehen vor oder hinter eine andere Zeile/Spalte verlegen.

Mit der Tastatur sind nur zeilenweise Bewegungen nach oben und unten möglich mit ⇧+Alt+↑ und ⇧+Alt+↓.

15.2.6 Zellen löschen

Mit Entf löschen Sie nur die Inhalte markierter Zellen. Die Tabellenstruktur bleibt unverändert. Anders die Taste Backspace: Sie entfernt die markierten Zel-

len aus der Tabelle nach denselben Regeln wie die Schaltflächen in den TABELLEN-
TOOLS: LAYOUT | ZEILEN UND SPALTEN LÖSCHEN.

TABELLENTOOLS: LAYOUT | ZEILEN UND SPALTEN LÖSCHEN | ... (siehe Abbildung
15.11) löscht Spalten und Zeilen nach folgenden Regeln:

- SPALTE LÖSCHEN löscht die Spalte der Zelle, in der die Textmarke gerade steht.
  Sind mehrere Zellen markiert, werden alle Spalten zu den markierten Zellen
  gelöscht.

- ZEILE LÖSCHEN löscht die Zeile der Zelle, in der die Textmarke gerade steht.
  Sind mehrere Zellen markiert, werden alle Zeilen zu den markierten Zellen
  gelöscht.

- ZELLEN LÖSCHEN öffnet einen Dialog, in dem Sie auswählen, was mit den zur
  selben Spalte oder Zeile gehörenden Zellen passieren soll:

  - GANZE SPALTE LÖSCHEN und GANZE ZEILE LÖSCHEN funktionieren wie
    SPALTE LÖSCHEN und ZEILE LÖSCHEN.

  - ZELLEN NACH LINKS VERSCHIEBEN und ZELLEN NACH OBEN VERSCHIEBEN zie-
    hen die rechts neben bzw. unter den gelöschten Zellen stehenden Zellen
    nach – allerdings nur, wenn die Zellenstruktur das auch erlaubt.

> ⚠ **Vorsicht**
>
> Ist bei unregelmäßiger Zellenverteilung keine Möglichkeit gegeben, die Zellen
> aufzuschieben, wird der Befehl im günstigsten Fall kommentarlos ignoriert. Es
> kann aber auch passieren, dass er nur zum Teil ausgeführt wird und der Inhalt
> der Zellen, bei denen das Nachrücken nicht möglich ist, verschwindet.

Gesamte Tabelle löschen

Wenn Sie eine Tabelle komplett markiert haben und ⌞Entf⌟ drücken, werden nur
die Inhalte der Tabelle gelöscht. Die Tabelle als Struktur bleibt bestehen.

Wollen Sie die Tabelle komplett löschen, wählen Sie die Funktion TABELLENTOOLS:
LAYOUT | LÖSCHEN | TABELLE LÖSCHEN oder die Taste ⌞Backspace⌟ nach dem Markie-
ren.

15.2.7 Abmessungen verändern

In der Registerkarte FORMAT der TABELLENTOOLS erreichen Sie mit der Schaltfläche AUTOANPASSEN drei grundlegende Einstellungen, wie Word mit den Spaltenbreiten umgeht. Leider ist auch hier wieder einmal die Formulierung so unglücklich gewählt, dass anhand der Funktionsbeschreibung eher das Gegenteil der
Auswirkung vermutet wird. Die Klammerzusätze geben die korrekte Funktion
wieder:

- (An den) **Inhalt automatisch anpassen** orientiert die Spaltenbreite am längsten Wort.

- (An das) **Fenster automatisch anpassen** streckt eine Tabelle auf Satzspiegelbreite.

- **Feste Spaltenbreite** schreibt die aktuelle Breite der Spalten fest.

Zeilen- und Spaltenabmessungen vergrößern oder verkleinern Sie individuell, indem Sie die Zellenrahmen oder die Tabellenmarkierungen im Lineal mit der Maus greifen und an die neue Position schieben.

- Verschieben Sie die Zellenrahmen, werden die Größen beider benachbarter Zeilen oder Spalten verändert.

- Verschieben Sie eine Tabellenmarkierung im Lineal, wird nur die Größe der links davon liegenden Spalte bzw. der darüber liegenden Zeile verändert. Die anderen Spalten oder Zeilen bleiben in ihrer Größe unverändert und werden verschoben.

> ⚠ **Vorsicht**
>
> Beachten Sie, dass die Funktionen in TABELLENTOOLS: LAYOUT | AUTOANPASSEN | ... dazu führen können, dass sich beim Ausfüllen die komplette Tabellenaufteilung ändert.

Genaues Arbeiten ist natürlich auch möglich, dazu verwenden Sie die Eingabefelder in TABELLENTOOLS: LAYOUT | Gruppe ZELLENGRÖSSE.

Abb. 15.12: Zellenbegrenzungen von Hand oder genau einstellen

> **Wichtig**
>
> Was Sie auch tun: Sie können niemals eine Zelle kleiner machen, als sie sein muss, um dem in ihr enthaltenen Text Platz zu bieten. Machen Sie die Spalte schmaler, vergrößert sich die Zellenhöhe. Die Zellenhöhe wiederum wird immer auf das benötigte Maß zurückspringen.

Wenn Sie der Meinung sind, dass die Zelle zu viel Platz beansprucht, weil der enthaltene Text sie gar nicht ausfüllt, die untere Rahmenlinie sich aber dennoch nicht weiter nach oben schieben lässt, kann das verschiedene Ursachen haben:

- Schalten Sie die Steuerzeichenanzeige ¶ ein, um zu prüfen, ob leere Absätze die Zelle unnötig strecken.
- Prüfen Sie im ABSATZ-Dialog (Abschnitt 9.4), ob Zeilen- oder Absatzabstände für den Freiraum verantwortlich sind.
- Prüfen Sie in TABELLENTOOLS: LAYOUT | ZELLENBEGRENZUNGEN, ob dort Begrenzungen nach oben und unten enthalten sind, die zu den Absatzabständen addiert werden.

Aus der Trickkiste: Einzelne Zellenrahmen mit der Maus verschieben

Beim Ziehen der Zellenbegrenzungen mit der Maus ist grundsätzlich die gesamte Spalte bzw. Zeile betroffen. Wollen Sie einzelne Zellenrahmen verändern, markieren Sie vor dem Ziehen

- zur Höhenveränderung die Spalte(n) oder
- zur Breitenveränderung die Zeile(n),

dann lassen sich die Zellenrahmen nur für die Markierung verschieben.

Aus der Trickkiste: Zellenmaße am Lineal ablesen

Mit der Maus muss nicht nach Augenmaß gearbeitet werden. Ein einziger Mausklick genügt, um im Lineal exakt ablesen zu können, an welcher Position Sie sich mit Ihrer Rahmenverschiebeaktion gerade befinden.

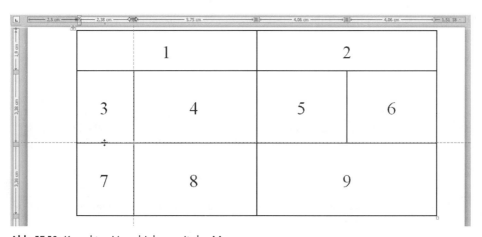

Abb. 15.13: Korrektes Verschieben mit der Maus

1. Klicken Sie die zu verschiebende Trennlinie oder Markierung im Lineal mit der linken Maustaste an und halten Sie diese gedrückt.

2. Drücken Sie nun zusätzlich die rechte Maustaste und halten Sie diese ebenfalls gedrückt.

Im Lineal werden dabei alle Spaltenmaße angezeigt (Abbildung 15.13).

Tabellenmaße verändern

Die Abmessungen der Tabelle ergeben sich aus der Summe der Zellen und sind indirekt darüber zu verändern.

Am unteren rechten Ende einer Tabelle finden Sie zwar ein Symbol □, das Sie mit der Maus greifen und verschieben können, um die Gesamtgröße der Tabelle zu verändern. Jedoch verschiebt Word die internen Proportionen der Zellen getreu dem oben beschriebenen Prinzip, dass keine Zelle kleiner sein kann, als der darin befindliche Text Platz benötigt. Diese Methode bedingt also, dass Sie in der Tabelle nachformatieren. Dann können Sie auch gleich von innen nach außen arbeiten.

15.2.8 Tabellen teilen oder zusammenfügen

Eine Tabelle lässt sich quer in zwei separate Tabellen aufteilen. Setzen Sie dazu die Schreibmarke in jene Tabellenzeile, vor der die Teilung erfolgen soll, und wählen Sie dann TABELLENTOOLS, LAYOUT | TABELLE TEILEN.

Soll eine bestehende Tabelle um eine andere Tabelle oder Teile davon ergänzt werden, beachten Sie bitte folgende Besonderheiten:

■ Stehen zwei Tabellen untereinander und die sie trennenden Textzeilen werden entfernt, vereint Word die Tabellen zu einer.

■ Sollen Tabellen oder Tabellenteile aus der Zwischenablage in eine Tabelle eingefügt werden, gelten folgende Regeln:

Als Ziel markiert	Inhalt der Zwischenablage			
	Zelle …	Zeile …	Spalte …	Zellblock …
nichts	… überschreibt die Zelle, in der die Schreibmarke steht.	… wird als Zeile oberhalb der Zeile eingefügt, in der die Schreibmarke steht.	… überschreibt alle Zellen der Spalte ab Schreibmarkenposition abwärts.	… überschreibt alle Zellen innerhalb eines gleich großen Zellenblocks.
Zelle	… überschreibt die markierte Zelle.	… wird als Untertabelle in die Zelle eingefügt.		

Tabelle 15.1: Standard-Einfügemodi in Tabellen

Als Ziel markiert	Inhalt der Zwischenablage			
	Zelle ...	Zeile ...	Spalte ...	Zellenblock ...
Zeile	... überschreibt alle Zellen der Zeile.	... wird als Zeile oberhalb der markierten Zeile eingefügt.	... überschreibt alle Zellen der Zeile mit dem Inhalt der ersten Zeile aus der Zwischenablage.	
Spalte	... überschreibt alle Zellen der Spalte.	... überschreibt alle Zellen der Spalte mit dem Inhalt der ersten Spalte aus dem Inhalt der Zwischenablage.	... wird als Spalte links neben der markierten Spalte eingefügt.	... überschreibt alle Zellen der Spalte mit dem Inhalt der ersten Spalte aus der Zwischenablage.
Zellenblock	... überschreibt gleich großen Zellenblock ab Zelle, in der die Schreibmarke steht.	... überschreibt markierten Zellenblock, wenn gleich groß ... überschreibt Zellenblock in benötigter Größe, wenn Markierung kleiner ... überschreibt repetierend Zellenblock, wenn Markierung größer		

Tabelle 15.1: Standard-Einfügemodi in Tabellen (Forts.)

Einfügeverfahren beeinflussen und ändern

Verwenden Sie anstatt $\boxed{\text{Strg}}$+$\boxed{\text{V}}$ das Kontextmenü zum Einfügen, können Sie Word veranlassen, ein anderes als das Standard-Einfügeverfahren anzuwenden (Tabelle 15.2); mit den Einfügeoptionen des Smarttags 🖮(Strg)▾ lassen sich Standard-Einfügungen ebenso nachbessern.

ab 2013   2010

Abb. 15.14: Einfügeoptionen im Kontextmenü

ab 🔢	🔟		Inhalt der Zwischenablage ...
🗐	🗐	Zelleninhalte	... überschreibt den Inhalt der Zielzelle, erhält aber deren Formatierung.
🗐	🗐	Gesamte Zelle	... überschreibt den Inhalt der Zielzelle samt Formatierung.

Tabelle 15.2: Wirkung der Einfügeoptionen

ab 13	10		Inhalt der Zwischenablage ...
		Tabelle schach-teln	... wird als Untertabelle in die aktuelle Zelle eingefügt.
	—	Tabelle zusam-menführen	... wird über der aktuellen Zeile eingefügt.
		Als neue Zeilen einfügen	... wird *über* der aktuellen Zeile eingefügt, wenn ganze Zeile markiert, ... wird *unter* der aktuellen Zeile eingefügt, wenn nicht ganze Zeile markiert ... überschreibt Zellen in der Zeile darunter, wenn weniger Zellen in der Zwischenablage als Spalten in der empfangenden Tabelle
		Als neue Spalten einfügen	... wird links von der aktuellen Spalte eingefügt.
		Zellen über-schreiben	... überschreibt markierte Zellen; überzählige Zellen aus der Zwischenablage bleiben unberücksichtigt.

Tabelle 15.2: Wirkung der Einfügeoptionen (Forts.)

15.3 Tabellen gestalten

Eine Tabelle ist zwar eine sachliche Darstellung, sollte aber dennoch ansprechend wirken. Word bietet genügend Möglichkeiten, um aus der schlichten Kästchen-Tabelle einen Hingucker zu machen.

15.3.1 Tabellen nach Vorlagen gestalten

Die Registerkarte ENTWURF der Tabellentools enthält grundlegende Gestaltungs-mittel für die schnelle optische Aufwertung einer Tabelle.

Abb. 15.15: Standard-Tabellenformate zuweisen

Die TABELLENFORMATVORLAGEN bieten Ihnen die durch das Design bestimmten Farbpaletten als Tabellengrundfarben an.

Die Gruppe OPTIONEN FÜR TABELLENFORMAT links daneben erlaubt Ihnen, bestimm-te Zeilen und Spalten der Tabelle farblich abzuheben. Klicken Sie die Ankreuzfel-der der Optionen an, so werden die Zeilen oder Spalten in Ihrer Tabelle und auch in den Symbolen der Gruppe TABELLENFORMATVORLAGEN hervorgehoben. Wie diese Hervorhebung ausfällt, hängt vom Typ der Tabellenformatvorlage ab.

> **Hinweis**
>
> Die Bezeichnungen VERBUNDENE ZEILEN und VERBUNDENE SPALTEN bis Word 2013 sind irreführend, denn sie haben nichts mit verbundenen Zellen zu tun. Gemeint ist vielmehr, dass beim Ankreuzen dieser Optionen *jede zweite (ungerade) Zeile oder Spalte* farblich abgesetzt wird. Die Änderung der Bezeichnung in GEBÄNDERTE ZEILEN und GEBÄNDERTE SPALTEN ab Word 2016 verbessert die Verständlichkeit ein wenig.

Tipps zu Hervorhebungen in Tabellen

- Verwenden Sie Hervorhebungen als Orientierungshilfe erst ab Tabellen mit fünf Spalten oder Zeilen; bei kleineren Tabellen sind sie überflüssig.

- Nutzen Sie das Angebot, jede zweite Zeile oder Spalte hervorzuheben, sollten Sie auf Trennlinien in derselben Richtung verzichten. Die Farbunterschiede trennen bereits hinreichend.

- Verwenden Sie die Hervorhebung jeder zweiten Zeile und Spalte niemals kumulativ, es wirkt unruhig (kleinkariert im Sinne des Wortes) und hilft wenig bei der Orientierung.

- Sofern nicht sachliche Gründe für eine andere Orientierung sprechen, heben Sie jede zweite Spalte hervor, wenn die Tabelle mehr Spalten besitzt als Zeilen, und jede zweite Zeile im umgekehrten Fall.

- Um bei großen Tabellen die Orientierung zu erleichtern, sind die automatischen Hervorhebungen ungeeignet. Besser ist es für diesen Fall, wenn Sie nur jede fünfte Zeile/Spalte farblich absetzen oder nach jeder fünften Zeile/Spalte eine dickere Trennlinie verwenden. Trennlinien können Sie für beide Richtungen der Hervorhebung kombinieren.

15.3.2 Zellen einfärben

Die mit den Tabellenformatvorlagen vorgegebene Einfärbung der Zellen lässt sich mit der Schaltfläche SCHATTIERUNG ⬛▾ in der Registerkarte ENTWURF der TABELLENTOOLS nacharbeiten.

Markieren Sie die gewünschten Zellen, Zeilen und Spalten und klicken Sie auf ▼ der Schaltfläche ⬛▾, um in die Farbauswahl zu gelangen. Ein Klick auf ⬛ weist der Markierung die zuletzt verwendete Füllfarbe zu, die im Balken unter dem Eimer angezeigt wird.

Zellenfüllung mit Mustern

Nur im Dialog RAHMEN UND SCHATTIERUNG wird unter MUSTER angeboten, Zellen mit Rastern zu füllen. Davon ist dringend abzuraten! Ein Muster macht den Zellenhintergrund unruhig und erschwert das Lesen der in Tabellen üblicherweise in kleinem Schriftgrad gehaltenen Inhalte.

15.3.3 Zellenrahmen gestalten

Beachten Sie bitte den Unterschied zwischen Zellenrahmen und Gitternetzlinien!

Gitternetzlinien zeigen im Bearbeitungsmodus virtuell die Struktur der Tabellenzellen an.

Sie können sie mit

🔟 TABELLENTOOLS: LAYOUT | RASTERLINIEN ANZEIGEN

🔢🔢🔢 TABELLENTOOLS: LAYOUT | GITTERNETZLINIEN ANZEIGEN

wahlweise ein- oder ausblenden. Diese reinen Orientierungslinien werden nicht gedruckt.

Zellenrahmen sind echte Linien, die auch gedruckt werden; sie sind individuell zu bearbeiten mit den Werkzeugen, die Sie in

🔟 TABELLENTOOLS: ENTWURF | RAHMEN | RAHMEN UND SCHATTIERUNG

🔢🔢🔢 TABELLENTOOLS: ENTWURF | Gruppe RAHMEN

finden. Sie funktionieren ähnlich wie Absatzrahmen (Kapitel 12), nur auf Tabellenzellen bezogen. Die Bedienung ist zum Teil versionsspezifisch.

Hinweis

Word versieht neu angelegte Tabellen automatisch mit einfachen Rahmen um alle Zellen. Sie können diese Formatierung aufheben, indem Sie *unmittelbar nach dem Erstellen* Strg+Alt+U drücken.

Wichtig

Sobald Sie die Rahmenlinien von Hand verändern, wirken bei einer Rücknahme der Änderungen die Automatismen der Tabellenformatvorlagen nicht mehr. Sie müssen sie erneut zuweisen, um alle Formatierungen wieder zu erhalten.

Rahmenwerkzeuge

In den TABELLENTOOLS: ENTWURF, gibt es mit RAHMEN eine Dublette der Schaltfläche für Absatzrahmen ⊞▾, die hier die Zellenrahmen steuert.

Die Schaltfläche ist zweigeteilt, links sehen Sie ein Rahmensymbol ⊞, das Ihnen anzeigt, welche Rahmenart zuletzt verwendet wurde. Diese Rahmenart wird beim Klick auf das Symbol auf die aktuell markierten Zellen erneut angewandt.

Klicken Sie daneben auf ▼, klappt eine Liste mit unterschiedlichen Positionen für Rahmenlinien auf. Wählen Sie nun die gewünschte Rahmenform oder Rahmenlinienposition aus, wird

- sie auf die aktuell markierten Zellen angewandt,
- das Symbol auf der Schaltfläche geändert und
- diese neue Rahmenoption beim nächsten Anklicken des Symbols wiederum angewandt.

Alle diese Schnellfunktionen haben einen Nachteil: Sie haben damit keinen unmittelbaren Einfluss auf Farbe, Stärke und Art der Rahmenlinien.

Die Schaltfläche RAHMEN ist nur für die Position der Rahmenlinien zuständig; Farbe und Stärke der Rahmenlinien werden von den Attributen übernommen, die zuletzt mit STIFTART, STIFTSTÄRKE und STIFTFARBE eingestellt worden sind.

Die Schaltflächen der Rahmenlinien haben eine »Schaukelfunktion«:

- Besitzt die zu formatierende Zelle an der gewählten Seite keine oder eine anders formatierte Rahmenlinie, wird eine Rahmenlinie mit den eingestellten Attributen gesetzt.
- Besitzt die zu formatierende Zelle an der gewählten Seite bereits eine mit denselben Attributen formatierte Rahmenlinie, wird diese Rahmenlinie gelöscht.

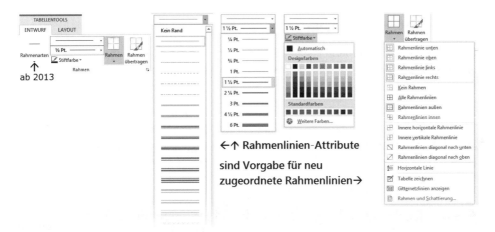

Abb. 15.16: Rahmenwerkzeuge für Tabellen

Rahmenformatierung übertragen (ab Word 2013)

Die Formatierung einer mit der Rahmenpipette ✒ angeklickten Rahmenlinie wird registriert und als aktuelle Rahmenlinienattribute übernommen, damit sie für neue Rahmenlinien verfügbar wird.

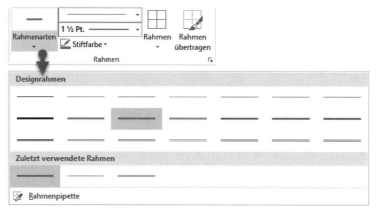

Abb. 15.17: Die Rahmenpipette finden Sie am Ende der Rahmenarten-Auswahl.

Um die Formatierung auf bereits bestehende Rahmen zu übertragen, klicken Sie auf RAHMEN ÜBERTRAGEN und streichen Sie mit dem Pinselcursor ✔ über die umzuformatierenden Rahmenlinien. Sie beenden den Pinselmodus mit ESC.

Den ausführlichen Dialog RAHMEN UND SCHATTIERUNG (identisch mit jenem für Absatzrahmen, in Abschnitt 12.4 ausführlich beschrieben) finden Sie für Tabellen am Ende der Liste der Schnellrahmen und mit TABELLENTOOLS Registerkarte ENTWURF | Gruppe RAHMEN ⬎.

15.3.4 Tabellentext gestalten

Die Schrift in einer Tabelle lässt sich ebenso formatieren wie Schrift im Fließtext, also mit den Werkzeugen der Registerkarte START, Gruppen SCHRIFTART und ABSATZ.

Zwar beherrscht Word in Tabellen auch ein wenig den Umgang mit Zahlen, doch Zahlen*formate* gehören leider nicht dazu. Zahlen werden so dargestellt, wie Sie sie eingeben, es gibt keine Automatik, die Dezimalstellen und Tausendertrennzeichen ergänzt. Nur bei berechneten Zelleninhalten lässt sich das Ergebnisformat vorgeben.

Aus der Trickkiste: Tabelleninhalte als Zahlen formatieren

Es gibt zwei Workarounds, um Zahlen in Tabellenzellen dennoch zu formatieren:

- Geben Sie Zahlen in Zellen nicht direkt ein, sondern über die Schaltfläche ƒ der TABELLENTOOLS: LAYOUT, als Funktion. Damit stehen Ihnen die Formatierungsfunktionen für Rechenfelder zur Verfügung. Mehr dazu in Abschnitt 19.3.2.

- Verwenden Sie innerhalb der Tabellenzellen Formularfelder, anstatt die Zahlen direkt in die Zellen zu schreiben. Sie lassen sich mit den Formularfeld-Eigenschaften formatieren (Abschnitt 19.2).

Textorientierung in der Zelle

Die Ausrichtung eines Textes innerhalb der Zelle bestimmen Sie in den TABELLEN-TOOLS: Layout | Gruppe AUSRICHTUNG.

Laufrichtung

Die Laufrichtung des Textes lässt sich mit den TABELLENTOOLS: LAYOUT | Schaltfläche TEXTRICHTUNG in den drei Winkeln 90°, 0° und -90° drehen; jeder weitere Klick auf diese Schaltfläche dreht den Text in eine andere Richtung. Diese Drehung ist vor allem für die Überschriften enger Spalten interessant. Grundsätzlich gilt jedoch, dass gekippter Text schlecht lesbar ist und deshalb vermieden werden sollte.

Randabstände

Da Text »auf Knirsch« an den Zellenrändern nicht gut aussieht und schlecht lesbar ist, sind standardmäßig Abstände zum Zellenrand vorgesehen, die Sie in den TABELLENTOOLS: LAYOUT | ZELLENBEGRENZUNGEN einstellen können.

Dennoch werden Sie erleben, dass Word unterschiedliche Abstände zu den oberen und unteren Zellenrändern einsetzt. Das ist kein Bug, sondern in der Interpretation der Absatzabstände in Tabellen von Word begründet. Für übereinander und nebeneinander liegende Zellen wird die Option KEINEN ABSTAND ZWISCHEN ABSÄTZEN GLEICHER FORMATIERUNG EINFÜGEN wie auf aufeinanderfolgende Absätze interpretiert, weshalb ein ABSTAND VOR in der Folgezelle sowohl nach unten als auch nach rechts unterdrückt wird.

Abb. 15.18: Override der Absatzeinstellungen

15.3.5 Eigene Formatvorlagen für Tabellen erstellen

Mit der Funktion NEUE FORMATVORLAGE im Aufgabenbereich FORMATVORLAGEN lassen sich auch für Tabellen Formatvorlagen nach den eigenen Bedürfnissen anfertigen, die dann auf einen Mausklick die gesamte Tabelle formatieren.

1. Öffnen Sie über die Schaltfläche ⬃ in der Registerkarte START, Gruppe FORMATVORLAGEN den Aufgabenbereich FORMATVORLAGEN.

2. Mit Klick auf ⯗ unten links gelangen Sie zum Dialog NEUE FORMATVORLAGE VON FORMATIERUNG ERSTELLEN.

3. Dort wählen Sie unter FORMATVORLAGENTYP den Typ TABELLE.

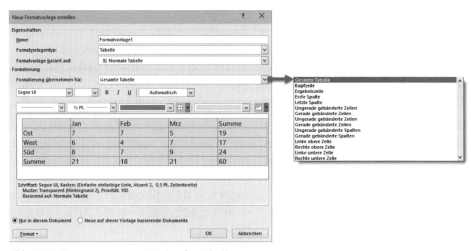

Abb. 15.19: FORMATVORLAGEN-Dialog für Tabellen

Im Bereich FORMATIERUNG und nach Auswahl mit der Schaltfläche FORMAT finden Sie alle Formatierungsfunktionen, um jedes Element einer Tabelle zu formatieren. Auf welches Element die jeweilige Formatierung gemünzt ist, stellen Sie mit FORMATIERUNG ÜBERNEHMEN FÜR ein.

15.3.6 Tabellenvorlagen gestalten

1. Erstellen Sie eine Tabelle mit
   EINFÜGEN | TABELLE | TABELLE EINFÜGEN [115]
   mit folgenden Einstellungen:

2. Setzen Sie die EINSTELLUNG FÜR OPTIMALE BREITE auf OPTIMALE BREITE: INHALT.

3. Aktivieren Sie die Option ABMESSUNGEN FÜR NEUE TABELLEN SPEICHERN.

---

115 Die Zahl der Spalten und Zeilen ist egal, sie muss ohnehin beim Einsatz dem Bedarf angepasst werden.

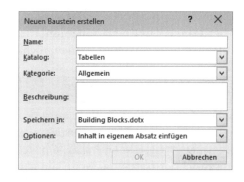

Abb. 15.20: Einstellungen für Tabellenvorlagen

4. OK

5. Formatieren Sie Ihre Tabelle.

6. Markieren Sie die fertig formatierte Tabelle.

7. EINFÜGEN | *Tabellen* TABELLE | SCHNELLTABELLEN | AUSWAHL IM SCHNELLTABELLENKATALOG SPEICHERN

8. Geben Sie der Vorlage im Dialog NEUEN BAUSTEIN ERSTELLEN einen Namen und Eigenschaften.

   Bei SPEICHERN IN müssen Sie entscheiden, ob die Tabellenvorlage

   ◼ in der globalen Bausteindatei Building Blocks.dotx oder

   ◼ in der Standard-Vorlagendatei Normal.dotm oder

   ◼ in der dem aktuellen Dokument zugrunde liegenden Dokumentvorlage

   zur Verfügung stehen soll.

9. OK

15.4 Große Tabellen

In wissenschaftlichen Arbeiten können Tabellen Ausmaße annehmen, die nicht mehr auf eine Seite passen. Für diese Fälle haben uns die Entwickler von Word noch ein paar Stolpersteine eingepackt.

15.4.1 Tabelle über mehrere Seiten

Ist eine Tabelle länger als eine Seite oder ist sie so in den Fließtext eingebettet, dass Teile davon auf die nächste umbrochen werden müssen, bedarf sie einer Wiederholung der Spaltenüberschriften auf der Folgeseite. Hierfür existiert in Word eine Automatik:

1. Markieren Sie die Zeile(n) mit den Spaltenüberschriften.

2. TABELLENTOOLS Registerkarte LAYOUT | ÜBERSCHRIFTEN WIEDERHOLEN

Nachträgliche Änderungen des Textes vor der Tabelle werden berücksichtigt, der Tabellenkopf wandert mit dem Seitenumbruch. Die Kopfbeschriftung kann nur am Beginn der Tabelle verändert werden, nicht auf Folgeseiten.

> **Wichtig**
>
> Die Funktion ÜBERSCHRIFTEN WIEDERHOLEN funktioniert nur, wenn die Tabelle im Fließtext steht. Haben Sie die Tabelle mit einem anderen Layout als MIT TEXT IN ZEILE formatiert, ist die Überschriftenwiederholung abgeschaltet. Das kann auch unbeabsichtigt passieren, wenn Sie beim Anklicken der Tabellenmarkierungs-Schaltfläche ⊞ die Maus bewegen. Word interpretiert diese Bewegung als Aufforderung zum Verschieben, was im Layout MIT TEXT IN ZEILE nicht geht, und schaltet deshalb auf ein umfließendes Layout um.

Zellen beim Seitenumbruch zusammenhalten

Leider funktionieren in Tabellenzellen die Absatzattribute zum Umbruch nicht, und das Pendant für Tabellen ist nicht nur gut versteckt, sondern auch von jeher so schlecht verbalisiert, dass man als unbefangener Nutzer nicht darauf kommt, damit die gesuchte Funktion gefunden zu haben.

TABELLENTOOLS: LAYOUT | EIGENSCHAFTEN | Register ZEILE | Option ZEILENWECHSEL AUF SEITEN ZULASSEN

Gemeint ist: *Seitenumbruch in Tabellenzeilen zulassen*. Wenn Sie diese Option abschalten, umbricht Word nur tabellenzeilenorientiert.

Tabelle beim Seitenumbruch zusammenhalten

Hat die Tabelle zwar problemlos auf einer Seite Platz und Sie wollen verhindern, dass sie beim Überarbeiten des voranstehenden Textes auf zwei Seiten verteilt wird, schützen Sie den Zusammenhalt wie folgt:

1. Markieren Sie die ganze Tabelle mit Klick auf ⊞.
2. Öffnen Sie den Dialog ABSATZ, Register ZEILEN- UND SEITENUMBRUCH.
3. Setzen Sie die Option NICHT VOM NÄCHSTEN ABSATZ TRENNEN.

15.4.2 Tabellen im Querformat

Oft genug sind Tabellen breiter als der Satzspiegel. Der nächstliegende Gedanke ist dann, die Tabelle auf einer Seite im Querformat anzulegen. Mit Abschnittswechseln ist das auch gar nicht schwierig, doch für Word wurde die Seite nicht gedreht, sondern besitzt nur andere Abmessungen in Höhe und Breite. Folgerichtig setzt es Kopf- und Fußzeile oben und unten, also an die längeren Seiten des Blattes. Im fertigen, gedruckten Dokument aber laufen bei diesen Seiten die Kopf- und Fußzeilen senkrecht an der Innen- und Außenkante des Blattes.

Also sind Sie auf Workarounds angewiesen, die letztlich alle auf das Drehen der
Tabelle hinauslaufen.

Workaround: Tabelle extern bearbeiten und fertig einfügen

1. Legen Sie die Tabelle in einem anderen Word-Dokument auf einer Seite im
    Querformat oder in einem Excel-Arbeitsblatt an und formatieren Sie sie
    abschließend.

2. Legen Sie in einer zusätzlichen Tabellenzeile eine Tabellenunterschrift an.

3. Markieren Sie die Tabelle im Quelldokument und kopieren Sie sie mit
    Strg+C in die Zwischenablage.

4. Wechseln Sie ins Zieldokument.

5. Legen Sie mit einem Abschnittswechsel eine neue Seite für die Tabelle an.

6. Fügen Sie die Tabelle mit START | EINFÜGEN (unten) | INHALT EINFÜGEN | BILD
    (Erweiterte Metadatei) in das Zieldokument ein.

    Nur als Grafik lässt sich die Tabelle drehen. Das Format *Erweiterte Metadatei*
    erlaubt Skalierungen ohne Qualitätseinbuße.

7. Markieren Sie die Tabelle durch Anklicken.

8. Drehen Sie die Tabelle mit BILDTOOLS | DREHEN | LINKSDREHUNG 90°

9. Skalieren Sie die Tabelle durch Ziehen an den Eckpunkten.

Nachteil dieses Workarounds ist die für das Drehen nötige Grafik-Eigenschaft der
Tabelle, die ein späteres Bearbeiten unmöglich macht.[116] Sie müssen für zu erwar-
tende Änderungen die Originaltabelle aufbewahren und bei jeder Änderung diesen Workaround erneut durchziehen.

Workaround: Tabelle mit gedrehtem Text

Das Handicap des ersten Workarounds besitzt die nun folgende Lösung nicht; allerdings müssen Sie auch hier etwas verdrehen: den gesamten Bildschirm. Nein,
Sie brauchen den Monitor nicht zu verdrehen, aber Sie können zur Arbeitserleichterung die Darstellung mithilfe der Grafikkarte kippen. Es spricht aber nichts dagegen, wenn Sie in Gedanken eine 90°-Drehung vollziehen, um die Tabelle auszu-
füllen.

---

116 Mit Gruppierung aufheben ließe sich zwar die Grafik in Text zurückverwandeln, aber dabei
gehen nahezu alle Formatierungen einschließlich der Drehung verloren.

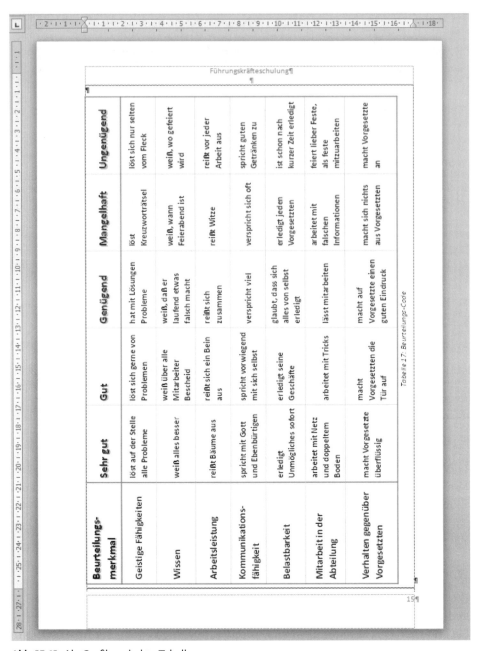

Abb. 15.21: Als Grafik gedrehte Tabelle

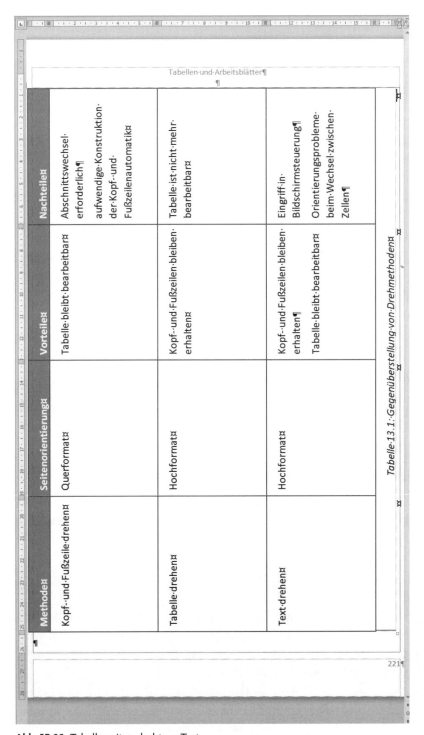

Tabellen und Arbeitsblätter¶

Methode¤	Seitenorientierung¤	Vorteile¤	Nachteile¤
Kopf- und Fußzeile drehen¤	Querformat¤	Tabelle bleibt bearbeitbar¤	Abschnittswechsel erforderlich¶ aufwendige Konstruktion der Kopf- und Fußzeilenautomatik¤
Tabelle drehen¤	Hochformat¤	Kopf- und Fußzeilen bleiben erhalten¤	Tabelle ist nicht mehr bearbeitbar¤
Text drehen¤	Hochformat¤	Kopf- und Fußzeilen bleiben erhalten¶ Tabelle bleibt bearbeitbar¤	Eingriff in Bildschirmsteuerung¶ Orientierungsprobleme beim Wechsel zwischen Zellen¶

Tabelle 13.1: Gegenüberstellung von Drehmethoden¤

221¶

Abb. 15.22: Tabelle mit gedrehtem Text

Der Einfachheit halber fangen Sie mit dem Aufbau der Tabelle an und bedenken dabei, dass Spalte 1 zur Tabellen-Kopfzeile wird.

1. Markieren Sie die komplette Tabelle.

2. Klicken Sie zweimal in TABELLENTOOLS: LAYOUT | auf die Schaltfläche TEXTRICHTUNG ▥

3. Die folgenden Schritte sind optional:

   ■ Wechseln Sie in die Windows-Systemsteuerung, Bereich ANZEIGE | ANZEIGEEINSTELLUNGEN ÄNDERN

   ■ Öffnen Sie die Liste AUSRICHTUNG und wählen Sie dort HOCHFORMAT (GEDREHT).

   ■ OK

   ■ Wechseln Sie zu Word.

4. Tragen Sie die Texte in Ihre Tabelle ein. (Bedenken Sie die um 90° geänderte Wirkung von Mausbewegungen und Sprünge der Pfeil- und Tabtasten, falls Sie die Darstellung gedreht haben.)

5. Stellen Sie nach dieser Arbeit die Ausrichtung Ihres Bildschirms wieder auf Querformat zurück.

15.5   Tabellen aus anderen Dokumenten übernehmen

Meist liegen Tabellen, die Sie in Ihrem Dokument benötigen, schon in anderen Dokumenten oder Arbeitsblättern vor. Word verfügt über mehrere Methoden, diese in das Dokument einzubinden.

Aus der Trickkiste: Absätze in Zellen zu Tabellenzeilen umwandeln

Gelegentlich erhält man Daten in Tabellenform zur Weiterbearbeitung, in denen Angaben innerhalb einer Spalte oder Zelle durch Absatzmarken ¶ von Hand in mehrere »Zeilen« umbrochen wurden. Daraus echte Tabellenzeilen zu machen, ist ganz einfach:

1. Wandeln Sie die Tabelle mit TABELLENTOOLS | LAYOUT | IN TEXT KONVERTIEREN um.

   ⚠ Achten Sie dabei darauf, dass im Umwandlungsdialog die Option ABSATZMARKEN bei TEXT TRENNEN DURCH aktiv ist.

2. Machen Sie aus den so entstandenen Absätzen mit EINFÜGEN | TABELLE | TEXT IN TABELLE UMWANDELN wieder eine Tabelle.

   ⚠ Achten Sie dabei darauf, dass im Umwandlungsdialog die Option ABSÄTZE bei TEXT TRENNEN BEI aktiv ist, und stellen Sie oben die erforderliche Spaltenzahl ein.

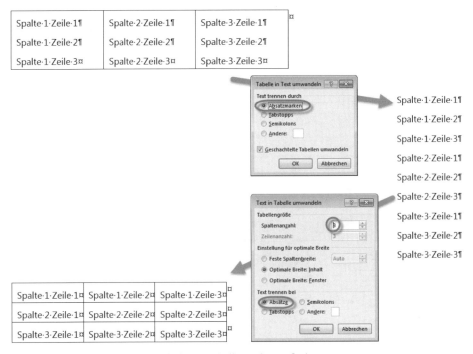

Abb. 15.23: Umbrochene Zelleninhalte in Tabellenzeilen aufteilen

15.5.1 Copy & Paste

Der schnellste und sicherste Weg, eine Tabelle aus einem anderen Dokument (meist aus einem anderen Word-Dokument oder einem Excel-Arbeitsblatt) einzu-fügen, besteht darin, die Tabelle oder Teile davon in der Quellanwendung zu mar-kieren und mit ⌴Strg⌴+⌴C⌴ in die Zwischenablage zu kopieren. Anschließend wech-seln Sie zu Ihrem Dokument und fügen die Tabelle mit ⌴Strg⌴+⌴V⌴ oder START | EINFÜGEN (unten) dort ein. Word baut eine eigene Tabelle mit den Daten auf.

Sowohl über die Einfügeoptionen der Schaltfläche EINFÜGEN als auch das Einfüge-Smarttag ⌴⌴Strg⌴⌴ werden Ihnen Optionen zum Einfügen angeboten:

Abb. 15.24: Formatierungs-Varianten für eingefügte Tabellen

15.5.2 Excel-Tabellen als Objekt einfügen

Soll in Word in einer Tabelle gerechnet werden, empfiehlt es sich, diese Daten in ein Word-internes Excel-Objekt einzufügen.

EINFÜGEN | OBJEKT | MICROSOFT EXCEL-ARBEITSBLATT

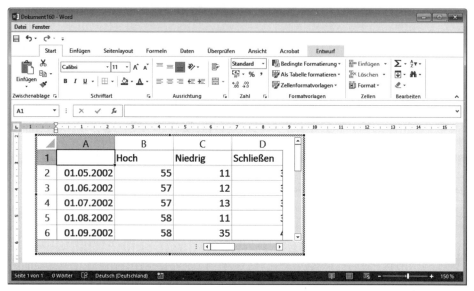

Abb. 15.25: Excel-Funktionen in Word

Die Vorteile sind:

- Sie können damit alle Funktionen von Excel nutzen, sind nicht auf Word-Berechnungsfelder angewiesen.

- Da die Excel-Tabelle im Dokument integriert ist, müssen Sie nicht auf eine externe Excel-Mappe zugreifen.

15.5.3 Externe Tabellen verknüpfen

Mithilfe des OLE lassen sich Tabellen aus anderen Dokumenten importieren mit EINFÜGEN | OBJEKT.

Im folgenden Dialog wählen Sie im Register AUS DATEI und klicken auf DURCH-SUCHEN.

Das einzufügende Objekt (= Datei) muss ein Dokument (z. B. aus Excel) sein, das nur die Tabelle enthält. Für diese Tabelle wird dann ein passender Objektrahmen im Text erstellt und dort die Tabelle eingefügt.

Auch hier greift Word zum Bearbeiten der Tabelle auf das Quellprogramm zurück.

Wichtig

Wenn die Quellanwendung auf dem aktuellen Computer nicht zur Verfügung steht, kann die Tabelle nicht bearbeitet werden!

Wichtig

Ist eine Word-Quelldatei im alten Office-Format gespeichert, erscheint im Word-Fenster die Menüleiste der alten Version.

15.5.4 Troubleshooting zu importierten Tabellen

Word geht mit eingefügten Excel-Tabellen manchmal etwas eigenartig um. Dazu einige Tipps, vorab jedoch eine wichtige Warnung:

⚠ Vorsicht

Wenn Sie eine Excel-Datei in Ihr Word-Dokument einbetten, nehmen Sie unge-wollt *die komplette Arbeitsmappe mit allen Tabellen* mit. Sollten Sie vorhaben, die Word-Datei weiterzugeben, ohne dass der Empfänger die sonstigen Tabellen sehen soll, greifen Sie unbedingt auf die sichere Methode mit Copy & Paste (siehe Abschnitt 15.5.1) zurück.

Seitenverhältnis importierter Excel-Tabellen

Beim Import von Excel-Tabellen arbeitet Word manchmal nicht maßhaltig; die Ta-bellen werden verzerrt dargestellt. Um dem abzuhelfen, klicken Sie in Word auf die eingebettete Excel-Tabelle doppelt und formatieren sie in der Excel-Instanz nach.

Darstellungsprobleme

Wenn in einer importierten Tabelle einige Rahmenlinien nicht zu erkennen sind, bedeutet das noch lange nicht, dass sie verschwunden wären. Beim Drucken sind sie komplett, nur in der Bildschirmanzeige fehlen sie. Wegen der gegenüber dem Drucker erheblich geringeren Auflösung *fallen* dünne Linien durch das Pixelraster des Monitors.

15.6 In Tabellen sortieren

Selbstverständlich lassen sich die Daten in Tabellen sortieren, aber auch nicht in Tabellenform vorliegender, strukturierter Text ist sortierbar.

Um die Zeilen in einer Tabelle zu sortieren, rufen Sie die Sortierfunktion in den
TABELLENTOOLS: LAYOUT | SORTIEREN auf.

Abb. 15.26: Sortieren in Tabellen

Sie legen im SORTIEREN-Dialog fest, in welcher Spalte die Sortierkriterien stehen
und nach welchem Inhaltstyp zu sortieren ist, klicken anschließend auf OK, schon
wird die Tabelle dementsprechend umsortiert.

Vorsicht

Zellen, die Berechnungsfelder enthalten, begrenzen die Sortierung, damit der
Bezug nicht verloren geht.

Kapitel 16

Bilder, Grafik und andere Illustrationen

Wissenschaftliche Veröffentlichungen bedürfen häufig der Visualisierung von Sachverhalten durch Grafiken und Abbildungen. Dies können auch Diagramme oder andere grafische Objekte sein; in diesem Kapitel werden sie verallgemeinernd schlicht »Bilder« genannt. (In Abschnitt 16.1 geht es um Bilder im eigentlichen Sinne, also Grafiken und Fotos.)

Beim Einfügen von Bildern in den Text gibt es Stolperfallen beim Zusammenspiel von Text und Bild zu beachten. Word macht es den Anwendern von jeher nicht leicht dabei, was aber insoweit zu entschuldigen ist, dass Word halt ein Textprogramm ist, kein Layout- oder Satzprogramm. Für Word hat erste Priorität der Fließtext, der Rest ist Beiwerk, das mal recht, mal schlecht mitverwaltet wird.

Wenn Sie sich diese primäre Orientierung des Programms vergegenwärtigen, sind manche der unangenehmen Überraschungen zwar immer noch ärgerlich, aber durchaus verständlich.

Sollten Bilder trotz korrekten Einfügens nicht angezeigt oder nicht gedruckt werden, lohnt sich ein Blick in die zentralen Optionen:

DATEI | OPTIONEN | ANZEIGE | IN WORD ERSTELLTE ZEICHNUNGEN DRUCKEN muss **eingeschaltet** sein.

DATEI | OPTIONEN | ERWEITERT | DOKUMENTINHALT ANZEIGEN | PLATZHALTER FÜR GRAFIKEN ANZEIGEN muss **ausgeschaltet** sein.

16.1 Bilder, Fotos, Grafiken

Grafik besitzt in der Welt der Datenverarbeitung viele unterschiedliche Erscheinungsformen. Ein Foto ist ebenso eine Grafik wie eine Skizze, ein Diagramm (Geschäftsgrafik) oder eine Konstruktionszeichnung.

Grundsätzlich unterschieden werden nach ihrer Technik Pixelgrafiken (Pixel = Bildpunkte) und Vektorgrafiken (siehe Tabelle 16.1).

	Pixelgrafik	Vektorgrafik
Anwendung	Fotos Zeichnungen Screenshots	CAD Konstruktion Grafiken
Speicherverfahren	Jeder Bildpunkt wird mit seinem Farbwert erfasst.	Jedes Objekt wird mit Koordinaten, Bézierwerten und Farbattributen als Tabelle erfasst.
Bildaufbau beim Laden	Punkt für Punkt	Jedes Objekt wird anhand seiner Daten neu konstruiert.

Tabelle 16.1: Grafiktechniken

In Word mit EINFÜGEN | FORMEN erzeugte Grafiken sind Vektorgrafiken. Damit lassen sich sehr gut Schaubilder und selbst komplexe technische Darstellungen anfertigen.[117]

In diesem Abschnitt geht es um *Pixelgrafik*, die von Kameras oder Scannern, aber auch als Export aus Grafikprogrammen stammt.

16.1.1 Übliche Dateiformate für Pixelgrafik

Das größte Problem bei der Pixelgrafik ist der Speicherbedarf. Das ursprüngliche Bitmap-Format (Dateiendung .BMP), das tatsächlich Punkt für Punkt speichert, hat den größten Platzbedarf:

$$Dateigröße \ [Bytes] = Breite \ [Pixel] \times Höhe \ [Pixel] \times \frac{Farbtiefe \ [bit]}{8}$$

Ein Foto von 10 Megapixel (3.648 × 2.736 Pixel) bei einer Farbtiefe von 24 Bit kommt so auf 30 Megabyte Dateigröße.

Dem abzuhelfen, dienen unterschiedliche, platzsparende Speicherverfahren.

Komprimierung

Gleiche Partien eines Bildes werden nur einmal gespeichert und beim Bildaufbau an den entsprechenden Stellen wiederholt dargestellt. Das kann im einfachsten Fall eine Strecke gleichfarbiger Pixel sein wie beim RLE-Format (ein verbessertes BMP-Format, mit dem u. a. Word bis 2003 Bilder speicherte), bei besseren Algorithmen auch komplexe Bildinhalte. Je aufwendiger und »intelligenter« der Pack-Algorithmus, desto stärker die Einsparung an Speicherplatz. Nach dieser Methode arbeitet das zurzeit als Standard der Grafikspeicherung geltende PNG-Format.

---

117 siehe Abschnitt 16.3

Farbreduzierung

Beim GIF-Format werden die im Bild vorhandenen Farben auf 256 reduziert und zusätzlich komprimiert wie im vorigen Absatz beschrieben. Das kann verlustfrei sein, wenn nicht mehr als 256 unterschiedliche Farbtöne im Bild enthalten sind, denn GIF stellt aus den vorhandenen Farben eine spezifische Farbpalette zusammen. Es kann aber auch zu Farbfehlern führen, wenn ähnliche Farben angeglichen werden, um die Grenze von 256 Farben einzuhalten.

Interpretation von Stichproben

Die speziell für Fotos entwickelte Methode mit dem Kürzel JPG macht sich die menschliche »Sehschwäche« zunutze. Je nach Komprimierungsgrad werden mehr oder weniger Stichproben (einzelne Pixel) des Bildes gespeichert und die fehlenden Bereiche beim Bildaufbau als Farbverläufe interpoliert.

> ⚠ **Vorsicht**
>
> Beim Öffnen und erneuten Abspeichern von JPG-Bildern werden neue Stichproben genommen und die Qualität weiter gemindert; die fehlerhaften, »Artefakte« genannten Flächen fallen dann doch schon mal auf. **Aber:** Das betrifft nicht das Öffnen und erneute Speichern eines Word-Dokuments mit eingebetteten Fotos, solange sie nicht mit den Word-BILDTOOLS bearbeitet werden.

Welches Grafikformat wofür?

Das ideale Grafikformat gibt es nicht.

JPEG eignet sich hervorragend für Fotos; die Qualitätsverluste sind kaum zu bemerken, weil wir in der Natur auch nichts wirklich scharf sehen, Bewegungsunschärfen und Farbverläufe gewohnt sind.

Um Grafiken, also Schaubilder, technische Zeichnungen (die nicht als Vektorgrafik vorliegen oder nicht als solche weiterverarbeitet werden), Screenshots etc. abzubilden, darf es keine Qualitätsverluste geben. Hier ist **PNG** das zutreffende Format.

Wird das Werk von einer Druckerei weiterverarbeitet, ist **TIFF** erste Wahl. Achten Sie aber darauf, dass das richtige Kompressionsverfahren gewählt wird. Nicht jeder Satzcomputer versteht jede TIFF-Variante. TIFF-LZW (für Grafik) und TIFF-JPEG (für Fotos) sind Kompressionsverfahren, mit denen die meisten Geräte klarkommen. Stimmen Sie sich sicherheitshalber mit der Druckerei oder Setzerei ab.

16.1.2 Pixelgrafik in Word verwenden

Wenn Sie Pixelgrafik in Word verwenden wollen, benötigen Sie unbedingt ein Bildbearbeitungsprogramm. Mit den internen Werkzeugen ist manchen Problemen nicht beizukommen, auch wenn Word seit Version 2010 in dieser Hinsicht sehr zugelegt hat.

Ein Bildbearbeitungsprogramm für Pixelgrafik ist auf jedem Windows-Rechner anzutreffen: *[Fresh]Paint* – ein Programm, mit dem leider keine ernsthafte Bearbeitung möglich ist. Sie müssen sich aber nicht gleich *Photoshop* zulegen; es gibt genügend hochwertige Freeware-Grafikprogramme, mit denen Sie Pixelgrafiken professionell aufarbeiten können.[118]

⚠ Pixelgrafik richtig in Word einfügen

Der erste schwere Fehler wird meist schon beim Einfügen in Word begangen.

Sie suchen mit einem Bildbetrachter in Ihrer Bildersammlung die passende Abbildung, und sobald Sie sie gefunden haben, holen Sie sie via Zwischenablage nach Word.

Und dann wundern Sie sich, warum Ihr Dokument riesig wird und beim Arbeiten immer öfter die Sanduhr bzw. der Wartekringel auftaucht!

Word und andere Office-Programme sind durchaus in der Lage, eingefügte Grafiken mit dem zugehörigen Kompressionsverfahren im Dokument zu speichern, doch nur dann, wenn die Information, welches Kompressionsverfahren anzuwenden ist, auch vorliegt.

Beim Einfügen über die Zwischenablage bekommt Word nur einen Haufen Pixel übergeben mit dem Hinweis, wie diese nach Breite und Höhe aufzubauen sind. Mehr nicht. Keine Information über Kompressionsverfahren.

Dann speichert Word die Grafik nach dem PNG-Verfahren, das für Fotos äußerst unglücklich ist, weil in Fotos nur in Ausnahmefällen größere einfarbige Pixelbereiche zu finden sind. Aber Word kann von sich aus nicht entscheiden, ob JPEG vielleicht günstiger wäre.

> **Merke:**
>
> Cut & Paste ist zum Bildereinfügen der schlechteste aller Wege!

---

118 Empfehlenswerte Freeware-Bildbearbeitungsprogramme sind Gimp, IrfanView und XnView.

Der korrekte, problemfreie Weg

Wählen Sie für das Einfügen jedoch den korrekten Weg über EINFÜGEN | GRAFIK, empfängt Word zusätzlich zum Bild auch die Informationen zum Kompressionsverfahren, die es benötigt, um das Bild überhaupt aufzubauen. (Beim Einfügen über die Zwischenablage hatte diese Arbeit das Bildbetrachtungsprogramm übernommen, aber diese Metadaten nicht an die Zwischenablage weitergereicht.) Diese Informationen benötigt Word beim Speichern und komprimiert das Bild mit dem Verfahren, das es beim Laden aufwies.

Methode		Dateigröße
Einfügen aus der Zwischenablage	ohne interne Nachbehandlung	12 MB
	für Druckausgabe 220 dpi komprimiert	3,0 MB
	extern für 220 dpi vorbehandelt	2,0 MB
EINFÜGEN	GRAFIK	ohne interne Nachbehandlung	586 kB
	für Druckausgabe 220 dpi komprimiert	586 kB
	extern für 220 dpi vorbehandelt	412 kB

Tabelle 16.2: Kompressionsergebnisse bei unterschiedlichen Methoden – Ausgangsmaterial ist ein Bild mit 9 Megapixel, gespeichert als JPG mit 1,85 MB.

16.1.3 Speicherbedarf durch Komprimieren reduzieren

Da im Fließtext auf eine A4-Seite ein Bild im Querformat mit bestenfalls 3 Megapixel (MP) Auflösung passt, heutige Fotoapparate aber weit höhere Auflösungen liefern, wird nicht die volle Auflösung benötigt. Solange Sie noch nicht gespeichert haben, schleppt das Dokument diesen Ballast mit. Wie lange dieser Ballast ohne Ihr Eingreifen bestehen bleibt, hängt von der Word-Version ab.

Bilder komprimieren

Word wirft beim Speichern alles über Bord, was an Pixeln entbehrlich ist. Sie können das gern kontrollieren, indem Sie nach der in Abschnitt 16.1.4 beschriebenen Methode in eine docx-Datei hineinschauen.

Wichtig

Wollen Sie dieses automatische Komprimieren beim Speichern verhindern, schalten Sie die Zentraloption dafür ab:

DATEI | OPTIONEN | ERWEITERT | BILDGRÖSSE UND QUALITÄT | Option BILDER NICHT IN DATEI KOMPRIMIEREN

Beachten Sie dabei die Gültigkeits-Einstellung! Sofern Sie nichts anderes wählen, gilt eine Änderung der Grundeinstellung nur für das aktuelle Dokument.

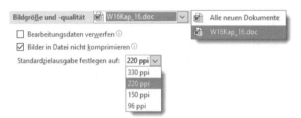

Abb. 16.1: Einstellungen zur automatische Bildkomprimierung

Komprimierungseinstellungen

Alle Versionen verfügen in der manuellen Komprimierungsfunktion über Einstellungen für eine auf das vorgesehene Ausgabemedium abgestimmte Auflösung. Wollen Sie das Dokument nicht drucken, sondern als PDF zur Betrachtung am Bildschirm weitergeben oder an eine E-Mail anhängen, sind geringere Auflösungen sinnvoll.

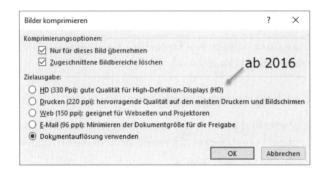 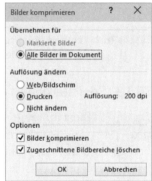

Abb. 16.2: Komprimierungseinstellungen

Die Dialoggestaltung und die Kompressionsstufen haben zwischen den Versionen immer wieder gewechselt, aber das eigentliche Problem erst mit Word 2016 gelöst: Für die Druckausgabe werden 300 dpi (dots per inch, Punkte pro Zoll) benötigt, und diesen Wert gibt es bis Word 2013 nicht.

Für professionelle Druckergebnisse kommen Sie bis Word 2013 deshalb nicht umhin, Ihre Bilder **extern** auf Maß zu bringen und erst danach in Word zu importieren.

> **Beispiel**
>
> Ein 16-MP-Foto habe die Abmessungen 5.344 × 3.008 Pixel (px). Es soll in ein mit 300 dpi zu druckendes Word-Dokument in voller Satzspiegelbreite von 17 cm eingefügt werden.

17 cm benötigen bei 300 dpi 2.008 px; das Bild ist zu skalieren auf 2.008 × 1.130 px. Diesen Dreisatz müssen Sie nicht selbst ausrechnen; in Bildbearbeitungsprogrammen gibt es Dialoge, in denen Sie die gewünschten Maße und Auflösungen eintragen und den Rest das Programm erledigen lassen.

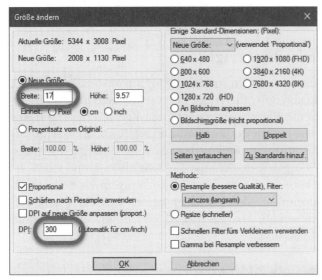

Abb. 16.3: Berechnungshilfe im Bildbearbeitungsprogramm (hier: IrfanView)

An diesem Beispiel wird auch deutlich, welchen Ballast Sie ohne Skalierung in das Word-Dokument mitnehmen: Lediglich 2,3 MP von 16 MP werden für die Druckausgabe benötigt!

Soll das Dokument als PDF oder E-Book publiziert werden, reichen sogar 120 dpi = 803 × 452 px = 0,36 MP.

⚠ Vorsicht

Unsinnig ist es, eine einzufügende Pixelgrafik als Vektorformat (EMF oder WMF) einzufügen. Das Bild wird dadurch nicht verändert, sondern lediglich in eine Vektorgrafikhülle eingebettet, die die Kompressionsmechanismen behindert (siehe Abschnitt 16.1.4).

Wichtig!

Office-Programme importieren aus Sicherheitsgründen keine Postscript-Grafiken (.eps) mehr.

Beschnittene Bilder

Es gibt noch eine weitere Form von Pixelballast: Wenn Sie Ihr Bild mit der Zu-schneiden-Funktion (Abschnitt 16.1.5) in Word zurechtgestutzt haben, bleiben die nicht benötigten Reste dennoch erhalten und können beim erneuten Aufruf von ZUSCHNEIDEN zurückgeholt werden.[119] Erst beim Komprimieren mit gesetzter Option ZUGESCHNITTENE BILDBEREICHE LÖSCHEN verabschiedet sich Word endgül-tig vom Beschnittabfall.

16.1.4 Wenn die Komprimierung versagt

Es kann vorkommen, dass Sie nur einige wenige, völlig unverdächtige Bilder in einem Dokument haben, die alle ordentlich über EINFÜGEN | GRAFIK dort hinein-gelangt sind, dennoch bleibt die Datei nach der internen Komprimierung riesig. Der Grund dafür ist meist ein Irrtum der Komprimierungsfunktion: Bestimmte Grafiktypen werden nicht komprimiert, weil sie ohnehin nicht komprimierungs-fähig sind, zum Beispiel Vektorgrafiken. Solange diese Grafiken korrekt sind, ist das auch kein Problem. Sie können aber verkapselte, unkomprimierte Pixelgrafi-ken enthalten, die die Komprimierfunktion nicht erkennt, weil die Grafik auf-grund der mitgebrachten Informationen als nicht komprimierfähig eingestuft wird.

Aus der Trickkiste: Eingebettete Bilder extern bearbeiten

Derartige Klopse zu finden, ist mit den Mitteln des XML-Dateiformats, in dem Word-Dokumente gespeichert werden, möglich:

1. Fügen Sie im Windows-Explorer an den Dateinamen hinter `.DOCX` ein `.ZIP` an. (Keine Sorge, das können Sie jederzeit wieder revidieren; ignorieren Sie also die Warnung von Windows getrost!)

    Das Dateiicon ändert sich in jenes eines Archivordners, den Sie per Doppel-klick öffnen können.

Hintergrundinformation

Das .docx-Dateiformat ist nichts anderes als ein ZIP-Archiv mit allen benötigten Informationen und Ressourcen.

2. In diesem ZIP-Archiv finden Sie einen Unterordner `word` und darin einen wei-teren `media`, in dem alle im Dokument enthaltenen Bild- und Multimediadatei-en verwahrt werden.

---

119 Das ist nicht nur ein Problem der Speicherökonomie, sondern kann schlimmstenfalls bei Wei-tergabe einer Datei auch peinliche Aspekte aufzeigen.

3. Darin suchen Sie diejenige Bilddatei, deren Größe energisch nach oben abweicht.

4. Öffnen Sie die Datei mit einem Bildbearbeitungsprogramm und speichern Sie sie unter gleichem Namen als PNG oder JPEG in diesen Archiv-Unterordner zurück.

5. Schließen Sie das Archiv und entfernen Sie die Endung `.zip`.

6. Öffnen Sie die Datei mit Word, komprimieren Sie das Dokument erneut mit BILDTOOLS | KOMPRIMIEREN, und speichern Sie es wieder ab.

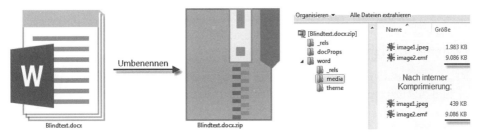

Abb. 16.4: Ein Blick ins DOCX-Innere zeigt, dass die EMF-Datei nicht komprimiert wurde und eine untypische Größe aufweist.

16.1.5 Bildbearbeitung in Word

Word verfügt mit den BILDTOOLS über einige Funktionen zur Grafikbearbeitung, doch mit einem darauf spezialisierten Bildbearbeitungsprogramm können sie nicht mithalten. Betrachten Sie die BILDTOOLS bitte immer als Notbehelf.

Auch in den BILDTOOLS gibt es die Schaltflächen ⬂, mit denen sich erweiterte Einstellmöglichkeiten zur Bildbearbeitung aufrufen lassen.

In diesem Buch darauf intensiv einzugehen, würde den Rahmen sprengen, auch wenn das Illustrieren eine wichtige Aufgabe beim Abfassen wissenschaftlicher Arbeiten ist. Darum seien hier nur die wichtigsten Funktionen kurz erklärt. 🐛

Abb. 16.5: Die Bildbearbeitungs-Werkzeuge in Word

Helligkeit nachbessern

In den BILDTOOLS gibt es stufenweise Korrekturen für KONTRAST und HELLIGKEIT,
aber ein Klick auf OPTIONEN FÜR BILDKORREKTUREN führt zum Dialog GRAFIK FOR-
MATIEREN, in dem die Korrekturen frei einstellbar sind.

Farben korrigieren

NEU EINFÄRBEN gibt dem Bild einen anderen Grundton, alle Farben erscheinen als
Helligkeitsabstufungen dieser Grundfarbe. Auch hier gibt es mit BILDFARBOPTIO-
NEN einen Aufruf des ausführlicheren EINSTELLUNGEN-Dialogs.

Graustufen

Wenn von vornherein feststeht, dass nicht in Farbe gedruckt wird, wandeln Sie
Ihre Bilder am besten selbst in Graustufenbilder um mit BILDTOOLS | NEU EINFÄR-
BEN | GRAUSTUFEN, damit Sie einen Eindruck von den Kontrasten erhalten und
ggf. noch nachbessern können. Sollten die dabei erzielbaren Kontraste nicht deutlich genug sein, kommen Sie um eine externe Bearbeitung mit einem Bildbearbeitungsprogramm nicht herum, das bessere Einstellmöglichkeiten bietet, zum Beispiel eine Gammakorrektur[120].

Bilder zuschneiden

Mit dem Werkzeug ZUSCHNEIDEN lassen sich periphere Teile einer eingefügten
Grafik verstecken. Setzen Sie dazu nach Aktivieren dieser Funktion den Mauszeiger auf einen der nun als Blocklinien und -ecken dargestellten Anfasser am Rand
des Bildes, wird es beim Bewegen nach innen nicht verkleinert, sondern gestutzt.

---

120 Helligkeitskorrektur, bei der helle und dunkle Bereiche unterschiedlich stark beeinflusst
    werden

Bilder lassen sich auch auf Form zuschneiden, indem Sie eine der Vektorgrafikformen als Umriss eines Bildes definieren:

BILDTOOLS | ZUSCHNEIDEN ▼ | AUF FORM ZUSCHNEIDEN

16.2 Screenshots

Screenshots sind nichts anderes als ein spezieller Herstellungsweg für Pixelgrafiken. Die Pixel des Bildschirms werden aus der Grafikkarte übernommen und in ein Bildformat überführt.

Sie werden für wissenschaftliche Arbeiten immer dann benötigt, wenn

- der Computer als Monitor für Messungen oder Beobachtungen eingesetzt wird und bestimmte Situationen im Bild festzuhalten sind,
- es um Dokumentationen zu Software geht oder
- ein grafisches Ergebnis einer Fremdsoftware auf keinem anderen Weg als über das »Abfotografieren« nach MS Office zu portieren ist.

Microsoft liefert allerlei kostenlose Hilfsprogramme mit, die sich leider in der Bedienung grundlegend voneinander unterscheiden.

Allen hauseigenen Screenshot-Funktionen gemein ist, dass sie nur manuell arbeiten. Sie können ein Bildschirmfoto anfertigen, ggf. bearbeiten und speichern; der nächste Screenshot muss wiederum von Hand ausgelöst werden. Auch sind die Einflussnahmen auf Begrenzungen und Inhalt des Screenshots (z. B. ob mit oder ohne Mauszeiger) eher dürftig.

Um professionell mit Screenshots umzugehen, Serien von Screenshots automatisch gesteuert anzufertigen und wirkungsvoll nachzuarbeiten, bedarf es einschlägiger Spezialsoftware.[121]

16.2.1 Die Windows-Screenshotfunktion

Die klassische Form des Screenshots fertigen Sie mit der Taste `Druck`. Sie befördert den kompletten Bildschirminhalt als Pixelgrafik in die Zwischenablage, aus der er mit `Strg`+`V` in die Zielanwendung geholt wird.

`Alt`+`Druck` beschränkt das Bildschirmfoto auf das aktuelle Fenster.

---

121 Dafür sind bereits Freeware-Programme wie *IrfanView* und *XnView* besser geeignet als die beschriebenen Bordmittel. Für professionelles Arbeiten mit Screenshots ist *SnagIt* zu empfehlen, mit dem auch die Screenshots für dieses Buch entstanden sind. (So konnte auch der geringe Kontrast der Bedienelemente direkt nach dem Screenshot verstärkt werden.)

Ab Windows 8 ist die altbekannte Screenshot-Funktion um eine Speicheroption erweitert worden. Drücken Sie ⊞+`Druck`, speichert Windows den Screenshot als PNG-Datei im Ordner `Eigene Bilder \ Screenshots` und, sofern Sie OneDrive verwenden und dort die Einstellung ERSTELLTE SCREENSHOT AUTOMATISCH AUF ONEDRIVE SPEICHERN aktiviert haben, in Ihrer OneDrive-Wolke im gleichnamigen Ordner. Allerdings gilt diese Option nur für den gesamten Bildschirm. Ein Einschränken mit der `Alt`-Taste auf das aktuelle Fenster funktioniert nach wie vor nur in Richtung Zwischenablage.

16.2.2 Das Snipping Tool

Seit Windows 7 wird ein kleines Screenshot-Programm mitgeliefert, das Sie bei **Windows 7** im Windows-Startmenü unter ALLE PROGRAMME | ZUBEHÖR finden: das *Snipping Tool*.

Um das *Snipping Tool* in **Windows 8** zu starten, geben Sie im Kachel-Bildschirm »Snip« ein, dann bietet Ihnen Windows die *Snipping Tool App* zum Start an.

In **Windows 10** starten Sie das *Snipping Tool* im Windows-Startmenü unter ALLE APPS | WINDOWS-ZUBEHÖR.

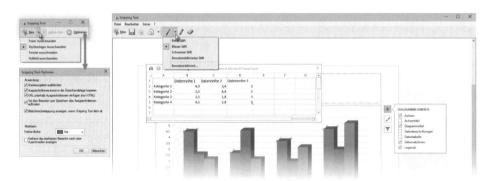

Abb. 16.6: Bildschirmausschnitt mit »Snipping Tool« aufnehmen

Beim Klick auf ▼ neben der Schaltfläche NEU erscheint eine Auswahl, was vom Bildschirm abzufotografieren ist (Abbildung 16.6). Als Auslöser fungiert die Schaltfläche NEU.

Haben Sie die Aufnahmeeinstellung VOLLBILD oder FENSTER gewählt, wird der abfotografierte Bereich des Bildschirms sofort im Bearbeitungsfenster von *Snipping Tool* angezeigt.

Bei den Modi FREIES und RECHTECKIGES AUSSCHNEIDEN verblasst die Bildschirmanzeige und Sie müssen mit dem Mauszeiger den Bereich wählen; der markierte Teil wird im Gegensatz zum Rest des Bildschirms vollfarbig dargestellt.

Das Bearbeitungsfenster (Abbildung 16.6, rechts) erlaubt nicht viele Aktionen, Sie können mit den beiden Werkzeugen STIFT und TEXTMARKER bestenfalls ein paar Markierungen anbringen. Für weitere Arbeiten am Bild sollten Sie auf ein Bildbearbeitungsprogramm oder PowerPoint ausweichen.

Mit »Snipping Tool« lassen sich Screenshots in den Bildformaten PNG, GIF und JPEG sowie als HTML speichern. Das einzig sinnvolle Format zur Einbindung in ein Dokument ist PNG, denn GIF und JPEG mindern die Qualität, an die bei Grafiken höhere Ansprüche gestellt werden als bei Fotos.

16.2.3 Office-Screenshot-Funktionen

Ein dem Snipping Tool ähnliches Zubehör ist seit Office 2010 in der Registerkarte EINFÜGEN enthalten. Beim Anklicken von SCREENSHOT erscheint eine Auswahl aller geöffneten Fenster Ihres Desktops. Ein Klick auf eine dieser Miniaturen befördert unmittelbar an die Position der Schreibmarke einen Screenshot dieses Fensters, den Sie mit den BILDTOOLS intern weiterbearbeiten können.

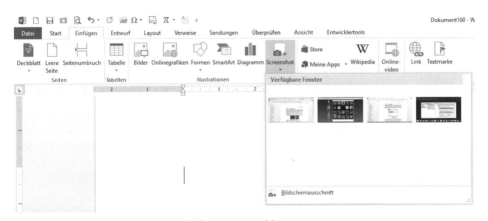

Abb. 16.7: Screenshot-Motiv in Word ab 2010 auswählen

Wählen Sie BILDSCHIRMAUSSCHNITT, so wird das in der Fensterhierarchie zuoberst liegende Fenster im Vollbild angezeigt, und Sie dürfen mit dem Mauszeiger einen rechteckigen Bildausschnitt bestimmen, der beim Loslassen der Maustaste unmittelbar an der Position der Schreibmarke in Ihren Text eingefügt wird.

16.3 Vektorgrafik in Word

Man kann die Office-Zeichenwerkzeuge in Word nutzen. Für aufwendigere Grafiken ist es aber sinnvoller, das nicht in Word zu tun, sondern auf die dafür zuständige Office-Komponente PowerPoint auszuweichen. Dort stehen mehr Funktionen und Effekte zur Verfügung und die Bedienung ist weniger hakelig als in Word.

Wichtig

Wenn Ihr Dokument als Word-Datei von einer Druckerei weiterverarbeitet werden soll, können Probleme beim Druck von Vektorgrafiken auftreten, die Sie am besten dadurch umgehen, dass Sie die Vektorgrafik in eine TIFF-Grafikdatei umwandeln und dann in Word einfügen.[122]

Word ist ein Textprogramm und orientiert sich generell am Fließtext. Alle anderen Elemente, auch im Programm erstellte Grafiken, sind Fremdkörper und werden nur »widerwillig« bearbeitet.

Eine Erleichterung bei Zeichenarbeiten gibt es mit dem *Zeichenbereich*, der im Text eine Fläche für die Zeichenarbeit freiräumt. In diesem Rahmen können Sie unabhängig von den üblichen Word-Funktionen mit den Zeichenwerkzeugen arbeiten. Mit Einfügen | Formen | Neuer Zeichenbereich legen Sie einen Zeichenbereich an, der sich durch Greifen und Ziehen mit der Maus an den Seitenrändern oder Ecken in der Größe verändern lässt wie eine Form.

Haben Sie im Kontextmenü des Zeichenbereichs (Rechtsklick auf den Rahmen) die Option Zeichnung skalieren aktiviert, machen beim Skalieren des Zeichenbereichs alle Inhalte die Größenänderungen mit.

Automatisch angelegt wird ein Zeichenbereich beim Aufruf einer Zeichenfunktion, wenn in Datei | Optionen | Erweitert | Bearbeitungsoptionen die Option Automatisch beim Einfügen von AutoFormen einen neuen Zeichenbereich erstellen aktiv ist.

Wichtig

Sie benötigen nicht unbedingt einen Zeichenbereich, auch wenn es sich damit leichter arbeitet, sondern können an beliebiger Stelle im Text eine Form zeichnen. Außerhalb eines Zeichenbereichs sind die Funktionen aber noch weiter eingeschränkt.

---

122 Da der direkte Grafikexport aus Office-Anwendungen heraus oft mit Qualitätsverlusten verbunden ist, empfiehlt es sich, die TIFF-Datei auf dem Umweg über einen Screenshot oder die Zwischenablage mit einem Grafikprogramm zu erzeugen.

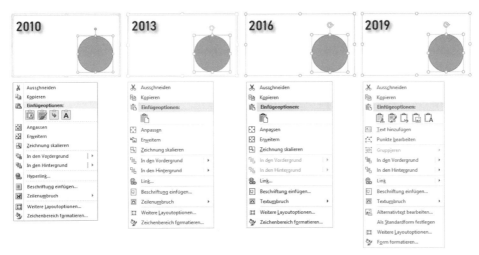

Abb. 16.8: Zeichenbereich und Kontextmenü im Wandel der Versionen

Zeichenbereiche können mit dem Dialog FORM FORMATIEREN, den Sie per ZEICH-NUNGSBEREICH FORMATIEREN aus dem Kontextmenü aufrufen, eingefärbt, gerahmt, skaliert und positioniert werden wie Formen. Die meisten Formen-Bearbeitungsfunktionen sind für Zeichenbereiche allerdings gesperrt.

Abb. 16.9: Der Textfluss ist unabhängig vom Rahmen des Zeichenbereichs.

Der Zeichenbereich ist kein Rahmen und hat keine Auswirkungen auf den Textfluss, falls dieser auf PASSEND gestellt ist (siehe Abschnitt 16.8.2). Der Textfluss orientiert sich an den Formen, unabhängig davon, ob diese in einem Zeichenbereich stehen oder direkt im Text.

Markieren von Formen

Markiert werden Formen durch Anklicken, mehrere Formen durch aufeinanderfolgendes Anklicken bei gedrückter [Strg]- oder [⇧]-Taste, auch im Zeichenbereich! Das in PowerPoint übliche Aufziehen eines Markierungsrahmens gibt es in Word nicht.[123]

Ersatzweise sind Markierungen mit dem *Auswahlbereich*❽ möglich:

START | Bearbeiten: MARKIEREN | AUSWAHLBEREICH.

16.4 SmartArts

Mit EINFÜGEN | SMARTART gelangen Sie in eine Auswahl unterschiedlicher Typen vorstrukturierter grafischer Textcontainer. Haben Sie sich für eine Variante entschieden und diese angeklickt, fügt Word an der Position der Schreibmarke einen Objektrahmen mit der von Ihnen ausgewählten grafischen Struktur ein.

Da diese Darstellungsform sehr grafikbetont ist, bleibt für Text nur wenig Platz. Sie ist also nur dann sinnvoll einsetzbar, wenn kurze Begriffe in die Elemente einzutragen sind.

Tipp

Grafisch strukturierte Aufzählungen, Abläufe, Organigramme etc. erstellen Sie wesentlich flexibler mit Formen und Verbindungslinien. 🐾

Hinweise

Die aus PowerPoint bekannte Funktion, einen strukturierten Text in ein SmartArt umzuwandeln, kennt Word nicht.

Sofern Sie im Kompatibilitätsmodus arbeiten, öffnet EINFÜGEN | SMARTARTS die Auswahl DIAGRAMMSAMMLUNG mit den Struktugrammen der Office-Version 2003.

---

[123] Eine solche Bearbeitungsmöglichkeit bestand bis Word 2003, in den Versionen ab 2007 nicht mehr. Es ist auch im Kompatibilitätsmodus nicht möglich, mehrere Formen auf diese Weise zu markieren.

16.5 Diagramme

Diagramme als eine der häufigsten Illustrationsformen können aus anderen Anwendungen stammen, aber auch in Word direkt erzeugt werden.

EINFÜGEN | DIAGRAMM stellt ein Diagramm-Objekt in den Text, wie Sie es aus Excel und PowerPoint kennen. In das Datenblatt der in Word 2010 geöffneten Excel-Instanz[124] geben Sie Ihre Daten ein und gestalten das Diagramm wie gewohnt. Ab Word 2013 haben Sie die Wahl zwischen einem integrierten Datenblatt oder einer Excel-Instanz als Datenquelle. Sie wechseln vom Datenblattmodus mithilfe der Schaltfläche 🏢 in die Excel-Instanz.

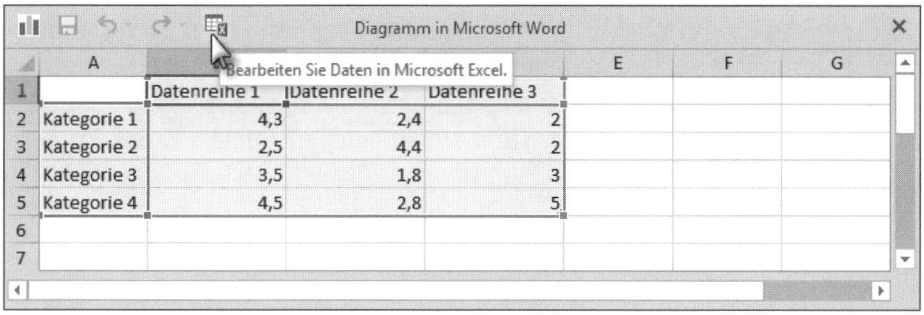

Abb. 16.10: Vom integrierten Datenblatt zum Excel-Modus

Das Diagramm wird wie eine Grafik im Text verwaltet.

Aus der Trickkiste: Wenn das Diagramm-Modul versagt

Bei manchen Geräte-Software-Konfigurationen kann es vorkommen, dass das Einfügen von Diagrammen nach der Auswahl des Diagrammtyps abbricht. Sie begegnen dem mit dem Erstellen eines leeren Ordners »Microsoft Office« in C:\Programme\ und C:\Program Files (x68)\.

Diagramme importieren

Meist liegen die Diagramme bereits aus den vorbereitenden Arbeitsgängen in einer Excel-Arbeitsmappe oder in einem anderen Programm vor. Der einfachste Weg, sie im Text einzubinden, führt über die Zwischenablage, doch hier harren einige Stolperfallen.

Markieren Sie das Diagramm in der Quellanwendung und kopieren Sie es mit Strg+C in die Zwischenablage. Anschließend wechseln Sie zu Ihrem Dokument und fügen die Tabelle mit Strg+V oder START | EINFÜGEN (unten) dort ein. Word stellt das Diagramm wie ein intern erzeugtes Diagramm in den Text.

---

124 Das Datenblatt wird nicht als Excel-Datei, sondern als Objekt im Word-Dokument gespeichert.

2010

ab 2013

Abb. 16.11: Einfüge-Varianten für Diagramme

Sowohl die Einfügeoptionen der Schaltfläche EINFÜGEN als auch das Einfüge-Smarttag bieten Optionen zum Einfügen an.

> ### ⚠ Vorsicht
>
> Wenn Sie ein Excel-Diagramm in Ihr Word-Dokument einbetten, nehmen Sie ungewollt die komplette Arbeitsmappe mit allen Tabellen mit. Sollten Sie vorhaben, die Word-Datei weiterzugeben, ohne dass der Empfänger die sonstigen Tabellen sehen soll, greifen Sie unbedingt auf die sichere Methode des Einbettens als Grafik zurück.

> ### Wichtig
>
> Soll Ihre Arbeit gedruckt werden, erkundigen Sie sich vorab, ob das Satzprogramm mit Office-Diagrammen klarkommt. Anderenfalls (oder sicherheitshalber) exportieren Sie Ihre Diagramme als Grafikdateien, wie in Abschnitt 16.3 beschrieben.

16.6   Illustrationen verknüpfen

Um ein illustriertes Dokument klein zu halten, gibt es die Ausweichmöglichkeit, die Objekte nicht einzubetten, sondern zu verknüpfen (siehe Anhang D).

Word beherrscht für Bilder noch das kombinierte Einfügen, indem das Objekt eingebettet **und** verlinkt wird. Diese Option hat den Vorteil, dass Sie das Dokument ohne die verlinkten Illustrationen weitergeben können, weil sie ja zusätzlich eingebettet wurden. Aktualisierungen sind beim Empfänger aber nicht möglich, weil der nicht über die Originale verfügt, auf die die Links verweisen.

Auf Ihrem Rechner jedoch können Sie die Verknüpfungen jederzeit aktualisieren und damit die eingebetteten Objekte durch die neuesten Versionen ersetzen.

16.6.1 Per Feldfunktion verknüpfen

Mit dem Feld {IncludePicture} lassen sich Bilder ebenfalls in ein Word-Dokument importieren. Dieses Verfahren ist allerdings zum bloßen Bildimport eher umständlich. Interessant wird es jedoch, wenn Bilder verknüpft werden sollen, denn damit haben Sie noch mehr Einflussmöglichkeiten. Verwenden Sie den Feldschalter \d bzw. die Option DATEN NICHT IM DOKUMENT GESPEICHERT, wird ein reiner Link erzeugt, der als Feldfunktion (mit $\boxed{\text{Alt}}$+$\boxed{\text{F9}}$ angezeigt) ungefähr so aussehen kann:

⦃ INCLUDEPICTURE C:\Projekt\Bilder\werkstueck3.jpg \d ⦄

16.6.2 Relative oder absolute Verknüpfungspfade?

Wenn ein Dokument mit Verknüpfungen weitergegeben wird, müssen auch die Original-Objektdateien mitgeschickt werden, sonst sieht der Empfänger nur Rahmen mit Fehlermeldungen. Das hat aber einen weiteren Haken: Da Word in der Verknüpfung absolute Pfade zum Verknüpfungsziel speichert, muss der Ordner mit dem verknüpften Bild beim Empfänger in einem identischen Pfad erreichbar sein.

Abhilfe schafft die relative Adressierung, bei der der Pfad zum Bild nicht vollständig ist, sondern nur relativ zum Ordner, in dem die Word-Datei gespeichert ist. Liegen Dokument und alle Bilder im selben Ordner, reicht im Feld der Bilddateiname ohne Pfad aus.

⦃ INCLUDEPICTURE werkstueck3.jpg \d ⦄

Aus der Trickkiste: Bildskalierung nach Aktualisierung korrigieren

Die Funktion FELD BEARBEITEN hat einen interessanten Nebennutzen: Wenn beim Aktualisieren ein geändertes verknüpftes Bild unpassend skaliert wurde, lässt sich die automatische Größenanpassung reaktivieren, indem Sie

1. den Bildabsatz markieren,
2. in die Markierung rechtsklicken,
3. FELD BEARBEITEN wählen und
4. im Dialogfenster sofort auf $\boxed{\text{OK}}$ klicken.

16.7 Datenformat beim Import ändern

Fügen Sie ein Objekt auf dem offiziellen Weg mittels EINFÜGEN ins Dokument ein, bringt es seine individuellen Eigenschaften mit, die Sie in Word nicht mehr grundlegend ändern können.

Auf dem Weg über die Zwischenablage allerdings haben Sie die Chance, die Eigenschaften eingefügter Objekte während des Einfügens zu beeinflussen.

Die Einfügeoptionen, die nach dem Einfügen als Smarttag erscheinen, bieten Ihnen verschiedene Varianten an, ein Objekt zu verändern.

Weitere Einfügeoptionen finden Sie, wenn Sie START | EINFÜGEN (unten) | INHALTE EINFÜGEN bzw. $\boxed{\text{Strg}}$+$\boxed{\text{Alt}}$+$\boxed{\text{V}}$ verwenden.

Dabei können Sie z. B. ein Diagramm aus Excel beim Einfügen in eine Grafik umwandeln, damit der dem Diagramm anhängende Datenteil nicht ins Dokument gelangt.

16.8 Illustrationen im Text positionieren

Word ist kein Layout- oder Satzprogramm. Es ist dazu geschaffen, Fließtexte zu erfassen, und das kann dieses Programm hervorragend. Bilder etc. behandelt Word von jeher ein wenig eigenartig, weil es die Entwickler bisher nicht geschafft haben, Fließtextorientierung und die für Abbildungen notwenige Rahmenorientierung unter einen Hut zu bringen. Die einschlägigen Werkzeuge verhindern deshalb nicht hundertprozentig, dass eine vermeintlich sauber platzierte Grafik plötzlich einen unerwarteten Sprung vollzieht oder scheinbar verschwindet.

16.8.1 Illustrationen als Teil des Textes

Beim Einfügen werden Bilder grundsätzlich nach dem Modus MIT TEXT IN ZEILE eingefügt, das heißt, dass sie wie ein Zeichen behandelt werden. Dazu kann ein Bild in einer eigenen Zeile oder in einem eigenen Absatz stehen, aber auch in einer Zeile, die daneben Text enthält.

Diese Positionierung führt dazu, dass

- bei den Zeilenabstands-Einstellungen[125] *Einfach, Mindestens, 1,5 Zeilen, Doppelt* und *Mehrfach* das Bild den Zeilenabstand vergrößert, um völlig sichtbar zu sein,

- ein fest eingestellter Zeilenabstand *Genau* Bilder abschneidet, um den Zeilenabstand einzuhalten.

Die Positionierung eines Bildes nach der Methode MIT TEXT IN ZEILE hat Vorteile:

- Word kommt gut damit klar und Sie erleben keine unliebsamen Überraschungen.

- Sie können die Absatzattribute anwenden, um z. B. eine Abbildung mit der Bildunterschrift zusammenzuhalten.

- Mit den Ausrichtungswerkzeugen für Text lässt sich auch ein Bild linksbündig, rechtsbündig oder zentriert positionieren.

16.8.2 Vom Text umflossene Illustrationen

Um Bild und Text nebeneinander zu stellen, sind die TEXTFLUSS- oder TEXTUMBRUCH-Optionen zu ändern.

---

125 START | ABSATZ ↘ | ZEILENABSTAND

Zu diesen Einstellungen gelangen Sie, indem Sie in den zum Objekt gehörigen ...TOOLS die Schaltflächen POSITION und TEXT-/ZEILENUMBRUCH verwenden oder mit der rechten Maustaste auf den Rahmen des Objekts klicken und im Kontextmenü TEXT-/ZEILENUMBRUCH wählen.[126]

Ab Version 2013 verfügt Word über einen Schnellzugriff auf die Textfluss-Funktionen: Sobald Sie ein geeignetes Objekt markieren, leuchtet daneben eine Schaltfläche ▣ auf, die nach Anklicken die Textflussoptionen anbietet.

Im LAYOUT-Dialog, den Sie mit WEITERE LAYOUTOPTIONEN in den Menülisten von POSITION, TEXT-/ZEILENUMBRUCH oder im Kontextmenü aufrufen, bieten sich korrekte Einstellungen zu Positionen und Abständen, aber auch weitere Einstellungen zum Textflussverhalten.

Abb. 16.12: Bildposition und Textfluss einstellen

Die Textfluss-Varianten

- HINTER DEM TEXT und VOR DEM TEXT legen das Bild in eine eigene Ebene vor oder hinter die Textdarstellung; entweder überdeckt das Bild den Text oder der Text überdeckt das Bild. Wenn Sie dem Text keine Absatz-Hintergrundfarbe zugewiesen haben, scheint das Bild zwischen den Buchstaben durch.

- Die Option OBEN UND UNTEN schiebt das Bild zwischen zwei Textzeilen, es nimmt die komplette Spaltenbreite ein, unabhängig von der eigenen Breite.

- QUADRAT[127] PASSEND/ENG und TRANSPARENT lassen den Text das Bild auch seitlich umfließen,

  - wobei sich die Textbegrenzung bei PASSEND/ENG und TRANSPARENT den Konturen des Bildes anpasst,

  - während sich QUADRAT an den äußersten Begrenzungslinien eines die Grafik umschließenden Rechtecks orientiert.

---

126 für Tabellen in den TABELLENTOOLS: LAYOUT | EIGENSCHAFTEN, Register TABELLE
127 Gemeint ist »Rechteck«.

Textfluss unterdrücken

Wenn Sie bestimmte Textteile partout nicht um Grafiken fließen lassen möchten, lässt sich das unabhängig von den Eigenschaften der Grafik ausschließen, indem Sie an der Textposition, ab der nicht umflossen werden soll [SEITEN]LAYOUT | UMBRÜCHE | TEXTUMBRUCH einfügen. Damit fügen Sie ein Schutzsignal ein, das mit dem Symbol | ↵ | angezeigt wird. Es schiebt den nachfolgenden Text bis zum Ende der Illustration auf.

Umfließen der Kontur

Bei PASSEND/ENG und TRANSPARENT schmiegt sich der Text an die Konturen der Abbildung. Das ist eigentlich nur bei einer Vektorgrafik möglich. Bitmapgrafiken werden als Rechteck importiert und bieten für das Programm keine Anhaltspunkte, welche Kontur denn nun umflossen werden soll. Lediglich Pixelgrafiken mit transparentem Hintergrund kann Word auch eng umfließen.[128]

> ⚠ **Vorsicht**
>
> Rechtsseitig die Kontur umfließender Text beeinträchtigt die Lesbarkeit, weil der Lesefluss angesichts der ständig neuen Suche nach dem Zeilenanfang zu oft unterbrochen wird.[129]

Für sachliche Texte sind konturumflossene Grafiken unüblich. Verwenden Sie deshalb vorrangig MIT TEXT IN ZEILE, das ist unproblematisch, weil so Bild und Bildunterschrift Bestandteil des Fließtextes sind und alle Assistenzfunktionen besser greifen als bei OBEN UND UNTEN.

Wenn schon Text und Bild nebeneinanderstehen sollen, kommt die Textfluss-Einstellung *Quadrat* oder – besser – folgender Workaround zum Einsatz:

Workaround: Tabellen für Bild und Text

Verwenden Sie in Word den Tabellenmodus, um überraschungsfrei mit textumflossenen Abbildungen zu arbeiten. Setzen Sie zusammengehörige Texte und Bilder in zwei nebeneinanderliegende Tabellenzellen und formatieren Sie die Tabelle ohne Rahmenlinien.

---

128 Die dafür notwendige »Transparenz« ist eine spezielle Eigenschaft der Grafik, die nicht von allen Grafikformaten unterstützt wird. Allein ein weißer Bildhintergrund, der auf dem ebenfalls weißen Word-Hintergrund nicht zu sehen ist, macht das Bild nicht transparent. 🖾 Definieren Sie mit BILDTOOLS | FARBE | TRANSPARENTE FARBE BESTIMMEN die Hintergrundfarbe als transparent, klappt auch das Konturumfließen.

129 Abbildung 16.14 (3) zeigt eine Ausnahme von dieser Regel.

⚠ **Vorsicht**

Bis Word 2010 steht der Standard-Tabellenrahmen außerhalb des Satzspiegels; der Text in der Zelle ist bündig mit dem Fließtext.

Seit Version 2013 verwendet Word ein anderes Tabellenlayout: Der Rahmen schließt bündig mit dem Fließtext ab, der Text in der Zelle ist eingerückt. Wenn Sie das nicht durch negative Einrückung korrigieren, fällt die Schummelei auf.

Aus der Trickkiste: Tabellenausrichtung am Fließtext orientieren

In den Kompatibilitätsoptionen⁰ gibt es die Einstellung WORD 2010-REGELN FÜR TABELLENFORMATVORLAGEN VERWENDEN, mit der die Rahmen wie früher außerhalb der Textränder eingerichtet werden.

Illustrationen überlappen

Stehen mehrere umflossene Illustrationen auf einer Seite, kommt gelegentlich der Wunsch auf, sie im Textfluss so zu platzieren, dass sie sich überlappen. Sei es, um dabei uninteressante, störende Teile abzudecken oder um Weißräume zwischen ihnen zu reduzieren.[130]

Dazu muss *für beide Objekte* die Eigenschaft ÜBERLAPPEN ZULASSEN im LAYOUT-Dialog, Register POSITION eingeschaltet sein.

16.8.3 Illustration im Text bewegen und verankern

Bei der Textfluss-Option MIT TEXT IN ZEILE wird die Bildposition abhängig vom umgebenden Text indirekt gesteuert. Frei bewegen lässt sich ein Objekt nur, wenn eine andere Textfluss-Variante eingestellt ist.

Umflossene wie in der Zeile positionierte Bilder werden beim Markieren einheitlich gerahmt.[131] Der Unterschied ist nur bei eingeschalteter Steuerzeichenanzeige am Ankersymbol für umflossene Bilder erkennbar.

Unabhängig vom Textfluss kann jedes Bild gedreht werden.

---

130 Für beide Zwecke sollten Sie vorrangig das Zuschnitt-Werkzeug (Abschnitt 16.1.5) verwenden.
131 Die bis Word 2007 übliche Unterscheidung von Rahmen für umflossene und nicht umflossene Objekte gibt es seit Word 2010 nicht mehr.

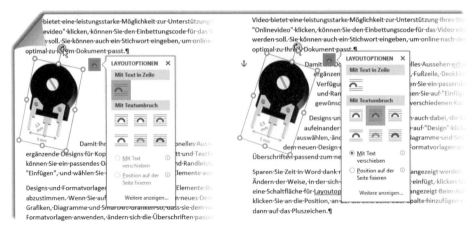

Abb. 16.13: Auch nicht umflossene Bilder sind seit Word 2010 drehbar.

Die Anker-Funktion

Die Position umflossener Bilder wird relativ zu einem Absatzbeginn bestimmt. Bei eingeschalteter Steuerzeichendarstellung ¶ zeigt das Ankersymbol ⚓ am linken Textrand, an welchem Absatz sich die Bildposition eines vom Text umflossenen Bildes orientiert, also mit welchem Absatz das Bild ggf. auf eine andere Seite umbrochen wird.

> **Wichtig**
>
> Gerade diese Verankerung sorgt leider für viel Verdruss. Damit ist das Bild (oder auch das Textfeld oder Objekt) immer mit einer Textposition verbunden und muss deren Bewegungen mitmachen, wobei es manchmal Bocksprünge macht oder völlig aus der Seitenansicht verschwindet.

Sie unterbinden das Mitrutschen des Bildes mit dem bezogenen Absatz zumindest auf der Seite, indem Sie den Anker mit dem Mauszeiger greifen und an den obersten Absatz der Seite verschieben.

> **⚠ Vorsicht**
>
> Verankern Sie nicht an einer Überschrift, denn dann übernimmt {StyleRef} den Anker als »\« in die Kopfzeile.

Anker verankern

Sobald Sie jedoch das Bild im Text bewegen, sucht es sich einen neuen Ankerpunkt am nächstgelegenen Absatz.

Dies vermeiden Sie, wenn Sie den Anker an seiner Position fixieren:

BILDTOOLS | POSITION | WEITERE LAYOUTOPTIONEN | Register BILDPOSITION | Option VERANKERN

So geschützt, wird das Ankersymbol mit einem Vorhängeschloss versehen ⚓ und verharrt in dieser Position.

Mit der Verankerung verbunden ist ein anderes Problem: Hat ein Bild auf der Seite keinen Platz mehr, wird es auf die nächste Seite umbrochen. Allerdings nimmt es dabei den Absatz mit, an dem es verankert ist.

Bildposition fixieren

Um *jede* textabhängige Bewegung zu verhindern, **de**aktivieren Sie in

BILDTOOLS | POSITION | WEITERE LAYOUTOPTIONEN | Register BILDPOSITION die Option MIT TEXT VERSCHIEBEN.

Seit Word 2013 finden Sie zusätzlich im LAYOUTOPTIONEN-Kontextmenü die sich gegenseitig löschenden Optionen OBJEKT MIT TEXT VERSCHIEBEN und POSITION AUF DER SEITE FIXIEREN mit vergleichbarer Wirkungsweise.

> ### Wichtig
>
> Diese Fixierung wirkt seitenbezogen, das heißt: Sobald der den Anker tragende Absatz auf die nächste Seite umbrochen wird, geht das Bild mit, allerdings wieder zu derselben Position relativ zum Seitenrand.

16.8.4 Textfluss nicht unterbrechen

Word unterstützt leider einige Methoden des Umfließens, die mit seriöser Satztechnik nicht vereinbar sind.

- Bei rechts stehenden Bildern sollten Sie die Zeilenausrichtung auf BLOCKSATZ schalten, damit die Kontur deutlicher erkennbar wird.
- Wenn der Text das Bild zu eng umfließt, können Sie den ABSTAND VOM TEXT ganz unten im LAYOUT-Dialog, Registerkarte TEXTUMBRUCH, korrigieren.

> ### ⚠ Vorsicht
>
> Word reißt in der Grundeinstellung Zeilen auseinander, wenn links *und* rechts neben einer Abbildung Platz ist.

Wenn Text um eine Abbildung fließen soll, dann bitte nur einseitig! Es ist sehr abträglich für das Lesen, wenn mitten in einer breiten Textspalte ein Bild steht und der Text rechts und links davon weitergeht. Dabei ist es egal, ob der Text nun in jeder Zeile links vom Bild abbricht und rechts davon weiterläuft oder links und rechts vom Bild in zwei Minispalten. Es irritiert und unterbricht den Lesefluss.

Korrigieren Sie das, indem Sie im LAYOUT-Dialog, Registerkarte TEXTUMBRUCH, die voreingestellte Option BEIDE SEITEN durch eine der drei anderen Optionen ersetzen, wobei NUR GRÖSSTE SEITE die sicherste Option ist.

Grafiken beidseitig von Text umfließen zu lassen, ist nur sinnvoll, wenn sie auf einer ohnehin im Satzspiegel vorgegebenen Trennung stehen und in den umgebenden Spalten noch genügend Platz bleibt, um den Text dort ohne permanente Silbentrennung unterzubringen (Abbildung 16.14 **c**).

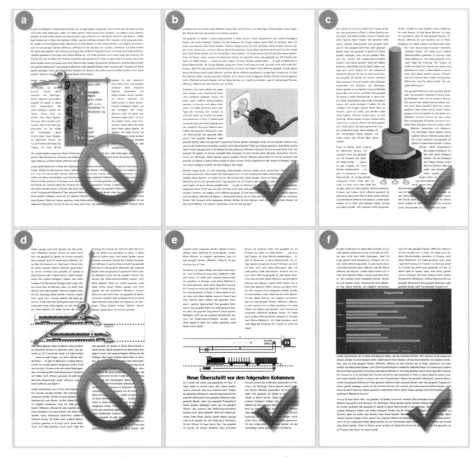

Abb. 16.14: Keine Zweifel bei eindeutig erkennbarem Textfluss um die Illustration

Das gilt bei Mehrspaltensatz auch in der Vertikalen: Wenn ein Bild über zwei Spalten reicht und sie mittig unterbricht, weiß der Leser nach der ersten halben Spalte nicht, wo es weitergeht; in der ersten Spalte unter dem Bild oder in der zweiten oben? (Abbildung 16.14 **d**)

Sind diese Voraussetzungen nicht gegeben, ist es der flüssigen Lesbarkeit des Textes dienlich, die Grafik an das obere oder untere Ende der Seite oder eines logisch abgegrenzten Bereichs der Seite (z. B. Artikelbeginn mit neuer, spaltenübergreifender Überschrift) zu platzieren.

Zu Abbildung 16.14

a Sobald der Lesefluss das Bild erreicht, entstehen Zweifel, ob es rechts neben dem Bild oder in der nächsten Zeile weitergeht.

b Nur einseitig umfließender Text lässt keine Zweifel aufkommen.

c Steht das Bild auf dem Spaltentrenner und lässt oben und unten noch Platz, um die Mehrspaltigkeit zu erkennen, ist die Leserichtung am Zeilenende ebenfalls klar.[132]

d Wird das zweispaltige Blatt komplett von einem Bild geteilt, kommen wieder Zweifel auf: Geht es in der nächsten Spalte oder unter dem Bild weiter?

e Bilden Bild und Überschrift des folgenden Textes eine Einheit, ist deutlich, dass der Text vor dem Bild in der zweiten Spalte weitergeht.

f Der Übergang vom zweispaltigen zum einspaltigen Satz wird durch das Bild hier sogar noch unterstützt.

16.8.5 Seitenfüllende Illustrationen

Häufig sind Illustrationen im Querformat so detailreich, dass beim Stauchen der Bildgröße auf die Breite des Satzspiegels zu große Qualitätsverluste hinzunehmen wären. Ähnliches gilt für Diagramme, die als Querformat im Hochformat zu sehr gestaucht würden.

Der nächstliegende Gedanke wäre, einen Abschnittswechsel einzufügen und die Seite im Querformat einzurichten. Für die Bildschirmdarstellung ist das auch durchaus probat, allerdings bekommen Sie beim Ausdruck ein Problem mit den Kopf- und Fußzeilen, die dann auf den langen Seiten des Blattes stehen. Für Word wurde die Seite nicht gedreht, sondern besitzt nur andere Abmessungen in Höhe und Breite. Folgerichtig setzt es Kopf- und Fußzeile oben und unten, also an die längeren Seiten des Blattes. Im fertigen, gedruckten Dokument aber laufen bei diesen Seiten die Kopf- und Fußzeilen senkrecht an der Innen- und Außenkante des Blattes.

Um das zu vermeiden, drehen Sie das Bild um 90° mit den Bildtools und passen es an die Abmessungen der Seite an.

---

132 Dieses Beispiel zeigt auch, wie ein konturumflossenes Objekt durchaus in seriöse Texte passen kann und den Lesefluss dennoch nicht stört.

Sofern die Illustration einer Beschriftung bedarf, setzen Sie das gedrehte Objekt in die innere Spalte einer einzeiligen, zweispaltigen Tabelle und die Bildunterschrift in die äußere. Dann drehen Sie die Bildunterschrift mit der Schaltfläche TEXT-RICHTUNG ▥ der TABELLENTOOLS, Registerkarte LAYOUT.

Die Tabellenrahmen entfernen Sie mit TABELLENTOOLS, Registerkarte ENTWURF | RAHMEN | KEIN RAHMEN.

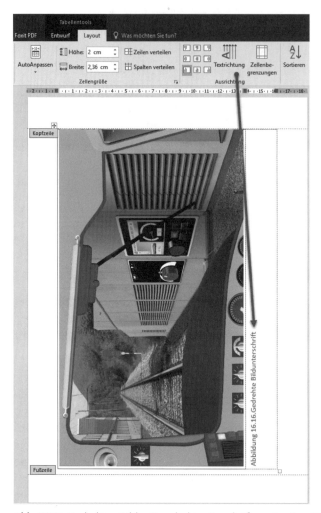

Abb. 16.15: Gedrehtes Bild mit gedrehter Beschriftung in einer Tabelle

Kapitel 17

Formeln

In wissenschaftlichen Ausarbeitungen werden oft Formeln benötigt. Leider sind viele Formeln nicht so einfach in den Text zu integrieren wie Einsteins »Weltformel« $e = mc^2$ oder der Satz des Pythagoras $a^2 + g^2 = h^2$. Um komplexe Formeln »ordentlich« darzustellen, ist der Fließtextmodus selten geeignet. Word liefert deshalb einen Formel-Editor zur korrekten grafischen Darstellung mit.[133]

Wenn Sie Formeln in Ihrem Text benötigen, achten Sie darauf, dass diese richtig visualisiert werden. Es gibt unterschiedliche Darstellungsformen für Formeln. Manchmal erlebt man, dass einfach Excel-Formeln in den Text oder schlimmer noch auf eine Vortragsfolie kopiert wurden und von den Lesern erwartet wird, diese im Geiste in eine verständliche Formel umzuwandeln. Eine Todsünde! Wir erwarten beim Lesen die »klassische« Formelschreibweise, die übersichtlich und leicht verständlich ist. In Ausnahmefällen mag noch die »lineare« Schreibweise akzeptabel sein, aber bereits bei dieser ist mehr Aufmerksamkeit zum Verständnis erforderlich, weshalb sie nur für sehr einfache Formeln zu gebrauchen ist.

$$=((B1 * -1) + WURZEL(B1^2-4*A1*C1))/2*A1$$

$$x = (-b \pm \sqrt{(b\uparrow2 - 4ac))}/2a$$

$$x = \frac{-b \pm \sqrt{b^2 - 4ac}}{2a}$$

Abb. 17.1: Drei Notationen derselben Formel: oben Excel, Mitte lineare, fließtextorientierte Form, unten die leicht interpretierbare klassische Schreibweise

Es gibt nur eine Situation, in der die Excel-Schreibung sinnvoll und sogar nötig ist: Sobald Sie ein Excel-Arbeitsblatt als Illustration in den Text einfügen und die für eine bestimmte Berechnung darin benutzte Formel referenzieren, muss quasi als Übersetzungshilfe (welche Zelle ist denn nun x?) die in Excel-Code umgesetzte Formel danebenstehen.

---

133 Die älteren Word-Versionen verfügten über einen schlichteren Formel-Editor 3.0, der auch in den neuen Versionen zur Verfügung stand, jedoch Anfang 2018 aus Sicherheitsgründen stillgelegt wurde.

17.1 Der Formel-Editor

Sie rufen den Formel-Editor mit EINFÜGEN | FORMEL (oberer Teil der Schaltfläche mit dem Symbol π) oder bis Word 2013 ⌂+Alt+0 auf.[134]

Nach dem Start erscheint an der Position der Schreibmarke ein neues Objekt; im Menüband blendet Word die FORMELTOOLS ein.

Sie geben normale Buchstaben und Operatoren einer Formel wie üblich über die Tastatur ein, für Sonderzeichen müssen Sie sich aber nicht durch Symbol-Zeichensätze wühlen. Hierfür stehen in den Gruppen SYMBOLE und STRUKTUREN des Menübands die passenden Zeichen und Platzhalter zur Auswahl bereit und sind per Mausklick einzufügen.

Abb. 17.2: Formelwerkzeuge, darunter ein leeres Formelobjekt und eines beim Ausfüllen; der Platzhalter für den Radikanden ist zum Ausfüllen markiert.

Auch wenn viele Symbole und Operatoren per Tastatur eingegeben werden können, ist es sinnvoll, die Eingabemöglichkeiten des Formel-Editors konsequent zu nutzen. Bei Umwandlungen und programmgestützten Formelauswertungen (vgl. Abschnitt 20.3.6) werden von Hand eingegebene Zeichen gelegentlich fehlinterpretiert. Verwenden Sie deshalb auch für Hoch- und Tiefstellungen, Klammern, Absolutstriche etc. die Möglichkeiten, die Ihnen der Formel-Editor bietet.

17.1.1 Vorgaben für das Formeldesign

Der Formel-Editor wendet die Vorgaben und Empfehlungen der DIN 1338 »Formelschreibweise und Formelsatz« und DIN 1302 »Allgemeine mathematische Zeichen und Begriffe« an. Die Standard-Formelschriftart *Cambria Math* ist speziell darauf zugeschnitten.[135]

Sie können von diesen Grundeinstellungen abweichen, indem Sie die FORMELOPTIONEN aufrufen: FORMELTOOLS | Gruppe TOOLS: ⤵

---

134 Diese Tastenkombination funktioniert seit Word 2016 nicht mehr.
135 Probleme mit dem Formel-Editor werden oft durch das (unerklärliche) Fehlen der Schriftart *Cambria Math* verursacht. Sollte diese Schriftart fehlen, installieren Sie das Compatibility Pack aus dem Microsoft-Download-Center; darin ist diese Schrift enthalten.

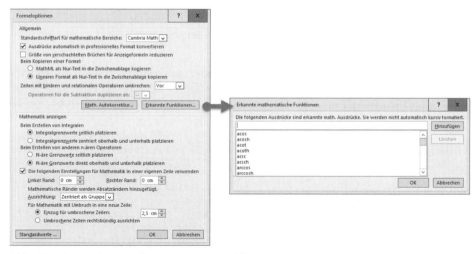

Abb. 17.3: Eigene Voreinstellungen zum Formeldesign

Die Position der Grenzwerte in Integralen, Summen- und Produktformeln etc. lassen sich im Bereich MATHEMATIK ANZEIGEN ändern.

Hier können Sie auch Ausdrücke kennzeichnen, die nicht kursiv gesetzt werden sollen: Die Schaltfläche ERKANNTE FUNKTIONEN öffnet die einschlägige Ausnahmeliste, die schon mit den üblichen Ausdrücken aufwartet.

17.1.2 Methoden zur Formelgenerierung

Der Formel-Editor gibt Ihnen die Auswahl, Formeln auf unterschiedliche Art und Weise zu erzeugen. Im folgenden Abschnitt 17.1.3 lernen Sie die einfachste Methode kennen, bei der Formeln quasi mit »Ausdrücken aus dem Baukasten« zusammengefügt werden. Erfahrene Anwender arbeiten evtl. lieber mit codierten Eingaben per Tastatur; um diese Eingabemethode geht es im Abschnitt 17.3.

17.1.3 Notationen

Word kann zwischen unterschiedlichen Darstellungen der Formel wechseln. Die Funktionen dazu finden Sie im Kontextmenü von Formelobjekten sowie in der Gruppe

⑩ ⑬ ⑯   *Tools*

⑲   *Konvertierungen*

der Formeltools (siehe auch Abbildung 17.9).

- PROFESSIONELL steht für die übliche Formeldarstellung.

- LINEAR gibt die Formel in einer zeilenorientierten Darstellung nach Unicode-Regeln wieder.

- [NORMALER] TEXT wechselt zwischen gerader und kursiver, DIN-konformer Schreibweise der Formel.

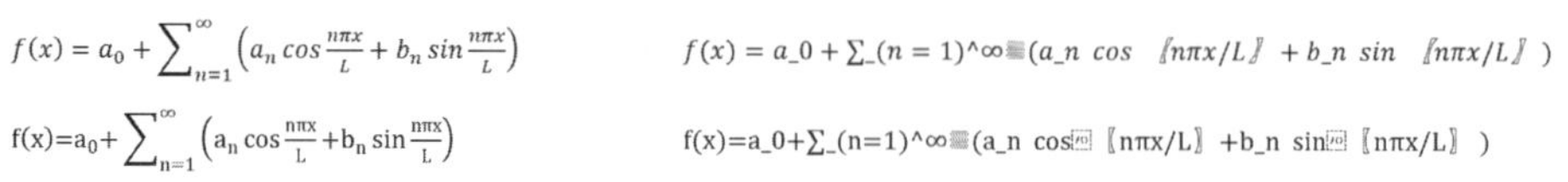

$$f(x) = a_0 + \sum_{n=1}^{\infty} \left(a_n \cos \frac{n\pi x}{L} + b_n \sin \frac{n\pi x}{L} \right)$$

$f(x) = a\_0 + \sum\_(n = 1)^\infty ▦ (a\_n \cos \lfloor n\pi x/L \rfloor + b\_n \sin \lfloor n\pi x/L \rfloor)$

$$f(x)=a_0+\sum_{n=1}^{\infty} \left(a_n \cos \frac{n\pi x}{L} + b_n \sin \frac{n\pi x}{L} \right)$$

$f(x)=a\_0+\sum\_(n=1)^\infty ▦ (a\_n \cos▦ \lfloor n\pi x/L \rfloor +b\_n \sin▦ \lfloor n\pi x/L \rfloor)$

Abb. 17.4: Darstellungsvarianten am Beispiel der Fourierformel: links Professionell, rechts Linear, unten beide als [Normaler] Text

INLINE und ANZEIGE stehen für die Positionierung der Formel im Text.

- Bei ANZEIGE wird die Formel in einem eigenen Absatz platziert,

- INLINE bindet die Formel in den Fließtext ein.

Inline sollte nur in Verbindung mit der linearen Darstellung benutzt werden.

> ⚠ **Vorsicht**
>
> Wenn Sie innerhalb eines linearen Formelobjekts mehrere Zeilen benötigen, benutzen Sie nicht den Zeilenumbruch mit ⎇+↵; das kann zu seltsamen Reaktionen seitens Word bis hin zum »Einfrieren« führen. Verwenden Sie ↵, um einen Absatzumbruch ¶ zu erzeugen.

Aus der Trickkiste: Funktions-f

Wenn Sie nicht die voreingestellte Schriftart »Cambria« für die Formeln benutzen, kann es vorkommen, dass das kursive f der gewählten Schrift nicht für das Funktions-Zeichen geeignet ist.[136] In diesem Fall sollten Sie das Zeichen f (Florin) benutzen, das Sie mit der Tastenkombination Alt+0 1 3 1 erzeugen. In den Zeichenauswahlen des Formel-Editors fehlt es leider.

---

136 vgl. Abschnitt 12.2.2

Abb. 17.5: Kursives f (jeweils links) und Zeichen 131 (jeweils rechts) in verschiedenen Schriftarten

17.2 Formel eingeben per Platzhalter

Ohne Vorkenntnisse bedienen Sie sich des Formel-Editors am besten mit der Strukturen-Platzhalter-Methode. Dafür hält der Formel-Editor typische Formel-Strukturen in der Gruppe STRUKTUREN bereit, die an den passenden Stellen Platzhalter für Argumente und tiefer gehende Strukturen vorhalten. Platzhalter sind erkennbar an gestrichelten Rahmen und lassen sich nach Anklicken oder Ansteuern mit den Pfeiltasten ausfüllen.

In Platzhaltern können Sie einzelne Zeichen, komplette Terme und auch Ausdrücke mit weiteren Strukturen und Platzhaltern aus dem Formel-Editor einfügen. Soll der Platzhalter verlassen werden, erledigen Sie das am sichersten mit ⟶; die Schreibmarke springt dann hinter den Platzhalter oder in den nächsten auszufüllenden Platzhalter.

Das einfache Beispiel in Abbildung 17.6 erläutert das Vorgehen bei der Formeleingabe.

17.2.1 Ausdrücke in Klammern

Klammern sollten Sie immer mit den Klammer-Funktionen der Gruppe STRUKTUREN erzeugen; mittels Tastatur eingegeben haben sie nicht die Funktionalität der Strukturvarianten.

Es gibt zwei Methoden, Formelausdrücke einzuklammern:

- Sie beginnen mit der Auswahl eines Klammernpaares aus ECKIGE KLAMMERN[137] und fügen Ihre Formel in den Platzhalter zwischen den Klammern ein oder

- Sie konstruieren zuerst den kompletten einzuklammernden Ausdruck, markieren ihn und weisen dann das Klammernpaar aus ECKIGE KLAMMERN zu.

---

137 Die mit ECKIGE KLAMMER einzufügenden Klammern sind nicht nur eckig, sondern enthalten alle gängigen Klammertypen nebst Absolutzeichen.

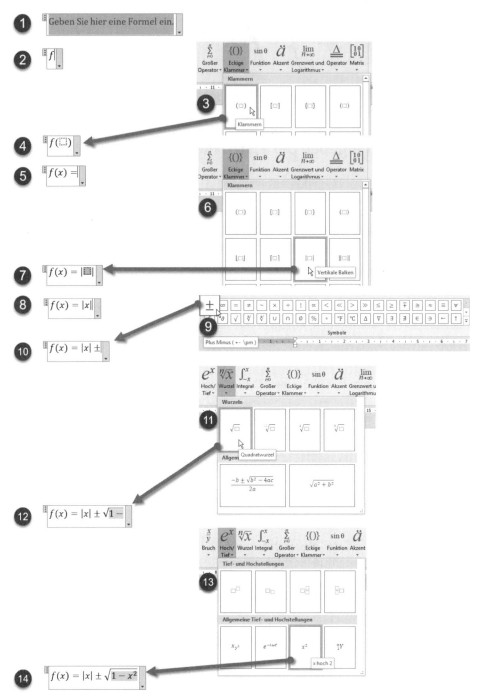

Abb. 17.6: Arbeiten mit dem Strukturbaukasten des Formel-Editors

Zu Abbildung 17.6

❶   EINFÜGEN | FORMEL erzeugt das Formelobjekt.

❷   In das Formelobjekt lassen sich per Tastatur Zeichen direkt einfügen.

❸ und ❹   Der Klammerausdruck wird nicht per Tastatur, sondern als Objekt mit Platzhalter eingefügt (vgl. Abschnitt 17.2.1).

❺ x und Gleichheitszeichen kommen per Tastatur.

❻ und ❼   Die Absolutstriche finden Sie bei den Klammern.

❽   Das x wird in den Platzhalter per Tastatur eingetragen.

❾ und ❿   Das ±-Zeichen stammt aus der Kategorie GRUNDLEGENDE MATHEMATIK der SYMBOLE-Gruppe.

⓫   Das Wurzelzeichen fügen Sie aus der Liste WURZEL der Gruppe STRUKTUREN ein. Darin ist bereits ein Platzhalter für den Radikanden **⓬** enthalten, in den zunächst per Tastatur »1 −« eingetragen wird. Solange in den Platzhalter eingefügt wird, verlängert sich der Balken des Wurzelzeichens. Sie beenden die Eingabe des Radikanden mit [→].

⓭ und ⓮   Wird innerhalb einer Struktur eine weitere Struktur benötigt, lässt diese sich aus den Strukturen direkt einfügen; im Beispiel ein Potenzausdruck mit Platzhaltern für Basis und Exponent aus der Gruppe HOCH/TIEF (bis Word 2013 SCRIPT). Im Beispiel wird das erleichtert, weil daselbst eine Standardpotenz x^2 als Fertigeintrag zur Verfügung steht.

Aus der Trickkiste: <Spitze Klammerpaare>

Paarweise spitze Klammern < > passen bei beiden Klammerungs-Methoden ihre Größe nicht an. Diesen Bug umgehen Sie, indem Sie öffnende und schließende spitze Klammern aus dem Bereich »Einzelne eckige Klammern« einzeln zuweisen.

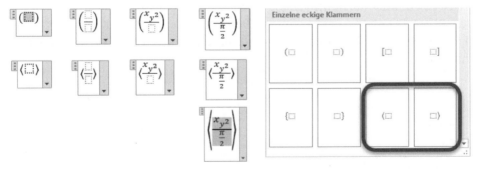

Abb. 17.7: Automatische Größenanpassung von Klammern (oben), Bug bei spitzen Klammern (Mitte) und Workaround (unten und rechts)

17.2.2 Platzhalter für Exponenten und Indizes per Tastatur

Da Exponenten und Indizes häufiger in Formeln auftreten und manchmal komplexere Ausdrücke enthalten, verfügt der Formel-Editor für diesen Zweck über zwei nützliche Tastenkürzel zur Erzeugung dafür geeigneter Platzhalter:

> ⚠ **Vorsicht**
>
> Verwenden Sie in Formeln niemals die Hoch- ⌧ und Tiefstellung ⌧ aus START | SCHRIFTARTEN! Damit kommt der Formel-Editor überhaupt nicht klar und produziert Murks.

Glücklicherweise enthält die AutoKorrektur eine passende Funktion für den Formel-Editor:

- Um einen **Index-Platzhalter** anzufügen, betätigen Sie ⇧+-, gefolgt von Leertaste. Der Formel-Editor setzt einen Index-Platzhalter ein und markiert ihn zum sofortigen Weiterschreiben.

- Um einen **Exponenten-Platzhalter** einzufügen, betätigen Sie nacheinander ^, Leertaste, Leertaste. Der Formel-Editor setzt einen Exponenten-Platzhalter ein und markiert ihn zum sofortigen Weiterschreiben.

> ⚠ **Vorsicht**
>
> Vermeiden Sie das gleichzeitige Verwenden der Platzhalter- und der AutoKorrektur-Methode innerhalb einer Formel. Dabei kann es zu eigenartigen Fehlreaktionen kommen.

17.2.3 Erweiterte Symbolauswahl

Die Gruppe SYMBOLE enthält mehr Zeichen als auf den ersten Blick erkennbar. Nach einem Klick auf ▼ wird Ihnen nicht die komplette Auswahl gezeigt, sondern aus Platzgründen nur ein bestimmter Bereich an Zeichen; ein Klick auf ▼ in der Fensterüberschrift öffnet eine Auswahlliste mit weiteren Symbolzusammenstellungen.

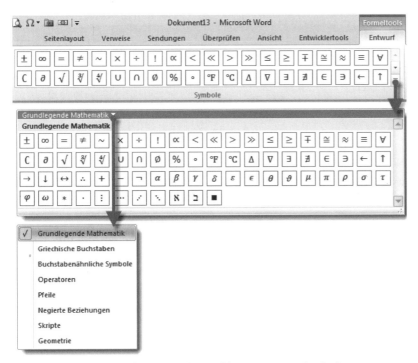

Abb. 17.8: Der Zugriff auf die Symbolauswahl ist etwas verschachtelt.

17.3 Formeln per Tastatureingabe

Sie sind nicht auf die Auswahl aus dem Menüband angewiesen, um Formeln einzugeben. Word bietet verschiedene Umwandlungen von Text in Formeln an.

Bei der Formeleingabe per Tastatur interpretiert Word im Formelobjekt bestimmte Zeichenmuster als Aufforderung, sie in Formelausdrücke umzusetzen. Die zugehörigen Werkzeuge finden Sie in der Gruppe TOOLS, in Word 2019 in der Gruppe KONVERTIERUNGEN der Formeltools.

Abb. 17.9: Unterschiedliche Konvertierungswerkzeuge über die Versionen hinweg

Hinweis

Die obere Hälfte der Schaltfläche KONVERTIEREN in Word 2019 wechselt ihre Funktion abhängig davon, in welche Richtung zuletzt konvertiert wurde, wie in Abbildung 17.9 ganz rechts zu sehen.

17.3.1 Eingabe der Formel nach Unicode-Regeln

Wichtig!

In Word 2019 muss hierfür die Einstellung / UNICODE aktiv sein.

Word wandelt eine Unicode-Formeleingabe selbsttätig in eine Formel um. Deren Darstellung richtet sich danach, ob in den FORMELOPTIONEN (Abbildung 17.3) die Option AUSDRÜCKE AUTOMATISCH IN PROFESSIONELLES FORMAT UMWANDELN aktiviert ist. Ist sie nicht gesetzt, wandelt Word die Eingabe in die lineare Notation um, sofern überhaupt ein Unterschied zwischen Eingabe und linearer Darstellung besteht.

Erstellen Sie ein Formelobjekt und geben Sie die Formel in Unicode[138]-Syntax ein. Wie bei der AutoKorrektur wartet Word auf einen Leerschritt oder $\boxed{\leftarrow}$.

Abb. 17.10: Beispiele zur automatischen Ersetzung von Tastatureingaben durch den Formel-Editor

Wichtig

Achten Sie auf saubere Klammerung der Ausdrücke, sonst wird die Formel falsch umgewandelt (vgl. Abbildung 17.10). Word geht konsequent nach der »Punktrechnung vor Strichrechnung«-Regel vor.

Haben Sie bereits eine komplette Formel nach Unicode-Regeln aus einem Quelldokument in Ihr Formelobjekt kopiert, wandeln Sie diese in die Professionelle Darstellung per Klick auf PROFESSIONELL um.

---

138 Die Regelwerke für Formeln nach Unicode- und LaTeX-Standard sind auf diversen Internetseiten abrufbar.

Eingabe	wird zu	Eingabe	wird zu	Eingabe	wird zu
x^y	x^y	x_y	x_y	/=	$\neq$
>=	$\geq$	<=	$\leq$	~=	$\cong$
/	$\frac{\Box}{\Box}$	+-	$\pm$	-+	$\mp$
x y/z	$x\frac{y}{z}$	xy/z	$\frac{xy}{z}$	f(x)	$f(x)$

Tabelle 17.1: Häufig benötigte Ersetzungen von Tastatureingaben im Formel-Editor

Weitere Ausdrücke erstellen Sie mit den Kürzeln der *Mathematischen AutoKorrektur* (Abschnitt 17.2.3).

17.3.2 Eingabe der Formel nach LaTeX-Regeln (ab Word 2019)

Die Formeleingabe nach LaTeX ist im MINT-Bereich sehr verbreitet und kann mit Version 2019 auch in Word-Formeln angewandt werden. Word ist nun in der Lage, LaTeX-codierte Formeln als WYSIWYG-Formeln darzustellen.[139]

1. Erstellen Sie ein Formelobjekt.
2. Klicken Sie ▼ unter KONVERTIEREN und stellen Sie eine der PROFESSIONELL-Optionen ein.
3. Setzen Sie die Option in der Gruppe KONVERTIERUNGEN auf LaTeX.
4. Geben Sie die Formel in LaTeX-Syntax ein.
5. Klicken Sie die Schaltfläche KONVERTIEREN.

> **Wichtig**
>
> Im Gegensatz zur Eingabe nach Unicode wandelt Word eine LaTeX-Formel nicht automatisch um, sondern bedarf des Anstoßes durch KONVERTIEREN.

17.3.3 Mathematische AutoKorrekturen

Die *Mathematischen AutoKorrekturen* (in Word 2010 AutoKorrektur von Mathematik) helfen versierten Formelschreibern bei der Eingabe. Grundsätzlich gelten sie nur im Formel-Editor; bei eingeschalteter Option AutoKorrekturregeln für Mathematik in anderen als mathematischen Bereichen verwenden (Abbildung 17.11 rechts oben) funktionieren diese Ersetzungen allerdings auch im Fließtext.[140]

---

139 Die LaTeX-Umwandlung funktioniert bisher exklusiv nur in Word, nicht in den anderen Office-Programmen.
140 Leider sind die Einträge alphabetisch nach Aufrufcodes sortiert, was das Auffinden der gewünschten Symbole erschwert. 🐿

Word bringt bereits eine Vielzahl von Ersetzungen mit, die Sie im Register AUTO-KORRREKTUR VON MATHEMATIK / MATH. AUTOKORREKTUR des AUTOKORREKTUR-Dialogs finden (siehe Abbildung 17.11)[141].

Hinweis zu Word 2019

Bei den *Mathematischen AutoKorrekturen* handelt es sich zwar hauptsächlich um Ableitungen aus dem LaTeX-Zeichencode, sie funktionieren allerdings *nicht*, wenn in der Gruppe KONVERTIERUNGEN die Option LaTeX eingeschaltet ist.

Wichtig

Die Ersetzungen können unterschiedlich sein, abhängig davon, ob Sie gerade im Fließtext oder in einem Formelobjekt arbeiten.

Beispiel

Geben Sie \sqrt ein, wird dieser Ausdruck bei Eingabe des nachfolgenden Leerzeichens durch das Wurzelzeichen √ ersetzt. Ein weiterer Leerschritt fügt im Formelobjekt einen Platzhalter ein und verlängert das Wurzelzeichen; im Fließtext hingegen bleibt es beim Einfügen von √.

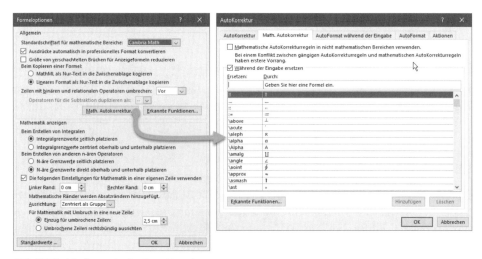

Abb. 17.11: Mathematische AutoKorrekturen

---

141 Darin enthalten sind auch typografische Sonderzeichen, die in Abschnitt 7.5.5 erläutert werden.

Sie können die *Mathematischen AutoKorrekturen* um eigene Ersetzungen erweitern:

1. Markieren Sie ein Sonderzeichen, einen Ausdruck oder eine Formel im Formel-Editor.

2. FORMELTOOLS | TOOLS ↘ | AUTOKORREKTUR VON MATHEMATIK

Ihre Ersetzung wird bereits im Feld DURCH angezeigt.

3. Fügen Sie ein Kürzel im Feld ERSETZEN hinzu.

4. OK

Spezielle Ersetzungen

Einige Gruppen von Sonderzeichen sind durch gemeinsame Kürzeltypen in der Standardkonfiguration der Mathematischen AutoKorrektur einhalten:

- \double, unmittelbar von einem Buchstaben gefolgt, ergibt diesen Buchstaben mit doppelten Linien, zum Beispiel wird \doubleA zu 𝔸 und \doublea zu 𝕒.

- \fraktur, unmittelbar von einem Buchstaben gefolgt, ergibt diesen Buchstaben in Frakturschrift, zum Beispiel wird \frakturA zu 𝔄 und \fraktura zu a.

- \script, unmittelbar von einem Buchstaben gefolgt, ergibt diesen Buchstaben in Schreibschrift, zum Beispiel wird \scriptA zu 𝒜 und \scripta zu a.

- Folgt auf \ die Bezeichnung eines griechischen Buchstaben, wird dieser dafür eingefügt, wobei Groß- und Kleinschreibung berücksichtigt werden, zum Beispiel wird \Phi zu Φ und \phi zu ϕ.

17.4 Formeln per Texterkennung eingeben

Mit Tablet, Touchscreen oder Grafiktablett lassen sich auch Formeln händisch eingeben. **Ab Word 2016** gibt es dafür in den FORMELTOOLS, Gruppe *Tools*, die Funktion FREIHANDGLEICHUNG, deren Erkennungsrate dem MATHEMATIK-EINGABEREICH aus dem Windows-Zubehör deutlich überlegen ist.

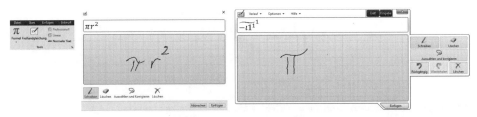

Abb. 17.12: Freihandeingabe für Formeln (rechts Windows-Mathematik-Eingabereich)

17.5 Formeln ausrichten

Mehrzeilige Formeln, Umrechnungen oder Berechnungen sollen an einem bestimmten Zeichen, meist =, ausgerichtet werden. Hierzu findet sich im Kontextmenü die Funktion AN DIESEM ZEICHEN AUSRICHTEN. Markieren Sie das gewünschte Zeichen und wählen Sie diesen Befehl im Kontextmenü, dann richtet Word die Formeln an diesem Zeichen aus.

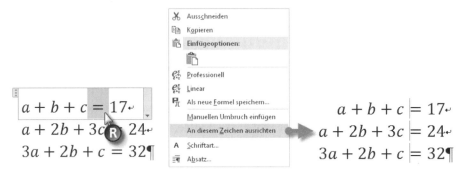

Abb. 17.13: Formeln am Gleichheitszeichen ausrichten

Haben Sie mehrere Ausdrücke untereinander in mehreren Formelfeldern stehen, müssten Sie diesen Vorgang für jedes Feld wiederholen. Einfacher geht es, wenn Sie alle Formeln gemeinsam markieren und dann im (bei gemeinsamer Markierung geänderten) Kontextmenü AUSRICHTEN AN = anklicken. Diese Vereinfachung funktioniert allerdings nur mit dem Gleichheitszeichen.

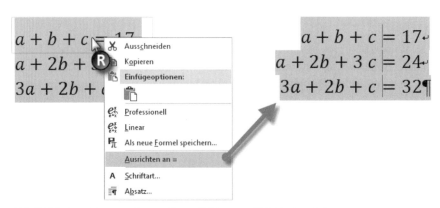

Abb. 17.14: Ausrichten mehrerer Formelfelder am Gleichheitszeichen

Beide Methoden erzeugen Ausrichtemarken in den Formeln, die Ihnen durch einen dünnen senkrechten Strich angezeigt werden, sofern die Steuerzeichenanzeige ¶ aktiviert ist. Diese Striche werden nicht mitgedruckt.

Ausrichtemarken können Sie auch selbst festlegen, allerdings auf kryptische Weise mit einer Funktion der *Mathematischen AutoKorrektur*.

1. Legen Sie mit EINFÜGEN | FORMEL ein neues Formelfeld an.

2. Tragen Sie in das Feld das Schlüsselwort \eqarray ein; ein anschließender Leerschritt verwandelt diesen Begriff in das Symbol ■.

3. Beginnen Sie den Term mit einer öffnenden runden Klammer und setzen Sie an jeder Stelle, die als Ausrichtemarke dienen soll, das Zeichen &.

4. Fügen Sie am Ende des Terms das Zeichen @ an und fahren Sie mit der Eingabe des nächsten Terms in derselben Zeile fort.

5. Wiederholen Sie den vorherigen Schritt, bis alle Terme eingegeben sind.

6. Schließen Sie die Eingabe mit einer schließenden runden Klammer und einem Leerschritt ab.

Das Programm wandelt die Eingabe in eine an allen &-Positionen ausgerichtete Formelgruppe um.

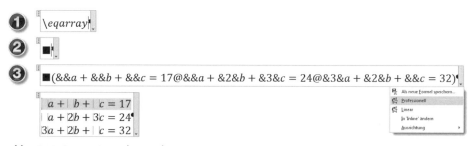

Abb. 17.15: Eigene Ausrichtemarken

Wichtig

Die Anzahl der Ausrichtemarken muss natürlich in jeder Zeile gleich sein.

Hinweis

Zum Nacharbeiten lässt sich die Formel über das Kontextmenü mit LINEAR wieder in die Codeform zurückwandeln.

Für diese Formelzusammenfassung betrachtet der Formel-Editor die Teile der Formeln als Bestandteile einer Matrix. Das Kontextmenü für solche Matrizen weicht aber erheblich vom Standard-Matrizenkontextmenü ab.

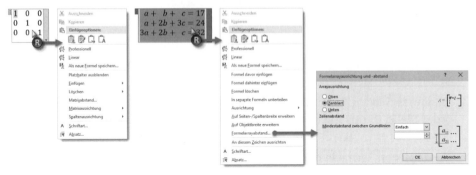

Abb. 17.16: Kontextmenü für Matrizen (links) im Vergleich zum Kontextmenü einer Formelmatrix (rechts)

Matrizen formatieren

Die Ausrichtung und die Abstände innerhalb einer Matrix sind gelegentlich ungenau. Mit Rechtsklick | MATRIXABSTAND öffnen Sie die Einstellungen, um dem abzuhelfen.

17.6 Eigene Formeln speichern

Benötigen Sie bestimmte Formeln oder Formellayouts immer wieder, lassen sich diese in die Sammlung der Formelvorlagen aufnehmen.

1. Erstellen Sie die Formel, den Term oder Ausdruck und öffnen Sie das Formel-Kontextmenü mit einem Klick auf das Symbol ▼ im rechten Formelrahmen.

2. Wählen Sie dort ALS NEUE FORMEL SPEICHERN und geben Sie im Dialog NEUEN BAUSTEIN ERSTELLEN die Eigenschaften für diese Formel vor.

3. OK

17.7 Chemische Formeln

Für chemische Strukturformeln ist der integrierte Formel-Editor nicht zu gebrauchen, doch es gibt ein kostenloses Add-In »Chemistry« von Microsoft, das dabei assistiert.

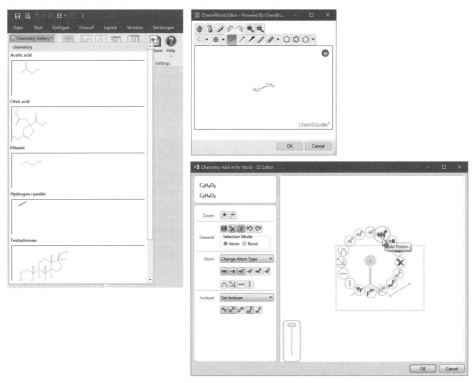

Abb. 17.17: Assistenzfunktionen für Chemische Formeln

Kapitel 18

Abbildungen, Tabellen und andere Objekte beschriften

In einer wissenschaftlichen Publikation gehört zu einer Illustration oder einem anderen eingebundenen Objekt (im Folgenden kurz *Illustration* genannt) immer eine Unterschrift, die das Dargestellte kurz erläutert. Die Betonung liegt auf »kurz«.

Diese Beschriftung soll nummeriert sein und die Nummerierung kategorisiert nach Art der Illustration, also z. B. *Abbildung 21, Tabelle 32, Diagramm 12* etc. Das erleichtert, im Text auf die jeweils zugehörige Illustration hinzuweisen. Ist Ihr Werk in Kapitel gegliedert, sollten Sie sich der üblichen kapitelweisen Nummerierung anschließen, also z. B. Formel 7.4 oder Bild 3-12.

Solche Unterschriften könnten Sie von Hand unter jede Illustration setzen, sinnvoller ist es jedoch, die Beschriftungsfunktion von Word zu nutzen, die einige Vorteile bietet:

- Die Nummerierung erfolgt kategoriengerecht automatisch und wird beim Überarbeiten angepasst und fortgeschrieben.

- Sie können mit der Verweisfunktion über die Beschriftungen auf Abbildungen, Tabellen oder Formeln hinweisen; die Verweise beziehen sich auf die Beschriftungen und werden beim Überarbeiten ebenfalls aktualisiert.

- Aus den so standardisierten Beschriftungen lassen sich automatisierte Verzeichnisse erstellen, siehe Abschnitt 5.5.

18.1 Beschriftung einfügen

Um einer Illustration eine Unter- oder Überschrift hinzuzufügen, gehen Sie wie folgt vor:

1. Markieren Sie das zu beschriftende Objekt, eine Tabelle mit einem Klick auf ⊞.
2. Rechtsklick | Beschriftung einfügen oder
   Verweise/Referenzen | Beschriftung einfügen.
3. Im darauffolgenden Dialog stellen Sie beim ersten Aufruf die Formatierung der Beschriftung ein; bei weiteren Beschriftungen können Sie sofort auf OK klicken.
4. Geben Sie den Text der Beschriftung ein.

> ### Wichtig
>
> Um mit den Office-eigenen Zeichenwerkzeugen angefertigte Grafiken zu beschriften, müssen Sie nicht die Grafik, sondern *den Rahmen des Zeichenbereichs* markieren. Nur dem Zeichenbereich kann eine Beschriftung zugewiesen werden.

In einem Dialog werden Sie aufgefordert, die Beschriftung einer Kategorie zuzuordnen.

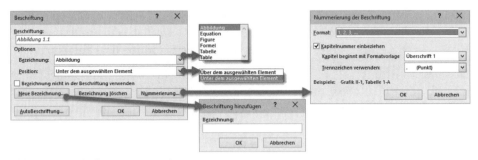

Abb. 18.1: Beschriftungsautomatik

Drei Kategorien sind vorgegeben: *Abbildung, Formel* und *Tabelle*, ggf. auch deren englische Pendants. Mit NEUE BEZEICHNUNG können Sie eigene Kategorien definieren. Auch diese selbst definierten Kategorien lassen sich für separate Verzeichnisse heranziehen.

> ### Tipp
>
> Das Dialogfeld BESCHRIFTUNG ist auf 254 Zeichen begrenzt. Sollte der Beschriftungstext länger sein, fügen Sie zunächst mit OK die automatische Tabellennummer in den Text ein und tragen den Beschriftungstext dann nach, denn dort gilt keine Begrenzung.

Ein Klick auf OK im Beschriftungsdialog fügt die Beschriftung ein, was je nach Textflussvariante unterschiedliche Auswirkungen hat.

18.1.1 Beschriftung im Textfluss

Das abschließende OK im Dialog BESCHRIFTUNG für eine Illustration, die MIT TEXT IN ZEILE[142] eingefügt wurde,

---

142 siehe Abschnitt 16.8.1

- erstellt nach den Vorgaben einen neuen Absatz unterhalb bzw. oberhalb der Illustration mit der Formatvorlage BESCHRIFTUNG,

- fügt ein {SEQ}-Feld[143] ein und

- wartet, dass Sie den Text für die Beschriftung ggf. ergänzen.

Unbemerkt erledigt die Beschriftungsautomatik noch eine nützliche Kleinigkeit: Der Absatz, in dem die Illustration steht, erhält bei dieser Gelegenheit das Attribut NICHT VOM NÄCHSTEN ABSATZ TRENNEN,[144] weil es ein typografischer Fehler wäre, zwischen Illustration und Unterschrift einen Seitenumbruch zuzulassen.

Abb. 18.2: Vom Textfluss abhängige Beschriftungsformate

18.1.2 Beschriftung umflossener Objekte

Haben Sie die Illustration per Textfluss-Einstellungen aus dem Zeilenverband gelöst,[145] legt die Beschriftungsautomatik ein Textfeld in gleicher Breite an, das die Beschriftung enthält. Illustration und Beschriftung sind zwar am selben Absatz verankert, damit sie beim Verschieben des Textes dessen Bewegungen gemeinsam mitmachen, doch lassen sich beide Elemente unabhängig voneinander auf der Seite bewegen.

⚠ Vorsicht

Beim Anlegen eines Abbildungsverzeichnisses erhalten die Einträge Hyperlinks zu den Beschriftungen, allerdings geht Word dabei unterschiedlich vor:

- Verzeichniseinträge von Beschriftungen im Fließtext erhalten einen internen Link wie ein Querverweis.

- Verzeichniseinträge von Beschriftungen in Textfeldern erhalten einen externen Datei-Link, der zwar zur Datei und darin zum Eintrag führt, aber wegen der absoluten Pfadangabe nicht wiedergefunden wird, wenn die Datei verschoben oder kopiert wird.

---

143 siehe Abschnitt 20.2
144 siehe Abschnitt 9.7
145 siehe Abschnitt 16.8.2

> **Abhilfe**
>
> Hilfreich sind für solche Fälle Positionsrahmen (Abschnitt 1.5.1), in denen Sie Illustration und Beschriftung gemeinsam unterbringen.
>
> Der Positionsrahmen birgt noch einen weiteren Vorteil: Wenn Sie das Objekt gleich in einen Positionsrahmen stellen und dann erst beschriften, wird die Beschriftung nicht in ein Textfeld verpackt, sondern als Fließtext in den Positionsrahmen eingefügt.

18.1.3 Bildunterschrift mit Quellenangaben

Bildunterschriften werden auch dafür genutzt, im Anschluss an die Beschreibung urheberrechtliche Hinweise zur Bildherkunft anzubringen. Im Abbildungsverzeichnis stören diese jedoch. Da das Abbildungsverzeichnis auf die Formatvorlage *Beschriftung* zugreift, brauchen Sie lediglich dem Quellenhinweis eine andere Absatz-Formatvorlage zuzuweisen. Um dennoch Bildunterschrift und Quellenhinweis in einer Zeile unter dem Bild zu halten, wenden Sie folgenden Trick an:

Zunächst benötigen Sie eine weitere Formatvorlage, die mit *Beschriftung* identisch ist.

1. START | FORMATVORLAGEN ⤡
2. NEUE FORMATVORLAGE 🔠
3. Wählen Sie in der Liste FORMATVORLAGE BASIERT AUF die Formatvorlage *Beschriftung*.
4. Geben Sie der neuen Formatvorlage einen passenden Namen, z. B. *Beschriftung ohne Eintrag*.
5. OK

Diese Formatvorlage können Sie nun jederzeit zum Abtrennen der Quellenhinweise einsetzen:

1. Setzen Sie die Schreibmarke an den Beginn des Quellenhinweises und betätigen Sie ⏎.
2. Formatieren Sie den Quellenhinweis mit der Formatvorlage *Beschriftung ohne Eintrag*.
3. Setzen Sie die Schreibmarke in den Absatz davor (die tatsächliche Bildunterschrift) und betätigen Sie Strg+Alt+⏎.

Die Absätze werden vereint, bei eingeschalteter Steuerzeichenanzeige erkennen Sie eine versteckte Absatzmarke ¶ zwischen Bildunterschrift und Quellenhinweis. Ins Abbildungsverzeichnis wird nur der vordere, mit *Beschriftung* formatierte Teil aufgenommen.

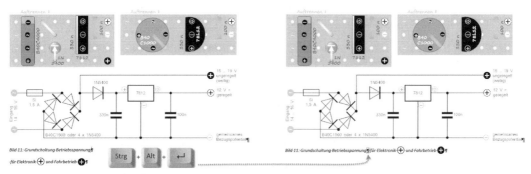

Abb. 18.3: Nicht nur Quellenangaben, auch andere Zusätze zur Bildunterschrift gehören nicht ins Abbildungsverzeichnis.

18.2 Nummerierte Beschriftungen

Nummerierte Beschriftungen verwenden das Feld {SEQ} für die Zählung. Dieses Feld bedarf einer »Kategorie«, für die es hochzählt; unterschiedliche Kategorien werden separat gezählt.[146]

18.2.1 Beschriftungsnummerierung auf die Reihe bringen

Irritierend bei der Beschriftung per Textfeld ist die manchmal nichtzutreffende numerische Reihenfolge im Illustrationsverzeichnis. Das passiert, wenn Illustrationen derselben Kategorie mal im Zeilenverband und mal frei platziert sind. Auch dabei sind Sie mit einem Positionsrahmen oder einer Tabelle auf der sicheren Seite.

Bei umflossenen Objekten ist die Reihenfolge der Ankerpunkte ⚓[147] maßgeblich für die Nummerierung. Liegt der Ankerpunkt des zweiten Objekts im Text vor dem des ersten, wird die Zählung nicht zur Reihenfolge der Objekte passen. Verschieben Sie in solchen Fällen die Ankerpunkte.

---

146 siehe Abschnitt 20.2
147 siehe Abschnitt 16.8.3

18.2.2 Beschriftungsnummerierung formatieren

Abb. 18.4: Variationen der Beschriftungszählung

Als Format der Nummerierung kommen quasi alle Varianten in Betracht, die die Word-Zählautomatik für {SEQ}-Felder bereithält. Die Schaltfläche NUMMERIERUNG des Dialogs BESCHRIFTUNG verzweigt in einen Dialog, der einige für Beschriftungen übliche Varianten anbietet.

Ist die Option KAPITELNUMMER EINBEZIEHEN gesetzt, stellt Word dem {SEQ}-Feld in diesem Fall ein {StyleRef}-Feld[148] mit der Überschriftennummer der gewählten Gliederungsebene und ein aus der Liste gewähltes *Trennzeichen* voran.

Reichen die vorgegebenen Einstellungen nicht aus, stehen mit EINFÜGEN | SCHNELLBAUSTEINE | FELD | SEQ oder mit einer manuell per ⌨Strg⌨+⌨F9⌨ gestalteten Feldfunktion {SEQ} alle Facetten der Beschriftungsnummerierung offen.[149]

Die vom Beschriftungsdialog erzeugte Standardform für eine kapitelweise Zählung mit durch Punkt abgetrennten arabischen Zahlen

```
Abbildung⏻STYLEREF 1 \s ⏻.⏻SEQ Abbildung \* ARABIC \s 1⏻
```

lässt sich mit den in den Kapiteln 19 und 20 beschriebenen Techniken Ihren Erfordernissen anpassen.

18.3 Automatische Beschriftung

Die Funktion AUTOBESCHRIFTUNG im Dialog BESCHRIFTUNG gibt Ihnen Gelegenheit, bestimmten *Objekttypen anhand* ihrer Dateieigenschaften Unterschriften zuzuordnen. In einer Auswahlliste bestimmen Sie den jeweiligen Illustrationstyp und ordnen ihm Beschriftungseigenschaften zu.

Dieses Verfahren funktioniert jedoch nur mit Objekten, die mit EINFÜGEN | OBJEKT in das Dokument geholt wurden.

---

148 siehe Abschnitt 2.6.1
149 siehe Abschnitt 20.2

Teil IV

Computerfähigkeiten nutzen

Als Computerprogramm beherrscht Word natürlich allerlei »Grundfertigkeiten« der elektronischen Rechenhilfen. Auf deren Unterstützung sollten Sie nicht verzichten! Sie nehmen Ihnen viele Verwaltungsarbeiten bei der Textorganisation ab.

In diesem Teil:

Kapitel 19

Felder, Funktionen und Makros

Für zahlreiche Automatismen hält Word Funktionen bereit, die als *Felder* in Ihre Dokumente eingefügt werden. Das reicht von der simplen Seitennummer über Querverweise und Überschriftenverwaltung bis hin zu komplexen Berechnungen.

Auch als Verknüpfung eingefügte externe Daten werden als Felder behandelt, weshalb die Kenntnis über die Eigenheiten dieser Einrichtung in vielen Situationen weiterhelfen kann.

Sodann bietet Word noch für komplexere Aufgaben die Möglichkeit, Schrittfolgen aufzuzeichnen und als Makros (Abschnitt 19.5) immer wieder zu verwenden oder auch zu modifizieren.

19.1 Felder

Dieser Abschnitt beschäftigt sich mit dem gemeinsamen technischen Hintergrund der Felder und ihrer Behandlung. Die Feldtypen werden in den jeweils einschlägigen Kapiteln beschrieben.

19.1.1 Feld einfügen

Benötigen Sie eine Feldfunktion, setzen Sie zunächst die Schreibmarke an die Position, an der das Feld erscheinen soll.

EINFÜGEN | SCHNELLBAUSTEINE | FELD führt in die Auswahl der zur Verfügung stehenden Feldtypen.

Die Verwendung von Feldern wird vom Programm sehr gut unterstützt. Der Dialog FELD ist dreigeteilt: Im linken Teil finden Sie eine Auswahlliste aller Feldnamen, darüber zum Einschränken eine Kategorienauswahl.

Bei manchen Feldtypen reicht die bloße Auswahl des Feldnamens, andere bedürfen zusätzlicher Angaben zu *Eigenschaften*, die Sie im mittleren Teil des Dialogs auswählen können, und *Optionen*, für die es im rechten Teil Ankreuzfelder gibt.

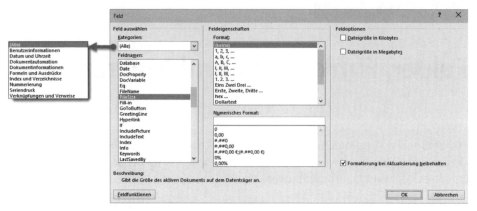

Abb. 19.1: Feldeigenschaften und Optionen festlegen

Sobald Sie einen FELDNAMEN markiert haben, wird unter der Liste eingeblendet, was dieses Feld bewirkt. Zugleich erscheinen mittig und rechts die einschlägigen Parameter für diesen Feldtyp zur Auswahl.[150]

Haben Sie Eigenschaften und Optionen gewählt, bestätigen Sie mit OK, und in Ihrem Dokument erscheint der Feldinhalt.

19.1.2 Feld per Tastatur einfügen

Wenn Sie mit den Feldcodes vertraut sind oder aus der Fachliteratur Feldfunktion übernehmen wollen, lassen sich Felder auch manuell erstellen.

Betätigen Sie dazu Strg + F9 ; Word erstellt ein Paar Funktionsklammern, zwischen denen Sie Ihren Feldcode eingeben können.

19.1.3 Darstellung von Feldern

Ohne Weiteres ist das Feld nicht vom Fließtext zu unterscheiden.

In DATEI | OPTIONEN | ERWEITERT | Bereich DOKUMENTINHALT ANZEIGEN gibt es zwei Einstellungen zur Darstellung von Feldern.

In der Auswahl FELDSCHATTIERUNG entscheiden Sie, ob Felder hervorgehoben werden. Die Einstellung WENN AUSGEWÄHLT ist wohl die günstigste, denn dann stören Hinterlegungen nicht beim Lesen, werden aber angezeigt, wenn das Feld bearbeitet werden soll.

---

150 Für das Feld {EQ} lassen sich Argumente und Parameter auf diesem Weg nicht einfügen. Der damit gekoppelte Aufruf des alten Formel-Editors, der Anfang 2018 aus Sicherheitsgründen entfernt wurde, ist noch nicht nachgebessert worden. Das Feld {EQ} können Sie deshalb nur manuell bestücken.

Die Option FELDFUNKTIONEN ANSTELLE VON WERTEN ANZEIGEN erzielen Sie auch, wenn Sie bei Bedarf [Alt]+[F9] drücken oder im Kontextmenü FELDFUNKTIONEN EIN/AUS aufrufen. Dann sehen Sie anstelle der Feldinhalte die dazugehörigen Funktionen, ▯ umgeben von geschweiften Klammern in gepunkteten Rahmen ▯. Diese Klammern sind für Word der Hinweis, dass zwischen ihnen ein Feld zu bearbeiten ist.

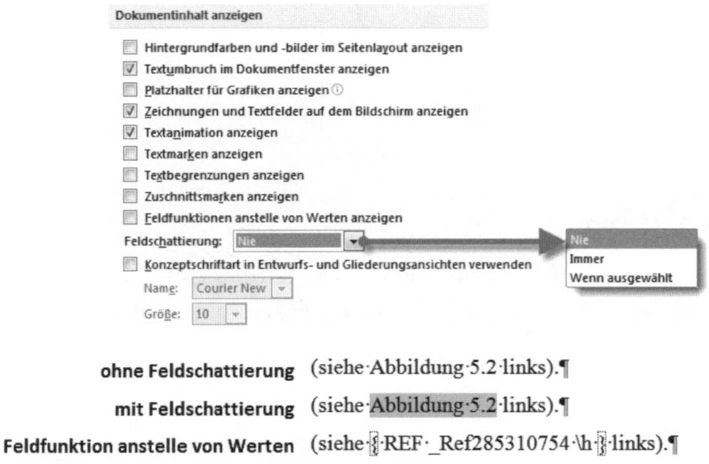

ohne Feldschattierung (siehe·Abbildung·5.2·links).¶

mit Feldschattierung (siehe·Abbildung·5.2·links).¶

Feldfunktion anstelle von Werten (siehe·▯·REF·_Ref285310754·\h·▯·links).¶

Abb. 19.2: Anzeigevariationen von Feldern

Sie schalten mit erneutem [Alt]+[F9] zurück in die Anzeige der Feldinhalte.

Wollen Sie nur für ein bestimmtes, markiertes Feld die Ansicht umschalten, benutzen Sie [⇧]+[F9].

Zwischen den Feldern in Ihrem Text springen Sie mit [F11] vorwärts und mit [⇧]+[F11] rückwärts.

19.1.4 Feldinhalte aktualisieren

Nach dem Einfügen von Feldern kann sich der bezogene Wert, die verknüpfte Datei oder das Datum verändern. Um auf dem neuesten Stand zu bleiben, aktualisiert Word die Feldinhalte bei bestimmten Gelegenheiten, zum Beispiel beim Öffnen der Datei und vor dem Anzeigen der Druckvorschau, sofern die Option DATEI | OPTIONEN | ANZEIGE | FELDER VOR DEM DRUCKEN AKTUALISIEREN eingeschaltet ist.

Mit [F9] aktualisieren Sie ein markiertes Feld bei Bedarf selbst.

Tipp

Um alle Felder zu aktualisieren, markieren Sie den Text des kompletten Dokuments mit [Strg]+[A] und drücken dann [F9].

Für Mausbenutzer gibt es im Kontextmenü vergleichbare Funktionen.

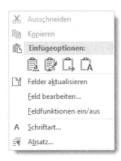

Abb. 19.3: Kontextmenü zur Feldbearbeitung

Felder nicht aktualisieren

Möchten Sie einzelne Felder vom Aktualisieren ausnehmen, markieren Sie sie und betätigen dann $\boxed{\text{Strg}}$+$\boxed{\text{F11}}$. Mit $\boxed{\text{Strg}}$+$\boxed{\Diamond}$+$\boxed{\text{F11}}$ nehmen Sie die Aktualisierungssperre wieder zurück.

19.2 Formularfelder

Viele Forschungsarbeiten oder Gutachten basieren auf Umfragen, für die Fragebogen benötigt werden. Word bietet dazu Formularfelder an, die von den Befragten am Bildschirm ausgefüllt und als Mail-Anhang zurückgeschickt werden können.

Word kennt drei verschiedene Arten von Formularfeldern, die in der Registerkarte ENTWICKLERTOOLS[12], Gruppe STEUERELEMENTE versteckt sind.

Word-Formulare sind geschützte Dokumente, in denen nur die Formularfelder benutzbar sind. Alle anderen Inhalte sind gegen Veränderungen gesperrt. Zum Ausfüllen springt der Anwender mit $\boxed{\leftrightarrows}$ von Feld zu Feld oder klickt mit der Maustaste das gewünschte Feld an.

> **Hinweis** 🖎
>
> Für das Gestalten von Formularen finden Sie unter `http://oerttel.net/kommunizieren/formulare/` ausführliche Anleitungen und Hilfsmittel.

Microsoft Forms

Ein einfach zu bedienendes Werkzeug zum Erstellen von Online-Formularen bietet »Microsoft Forms« `https://forms.office.com/?fromAR=3`, das für Sie auch die Bereitstellung und Auswertung der Formulare organisiert, die Ergebnisse visualisiert oder als Excel-Datenblatt exportiert.[151]

19.3 Feldcodes und Feldschalter

Felder begegnen Ihnen in Word ständig bei diversen Assistenzfunktionen. Wenn Sie einen Feldcode entschlüsseln können, vermögen Sie ihn auch gezielt in Ihrem Sinne zu beeinflussen. Ich gebe diesem Thema breiten Raum, um Ihnen die Gelegenheit zu eröffnen, Darstellungsproblemen bei Feldinhalten auf die Spur zu kommen.

> ⚠ **Vorsicht**
>
> Die Word-Hilfe zu den Feldcodes ist unvollständig und fehlerhaft, hilft Ihnen also nicht weiter.

19.3.1 Feldcode eingeben

Klicken Sie auf die Schaltfläche FELDFUNKTIONEN unten links im FELD-Dialog, wird die interne Codierung des markierten Feldes angezeigt. Hier können Sie von Hand ergänzen wie im Feldcode.

Im Feldfunktionen-Modus haben Sie eine zusätzliche Schaltfläche OPTIONEN zur Verfügung, die Ihnen nach Anklicken zeigt, welche Parameter, Argumente und Schalter für diese Feldfunktion benutzt werden können.

Abb. 19.4: FELD-Dialog mit Auswahl, Eigenschaften, Optionen (links) und Feldfunktionsanzeige nebst Optionen in codierter Darstellung (rechts)

19.3.2 Feldschalter und -optionen

Das Erscheinungsbild eines Feldes passt sich der Formatierung des umgebenden Textes an. Sofern Sie eine andere Formatierung wünschen, lässt sich das für einige Felder mit Feldoptionen beeinflussen, die in Form von Feldschaltern den Feldcode ergänzen.

---

151 Eine ähnliche Unterstützung bietet auch »Google Forms« mit noch umfangreicheren Funktionen als *Microsoft Forms* an.

Manche Felder verfügen im Kontextmenü über Formatierungsassistenten, zum Beispiel SEITENZAHLEN FORMATIEREN im Kontextmenü für Seitennummern. Solche Dialoge setzen benutzerfreundlich die für den jeweiligen Feldtyp gültigen Feldschalter. Durch direkte Manipulation über den FELD-Dialog oder direkte Eingabe in den Feldcode haben Sie mehr Gestaltungsfreiheit.

Feldschalter für die Darstellung

Die nachfolgenden Tabellen zeigen die möglichen Argumente für den Feldschalter. Mehrere Feldschalter nacheinander wirken kumulativ. So wird beim Einfügen einer Seitennummer nicht nur die bloße Zahl im Feld erzeugt, sondern es werden auch gleich noch zwei Formatanweisungen mitgegeben: ⟦ PAGE * Arabic * MERGEFORMAT ⟧.

Der Feldschalter für die Formatierung ist *. Ihm folgt ein Codewort, das für eine bestimmte Art der Formatierung sorgt. »* Roman« z. B. ändert ein Zahlenfeld in römische Zahlen.

* Arabic	zeigt Feldinhalte in arabischen Zahlen an
* Roman	zeigt Feldinhalte in römischen Zahlen an
* roman	zeigt Feldinhalte in römischen Zahlen (Kleinbuchstaben) an
* Alphabetic	gibt numerische Feldinhalte als versale Buchstabennummerierung aus, also 1 wird zu A, 2 wird zu B etc.
* alphabetic	gibt numerische Feldinhalte als gemeine Buchstabennummerierung aus, also 1 wird zu a, 2 wird zu b etc.
* Hex	zeigt Feldinhalte in hexadezimaler Schreibweise an, z. B. wird aus »42« »2A«
* Ordinal	gibt Feldinhalte in arabischen Ordnungszahlen mit nachgesetztem Punkt aus
* OrdText	gibt numerische Feldinhalte als Ordnungszahlen in Textdarstellung aus (Text-Formatanweisungen können zusätzlich vorgegeben werden)
* CardText	wandelt numerische Feldinhalte in Textdarstellung um, z. B. wird aus »42« »zweiundvierzig« (Text-Formatanweisungen können zusätzlich vorgegeben werden)
* DollarText	»Scheckschreibweise«, der ganzzahlige Teil eines Betrags erscheint in Textdarstellung mit angehängtem Hundertstel-Bruch für die Dezimalstellen (Text-Formatanweisungen können zusätzlich vorgegeben werden)

* Caps	Der erste Buchstabe jedes Wortes wird als Versal angezeigt.
* FirstCap	Der erste Buchstabe des ersten Wortes wird als Versal angezeigt.
* Upper	Alle Buchstaben werden als Versalien angezeigt.
* Lower	Alle Buchstaben werden als Gemeine angezeigt.

Tabelle 19.1: Formatanweisungen für Text

* CHARFORMAT	weist die Formatierung des ersten Buchstabens dem gesamten Ergebnis zu
* MERGEFORMAT	erhält die Formatierung des Feldergebnisses und weist sie beim Aktualisieren dem neuen Ergebnis zu

Tabelle 19.2: Generelle Vorgaben zur Zeichenformatierung

Tipp

Der Schalter * CHARFORMAT ist dem vorgegebenen Standard-Schalter * MERGEFORMAT vorzuziehen, weil er Änderungen der Formatierung beim Aktualisieren beibehält.

Feldschalter zum Formatieren von Zahlen

Mit dem Feldschalter \# und nachfolgenden Steuersymbolen geben Sie die numerische Darstellung vor.

#	dient als Formatierungsraster für Stellen und Platzierung von Dezimal- und Tausendertrennzeichen; führende und im Dezimalteil anhängende Nullen werden unterdrückt, ⟦ = 54,321 \# ###,## ⟧ wird angezeigt als 54,32, ⟦ = 54,321 \# # ⟧ wird als 54 angezeigt.
0	dient als Formatierungsraster für Stellen und Platzierung von Dezimal- und Tausendertrennzeichen mit führenden und im Dezimalteil anhängenden Nullen ⟦ = 54,321 \# 000,0000 ⟧ wird angezeigt als 054,3210
Diese beiden grundsätzlichen Vorgabezeichen können ergänzt werden um:	
x	Im ganzzahligen Teil werden links vom Platzhalter x stehende Ziffern nicht angezeigt. Im Dezimalteil wird auf die letzte Stelle vor x gerundet.

Tabelle 19.3: Anzeigemuster zur Zahlendarstellung

,	Dezimalkomma, anzugeben zusammen mit der Ziffernvorgabe ###,## oder 000,00. **Wichtig:** Sofern in den Ländereinstellungen der Windows-Systemsteuerung ein anderes Dezimaltrennzeichen definiert ist, muss dieses anstelle des Kommas verwendet werden.[a]
.	Tausendertrennzeichen, anzugeben zusammen mit der Ziffernvorgabe ###.###,## oder 000.000,00. **Wichtig:** Sofern in den Ländereinstellungen der Windows-Systemsteuerung ein anderes Tausendertrennzeichen definiert ist, muss dieses anstelle des Punktes verwendet werden.[b]
-	Negative Ergebnisse werden mit Minuszeichen ausgegeben; positive Werte bleiben ohne Vorzeichen.
+	Positive und negative Ergebnisse werden mit Vorzeichen ausgegeben.
(beliebiges Zeichen)	fügt das angegebene Zeichen in das Ergebnis ein, z. B. ein % nach einer Prozentberechnung
'Text'	In einfache Anführungszeichen (Apostrophe) eingeschlossener Text wird in das Ergebnis eingefügt.

Tabelle 19.3: Anzeigemuster zur Zahlendarstellung (Forts.)

a   Die Office-Hilfe ignoriert dieses Kriterium völlig und bezeichnet Dezimalpunkt und Tausender-trennkomma als zutreffend.

b   Für die schweizerische Tausender-Trennung mit Apostroph erwartet Word in Feldschaltern einen typografischen Apostroph ', einzugeben mit [Alt]+[0][1][4][6] auf der Zehnertastatur. (Das ist ein Bug, aber dessen Behebung kann noch dauern.)

Eine Erweiterung erfährt die Zahlendarstellung durch die Möglichkeit, bis zu drei verschiedene, durch Semikola getrennte Zahlenformate vorzugeben, z. B.

\# #.##0,00;-#.##0,00;-. *(Die mittlere Formatierung ist rot eingefärbt.)*

Mit dieser Vorgabe werden positive Werte schwarz und ohne Vorzeichen, negative Werte rot und mit Vorzeichen, Nullwerte durch einen Halbgeviertstrich dargestellt.

Fehlt eine dritte Vorgabe, werden Nullwerte wie Positivwerte formatiert.

Feldschalter für Zeit- und Datumsformate

Der Feldschalter \@ formatiert eine Zahl als Uhrzeit oder Datum. Die einzelnen Bestandteile werden durch Kennbuchstaben in unterschiedlicher Anzahl (= unterschiedliche Form der Anzeige) und dazwischengesetzte, frei wählbare Trennzeichen vorgegeben.

Beispiel: \@ d. MMMM yyyy ergibt z. B. 1. Juli 2016, \@ dd.MM.yy für dasselbe Datum 01.07.16

Das große »M« für Monat ist erforderlich zur Unterscheidung vom kleinen »m« für Minute.

Kennung	Darstellung
d	Tag als ein- oder zweistellige Zahl
dd	Tag als zweistellige Zahl; bis zum 9. wird mit einer führenden Null aufgefüllt
ddd	Wochentag als Abkürzung mit zwei (!) Buchstaben
dddd	vollständiger Name des Wochentags
M	Monat als ein- oder zweistellige Zahl
MM	Monat als zweistellige Zahl; bis September wird mit einer führenden Null aufgefüllt
MMM	Monat als Abkürzung mit drei Buchstaben
MMMM	vollständiger Name des Monats
yy	Jahr als zweistellige Zahl, bis zum 9. Jahr wird mit einer führenden Null aufgefüllt
yyyy	Jahr als vierstellige Zahl
h oder H	Stunde als ein- oder zweistellige Zahl
hh oder HH	Stunde als zweistellige Zahl, bis 9:59 wird mit einer führenden Null aufgefüllt
m	Minute als ein- oder zweistellige Zahl
mm	Minute als zweistellige Zahl, bis :09 wird mit einer führenden Null aufgefüllt
s	Sekunde als ein- oder zweistellige Zahl
ss	Sekunde als zweistellige Zahl, bis :09 wird mit einer führenden Null aufgefüllt
am/pm oder AM/PM	Angabe von A.M. oder P.M. bei zwölfstündiger Zeitmessung (abhängig von der Zeiteinstellung in der Windows-Systemsteuerung)
'Text'	In einfache Anführungszeichen (Apostrophe) eingeschlossener Text wird in das Datum / die Uhrzeit eingefügt.
(beliebiges Zeichen)	fügt das angegebene Zeichen in das Datum / die Uhrzeit ein, z. B. einen Doppelpunkt als Trenner in Zeitangaben

Tabelle 19.4: Anzeigemuster zur Zeit- und Datumsdarstellung

Wichtig

Schließen Sie bei Datum-/Uhrzeit-Darstellungen, die Leerstellen oder Text enthalten, den gesamten Code in Anführungszeichen ein.

Feldschalter zum Sperren des Feldinhalts

Um Feldergebnisse vom Aktualisieren auszunehmen, setzen Sie in die Formel den Feldschalter \!. Dieser Schalter korrespondiert mit dem Tastenkürzel [Strg]+[F11].

19.4 Textmarken

Eine besondere Feldart ist die Textmarke. Es gibt sie in zwei Erscheinungsformen:

- **ohne Inhalt** als reine Positionsbestimmung und
- **mit Inhalt** als Container für einen an beliebiger Stelle wiederholbaren Text – insoweit verwandt mit der Feldfunktion {SET}.

19.4.1 Textmarke setzen

1. Setzen Sie die Schreibmarke an die Position, auf die verwiesen werden soll.
2. `Strg`+`⇧`+`F5` oder EINFÜGEN | TEXTMARKE
3. Fügen Sie im Feld TEXTMARKENNAME des TEXTMARKE-Dialogs einen Namen für die neue Textmarke ein. Der Name darf keine Leerschritte oder Sonderzeichen enthalten.
4. HINZUFÜGEN

19.4.2 Textmarke als Sprungziel verwenden

Textmarken werden im QUERVERWEIS-Dialog aufgelistet, sobald Sie als Verweistyp TEXTMARKE auswählen.

Auch als Arbeitserleichterung sind Textmarken zu gebrauchen, indem Sie bestimmte Positionen im Text damit kennzeichnen, zu denen Sie beim Arbeiten immer wieder mal hinspringen müssen.

Fügen Sie an der aktuellen Bearbeitungsposition ein Feld {GoToButton} ein. Dieses Feld benötigt zwei Argumente: das Sprungziel und den als »Button« anzuzeigenden Text: ⁅ GoToButton Textmarke Anzeigetext ⁆.

Dieser »Button« ist zwar optisch nicht vom Text zu unterscheiden, wie der Name suggeriert, ein Doppelklick[152] auf den angezeigten Text bewirkt aber einen Sprung zu der verlinkten Textmarke. Mit `⇧`+`F5` gelangen Sie zurück zum Ausgangspunkt des Sprungs.

19.4.3 Textmarken mit Inhalt

Die Textmarke lässt sich aber noch für einen anderen Zweck einsetzen:

Markieren Sie vor dem Einfügen der Textmarke einen Textbereich, so steht in der Liste VERWEISEN AUF dieser Text als TEXTMARKENINHALT zur Verfügung. Das bedeutet, an der Verweisstelle wird der als Textmarke markierte Text eingefügt. Dies

---

152 Der Doppelklick ist der wesentliche Unterschied zum Verweisfeld, das auf einfachen Klick reagiert.

erspart bei Änderungen bestimmter Termini einen durchgängigen Austausch. Nur an der Ursprungsposition muss geändert werden, alle anderen, verweisenden Textstellen schreiben sich nach ⎡Strg⎤+⎡A⎤, gefolgt von ⎡F9⎤ automatisch fort.

19.4.4 Textmarken verwalten

Zum leichten Erkennen von Textmarken veranlassen Sie Word mit DATEI | OPTIO-NEN | ERWEITERT | Bereich DOKUMENTINHALT ANZEIGEN | TEXTMARKEN ANZEIGEN,

diese mit grauen eckigen Klammern zu markieren. Diese Klammern sind nur virtuell und werden nicht gedruckt.

Um einer Textmarke einen anderen Namen zu geben, öffnen Sie den Dialog TEXTMARKE mit ⎡Strg⎤+⎡⇧⎤+⎡F5⎤.

Löschen lassen sich Textmarken entweder zusammen mit dem zugehörigen Text oder, wenn der Text unversehrt bleiben soll, durch Markieren im Dialog TEXTMARKE und Anklicken der Schaltfläche LÖSCHEN.

⚠ Vorsicht

Eines der größten Handicaps von Textmarken ist, dass sie ohne Warnung gelöscht werden, wenn sie bei einer Löschaktion versehentlich mitmarkiert wurden.

Tipp

Verwenden Sie, sofern es für die angestrebte Aufgabe möglich ist, »Formularfelder aus den Vorversionen«. Diese bringen die Textmarkeneigenschaft gleich mit und lassen sich im geschützten Modus sicher überschreiben.

19.5　Programmieren in Word

Word bringt eine eigene Entwicklungsumgebung für die hauseigene Programmiersprache *Visual Basic for Applications* (kurz VBA)[153] mit. Damit lassen sich immer wieder gleiche Funktionsabläufe als so genannte »Makros« erstellen und bei Bedarf per Tastenkombination oder Schaltfläche abrufen.

---

153 VBA ist keine einheitliche Programmiersprache für alle Office-Programme, sondern jedes Office-Programm verwendet einen eigenen »Dialekt«. Es ist darum nicht möglich, für ein Office-Programm entwickelte Makros in anderen Programmen zu verwenden.

19.5.1 Makros aufzeichnen

Zum Aufzeichnen dient der Makrorekorder in der Registerkarte ENTWICKLER-TOOLS | MAKRO AUFZEICHNEN. Den schnellen Zugriff erlaubt die Schaltfläche ▥ unten links in der Statusleiste.

Zunächst müssen Sie bestimmen, ob das aufzuzeichnende Makro einer Schaltfläche oder einer Tastenkombination oder überhaupt nicht zugeordnet werden soll. Das Zuordnen können Sie jederzeit später noch nachholen.

Außerdem wird abgefragt, wo das Makro gespeichert werden soll. Beim Speichern in der Normal.dotm steht es Ihnen für alle Arbeiten mit Word zur Verfügung.

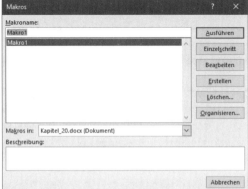

Abb. 19.5: Makroaufzeichnung und Makroliste

Ist der Makrorekorder mit Klick auf ⟨OK⟩ gestartet, nimmt der Mauszeiger die Form ▥ an und bis auf wenige Ausnahmen werden alle Aktionen aufgezeichnet.

Tipp

Mausaktivitäten sind bei der Makroaufzeichnung problematisch, weil häufig keine definierten Mausstandorte aufgezeichnet werden können oder weil sie gelegentlich ignoriert werden. Verwenden Sie beim Aufzeichnen die Tastatur (⟨F10⟩ und ⟨▥⟩).

Nachdem Sie alle Schritte vollzogen haben, beenden Sie die Aufzeichnung mit ENTWICKLERTOOLS | AUFZEICHNUNG BEENDEN oder Mausklick auf die Schaltfläche ■ in der Statusleiste.

⟨Alt⟩+⟨F8⟩ öffnet die Liste der vorhandenen Makros. Rechts finden Sie Schaltflächen zum Starten oder Schritt-für-Schritt-Ausführen des links markierten Makros.

Mit BEARBEITEN können Sie sich anschauen, welcher Code bei der Aufzeichnung erzeugt wurde. Mit VBA-Kenntnissen lassen sich aufgezeichnete Makros nacharbeiten und erweitern.

Im Bearbeitungsmodus lassen sich Makros mit $\boxed{\text{F5}}$ starten und mit $\boxed{\text{F8}}$ per Einzelschritt abarbeiten und prüfen.

19.5.2 Makros zum Download

Makros sind für bestimmte ständig wiederkehrende Arbeiten eine gute Unterstützung. Deshalb gibt es bei *Tuhls' Tools* (siehe Vorwort) zu einigen Themen hilfreiche Listings zum Herunterladen. Achten Sie auf das Hinweis-Symbol ➴ im Text. Auch auf anderen Webseiten und in Foren finden Sie Makros, die Sie wie nachstehend beschrieben nutzen können.

19.5.3 Makros installieren

Um ein Makro ins Dokument zu bringen, öffnen Sie mit ENTWICKLERTOOLS | VISUAL BASIC oder $\boxed{\text{Alt}}$+$\boxed{\text{F11}}$ den VBA-Editor; das ist die mitgelieferte Entwicklungsumgebung für diese Programmiersprache.

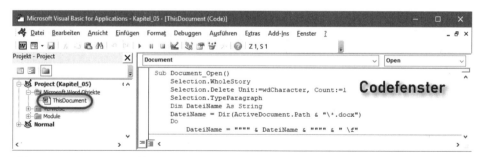

Abb. 19.6: Die VBA-Entwicklungsumgebung

Kopieren Sie das Listing in das Codefenster des Editors. Achten Sie darauf, dass die Titelzeile *Sub Makroname( )* und die Endzeile *End Sub* mitkopiert werden.

Wichtig!

Mit Makros ausgestattete Dateien müssen als Dateityp *Word Dokument mit Makros (*.docm)* gespeichert werden. Handelt es sich um Vorlagen, ist der Dateityp *Word Vorlage mit Makros (*.dotm)* die richtige Wahl.

Mit MENÜBAND ANPASSEN haben Sie die Möglichkeit, den Makros in Ihrem Dokument eine Schaltfläche in einer Registerkarte oder eine Tastenkombination zuzuweisen (siehe Anhang B).

19.5.4 Makros bearbeiten

VBA ist keine allzu schwer zu erlernende Programmiersprache. Wenn der lineare Ablauf eines aufgezeichneten Makros nicht genügt, sondern von Bedingungen abhängt, lassen sich die Codes um Abfragen, Schleifen etc. recht leicht ergänzen. Im Netz gibt es frei zugängliche Anleitungen, zum Beispiel bei

`https://www.vbarchiv.net/home/index.php` und

`http://www.aboutvb.de/khw/khw.htm`.

Kapitel 20

Word zählt und rechnet

Was Sie auch tun, Word zählt mit – die Buchstaben, Wörter, Zeilen, Seiten des Dokuments, die diversen Formen von Nummerierungen, die Abschnitte etc. Neben den von vornherein vorhandenen Zählern lassen sich auch eigene einrichten.

20.1 Statistische Daten Ihres Dokuments

Um einige statistische Daten Ihres Dokuments zu sehen, reicht ein Blick in die Statuszeile unten links; wollen Sie es genauer wissen, z. B. weil Sie eine bestimmte Zeilenzahl nicht überschreiten dürfen, rufen Sie die Details auf mit ÜBERPRÜFEN | WÖRTER ZÄHLEN oder Klick auf die Anzeige in der Statusleiste.

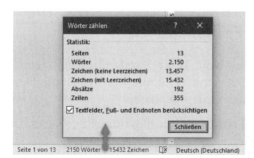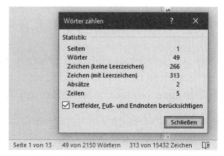

Abb. 20.1: Word zählt beständig mit, rechts die Darstellung bei Textmarkierung.

Welche Zahlen (Seiten, Wörter oder Zeichen) angezeigt werden sollen, stellen Sie via Rechtsklick in die Statuszeile ein.

Aus der Trickkiste: Worthäufigkeiten ermitteln

Die *Suchen-und-Ersetzen*-Funktion (Abschnitt 13.4) kann benutzt werden, um das Auftreten bestimmter Begriffe oder Floskeln in einem Text zu ermitteln.

1. Rufen Sie ERSETZEN mit Strg+H auf.
2. Tragen Sie im Feld SUCHEN NACH: den Begriff oder die Wortfolge ein und den Code ^& im Feld ERSETZEN DURCH:
3. Klicken Sie auf ALLE ERSETZEN.

Ihrem Text passiert nichts, aber Word zeigt die Anzahl der Pseudo-Ersetzungen nach dem Durchlauf an.

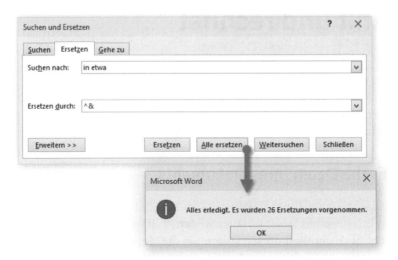

Abb. 20.2: Worthäufigkeit durch Pseudo-Ersetzung ermittelt

20.2 Individuelles Zählen mit Feldfunktionen

Soll im Text etwas gezählt werden, wofür Word keine Standardfunktion bereitstellt, stehen mit {SEQ} und {ListNum} Felder zur Verfügung, die frei definierbare Zählungen bei jedem Auftreten im Text um 1 inkrementieren.

Sie können solche Zählfelder mit dem Feld-Dialog zu Einfügen | Schnellbausteine | Feld | Seq oder ListNum eingeben.

Im Feld-Dialog finden Sie Einstellungen, die Sie daselbst (bei {SEQ} nach Klick auf die Schaltfläche Optionen) auswählen können.

Felder lassen sich auch von Hand eingeben, indem Sie $\boxed{\text{Strg}}$+$\boxed{\text{F9}}$ drücken und zwischen die Feldklammern den Namen und die erforderlichen Parameter schreiben.

20.2.1 Die Zählfunktion {SEQ}

Die Syntax für {SEQ} lautet.

❴ SEQ Erkennungszeichen [Textmarke] [\Schalter] ❵.[154]

Das »Erkennungszeichen« (= Zählername) ist eine Pflichtangabe! Es ist der Name für die Speicherstelle des jeweiligen Zählers. Sie können beliebig viele Zählungen

---

[154] Das SEQ-Feld begegnet Ihnen standardmäßig in der automatischen Beschriftung von Illustrationen mit den dortigen »Bezeichnungen« als Zählername, siehe Kapitel 18.

mit {SEQ} laufen lassen; jeder Zählername erhält seine eigene Zählreihe. Sobald ein SEQ-Feld im Text auftaucht, wird zum benannten Zähler 1 addiert und an dieser Position im Text angezeigt Angaben zu *Textmarke* und *Schalter* sind optional.

Zählweisen

{SEQ} kennt verschiedene Formatierungen der Zählung, die durch Feldschalter im Register SPEZIFISCHE SCHALTER der FELDOPTIONEN gewählt oder direkt in der Funktionsklammer angegeben werden können, siehe Abbildung 20.3.

> **Tipp**
>
> Es ist einfacher, die Zählweise in der Formatierungsauswahl der Feldoptionen zu wählen, als sie mit Codes selbst einzutragen. Auch ein von Hand mit Strg + F9 eingegebenes Feld lässt sich im Nachhinein noch über den Felddialog formatieren, indem Sie im Kontextmenü FELD BEARBEITEN wählen.

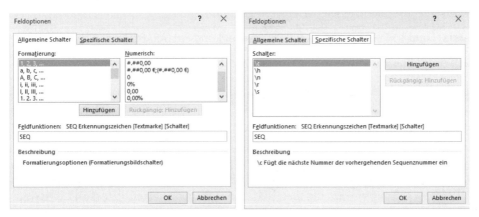

Abb. 20.3: Einstellungen für die Funktion SEQ

Darüber nehmen Sie mit den *Schaltern* des Registers SPEZIFISCHE SCHALTER Einfluss auf die Zählweise; Erläuterungen dazu finden Sie in Tabelle 20.1.

Schalter	Wirkung
\c	übernimmt den Wert der letzten Zählposition, der Zähler wird nicht inkrementiert
\h	versteckt das Feldergebnis (Formatierung als verborgener Text)
\n	inkrementiert den Zähler um 1 (also die Standardzählweise)
\r #	setzt den Zähler auf den als # angegebenen Wert

Tabelle 20.1: Schalter für Zählfelder mit SEQ

Schalter	Wirkung
\s #	setzt den Zähler beim Wechsel der mit # angegebenen Überschriftenebene auf 1 zurück

Tabelle 20.1: Schalter für Zählfelder mit SEQ (Forts.)

Auf andere Zähler verweisen

Mit der optionalen Angabe einer Textmarke unmittelbar im Anschluss an den Zählernamen lässt sich {SEQ} für Verweise auf andere Zählungen einsetzen. Die bezogene Textmarke muss allerdings ein Zählfeld markieren, das *vor* dem Aufruf im Text steht.

Kapitelweise zählen

Soll die Kapitelnummer in eine Zählung einbezogen werden, muss dem Feld ein {StyleRef}-Feld mit der Überschriftennummer der ersten Gliederungsebene vorangestellt werden. Beide Felder werden durch das für die Zahlendarstellung gewünschte Trennzeichen separiert. Ein Feldeintrag

Anmerkung ⟦STYLEREF 1 \s ⟧.⟦SEQ Anmerkung * ARABIC \s 1⟧

generiert einen Text wie in der Überschrift des folgenden Hinweises:

Anmerkung 20.1:

Falls Sie beim Stöbern in den Feldfunktionen auf die drei Einträge *AutoNum*, *AutoNumLgl* und *AutoNumOut* stoßen, dürfen Sie diese getrost ignorieren. Es handelt sich um Feldfunktionen der Word-Versionen aus dem vorigen Jahrhundert, die aus Kompatibilitätsgründen immer noch mitgeschleppt werden. Seit Word 2000 sind sie für die Bearbeitung entbehrlich, weil ihre Funktion vom LISTNUM-Feld mit den Listentypen *NummerStandard*, *DezimalStandard* und *GliederungStandard* übernommen wird.

20.2.2 Die Zählfunktion {ListNum}

{ListNum} besitzt eine etwas kompliziertere Logik als {SEQ}, ist aber – so man sie erst einmal durchschaut hat – leichter zu handhaben. Vor allem bei Zählungen innerhalb von Fließtext ist {ListNum} ganz praktisch einzusetzen.

{ListNum} benötigt in der einfachsten Form seiner Anwendung überhaupt keine Argumente. In diesem Fall beginnt die Funktion beim ersten Auftreten im Text mit 1) zu zählen und zählt bei jedem erneuten Auftreten um 1 hoch, wobei folgende Besonderheiten zu beachten sind:

- Tritt {ListNum} *innerhalb eines Absatzes* auf, wird linear weitergezählt.
- Tritt {ListNum} *am Beginn eines Absatzes* auf, wird die nächstfolgende Position als nächste Gliederungsebene gewertet und weitere {ListNum}-Positionen innerhalb dieser Ebene weitergezählt. Erst ein {ListNum}-Feld am Beginn eines neuen *Absatzes* setzt den Zähler auf die höhere Gliederungsebene zurück. Zeilenwechsel mit ⇧+⏎ behalten die Zählebene bei.

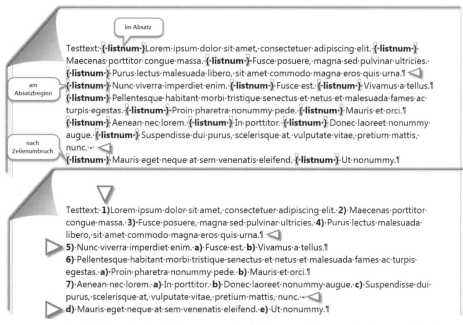

Abb. 20.4: Zählung in {ListNum} abhängig von Absatzmarken

Listentypen und Schalter

{ListNum} kann durch Argumente im Feld gesteuert werden. Die Angabe des *Listennamens* bestimmt über die Zählweise der Ebenen – treffender wäre die Bezeichnung *Listentyp*. Tabelle 20.2 zeigt die Abfolge gegliederter Ebenen.

Typ	Ebene								
	1	2	3	4	5	6	7	8	9
NummerStandard	1)	a)	i)	(1)	(a)	(i)	1.	a.	i.
GliederungStandard	I.	A.	1.	a)	(1)	(a)	(i)	(a)	(i)
DezimalStandard	1.	1.1.	1.1.1.	1.1.1.1.	1.1.1.1.1.	etc.			

Tabelle 20.2: Gliederungssystematik der LISTNUM-Listentypen

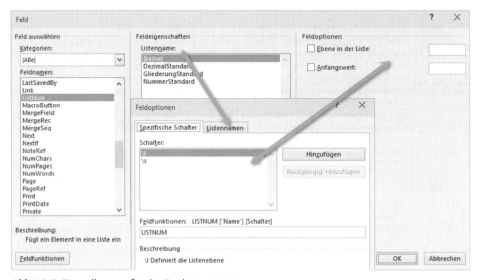

Abb. 20.5: Einstellungen für die Funktion LISTNUM

Es gibt zwei Arten von Schaltern (im Feld-Dialog *Feldoptionen* genannt):

\l# Ebene der Liste   ordnet das Feld einer bestimmten Gliederungsebene zu

\s# Anfangswert   gibt den Wert dieses Feldes vor, der in den Folgenfeldern jeweils um 1 erhöht wird

20.3 Word rechnet

In uralten Zeiten, als Word noch ein Solitär ohne Anbindung an andere Office-Komponenten war, bestand der Bedarf, in Texten auch rechnen zu können, denn ein Tabellenkalkulations-Datenblatt einzubinden, war damals nur etwas für Spezialisten. Daher rühren auch heute noch diverse Rechenfunktionen in Word, die Sie in den meisten Fällen leichter mit einem eingebundenen Excel-Objekt oder dem in Abschnitt 20.3.6 beschriebenen Mathematics-Add-In erledigen.

🐜 Es gibt eine Vielzahl von Rechenfunktionen, hier sollen nur die elementaren Grundlagen dargestellt werden.[155]

20.3.1 Rechnen im Text

Word beherrscht die Grundrechenarten, sofern eine Zeichenfolge als Term aufgebaut ist und bestimmten Konventionen entspricht. Allerdings gehört der BERECHNEN-Befehl nicht mehr zur Standardausstattung im Menüband, weshalb Sie ihn von Hand einrichten müssen, wie in Anhang B beschrieben.

Haben Sie sich die BERECHNEN-Schaltfläche ins Menüband oder in die Schnellzugriffsleiste geholt, funktioniert er ganz simpel:

Schreiben Sie einen Term, z.B. 12 + 17, markieren Sie diesen und klicken Sie auf BERECHNEN. Eine sichtbare Reaktion gibt es nicht, aber das Ergebnis der Berechnung wird in die Zwischenablage geschrieben, aus der Sie es mit $\boxed{\text{Strg}}$+$\boxed{\text{V}}$ an beliebiger Stelle einfügen können.

Operation	Term	Anmerkungen
Addieren	x + y	
Subtrahieren	x - y	Bindestrich, nicht Halbgeviertstrich[a]
Multiplizieren	x * y	Funktioniert nicht mit · oder ×
Dividieren	x / y	Funktioniert nicht mit : oder ÷
Potenzieren	x ˆ y	$\boxed{\text{ˆ}}$ dann $\boxed{\text{Leertaste}}$
Radizieren	x ˆ (1/y)	
Prozentrechnung	x * y %	

Tabelle 20.3: Rechenoperationen im Text

a   Leerschritte im Term sind unerheblich, doch wenn Sie die Gedankenstrich-AutoKorrektur verwenden, wird bei der Eingabe mit Leerschritten der einfache Bindestrich - in einen Gedankenstrich – umgewandelt, den Word beim Berechnen fehlinterpretiert.

> **Vorsicht**
>
> Alle nicht der zweiten Spalte in Tabelle 20.3 entsprechenden Operatoren werden als Addition missdeutet.[156]

---

155 In vielen Anleitungen (besonders peinlich: auch in der Word-Online-Hilfe) finden Sie abenteuerliche Syntaxbeispiele mit deutschen Funktionsbezeichnungen und Kommata als Operandentrenner, die irgendwann in einer Uralt-Word-Version mal gegolten hatten, aber von den Autoren nicht aktualisiert worden sind.

156 OneNote kann da deutlich mehr, sowohl bei der Operatoren-Interpretation als auch Funktionen, z. B. Fakultät, Logarithmen, Winkelfunktionen.

Auch kompliziertere Terme lassen sich damit berechnen; Word beachtet die Rechenhierarchie ebenso wie das Auflösen von Klammern.

20.3.2 In Tabellen rechnen

Das Rechnen in Tabellen ist eine Domäne Excels und mittels Einbaus einer Excel-Instanz im Dokument auch leicht aus Word heraus zu bedienen. Für ganz simple Rechenvorgänge hält Word auch spezielle Formeln bereit.

Wollen Sie in einer Tabelle Werte aus Zeilen oder Spalten summieren, stellen Sie die Schreibmarke in die Ergebniszelle und klicken dann in den TABELLENTOOLS, Registerkarte LAYOUT, auf die Schaltfläche *fx*.

Word stellt daraufhin ein Berechnungsfeld mit der Formel =SUM(ABOVE) oder =SUM(LEFT) in die Zelle, abhängig davon, ob links oder über der Zelle aufzusummierende Zahlen gefunden werden. Sie können die Orientierungsrichtung für die Summenbildung ändern durch Überschreiben des Klammerausdrucks mit left, right, above oder below.

Für Grundrechenarten verwenden Sie die üblichen Zeichen +, -, *, / und ^.

In der Liste FUNKTION EINFÜGEN des FORMEL-Dialogs finden Sie auch weitere Rechenoperatoren und Funktionen. 🐌

Abb. 20.6: Rechnen in Tabellen

Zahlen in Tabellen formatieren

Für Zahlen lassen sich im FORMEL-Dialog mit dem Feld Zahlenformat Tausendertrennungen, Dezimalstellen und Maßeinheiten vorgeben. Dies ist eine reine Darstellungssache, die Werte selbst werden damit nicht beeinflusst.

Die Codierung des Zahlenformats ist identisch mit der in Abschnitt 19.3.2 beschriebenen für Felddarstellungen.

Tipp

Geben Sie Zahlen in Zellen nicht direkt ein, sondern als Rechenfeld (Abschnitt 20.3.3), zum Beispiel »=123,45«. Damit stehen Ihnen die Formatierungsfunktionen für Rechenfelder zur Verfügung.

⚠ Vorsicht

Wenn Sie in den für eine Rechnung bezogenen Zellen nicht nur Zahlen, sondern auch manuell eingegebene Buchstaben (z. B. Maß- oder Währungseinheiten) zu stehen haben, spielen die Tabellen-Rechenfunktionen verrückt. Sie sollten deshalb unbedingt Rechenfelder verwenden. ▨

20.3.3 Rechenfelder

Vielseitiger ist die Feldfunktion {= Formula}, die Sie mit der Feldauswahl EINFÜGEN | SCHNELLBAUSTEINE | FELD | =FORMULA oder mit ⌜Strg⌟+⌜F9⌟ und Eintragen des =-Zeichens erzeugen. In einem mit = beginnenden Feld sind berechenbare Ausdrücke möglich, die aus Operanden (Konstanten, Feldinhalte, Textmarkeninhalte) und Operatoren (Rechen- oder Logikfunktionen) bestehen. Praktische Beispiele finden Sie im Kontext zu einschlägigen Themen an diversen Stellen in diesem Buch. ▨

Wichtig

Bei der manuellen Bearbeitung von Feldern dürfen Sie zwei Dinge nicht vergessen:

Achten Sie darauf, dass geöffnete Klammern (nicht die Funktionsklammern ⁅⁆, die können gar nicht anders als paarig auftreten), auch immer wieder geschlossen werden, sonst beanstandet Word einen Syntaxfehler.

Aktualisieren Sie bearbeitete Formeln mit ⌜F9⌟.

20.3.4 Syntax der IF-Funktion

Die IF-Funktion ist sehr hilfreich, wenn der weitere Rechenweg von Bedingungen abhängig ist. Wegen der schlechten Dokumentation in der Microsoft Online-Hilfe verzagen viele Nutzer aber daran.[157]

---

157 Es ist schon schlimm, wenn der Hersteller seine eigene Software nicht beherrscht und Fehlinformationen in die Hilfeseiten zu Feldfunktionen einbaut. Lesen Sie hier, wie man sie richtig verwendet.

Ein IF-Feld stellt zwei Alternativen in den Text ein, abhängig von einem vorange-stellten Vergleich.

Sie erzeugen ein IF-Feld am einfachsten, indem Sie ⌴Strg⌴+⌴F9⌴ drücken und die Formel in die Feldklammer schreiben. Der Weg über EINFÜGEN | SCHNELLBAU-STEINE | FELD ist möglich, aber nicht mit brauchbaren Zusatzfunktionen ausge-stattet.

Die Syntax lautet

⟦IF Variable Vergleichsoperator Vergleichswert "Text.wenn.wahr" "Text.wenn.unwahr" ⟧

Die Variable ist meist eine Textmarke oder ein anderes Feld, z. B. die Seitennum-mer oder -anzahl wie in diesem Beispiel. Vergleichsoperatoren sind die in Pro-grammiersprachen üblichen Operatoren.

=	gleich	<>	ungleich
<	kleiner	>	größer
<=	kleiner oder gleich	>=	größer oder gleich

Tabelle 20.4: Vergleichsoperatoren für die IF-Funktion

Beispiel

⟦IF Menge >= 100 "ohne Versandkosten" "Versandkosten = 5,60 €"⟧ setzt "Versandkosten = 5,60 €" ein, wenn die Mindestmenge von 100 unterschrit-ten wird, sonst "ohne Versandkosten".

Leider weist die Erläuterung in der Microsoft-Hilfe nicht darauf hin, dass diese Vergleichsform ausschließlich für numerische Vergleiche funktioniert.

Wenn Textstrings verglichen werden, muss die Variable in Feldklammern stehen!

Beispiel

⟦IF⟦Anrede⟧= "Frau" "Sehr geehrte Frau" "Sehr geehrter Herr"⟧ setzt die Anrede über einem Brieftext abhängig vom Feld »Anrede« in der Anschrift mit korrekter Grammatik ein.

Fehler in der Interpretation des Vergleichswerts können behoben werden, wenn Sie den Wert in "Anführungzeichen" setzen.

Beispiel

⌈ IF ⌊ NumPages ⌋ > "1" "⌊ Page ⌋" ⌉

sorgt dafür, dass die Seitennummer auf der ersten Seite unterdrückt wird.

Vorsicht!

Versuchen Sie nicht, mehrere Bedingungen per AND- oder OR-Funktion abzufragen! Word bringt dabei eine eigenartige Fehlermeldung.

Ein Feld oder mehrere Felder innerhalb der Markierung konnten nicht aktualisiert werden.

Abb. 20.7: Irritierende Fehlermeldung bei logischen Verknüpfungen in der IF-Funktion

Tipp

Workarounds sind verschachtelte IF-Abfragen oder Verknüpfungen per Multiplikation oder Addition, die den logischen AND- und OR-Verknüpfungen entsprechen.

20.3.5 Berechnungen mit Formularfeldern

Formularsteuerelemente[158] lassen auch Berechnungen im Formular zu. Für das Errechnen des Ergebnisses benötigen Sie ein Berechnungsfeld {=} oder ein Textformularfeld vom Typ BERECHNUNG. Berechnungs-Formularfelder besitzen ein Feld AUSDRUCK, in dem ein Term wie in einer Feldklammer eingegeben wird.

Wichtig

Achten Sie darauf, dass sowohl im Berechnungs-Formularfeld als auch in allen in der Berechnung benötigten Formularfeldern die Option BEIM VERLASSEN BERECHNEN gesetzt ist.

Die Einstellungen zum Zahlenformat sind für Formularfelder andere als für die sonstigen Berechnungsfelder in Word.

---

158 siehe 🐜 http://oerttel.net/kommunizieren/formulare/

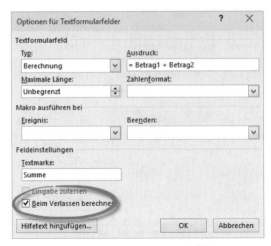

Abb. 20.8: Berechnungen im Formularfeld, Typ »Berechnung«

Aus der Trickkiste: Berechnungsfehler in Formularfeldern vermeiden

Bei der Verkettung mehrerer berechneter Formularfelder in weiteren Rechenoperationen rechnet Word falsch, indem es die Werte von Operanden verdoppelt. Grund dafür ist ein bekannter, nie behobener Programmfehler!

Sie können diese Fehler mit folgendem Workarounds vermeiden:

1. Schalten Sie mit ⎡Alt⎤+⎡F9⎤ die Feldansicht ein.
2. Markieren Sie nacheinander jedes Feld, das eine Berechnung enthält, und reorganisieren Sie dessen Textmarke, indem Sie EINFÜGEN | TEXTMARKE aufrufen und unmittelbar darauf HINZUFÜGEN betätigen.
3. Markieren Sie den Textblock mit den Formularfeldern und aktualisieren Sie mit ⎡F9⎤.
4. Schalten Sie mit ⎡Alt⎤+⎡F9⎤ wieder zurück in den Ergebnismodus.

20.3.6 Zusätzliche Rechenhilfen

Zur Verbesserung oder Ergänzung der Rechenfunktionen in Word gibt es Add-Ins und Apps, von denen hier zwei kurz vorgestellt werden sollen:

Die WordCalc-App

Ein einfaches Recheninstrument lässt sich mit EINFÜGEN | APPS FÜR OFFICE in **Word ab 2013** die »WordCalc-App« aus dem *Microsoft Office Store* einfügen. Sie beherrscht neben den Grundrechenarten Potenz, Quadratwurzel, Winkelfunktionen, Absolutfunktion, Dekadischen Logarithmus, Auf- und Abrunden auf ganze Zahlen, Minima, Maxima und Durchschnitt.

Wichtig

Beachten Sie, dass die App englischsprachig arbeitet und deshalb den Punkt als Dezimalzeichen verwendet. Benötigt eine Funktion mehrere Argumente, stehen diese durch Komma getrennt in runden Klammern hinter der Funktion.

Das Mathematics Add-In

Microsoft stellt ein Zusatzmodul »Mathematics« kostenlos zum Download bereit,[159] das den statischen Formeln des Formel-Editors (Kapitel 17) echte mathematische Funktionalität verleiht. Dieses Add-In installiert Berechnungs- und Plot-Funktionen als Registerkarte Mathematics im Menüband und als neue Schaltflächen in den Formeltools (auch in OneNote ab 2010). Damit werden diese um Funktionen

- zum Berechnen von Wurzeln, Logarithmen, trigonometrischen Funktionen, Matrizen, komplexen Zahlen, statistischen Funktionen, Polynomen
- für Ableitungen und Integrale, Grenzwerte sowie Summen und Produkte von Reihen,
- zum Vereinfachen oder Erweitern algebraischer Ausdrücke,
- für Diagramme in kartesischen, polaren, zylindrischen und sphärischen Koordinaten und
- zum Plotten von Funktionsgraphen, sowohl zwei- als auch dreidimensional,

aufgerüstet.

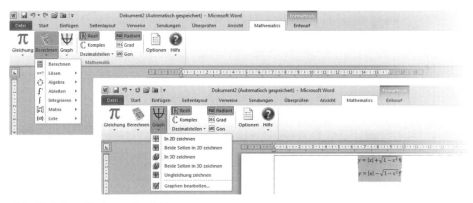

Abb. 20.9: Das Mathematics-Add-In

---

159 Sie finden dieses Add-In ganz leicht, wenn Sie auf www.microsoft.de nach »Download Mathematics Add-In« suchen.

Teil V

Arbeit abschließen und publizieren

Die letzten Kapitel dieses Buches zeigen Ihnen, wie Sie

- professionell mit Word-Dateien umgehen,
- beim Korrigieren im Team arbeiten,
- Dokumente in virtueller Form sicher und barrierefrei publizieren und
- eine gedruckte Fassung herstellen.

In diesem Teil:

Kapitel 21

Dokumente verwalten

Ihre Arbeit ist nur dann gesichert, wenn sie als Datei auf einer Festplatte, einem Speicherstick, einem Cloudserver oder einem anderen Medium gespeichert wurde. Was dabei zu beachten ist und welche besonderen Möglichkeiten Word bietet, ist Thema dieses Kapitels.

21.1 Speichern nicht vergessen!

Da es immer wieder Situationen geben kann, in denen der Computer oder das Programm nicht mehr mag und jede weitere Aktion verweigert, sollten Sie sich angewöhnen, Ihre Texte regelmäßig zu speichern.

Dazu gibt es zum Glück auch Assistenten, doch Textprofis schwören auf die manuelle Variante, die am leichtesten und immer mal nebenher mit der Tastenkombination [Strg]+[S] oder [⇧]+[F12] oder DATEI | SPEICHERN oder einem Klick auf 🖫 in der Schnellzugriffsleiste zu bewerkstelligen ist.

Sollten Sie ein neu angelegtes Dokument zum ersten Mal speichern, verlangt Word nach einem Speicherort und einem im Feld DATEINAME anzugebenden Namen für das Dokument. Mit der Navigation des SPEICHERN-Dialogs können Sie einen anderen Ordner auswählen, auch einen neuen Ordner anlegen, und Ihren Text als *Dokument* speichern.[160]

Als Namensvorschlag bastelt Word etwas aus den ersten Wörtern Ihres Textes und trägt es vorsorglich in das Feld DATEINAME ein. Sie können das problemlos abändern. Ist das Dokument noch leer, wird als Dateiname »Dokument«, gefolgt von einer Nummer, vorgeschlagen.

> **Hinweis**
>
> Word bietet einige Spezialitäten zum Speichern an, deren Benutzung davon abhängig ist, was Sie mit dem Dokument vorhaben. Beachten Sie bitte die diesbezüglichen Hinweise in den beiden folgenden Kapiteln.

---

160 Die Navigation im SPEICHERN-Dialog erledigt Word nicht allein, sondern greift dazu auf den Windows-Explorer zurück, weshalb dessen Ordneroptionen sich auch hier bemerkbar machen.

Speichern in der Cloud

Office-Anwendungen unterstützen die Arbeit in der Cloud unmittelbar. Das direkte Speichern in einen Webspace finden Sie im Backstage-Bereich:

🔟   DATEI | SPEICHERN UND SENDEN | IM WEB SPEICHERN,

⓭⓰⓳   DATEI | SPEICHERN (UNTER) | ONEDRIVE.

Cloud-Computing bietet wesentliche Vorteile beim Bearbeiten von Office-Dateien, sofern Sie dafür *OneDrive* oder *SharePoint* benutzen:

- Der Zugriff auf die Dateien ist von jedem beliebigen Ort und Gerät aus möglich.

- Wenn Sie Ihre Dokumente in OneDrive oder SharePoint aufbewahren, bieten Ihnen die integrierten Online-Apps eine Bearbeitungsmöglichkeit mit eingeschränkten Funktionen an. Das passende Office-Programm muss nicht auf dem zugreifenden Rechner installiert sein.

- Mit Cloud-Computing können mehrere Bearbeiter gleichzeitig auf die Datei zugreifen, siehe Kapitel 22.

- Die automatische Speicherung nimmt Ihnen das Zwischenspeichern ab (Abschnitt 21.1.1).

Einige Features sind beim Cloud-Computing anders als beim Speichern auf der Festplatte:

- Links in der Schnellzugriffleiste wird die Funktion AUTOMATISCHES SPEICHERN aktiviert. Sie können diese daselbst ausschalten, bringen sich damit aber um die Sicherungsvorteile des Cloud-Computing.

- Die Anzeige des Dateinamens am oberen Fensterrand wird ergänzt um »Auf OneDrive/SharePoint gespeichert«.

- Der Befehl SPEICHERN fehlt im Backstage-Bereich und der Befehl SPEICHERN UNTER wird durch KOPIE SPEICHERN (anderer Name, gleiche Wirkung) ersetzt.

Sie können jeden beliebigen anderen Cloud-Speicher verwenden, jedoch bieten andere nicht die Bequemlichkeiten der Microsoft-eigenen Speicherdienste.

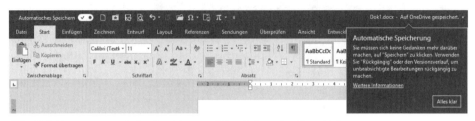

Abb. 21.1: Zusatznutzen beim Speichern auf OneDrive oder SharePoint.

Bevorzugten Speicherort bestimmen (ab Word 2013)

Da MS Office Cloud-Computing präferiert, ist als Vorgabe-Speicherort werkseitig im Backstage-Bereich SPEICHERN ein Online-Speicherort eingestellt. Sie können diese Vorgabe mit DATEI | OPTIONEN | SPEICHERN | STANDARDMÄSSIG AUF COMPU-TER SPEICHERN umleiten.

21.1.1 Automatisch zwischenspeichern

Lassen Sie sich von einer Automatik beim Speichern helfen, indem Sie Folgendes einstellen:

DATEI | OPTIONEN | SPEICHERN | AUTOWIEDERHERSTELLEN-INFO SPEICHERN ALLE ... MINUTEN

Sollte Ihrem Computer zwischen zwei manuell erteilten Speicheraufträgen etwas zustoßen, können Sie die zwischenzeitlichen Bearbeitungen zumindest teilweise über die automatische Wiederherstellung retten, die Ihnen beim Neustart von Word angeboten wird, sofern eine solche Rettungsdatei gefunden wird.

Beim Cloud-Computing ist das automatische Speichern originärer Funktionsbestandteil. Word speichert im Abstand von wenigen Sekunden den aktuellen Stand.

Office speichert einmal mehr

»Was Sie beim Schließen nicht gespeichert haben, ist verloren«, gilt nicht für Office-Programme; sie enthalten einen Schutz gegen versehentliches Klicken auf NICHT SPEICHERN. Sollten Sie sich derart verklickt haben, besorgen Sie sich die letzte Fassung wieder mit DATEI | ÖFFNEN | NICHT GESPEICHERTE DOKUMENTE WIE-DERHERSTELLEN (am unteren Ende der Dateienliste).

Word speichert die letzte nicht gespeicherte Fassung in C:\USERS\(Benutzerna-me)\APPDATA\LOCAL\MICROSOFT\OFFICE\UNSAVEDFILES.

Speicherautomatik in der Cloud

Ist die Datei auf OneDrive oder SharePoint gespeichert, sorgt eine Zwischenspeicherautomatik nach jeder Änderung quasi in Echtzeit für deren Aktualisierung.

Diese Funktion lässt sich mit dem Schalter ganz links in der Schnellzugriffsleiste abstellen (siehe Abbildung 21.1).

21.1.2 Bearbeitungsstände sichern

Da es sich bei den Texten, um die es in diesem Buch geht, um wichtige Dokumente handelt, sollten Sie Sicherungskopien wesentlicher Fortschritte anlegen. Zu leicht kann es passieren, dass ein Dokument fehlerhaft gespeichert wird und hinterher nicht mehr zu öffnen ist. Wenn man dann auf die Sicherungskopie von vorgestern zurückgreifen kann, ist wenigstens nur die Arbeit von gestern verloren.

Versionsverwaltung in Word

Eine interne *Versions*verwaltung gibt es leider nur bis Word 2013.

Voreingestellt speichert Word alle zehn Minuten die verschiedenen Zustände eines Dokuments. Die Intervalle lassen sich verändern, siehe dazu Abschnitt 21.1.1. Beim Speichern und Schließen des Dokuments werden die zwischengespeicherten Versionen gelöscht.

Zum Wiederherstellen zwischengespeicherter Bearbeitungsstände klicken Sie in DATEI | INFORMATION | VERSIONEN auf den gewünschten Stand. Word öffnet die zwischengespeicherte Datei und Sie können in der Info-Leiste unter dem Menüband zwischen VERGLEICHEN und WIEDERHERSTELLEN wählen.

> ⚠ **Vorsicht**
>
> WIEDERHERSTELLEN überschreibt die aktuelle Datei.

Automatische Backups erstellen

Eine andere Möglichkeit, den letzten Bearbeitungsstand zu sichern, ist aus unerfindlichen Gründen nicht bei den SPEICHERN-Optionen zu finden, sondern unter ERWEITERT, Bereich SPEICHERN. Mit einem Häkchen bei IMMER SICHERUNGSKOPIE ERSTELLEN legt Word beim Speichern eines Dokuments eine Kopie des letzten gespeicherten Standes der Datei mit dem Namen »Sicherungskopie von (Dateiname).wbk« an.

Um eine verlässlichere Sicherung zu erhalten, sichern Sie Ihre Daten am besten von Hand, mit einem Spezialprogramm zur Versionsverwaltung oder mit den Möglichkeiten des Betriebssystems.

Versionsverwaltung mit Windows 7

Öffnen Sie via Startmenü die SYSTEMSTEUERUNG und rufen Sie dort je nach aktueller Darstellung

- WIEDERHERSTELLUNG | DATEIEN WIEDERHERSTELLEN oder
- SICHERUNG DES COMPUTERS ERSTELLEN auf.

In den Einstellungen wählen Sie aus, welche Inhalte Ihrer Festplatte/n in welchen Abständen wo gesichert werden sollen.

Versionsverwaltung mit Windows 8/8.1

Geben Sie in der Kacheloberfläche das Wort »Systemsteuerung« ein und bestätigen Sie die Eingabe mit [↵]. Wählen Sie dort je nach aktueller Darstellung

- DATEIVERSIONSVERLAUF oder

- SICHERUNGSKOPIEN VON DATEIEN MIT DEM DATEIVERSIONSVERLAUF SPEICHERN.

Diese Sicherung ist an die Windows-Bibliotheken gekoppelt; Ihre zu sichernden Ordner müssen einer Bibliothek zugeordnet sein, um sie in die Sicherung einzubeziehen. Damit nicht die kompletten Bibliotheken gesichert werden, lassen sich Teile davon in einer Ausnahmeliste vermerken.

Versionsverwaltung mit Windows 10

Öffnen Sie via Startmenü die EINSTELLUNGEN, wählen Sie dort UPDATE UND WIEDERHERSTELLUNG und dann das Seitenregister SICHERUNG.

> **Hinweis**
>
> Die Windows-Sicherung arbeitet nach dem First-in-first-out-Prinzip, das heißt, die ältesten gesicherten Daten werden verworfen, wenn Platz für die nächste Sicherung benötigt wird.

Versionsverwaltung beim Cloud-Computing

Ist die Datei auf OneDrive oder SharePoint gespeichert, ist durch Klick auf den Dateinamen in der Titelleiste, gefolgt vom Klick auf ALLE VERSIONEN ANZEIGEN die Speicherhistorie abrufbar.

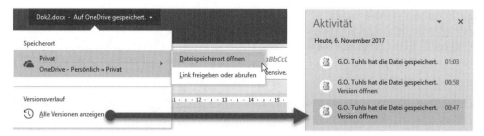

Abb. 21.2: Versionsabruf aus der Cloud

21.2 Datei öffnen

Sie öffnen Dateien mit [Strg]+[O] oder [Strg]+[F12] oder DATEI | ÖFFNEN, indem Sie in der daraufhin erscheinenden Dateiauswahl zum richtigen Ordner navigieren und die Datei auswählen.

Seit Word 2013 gibt es einen Unterschied zwischen der Wirkung der beiden Tastenkürzel:

Strg + O führt zum Backstage-Bereich ÖFFNEN,

Strg + F12 öffnet direkt eine Dateiauswahl.

Das Öffnen einer Datei direkt aus dem Webspace ist unmittelbar in den ÖFFNEN-Dialog im Backstage-Bereich eingebunden.

Wichtig

Eine Datei zum Öffnen aus einem Explorer-Fenster in ein Word-Fenster zu ziehen, funktioniert nur, wenn in diesem Fenster keine Datei (auch kein leeres Dokument) geöffnet ist. Da Word beim Start immer irgendetwas öffnen muss, schließen Sie diesen Inhalt vor dem Drag&Drop mit Strg + W.

21.2.1 Erleichterungen beim wiederholten Öffnen

Word merkt sich die zuletzt geöffneten Dateien und bietet Ihnen diese

| 10 | in DATEI | ZULETZT VERWENDET |
| 13 16 19 | in DATEI | ÖFFNEN |

zur erneuten Öffnung an.

Wie viele Dateien in dieser Merkliste aufgeführt sind, bestimmen Sie mit

DATEI | OPTIONEN | ERWEITERT | ANZEIGEN | DIESE ANZAHL ZULETZT VERWENDETER DOKUMENTE ANZEIGEN.

In der Liste der zuletzt verwendeten Dateien öffnet ein Rechtsklick auf eine Datei / einen Ordner das Kontextmenü mit weiteren Funktionen.

Anheften bedeutet, dass die so markierte Datei immer in der Liste erhalten bleibt und nicht beim Überlauf aus der Liste entfernt wird. So können Sie immer wieder benötigte Vorlagen oder aktuell permanent zu bearbeitende Dokumente ständig in der Liste vorrätig halten.

Denselben Effekt erreichen Sie mit einem Mausklick auf das Nadel-Symbol ➤ rechts vom Dateinamen, das für angeheftete Dateien die Form ● bzw. ⚲ annimmt. Ein Klick darauf wiederum hebt die Fixierung auf, wie auch AUS LISTE LÖSEN im Kontextmenü.

Wichtig!

Die Funktion AUS LISTE ENTFERNEN im Kontextmenü hebt nicht nur das Anheften auf, sondern entfernt die Datei oder den Ordner aus der Liste, löscht die Datei aber nicht vom Speichermedium.

Auf dieselbe Weise lassen sich auch die

⑩   in der rechten Spalte des Backstage-Bereichs ZULETZT VERWENDET

⑬ ⑯ ⑲   im Bereich COMPUTER des ÖFFNEN-Backstage-Bereichs

gezeigten Ordner anheften.

Hinweis

Ein Pendant zu dieser Pinnfunktion bietet die Windows-Taskleiste. Die mit an der Taskleiste angehefteten Programmen zuletzt bearbeiteten Dateien werden beim Rechtsklick auf das Icon angezeigt. Bewegen Sie den Mauszeiger über die Liste, leuchtet neben der jeweiligen Datei ein Pinnnadel-Symbol auf, mit dessen Anklicken Sie diese Datei dauerhaft im schnellen Zugriff behalten.

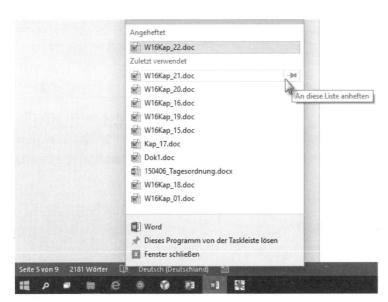

Abb. 21.3: Anpinnen in der Taskleiste

21.2.2 Schreibschutz bei Mehrfach-Zugriff

An einem Dokument darf nur immer ein Nutzer arbeiten, um die Integrität des Dokuments zu schützen. Deshalb wird eine in einem Netzwerk gespeicherte Datei »schreibgeschützt« geöffnet, wenn bereits ein anderer Nutzer diese Datei geöffnet hat.[161] Sie können deshalb Ihre Änderungen nicht in der Originaldatei speichern; die Meldung, dass die Datei bereits anderweitig geöffnet ist, bietet Möglichkeiten zum weiteren Vorgehen an.

---

161 Ausnahme im Online-Workflow (Kapitel 22)

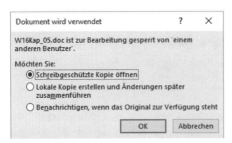

Abb. 21.4: Umgang mit einer bereits geöffneten Datei

⚠ Explorer-Dateivorschau als Mitnutzer

Leider gilt auch der Windows-Explorer als zugreifender Nutzer, wenn dessen **Dateivorschau** aktiv ist. Wenn Sie also die Meldung, eine Datei sei bereits von einem anderen Nutzer geöffnet, erhalten, obwohl Sie auf eine nicht vernetzte Datei zugreifen, ist eine geöffnete Dateiansicht häufig die Ursache. Zur Abhilfe deaktivieren Sie die Dateiansicht oder schließen das aktuelle Ordnerfenster.

Vermeintliche Sicherheitsprobleme

Office-Programme verweigern das Öffnen von Dateien aus vermeintlich unsicheren Quellen. Abhilfe können Änderungen im Trust-/Sicherheitscenter

DATEI | OPTIONEN | SICHERHEITSCENTER/TRUST CENTER | EINSTELLUNGEN FÜR DAS SICHERHEITSCENTER/TRUST CENTER

in folgenden Bereichen schaffen:

- *Vertrauenswürdige Herausgeber,*
- *Vertrauenswürdige Speicherorte,*
- *Vertrauenswürdige Dokumente* und
- *Zugriffsschutzeinstellungen.*

Aus der Trickkiste: Fehlerhaften Schreibschutz umgehen

Bei richtiger Organisation der Standardprogramme startet Word beim Doppelklick auf ein Dateisymbol im Explorer und öffnet die Datei. Wenn dabei erratische Schreibschutzprobleme auftreten, hilft es gelegentlich, dass Sie das Dateisymbol rechtsklicken und im Kontextmenü BEARBEITEN wählen.

21.2.3 Datei beschädigt?

Wenn die Meldung »Datei beschädigt« erscheint, muss noch nicht alles verloren sein.

Häufig meldet sich Word beim Neustart mit dem Hinweis, dass beim letzten Beenden einiges nicht gespeichert wurde, und bietet Sicherungskopien oder letzte gespeicherte Versionen an. Dann können Sie damit weiterarbeiten.

Gelegentlich meldet sich ein Office-Programm beim Start mit der Fehlermeldung: »Bei der Weitergabe des Befehls an das Programm ist ein Fehler aufgetreten«.

Hier kann evtl. das Freeware-Tool »SmartToolsOfficeDDE-Fix« helfen.

Es kann aber auch sein, dass diese Sicherungsmaßnahme nicht anspricht, weil der Fehler eine von Word nicht erkannte Ursache hat. Dann ist die Reparatur nicht so ohne Weiteres möglich. Sei es, dass die Datei sich überhaupt nicht öffnen lässt, sei es, dass sie zwar geladen werden kann, aber auf dem Bildschirm nur Kraut und Rüben erkennbar sind.

Es gibt einige bewährte Methoden, diese Dateien (von denen selbstverständlich gerade keine Sicherungskopie vorhanden ist) wiederzubeleben.

Der Word-Reparatur-Assistent

1. DATEI | ÖFFNEN | DOKUMENT/DURCHSUCHEN
2. Markieren Sie die beschädigte Datei in der Auswahlliste.
3. Klicken Sie auf ▼ neben der Schaltfläche ÖFFNEN und wählen Sie ÖFFNEN UND REPARIEREN.

Hilfsweise mit anderem Programm zu öffnen versuchen

Starten Sie WordPad oder ein anderes Textprogramm, das Word-Dateien lesen kann, und versuchen Sie, die Datei damit zu öffnen.

Temporäre Datei suchen

Wenn Ihr Computer abgestürzt ist oder Word sich beim Arbeiten aufgehängt hat und mit dem Taskmanager »abgeschossen« werden musste, bleiben im Ordner, in dem das bearbeitete Dokument gespeichert ist, temporäre Sicherungsdateien stehen. Sie erkennen sie an der Form ~WRL####.tmp (die # stehen für kryptische Ziffernfolgen) oder ähnlichen mit einer Tilde beginnenden Dateinamen. Suchen Sie die jüngste temporäre Datei, benennen Sie die Dateiendung in docx um und versuchen Sie, diese Datei mit Word zu öffnen.

Probleme mit Dokumenten aus älteren Word-Versionen

Bei Dokumenten, die mit älteren Word-Versionen erstellt wurden, treten beim Öffnen mit einer neueren Version gelegentlich sehr eigenartige Darstellungsfehler auf, zum Beispiel verrutschte Absätze oder Kopf- und Fußzeilen bunt durch die Abschnitte gewürfelt.

Zwar ist Word abwärtskompatibel, allerdings ist diese Konvertierungsautomatik manchmal überfordert, und wir müssen ihr auf die Sprünge helfen. Scrollen Sie dazu in DATEI | OPTIONEN | ERWEITERT nach unten zu den KOMPATIBILITÄTSOPTIONEN mit der Einstellung DOKUMENT SO GESTALTEN, ALS OB ES ERSTELLT WURDE IN, wo Sie in der Dropdown-Liste die ursprüngliche Office-Version auswählen.

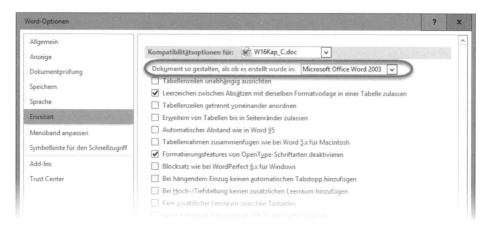

Abb. 21.5: Abwärtskonvertierung kalibrieren

Aus der Trickkiste: Inhalte retten

Sollte sich die Datei öffnen lassen, aber intern eigenartig aussehen, hilft manchmal folgender Trick:

1. Gehen Sie mit ⌨Strg+⌨Ende ans Ende des Textes.
2. Markieren Sie den gesamten Text mit ⌨Strg+⌨A.
3. Nehmen Sie von der Markierung *die letzte Absatzmarke* aus, indem Sie einmal ⌨⇧+⌨← drücken.
4. Befördern Sie den markierten Text mit ⌨Strg+⌨C in die Zwischenablage.
5. Legen Sie mit ⌨Strg+⌨N ein neues, leeres Dokument an.
6. Fügen Sie den Text aus der Zwischenablage mit ⌨Strg+⌨V ein.

Lässt sich die Datei nicht öffnen, schaffen Sie es vielleicht, beim Durchsuchen der XML-Eingeweide der Datei noch Brauchbares zu entreißen.

1. Ersetzen Sie die Dateiendung `.docx` durch `.zip`.
2. Öffnen Sie das Archiv durch Doppelklick.
3. Suchen Sie im Ordner `\word` die Datei `document.xml` und kopieren Sie sie auf den Desktop.

4. Ersetzen Sie die Dateiendung `.xml` durch `.html`, dann können Sie evtl. den Text mit einem Browser lesen und herauskopieren.

5. Eingebettete Illustrationen finden Sie im Ordner `\media`.

Abb. 21.6: Formatierungen und Sonderzeichen sind perdu, aber der Text gerettet.

21.3 Längere Arbeiten auf mehrere Dateien verteilen

Word kann Dateien von maximal 32 MB Größe verarbeiten, sofern darin nur Text ist. Sind Objekte und Grafiken enthalten, erhöht sich die Grenze um 480 MB für diese Einbettungen auf 512 MB – die 32 MB für Text dürfen dennoch nicht überschritten werden. Wenn Word beim Starten eine Fehlermeldung bringt, dass die Datei zu groß sei, bezieht sich das fast ausschließlich auf eingebettete Objekte, vornehmlich falsch importierte und unkomprimierte Bilder. Wie Sie damit umgehen, ist in Abschnitt 16.2 beschrieben.

Sobald eine Datei größere Dimensionen annimmt, wird sie auch unhandlich – besonders, wenn Objekte eingebettet sind. Lange Lade- und Speicherzeiten, Verzögerungen beim Blättern etc. können die Arbeit behindern.

Profis schwören deshalb auf disloziertes Arbeiten mit je einer Datei pro Kapitel. Damit beheben Sie die Performance-Probleme, handeln sich aber dafür neue Probleme bei der Paginierung, bei Querverweisen und bei der Verzeichniserstellung ein, denen Sie wie folgt begegnen können.

Wichtig

Die nachstehend vorgestellten Techniken sind für die Endphase des Projektes gedacht, in der alle Texte, Überschriften, Illustrationen, Objekte etc. fertig zugerichtet sind und es nur noch um Feinarbeiten wie z. B. die Einrichtung von Querverweisen etc. geht.

21.3.1 Zentral- und Filialdokumente

Um auf mehrere Dateien verteilte Texte dennoch gemeinsam handhaben zu können, gibt es in Word das Instrument der Zentral- und Filialdokumente. Diese Dokumentform bearbeiten Sie in der Gliederungsansicht: ANSICHT | GLIEDERUNG.

Abb. 21.7: Werkzeuge zur Dateizusammenführung

⚠ Vorsicht

- Arbeiten Sie nie mit den Originaldateien! Word greift beim Zusammenführen in die Dokumente ein, nimmt kleine Veränderungen vor, die sich im Nachhinein zumindest als störend erweisen können.

- Kopieren Sie alle Dokumente, aus denen Sie ein Zentraldokument erstellen möchten, in einen eigens dafür erstellten Ordner.

- Arbeiten Sie nicht aus dem Sammeldokument heraus in den Filialdokumenten! Das kann zu seltsamen Phänomenen führen.

- Achten Sie darauf, dass an den Enden der Einzelkapitel »ungerade Abschnittswechsel« eingefügt werden, um die neuen Kapitel immer auf ungeraden Seiten beginnen zu lassen.

Sie fügen mit EINFÜGEN vorhandene andere Dateien in das Sammeldokument ein. Jedes eingefügte Dokument wird durch einen Rahmen begrenzt.

Achten Sie beim Hinzufügen weiterer Dokumente darauf, dass die Schreibmarke außerhalb des Rahmens eines Filialdokuments steht, sonst wird das neue Dokument nicht anschließend, sondern in eines der anderen Dokumente eingefügt.

Word nummeriert im Zentraldokument alle nicht kapitelbezogenen Nummerierungen, insbesondere die Seiten konsequent durch. Solche Sammeldokumente können Sie auch exportieren und drucken.

Dem versehentlichen Ändern eines Filialdokuments lässt sich vorbeugen, indem Sie in der Gliederungsansicht die Schreibmarke in das Filialdokument stellen und DOKUMENT SPERREN aktivieren. Die Sperre wird durch ein zusätzliches Symbol 🔒 am Beginn des eingefügten Dokuments signalisiert.

Diese Sperre hat allerdings nur Auswirkungen auf Änderungen durch den Benutzer. Von der Software beim Zusammenführen vorgenommene Änderungen stören sich nicht an diesem Schloss.

Filialdokumente zusammenfassen

Um aus Zentral- und Filialdokumenten *eine* Datei zu erstellen, markieren Sie *in der Gliederungsansicht* die in das neue Gesamtdokument einzubeziehenden Dateien und wählen anschließend VERKNÜPFUNG AUFHEBEN. (Keine Sorge, diese Funktion bewirkt das Gegenteil von dem, was ihre Bezeichnung vermittelt.) Alle markierten Filialdokumente werden im Hauptdokument vereint.

21.3.2 Alternative Methode mit {IncludeText}

Wenn Ihnen die Verwendung von Filialdokumenten zu riskant ist, lassen sich mehrere Dokumente auch mit einer Feldfunktion zusammenführen. Sie erzeugt unmittelbar ein neues Dokument aus den Einzeldateien. Der große Vorteil dieser Methode besteht darin, dass die Ursprungsdateien von jedweder Bearbeitung des Gesamtdokuments unbeeinträchtigt bleiben.

EINFÜGEN | SCHNELLBAUSTEINE | FELD | INCLUDETEXT

öffnet einen Dialog, in dem der Dateiname *mit Pfad* einzutragen ist.[162]

Von Hand eingegeben, lautet die Syntax dieses Feldes z. B.

```
{ INCLUDETEXT "C:\\Users\\(Benutzername)\\Projekt\\Kap3.docx" \*
MERGEFORMAT }
```

So einbezogene Dokumente lassen sich auch partiell einbinden, wenn Sie im Quelldokument eine Textmarke gesetzt haben und nach dem Dateinamen in der Formel den Namen der Textmarke angeben, also z. B.

```
{ INCLUDETEXT "C:\\Users\\(Benutzername)\\Projekt\\Kap3.docx"
(Name der Textmarke) \* MERGEFORMAT }
```

---

162 Eine relative Adressierung wie bei {IncludePicture} funktioniert hier nicht.

Kapitel 22

Überarbeiten und Workflow

Wenn Sie Ihre Ausarbeitung beendet haben oder auch schon während der Erstellungsphase, werden Sie sicher den einen oder anderen Menschen, Betreuer, Kollegen, Lektor, Doktorvater etc. am Fortschritt beteiligen oder um kritische Durchsicht bitten. Damit diese hilfreichen Personen unmittelbar in Ihr Dokument hineinarbeiten können, andererseits aber die Änderungen auch für Sie im Rücklauf gut erkennbar sind, gibt es in Word den *Überarbeitungsmodus*.

Hinweis

Dieser Modus sorgt gelegentlich für Panikreaktionen bei Anwendern, die versehentlich [Strg]+[⇧]+[E] gedrückt haben und nicht wissen, warum sie plötzlich bunt und unterstrichen weiterschreiben – die Hilfeforen sind voll von entsprechenden Fragen. Darum hier der Hinweis: Erneut [Strg]+[⇧]+[E] gedrückt, und der Spuk hat ein Ende.

Schriften einbetten?

Bei der Weitergabe von Word-Dokumenten sollten Sie bedenken, ob im Text Schriften verwendet wurden, die evtl. nicht auf dem Rechner des Empfängers vorhanden sind, weshalb das Dokument dort falsch dargestellt wird. Im SPEICHERN-Dialog lassen sich solche Schriften in das Dokument einbetten mit TOOLS | SPEICHEROPTIONEN | SCHRIFTARTEN IN DATEI EINBETTEN.[163]

22.1 Der Überarbeitungsmodus

Um die Überarbeitungen zu dokumentieren, starten Sie den Überarbeitungsmodus mit ÜBERPRÜFEN | ÄNDERUNGEN NACHVERFOLGEN (oben) oder per Tastatur mit [Strg]+[⇧]+[E].

Abb. 22.1: Überarbeitungswerkzeuge

---

163 Die sicherste Methode ist natürlich, Standardschriften zu verwenden.

> **Hinweis**
>
> Die Überarbeitungswerkzeuge und ihre Bezeichnungen differieren versionsab-
> hängig, besonders bei der Freihandeingabe und in der Gruppe NACHVERFOL-
> GUNG; in den folgenden Erläuterungen wird darauf eingegangen.

Die Freihand-Werkzeuge stehen nur dann zur Verfügung, wenn ein entsprechen-
des Eingabemedium (Grafiktablett, Touchscreen) vorhanden ist.

Sobald Sie im Überarbeitungsmodus etwas verändern, wird diese Änderung nicht
einfach vollzogen, sondern protokolliert. Dazu gibt es folgende Modi:

22.1.1 Inline-Modus

- **Textlöschungen** werden nicht vollzogen, sondern durchgestrichen und eingefärbt.
- **Texteinfügungen** werden durch Einfärbung und Unterstreichung gekennzeichnet.

In beiden Fällen zeigt zusätzlich ein senkrechter Strich am Absatzrand an, dass
etwas geändert wurde.

22.1.2 Sprechblasen-Modus

Textlöschungen und **Texteinfügungen** werden vollzogen und in einer Sprechblase
am Seitenrand protokolliert. In beiden Fällen zeigt ein senkrechter Strich am Absatzrand an, dass etwas geändert wurde.

22.1.3 Überarbeitungs-Einstellungen

Wie die Überarbeitungen ausgewiesen werden, können Sie frei wählen, auch gemischt, zum Beispiel *Inline* für Textänderungen und *Sprechblasen* für Formatände-
rungen.[164] Dafür dienen die Einstellungen unter MARKUP ANZEIGEN ▼ | SPRECH-
BLASEN.

Beim Überstreichen einer überarbeiteten Textstelle mit dem Mauszeiger wird zusätzlich ein Info-Fenster mit Angabe der Überarbeitungen eingeblendet, wie in
Abbildung 22.2 am mittleren Beispiel zu sehen. Da diese Information bei größeren Änderungen stören kann, lässt sie sich abschalten durch Deaktivieren der Op-
tion DATEI | OPTIONEN | ANZEIGE | DOKUMENT-QUICKINFOS BEIM DARAUFZEIGEN
ANZEIGEN.

---

164 Das ist die meistgenutzte Kombination.

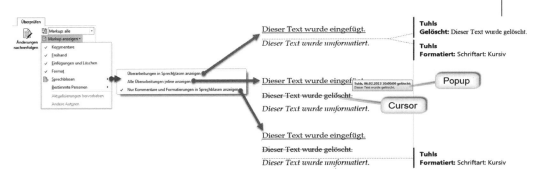

Abb. 22.2: Darstellungsmodi für Überarbeitungen

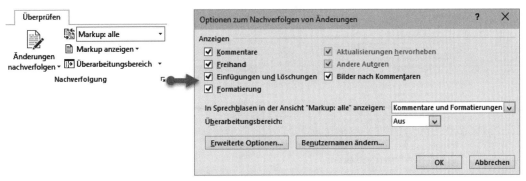

Abb. 22.3: Weitere Einstellmöglichkeiten

Zur Unterscheidung werden durch die Voreinstellung *Nach Autor*[165] aufeinanderfolgende Korrekturen unterschiedlicher Bearbeiter mit unterschiedlichen Farben
gekennzeichnet. Zum Einstellen von Farben und sonstigen Details dienen die Optionen zum Nachverfolgen von Änderungen, die Sie mit

⑩ ÄNDERUNGEN NACHVERFOLGEN (unten) | OPTIONEN ZUM NACHVERFOL-
GEN VON ÄNDERUNGEN ÄNDERN,

⑬⑯⑲ Gruppe NACHVERFOLGUNG ⭲ | ERWEITERTE OPTIONEN

öffnen.

---

165 Leider ist die diesbezügliche Einstellung seit jeher falsch verbalisiert: Die Farbwahl »Nach
Autor« meint »Nach Korrektor«.

Abb. 22.4: Persönliche Überarbeiter-Einstellungen; rechts die »abgespeckte« Fassung von Word 2016

22.1.4 Kommentieren

Neben den Korrekturen gibt es den KOMMENTAR, der als Sprechblase am rechten oder linken Seitenrand angefügt wird, per Tastatur mit ⌈Strg⌉+⌈Alt⌉+⌈K⌉.

Von der Sprechblase führt eine gestrichelte Linie zur Position der Schreibmarke zum Zeitpunkt des Einfügens. Sie können vor dem Einfügen eine Textpassage markieren; diese wird eingeklammert und farbig hinterlegt. Die Verbindungslinie lässt sich in den Nachverfolgungsoptionen (Abbildung 22.4) abschalten.

Ist für die Sprechblasen die Option ALLE ÄNDERUNGEN INLINE ANZEIGEN gesetzt, hat das auch Auswirkungen auf die Darstellung der Kommentare. Auf sie wird lediglich mit dem Bearbeiterkürzel in eckigen Klammern an der kommentierten Stelle im Text hingewiesen. Der Kommentar wird beim Mouseover als Quickinfo eingeblendet.

Ab Word 2013 haben Sie eine zusätzliche Option für die Anzeige von Kommentaren: Ist die Nachverfolgungsanzeige auf EINFACHES MARKUP gesetzt, bestimmen Sie mit der Schaltfläche KOMMENTARE ANZEIGEN, ob die Kommentare im Marginal angezeigt werden oder ob dafür nur ein Sprechblasensymbol ⃞ am Textrand erscheint.

> **⚠ Vorsicht beim Drucken mit Sprechblasen**
>
> Das Dokument wird *ohne Formatänderung* um die Sprechblasenspalte erweitert. Beim Druck wird der Text verkleinert, wenn eine aktive Sprechblasenspalte vorhanden ist. In den Nachverfolgungsoptionen (Abbildung 22.4) lässt sich ein Formatwechsel auf Querformat einstellen, um die Verkleinerung zu vermeiden.

22.2 Umgang mit Korrekturen

Sie erhalten Ihr Dokument nach der Korrektur oder aus dem Workflow zurück und finden darin Änderungen und Kommentare. Es ist an Ihnen, zu entscheiden, ob die Änderungen übernommen oder verworfen werden. Das ursprüngliche Dokument, wie Sie es abgesandt haben, existiert weiter.

22.2.1 Korrektur-Ansichten

Sie können die ursprüngliche Fassung, die Änderungen oder auch die komplett geänderte Fassung betrachten, indem Sie in der Registerkarte ÜBERPRÜFEN die Auswahlliste mit den eigenartigen, in Tabelle 22.1 erläuterten Einträgen aufklappen. Am Text verändern Sie mit diesen Einstellungen nichts, sondern entscheiden nur, welche Änderungen wie angezeigt werden.

🔟	🔞 🔟 🔟	Darstellung
Abgeschlossen: Markups anzeigen	Markup: alle	Änderungen durchgeführt, Inline-Überarbeitungen markiert, Sprechblasen sichtbar
	Einfaches Markup	Änderungen durchgeführt, nur Randmarkierungen
Abgeschlossen	Markup: keine	So sähe das Dokument aus, wenn Sie alle Änderungen annehmen.
Original: Markups anzeigen	*siehe Fußnote* [a]	Änderungen *nicht* durchgeführt, Inline-Überarbeitungen markiert, Sprechblasen sichtbar
Original	Original	Ansicht der ursprünglichen Fassung vor der Überarbeitung

Tabelle 22.1: Ansichten der Überarbeitungen

a Die Einstellung *Original: Markups anzeigen* fehlt ab Word 2013, ist aber mit MENÜBAND ANPASSEN nachrüstbar.

> **Hinweis**
>
> Sofern Sie Positionsrahmen in Ihrem Dokument verwenden, kann es beim Umschalten der Markup-Ansichten zu eigenartigen Darstellungsfehlern kommen, zum Glück ohne Auswirkungen auf die Korrekturen.

Weitere Ansichtsvarianten finden Sie in MARKUP ANZEIGEN. Hier lassen sich einzelne Überarbeitungselemente ausblenden.

Ab Word 2013 lässt sich die Ansicht auch durch einen Mausklick auf die Randmarkierung zwischen MARKUP: ALLE und EINFACHES MARKUP wechseln.

Die angezeigten Überarbeitungen lassen sich selektieren nach Kommentaren, Freihand[anmerkungen], Einfügungen und Löschungen, Formatierungen und nach Bearbeitern.

Das schöne Wort »Markupbereichshervorhebung« in dieser Liste in **Word 2010** bedeutet nichts weiter, als dass damit das Marginal mit den Sprechblasen grau unterlegt wird.

Das Überarbeitungsfenster

Mit ÜBERPRÜFEN | ÜBERARBEITUNGSBEREICH öffnen Sie ein zusätzliches Fenster, in dem alle Änderungen und Kommentare ohne Kontext aufgelistet sind. Sie springen gezielt zu den Überarbeitungspositionen, wenn Sie diese im Überarbeitungsfenster anklicken; der Text im Hauptfenster macht diesen Sprung automatisch mit.

Mit der Schaltfläche ▼ neben ÜBERARBEITUNGSFENSTER/-BEREICH entscheiden Sie, ob das Überarbeitungsfenster neben oder unter dem Hauptfenster erscheint.

22.2.2 Korrekturen bewerten

In der Registerkarte ÜBERPRÜFEN gibt es Schaltflächen für das ANNEHMEN oder ABLEHNEN von Korrekturen und zum Springen zur nächsten überarbeiteten Textstelle; sie sind in allen Versionen geteilt: Ein Klick auf den linken/oberen Teil nimmt die Änderung des markierten Textes oder an der Schreibmarkenposition an oder lehnt sie ab. Ein Klick auf den unteren Teil bietet erweiterte Funktionen und vor allem die bequeme Annehmen-/Ablehnen-Funktion mit sofort anschließendem Sprung zur nächsten Überarbeitungsposition.

Die Kontextmenüs erlauben Ihnen dieselben Funktionen wie die oberen Hälften dieser beiden Schaltflächen »vor Ort« und sparen Mauskilometer.

Aus der Trickkiste: Bestimmte Überarbeitungen schnell annehmen oder ablehnen

Der Überarbeitungsmodus ist leider etwas übereifrig. Manche Überarbeitungen haben Folgewirkungen, die ebenfalls protokolliert werden, was zu einem erhöhten Aufwand beim Prüfen der Änderungen führt. Wie diese Änderungen ökonomisch nachgearbeitet werden können, sei am Beispiel von Bildunterschriften beschrieben:

Wird eine beschriftete Abbildung gelöscht, eingefügt oder ausgetauscht, ist das der Anlass zum Fortschreiben der Beschriftungsnummerierungen.

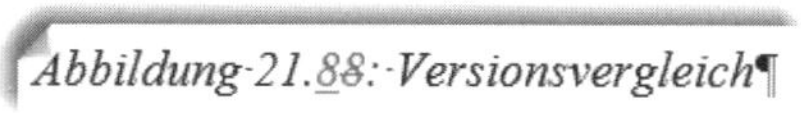

Abbildung-21.88:·Versionsvergleich¶

Abb. 22.5: Überflüssiger Korrekturvermerk

Diese völlig unnütze Änderungsnotiz zieht sich durch das gesamte folgende Dokument.

1. Markieren Sie die Bildunterschrift.

2. ⑩ Kontextmenü: FORMATVORLAGEN | TEXT MIT ÄHNLICHER FORMATIERUNG MARKIEREN

   ⑬⑯⑲ START | Gruppe *Bearbeiten*: MARKIEREN | TEXT MIT ÄHNLICHER FORMATIERUNG MARKIEREN

3. ÜBERPRÜFEN | ANNEHMEN (unten) | DIESE ÄNDERUNG ANNEHMEN

Da sich der Befehl DIESE ÄNDERUNG ANNEHMEN auf alle markierten Texte bezieht, werden alle Überarbeitungsvermerke in Bildunterschriften und anderen mit derselben Formatvorlage gestalteten Objektunterschriften getilgt.

22.3 Kommentare bearbeiten

Kommentare lassen sich nur vom Autor des Dokuments und vom jeweiligen Kommentarverfasser ändern. Alle anderen Bearbeiter dürfen Kommentare nur gegenkommentieren, indem sie das Symbol 🗩 anklicken.

Gelöscht werden Kommentare nur mit der Funktion KOMMENTAR LÖSCHEN im Kontextmenü.

Dabei ist die Position der Schreibmarke in der Kommentarblase zu beachten:

- Steht die Schreibmarke im primären Kommentar, bewirkt KOMMENTAR LÖSCHEN die Löschung der gesamten Kommentarblase nebst Gegenkommentaren.

- Steht die Schreibmarke in einem Gegenkommentar, wird nur dieser gelöscht.

Hinweis

Ein Klick auf den Schließer ✖ reduziert den Kommentar auf ein Symbol 🗩 am Seitenrand, entfernt ihn aber nicht. Klicken Sie 🗩 an, wird der Kommentar samt Gegenkommentierungen wieder dargestellt.

Rücksprache mit den Kommentatoren (ab Word 2013)

Ist der Kommentator in Ihrer Kontaktliste gespeichert, bieten die Kommentar-Sprechblasen mit den Schaltflächen ⊕ ⊙ ⊕ ⊖ die direkte Kontaktaufnahme per Chat, Fon, Videochat oder Mail an, sofern die technischen Voraussetzungen gegeben sind.

22.4 Dokumente vergleichen

Hat jemand in Ihrem Dokument Änderungen vorgenommen, aber die Überarbeitungsverfolgung abgeschaltet? Kein Problem, auch dafür hält Word ein Werkzeug bereit.

ÜBERPRÜFEN | VERGLEICHEN erlaubt Ihnen, zwei Arbeitsstände eines Dokuments gegenüberzustellen, wobei von Word alle Abweichungen in gleicher Form wie beim Überarbeitungsmodus markiert werden.

Sie können die Veränderungen ebenso ablehnen oder annehmen wie in Abschnitt 22.2.2 beschrieben. Die Vergleichsergebnisse lassen sich als eigenes Dokument speichern.

22.5 Bearbeitungsmöglichkeiten einschränken

Sofern Sie erwarten, dass nichts geändert oder eingebessert, sondern nur lesend geprüft wird, verwenden Sie die Aufforderung für den schreibgeschützten Modus, die Sie wie folgt beim Speichern einschalten:

1. Im SPEICHERN UNTER-Dialog klicken Sie auf die Schaltfläche TOOLS links neben SPEICHERN, in der aufklappenden Auswahl dann auf ALLGEMEINE OPTIONEN.

2. Aktivieren Sie im Dialog ALLGEMEINE OPTIONEN die Option SCHREIBSCHUTZ EMPFEHLEN.

Beim Öffnen einer so markierten Datei bietet Word an, diese im schreibgeschützten Modus zu öffnen.

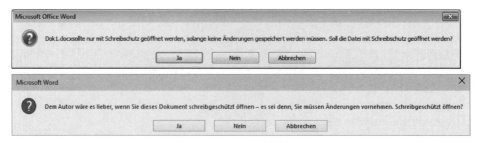

Abb. 22.6: Der Leser darf über den Schutz entscheiden.

NEIN sorgt dafür, dass das Dokument ohne Einschränkung bearbeitet und gespeichert werden kann.

JA dagegen bewirkt, dass zwar geändert werden darf, jedoch lässt sich das Dokument nicht zurückspeichern, sondern muss unter anderem Namen oder in einem anderen Ordner gespeichert werden. Der Schreibschutz-Modus wird in der Titelzeile durch den Hinweis »[Schreibgeschützt]« angezeigt.

Word 2016 geht noch einen Schritt weiter und öffnet das Dokument beim JA zunächst im Lesemodus.

22.5.1 Bearbeitung einschränken

Wollen Sie vor der Weitergabe einer zu überprüfenden Datei die Kompetenzen des Korrektors auf bestimmte Möglichkeiten eingrenzen, empfiehlt sich die Schutzfunktion:

ÜBERPRÜFEN | BEARBEITUNG EINSCHR.

Daraufhin erscheint rechts der Aufgabenbereich [FORMATIERUNG UND] BEARBEITUNG EINSCHRÄNKEN

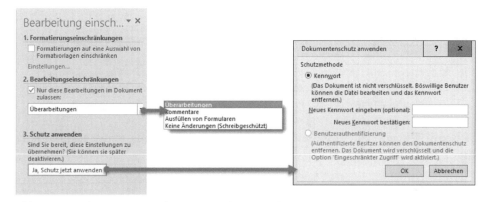

Abb. 22.7: Nur bestimmte Bearbeitungen zulassen und Teile des Dokuments schützen

Die erste Beschränkungsrubrik FORMATIERUNGSEINSCHRÄNKUNGEN grenzt die verfügbaren Formatvorlagen ein. Sie dient vornehmlich der Wahrung einer Corporate Identity.

In den Bearbeitungseinschränkungen geht es um Änderungen am Inhalt, wobei KEINE ÄNDERUNGEN gleichbedeutend ist mit einer Beschränkung auf das schreibgeschützte Lesen des Dokuments.

Das Zulassen von ÜBERARBEITUNGEN oder KOMMENTAREN erlaubt dem Korrektor nur diese Arbeiten im Überarbeitungsmodus.

22.5.2 Dokument teilweise schützen

Wenn Sie im Aufgabenbereich [FORMATIERUNG UND] BEARBEITUNG EINSCHRÄNKEN unter 2. die totale Beschränkung KEINE ÄNDERUNGEN (SCHREIBGESCHÜTZT) eingestellt haben, lässt dieser Schutz Ausnahmen zu.

1. Markieren Sie jene Teile des Textes, die vom Schutz ausgenommen werden sollen.

2. Aktivieren Sie JEDER oder

   tragen Sie in das mit WEITERE BENUTZER zu öffnende Feld die Office-Anmeldenamen der Berechtigten ein.

Abb. 22.8: Teilbereiche schützen: links die Einstellungen bei Vollschutz, Mitte bei abschnittsweisem Formularschutz, rechts Bearbeitungshinweise beim Öffnen eines geschützten Dokuments

Die so freigegebenen Textbereiche werden durch übergroße graue eckige Klammern gekennzeichnet, ähnlich einer Textmarke.

Abschnittsweise schützen

Ein Feature, das eigentlich dem Formularschutz dient, besitzt einen interessanten Nebeneffekt, denn dieser Schutz lässt sich auf bestimmte Abschnitte eines Dokuments begrenzen.

1. Unterteilen Sie Ihr Dokument in Abschnitte, die bearbeitet werden dürfen, und solche, die nicht bearbeitet werden dürfen.

2. Legen Sie unter Nr. 2 im Aufgabenbereich [FORMATIERUNG UND] BEARBEITUNG EINSCHRÄNKEN einen Formularschutz auf das Dokument und bestimmen Sie nach einem Klick auf ABSCHNITTE AUSWÄHLEN die änderbaren und geschützten Abschnitte. Diese Funktion steht nur im Formularschutz zur Verfügung.

Ob in den geschützten Abschnitten Formularfelder existieren oder nicht, ist unerheblich. Sind keine vorhanden, lässt sich in einem Abschnitt mit Formularschutz konsequenterweise überhaupt nichts ändern.

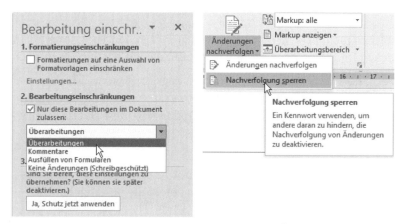

Abb. 22.9: Verschiedene Methoden zum Erzwingen des Überarbeitungsmodus

22.5.3 Überarbeitungsmodus erzwingen

Um zu verhindern, dass es bei den Überarbeitungen zu unprotokollierten Änderungen kommt, lässt sich der Modus ÄNDERUNGEN NACHVERFOLGEN erzwingen. Dazu wählen Sie in der Liste unter Nr. 2 des Dialogs [Formatierung und] Bearbeitung einschränken die Einstellung Überarbeitungen aus. Dadurch wird die Nachverfolgung dauernd eingeschaltet und die einschlägigen Schaltflächen sowie Kontextmenüfunktionen werden ausgegraut.

Ab Word 2013 gibt es auf diese Schutzfunktion einen noch schnelleren Zugriff: Die untere Hälfte der Schaltfläche ÄNDERUNGEN NACHVERFOLGEN öffnet den Zugriff auf die Funktion NACHVERFOLGUNG SPERREN, die mit einem Mausklick dieselbe Wirkung hat und sofort zur Kennwortvergabe durchstartet.

22.5.4 Schutz aktivieren und wieder aufheben

Mit der Schaltfläche JA, SCHUTZ JETZT ANWENDEN lösen Sie die Abfrage des Passwortes für diesen Schutz aus, das Sie zweimal eingeben und mit [OK] bestätigen müssen.

Ein geschütztes Dokument geben Sie – sofern Sie das Passwort kennen – wieder frei mit SCHUTZ AUFHEBEN im Aufgabenbereich [FORMATIERUNG UND] BEARBEITUNG EINSCHRÄNKEN.

22.6 Schutz vor dem Versenden mit Überarbeitungsständen

Wenn Sie ein überarbeitetes Dokument noch nicht abschließend überprüft haben, kann es peinlich sein, dieses mit Überarbeitungshinweisen und Kommentaren zu verschicken.

Damit Ihnen solches nicht versehentlich passiert, gibt es in den Funktionen zum Speichern, Drucken und Versenden eine Warnoption, die auf das Vorliegen noch unerledigter Überarbeitungsvermerke hinweist.

DATEI | OPTIONEN | SICHERHEITS-/TRUSTCENTER | EINSTELLUNGEN FÜR DAS SICHERHEITS-/TRUSTCENTER | DATENSCHUTZOPTIONEN | Option VOR DEM DRUCKEN, SPEICHERN ODER SENDEN EINER DATEI MIT ÜBERARBEITUNGEN ODER KOMMENTAREN WARNEN

Ist diese Option gesetzt, lässt sich ein Dokument mit Änderungen nur dann speichern, drucken oder versenden, wenn Sie eine Warnmeldung bestätigt haben.

Bearbeiter anonymisieren

Die Namen der bisherigen Bearbeiter lassen sich für weitere Überarbeitungen unkenntlich machen:

DATEI | INFORMATIONEN | AUF PROBLEME ÜBERPRÜFEN | DOKUMENT PRÜFEN

In den Prüfeinstellungen aktivieren Sie DOKUMENTEIGENSCHAFTEN UND PERSÖNLICHE INFORMATIONEN und klicken dann auf PRÜFEN.

Nach Durchlauf der Prüfroutine klicken Sie auf ALLE ENTFERNEN.

Nach dem Speichern und Wiederöffnen des Dokuments sind alle Änderungen noch erhalten, aber ohne Namensangaben.

22.7 Online-Zusammenarbeit

Dateien können in einem Netzwerk (OneDrive oder SharePoint) parallel von mehreren Nutzern bearbeitet werden. Wer Zugriff auf die hochgeladene Datei hat, benötigt nicht unbedingt Word auf dem eigenen Rechner, um die Präsentation zu bearbeiten. *Word Online* steht beim Zugriff auf den Server zur Verfügung und lässt einige Bearbeitungen zu.

22.7.1 Dokument auf dem Server speichern

Sie können Ihre Dateien natürlich wie gewohnt mit dem Explorer in die Cloud kopieren, es geht aber auch direkt aus Word heraus, denn die eingebundenen Server- und Cloud-Laufwerke werden beim Speichervorgang in Word angeboten.

Word 2010 verfügt mit Datei | Speichern und Senden | Im Web speichern über eine separate Funktion für diesen Vorgang.

Darüber hinaus ist die Speicherung eines Dokuments im Freigeben-Prozess integriert. Damit können Sie sich diesen Schritt sparen und gleich mit der Freigabe beginnen.

22.7.2 Dokument freigeben

Egal ob Sie ein in Word geöffnetes Dokument bereits in der Cloud oder auf dem Server gespeichert haben oder nicht, lässt sich dieses für andere Personen freischalten.

1. ⑩ Datei | Speichern und Senden | Per E-Mail senden | Einen Link senden
    ⑬ Datei | Freigeben | Personen einladen
    ⑯ ⑲ Datei | *Information*: Freigeben oder
    Schaltfläche Freigeben/Teilen[166] oben rechts über dem Menüband

2. Tragen Sie Mail-Adressen, Berechtigungen und Hinweise an die Empfänger ein und legen Sie fest, welche Zugriffsrechte der Empfänger haben soll.

3. Freigeben/Teilen

Abb. 22.10: Einladen zum Bearbeiten

---

166 Solange die Datei nicht auf OneDrive oder SharePoint gespeichert ist, ist die Schaltfläche mit Freigeben beschriftet, ansonsten mir Teilen. Unabhängig davon heißt der damit aufgerufene Aufgabenbereich »Freigeben«.

Die Empfänger erhalten vom Server eine Mail mit dem Zugangslink und werden in die Liste der Berechtigten im Aufgabenbereich FREIGEBEN aufgenommen.

> ## Wichtig!
>
> Bis Word 2013 bedingt das, dass Sie einen Outlook-Account besitzen.
>
> Erst mit Word 2016 ist diese Bedingung entfallen, bringt jedoch ein neues Handicap mit: Word generiert automatisch eine kryptische Absenderangabe, die mit hoher Wahrscheinlichkeit im Spam-Ordner des Empfängers landet.

Abb. 22.11: Dringender Spam-Verdacht bei harmloser Einladung dank kryptischen Absenders

Workaround

Alternativ können Sie **ab Word 2013** eine zum Cloud-Speicherort führende URL abrufen und diese via Zwischenablage aus einem Mailclient heraus in einer persönlichen Mail verschicken.

🔢	DATEI | FREIGEBEN | FREIGABELINK ABRUFEN
🔢🔢	Schaltfläche FREIGEBEN/TEILEN oben rechts über dem Menüband | EINEN FREIGABELINK ABRUFEN

22.7.3 Während der Online-Bearbeitung

Word Online stellt mit DOKUMENT BEARBEITEN zwar einige Bearbeitungsmöglichkeiten direkt im Browser zur Verfügung, die volle Funktionsbandbreite ist aber nur mit einer eigenen Word-Installation gegeben. Dies kann entweder eine Word-Installation oder eine temporäre Online-Aktivierung mittels Office 365 auf dem Bearbeitungsrechner sein, dann startet IN WORD ÖFFNEN die lokale Word-Instanz mit dieser Datei.

Von *Word Online* lässt sich mit IN WORD ÖFFNEN jederzeit auf das Bearbeiten in der Vollversion umschalten.

Auf dem Server lässt sich das Dokument von allen Berechtigten parallel bearbeiten. Alle können gleichzeitig arbeiten und sehen (mit einer übertragungsbedingten Verzögerung), was die anderen gerade am Dokument verändern.

Sobald andere Personen auf dieselbe Datei zugreifen, zeigt Ihnen die Statuszeile mit dem Symbol 🔲 die Zahl der Bearbeiter an. Ein Klick auf ▼ verrät Ihnen, wer daran gerade arbeitet.

Abb. 22.12: Oberfläche von Word Online nach dem Öffnen

Wichtig!

- Die gesamte Bearbeitung des Dokuments wird mit dem Freigeben in die Cloud verlagert. Das heißt, dass auch Ihre Bearbeitungen sich nur auf die Cloud-Version auswirken. Das Original auf Ihrer Festplatte bleibt davon unberührt.

- Sollte das Dokument OLE-Objekte oder ActiveX-Elemente enthalten, lässt es sich nicht gemeinsam bearbeiten. Hierfür gibt es keine Abhilfemöglichkeit; diese Komponenten müssen entfernt werden, wenn Parallelbearbeitung erwünscht ist.

Sicherheitseinstellungen

Es kann sein, dass die Einstellungen im Sicherheitscenter/Trust-Center die Online-Bearbeitung behindern. Dem helfen Sie wie folgt ab:

1. DATEI | OPTIONEN | SICHERHEITS/TRUST CENTER | EINSTELLUNGEN FÜR DAS SICHERHEITS/TRUST CENTER

2. Öffnen Sie dort die DATENSCHUTZOPTIONEN.

3. Aktivieren Sie im Bereich DOKUMENTSPEZIFISCHE EINSTELLUNGEN die Option ZUFALLSZAHLEN ZUR VERBESSERUNG DER KOMBINIERGENAUIGKEIT SPEICHERN.

4. OK | OK

5. Speichern Sie das Dokument.

22.7.4 Online-Besprechungsunterlage

Vergleichbar einer Online-Präsentation lässt sich seit Word 2013 ein Word-Dokument als Besprechungsunterlage für eine Telefonkonferenz heranziehen. Der Aufruf dieser Funktion ist über die Versionen etwas eigenartig verändert worden:

🔢   DATEI | FREIGEBEN | ONLINE VORFÜHREN

🔢🔢   Tragen Sie ins »Was möchten Sie tun?«-Fenster »online« ein, dann erhalten Sie unter anderem den Vorschlag ONLINE VORFÜHREN.[167]

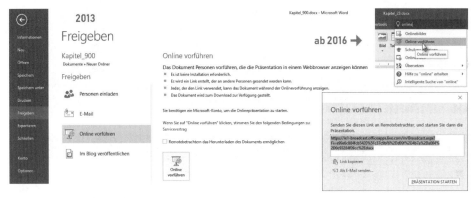

Abb. 22.13: Start der Online-Präsentation

Die Funktionsweise ist ähnlich der Freigabe gem. Abschnitt 22.7.2, jedoch haben die Teilnehmer keine Möglichkeit, am Dokument zu arbeiten; sie sind auf Lesen, Drucken und Kopieren von Textteilen in die eigene Zwischenablage beschränkt.

Abb. 22.14: Ansicht der Online-Präsentation für die Teilnehmer

Gemeinsames oder separates Navigieren

Voreingestellt ist, dass die Präsentation alle Bewegungen im Dokument des Referenten nachvollzieht. Sollte jedoch ein Teilnehmer selbst im Dokument scrollen, wird diese Verbindung mit dem Referentenrechner aufgehoben. Eine kurze Benachrichtigung auf dem Bildschirm und eine statische Anzeige in der Statusleiste zeigen dies für den Teilnehmer an. Die Verbindung wird wieder aufgenommen mit ... | REFERENTEN FOLGEN (siehe Abbildung 22.14 rechts).

---

167 Es gibt keinen anderen Weg dorthin. In den Freigabe-Dialogen fehlt diese Möglichkeit.

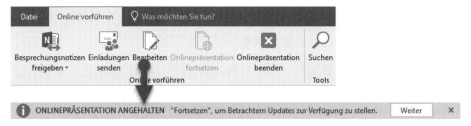

Abb. 22.15: Werkzeuge des online Präsentierenden

Während der Präsentation am Dokument arbeiten

Die Bearbeitungseinschränkung betrifft auch Sie als Referenten. Um etwas einzuarbeiten, unterbrechen Sie die Online-Präsentation mit Klick auf Bearbeiten.

In einer Hinweiszeile unter dem Menüband werden Sie darauf hingewiesen, dass die anderen Teilnehmer warten. Mit Weiter oder Onlinepräsentation fortsetzen wird das Dokument in den Browsern der Teilnehmer aktualisiert.

Wichtig

Diese Bearbeitungen finden im Dokument in der Cloud statt. Vergessen Sie nicht, das Originaldokument entsprechend zu aktualisieren!

Konferenz beenden

Mit ☒ Onlinepräsentation beenden wird die Verbindung aufgehoben.

22.8 Datei abschließen

Irgendwann kommen Sie an den Punkt, an dem Sie sagen, das Dokument sei fertiggestellt.

Um dies allen Beteiligten, die Zugriff darauf haben, deutlich zu machen und das Dokument vor weiteren Änderungen zu schützen, können Sie es mit einem »Fertig«-Stempel versehen:

Datei | Information | Dokument schützen | Als abgeschlossen kennzeichnen

Das Dokument wird nun schreibgeschützt, doch ein wirklicher Schutz ist das nicht! Er kann jederzeit mit derselben Funktion wieder aufgehoben werden, und beim Öffnen der Datei mit einer älteren Word-Version als 2007 wirkt der Schutz überhaupt nicht.

Kapitel 23

Exportieren und drucken

Auch wenn immer wieder vom papierlosen Büro die Rede ist: Bedrucktes Papier als Dokumentationsmedium wird so bald nicht überflüssig werden. Reduzieren lässt sich der Papierverbrauch jedoch, indem wir alle von der elektronischen Verbreitung Gebrauch machen, wo es angebracht erscheint. Immer mehr Fachartikel und Bücher erscheinen in virtueller Form, und auch Word unterstützt diese umweltfreundliche Publikation recht ordentlich.[168]

23.1 Barrierefreiheit

Jeder Autor ist heute gehalten, seine virtuellen Publikationen barrierefrei zu gestalten. In Word bedeutet das in erster Linie, einen Text mit Formatvorlagen so zu strukturieren, dass Textstellen über die Dokumentstruktur bzw. den Navigationsbereich[169] angesteuert werden können. Diese Informationen dienen der Orientierung durch Interpreterprogramme, die Text in hörbare Wörter oder tastbare Signale einer Braille-Zeile umsetzen.

Weitere Probleme bereiten den Lesehilfen Objekte, die nicht *Mit Text in Zeile* positioniert sind. Sie stehen außerhalb der Dokumentstruktur, weshalb sie nicht einer bestimmten Textstelle zuordenbar sind. Mit dem »Anker«[170] können Interpreter nichts anfangen.

Darüber hinaus sind Objekte und Illustrationen jedweder Art unbekannte, nicht verifizierbare Bestandteile des Textes, für die die Interpreter eine allgemeine Fehlermeldung ausgeben. Dem abzuhelfen, dienen *Alternativtexte*, also im Dokument nicht sichtbare, aber den Objekteigenschaften zugewiesene Erläuterungen.

Dabei muss nicht jede Illustration, die nur als Blickfänger dient, mit einer ausführlichen Beschreibung versehen werden. Hier reicht es, »Illustration«, »Logo« o. Ä. einzufügen; wichtig ist nur, dass bei Objekten, die keinen Text enthalten,

---

168 Damit ist das Verbreiten auf den üblichen Computerplattformen gemeint. E-Books oder ähnliche Formate, die auf speziellen Lesegeräten laufen, bedürfen einer besonderen Nachbearbeitung und sind nur für reinen Fließtext ökonomisch umsetzbar. Jeder vernünftige Bookreader ist in der Lage, PDF-Dateien (Abschnitt 23.3) anzuzeigen; deshalb besteht keine Notwendigkeit, diesen Konvertierungsaufwand zu betreiben.
169 siehe Abschnitt 8.1.4
170 siehe Abschnitt 16.8.3

überhaupt ein Alternativtext angegeben ist, weil sonst die Interpretertechnik keine Hinweise auf das »unerkannte Objekt« geben kann.

Ab Word 2019 unterstützt Word beim Einfügen von Bildern via EINFÜGEN | BILDER das Erstellen von Alternativtexten mit einer Bildanalyse, die zum Bild passende Schlagwörter vorschlägt.

Die Bildanalyse funktioniert nicht immer und nicht immer zutreffend. Der Vorschlag verschwindet nach ein paar Sekunden und kann per Kontextmenü: ALTERNATIVTEXT BEARBEITEN im Aufgabenbereich ALTERNATIVTEXT nachgebessert werden.

Abb. 23.1: Alternativtext-Vorschlag der Word-Bildanalyse

In den Vorversionen lässt sich Alternativtext nur im FORMAT-Dialog einfügen, zum Beispiel für eine Illustration:

⑩   Rechtsklick auf die Illustration | GRAFIK FORMATIEREN | Register ALTERNATIVTEXT

⑬⑯   Rechtsklick auf die Illustration | GRAFIK FORMATIEREN | ⊞ | Kategorie ALTERNATIVTEXT

Sind Bildunterschriften (Beschriftungen, Kapitel 18) vorhanden, kann auf den Alternativtext verzichtet werden.

Word bringt einen Test auf Barrierefreiheit mit, den Sie mit DATEI | INFORMATIONEN | AUF PROBLEME ÜBERPRÜFEN | BARRIEREFREIHEIT ÜBERPRÜFEN starten.

Im Aufgabenbereich BARRIEREFREIHEITSPRÜFUNG werden Ihnen mit Zeilennummern die Stellen benannt, die verbesserungsbedürftig erscheinen. Dazu gibt es Hinweise, wie Sie diese Textstellen korrigieren können.

Leider funktioniert diese Prüfung nicht zuverlässig, aber als Anhaltspunkt für grobe Schnitzer ist sie doch brauchbar.

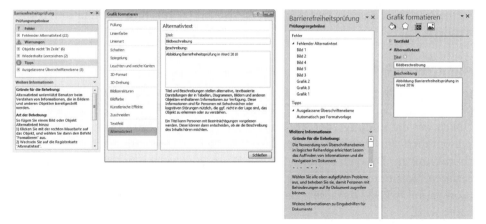

Abb. 23.2: Barrierefreiheitstest und Alternativtext-Eingabe

23.2 Dokument als Word-Datei weitergeben

Als Word-Datei gespeicherte Dokumente können von anderen nur gelesen werden, wenn auf deren Rechner Word oder ein anderes Programm, das Word-Dateien öffnen kann, installiert ist, zum Beispiel der *Writer* von *Open Office* oder die Windows-Beigabe *WordPad*. Besser als Ersatz geeignet ist das kostenlose *Word online*.

Schriften einbetten?

Bei der Weitergabe von Word-Dokumenten sollten Sie bedenken, ob im Text Schriften verwendet wurden, die evtl. nicht auf dem Rechner des Empfängers vorhanden sind. Windows (nicht Office!) substituiert fehlende Schriften durch vorhandene, aber das geht in den seltensten Fällen gut und das Layout wird falsch dargestellt.

Im Zweifelsfall betten Sie solche Schriften in das Dokument ein, indem Sie im SPEICHERN-Dialog auf die Schaltfläche TOOLS klicken und dann die SPEICHEROPTIONEN öffnen. Daselbst finden Sie am unteren Rand die Option SCHRIFTARTEN IN DATEI EINBETTEN mit zwei Ergänzungen.

Leider ist das Einbetten von Schriften mit zwei Handicaps verbunden:

- Die eingebetteten Fontdateien schlagen sich in der Dateigröße nieder. Dies lässt sich abmildern, indem Sie die Option NUR IM DOKUMENT VERWENDETE ZEICHEN EINBETTEN aktivieren.

- Manche Schriftdesigner schützen ihre Produkte gegen das Einbetten. Ein Eintrag in den Metadaten der Fontdateien hindert Word am Einbetten.

Deshalb ist es besser, wenn Sie Standardschriften für Ihre Publikationen verwenden.

23.2.1 Kompatibel speichern

Je nach Einstellung in den Speicheroptionen oder Auswahl unterhalb des Dateinamensfelds speichert Word das Dokument mit einer bestimmten Dateiendung. Üblich war die Endung .doc bis Version 2003, ab Word 2007 .docx. Dies ist nicht nur ein formaler Unterschied, sondern kennzeichnet zwei unterschiedliche Speichertechniken. Deshalb können Sie mit Word 2003 oder älter keine Dateien der neueren Versionen öffnen – es sei denn, Sie haben das Kompatibilitätspaket (Compatibility Pack) installiert, das kostenlos im Microsoft Download Center angeboten wird.

Die Versionen ab Word 2007 können die älteren Dateien öffnen, arbeiten mit ihnen aber im Kompatibilitätsmodus, was auch in der Kopfzeile angezeigt wird, z. B. `Kapitel_24.doc [Kompatibilitätsmodus] - Word`

Neue Funktionen, die seit Word 2007 hinzugekommen sind, können in diesem Modus nicht ausgeführt werden. Einschlägige Schaltflächen und Optionen bleiben ausgegraut; einige Registerkarten des Menübands werden gar gegen abgespeckte Versionen ausgetauscht, die dem Funktionsumfang der alten Word-Versionen angepasst sind.

Um dennoch die neuen Funktionen anzuwenden, ist das geöffnete Dokument in das neue Dateiformat zu konvertieren.

DATEI | INFORMATIONEN | KONVERTIEREN

Umgekehrt ist es natürlich auch möglich, ein Dokument im alten Format zu speichern, um es Benutzern älterer Versionen ohne Kompatibilitätspaket zugänglich zu machen. Dazu benutzen Sie im Dialog SPEICHERN UNTER bei DATEITYP: WORD 97-2003-DOKUMENT (*.DOC).

> **Hinweis**
>
> Da auch zwischen Word 2010, 2013, 2016 und 2019 geringe Unterschiede im Speicherverhalten bestehen, öffnen die jeweils neueren Versionen mit Vorversionen erstellte Dateien ebenfalls im Kompatibilitätsmodus, der allerdings spezifisch auf die jeweiligen Unterschiede abgestellt ist.

In DATEI | OPTIONEN | SPEICHERN | DATEIEN IN DIESEM FORMAT SPEICHERN legen Sie fest, in welchem Format Word standardmäßig speichern soll.

In DATEI | OPTIONEN | ERWEITERT | KOMPATIBILITÄTSOPTIONEN lässt sich einstellen, welche Konzessionen an ältere Versionen einzuhalten sind.

23.2.2 Datei-Informationen (Metadaten)

Es ist erstaunlich, welche zusätzlichen Daten ein Office-Dokument speichert, darunter auch persönliche Angaben, die Sie bei elektronischer Weitergabe eines Dokuments vielleicht ungern mitschicken.

Hinweis

In einer leeren Word-Datei ist in den Eigenschaften bereits mindestens Ihr Autorenname erfasst.

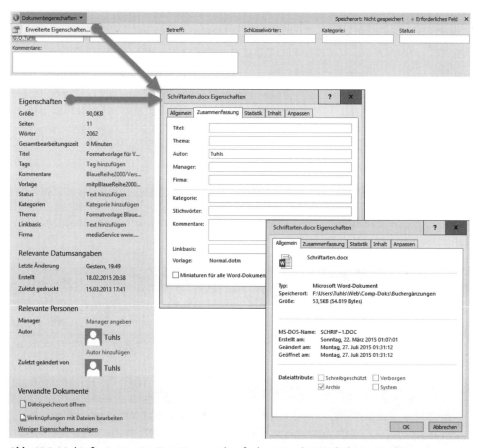

Abb. 23.3: Viel Information im Datei(wasser)kopf: oben Word 2010, links im Backstage

Die wesentlichen Metadaten zeigt Ihnen Word im Backstagebereich INFORMATION an.

Sie können diese Informationen noch um weitere anreichern. Die Register ZUSAMMENFASSUNG, INHALT und ANPASSEN im Dialog EIGENSCHAFTEN, den Sie mit einem Klick auf ▼ neben der Überschrift »Eigenschaften« öffnen, bieten dazu reichlich Möglichkeiten.[171]

Metadaten vor dem Versand entfernen

Vor dem Versand eines Word-Dokuments empfiehlt es sich gelegentlich, diese Daten zu bereinigen.

Geht es nur um das Entfernen der Verwaltungsdaten, so lässt sich das auch nebenher beim Speichern bewerkstelligen. Schalten Sie im Speichern-Dialog die Option BEIM SPEICHERN AUTOMATISCH ERSTELLTE INFORMATIONEN AUS DIESER DATEI ENTFERNEN ein.

Die Daten lassen sich auch selektiv entfernen:

DATEI | INFORMATIONEN | AUF PROBLEME ÜBERPRÜFEN | DOKUMENT PRÜFEN

Im Prüfdialog wählen Sie, worauf geprüft werden soll. Nach der Prüfung zeigt Ihnen das Programm alle vom Prüfraster erfassten Probleme an und gibt Ihnen die Möglichkeit, alle oder bestimmte Kategorien von Angaben auf einen Schlag zu entfernen.

23.2.3 Weiterzugebende Dokumente schützen

Beim Versand elektronischer Dokumente wird häufig Wert darauf gelegt, dass Außenstehende die Dateien nicht ansehen oder zwar ansehen, aber nicht ändern dürfen. Office-Dokumente lassen sich mit einem Passwortschutz für beide Varianten versehen.

> **⚠ Vorsicht**
>
> Verwenden Sie in diesem Kennwort maximal *ein* Sonderzeichen, sonst nur Buchstaben und Ziffern; Word kann nicht mit Kennwörtern umgehen, die mehr als ein Sonderzeichen enthalten, und sperrt die Datei total.

> **⚠ Vorsicht**
>
> Der Office-Passwortschutz ist kein wirklicher Schutz! Mit nur geringer krimineller Energie lässt er sich aushebeln. Wenn Sie also wirklich schützenswerte Daten in Ihren Dokumenten haben, sollten Sie sie mit Spezialprogrammen codieren!

---

[171] In Word 2010 bedarf es noch eines Zwischenschritts: weil nach Klick auf die Überschrift zwischen DOKUMENTBEREICH ANZEIGEN und ERWEITERTE EIGENSCHAFTEN (zum Dialog) entschieden werden muss.

Hinweis

Der PDF-Export lässt in den Optionen des SPEICHERN UNTER-Dialogs einen wirksameren Schutz des Dokuments zu.

Schutz gegen unbefugtes Öffnen

Ein Passwort, das das Öffnen einer Datei verhindert, lässt sich an verschiedenen Stellen vergeben. Am sinnvollsten ist das Eintragen eines Passwortschutzes beim Speichervorgang:

DATEI | SPEICHERN oder SPEICHERN UNTER | TOOLS | ALLGEMEINE OPTIONEN

Hier lassen sich zwei unterschiedliche Kennwort-Ebenen einrichten: ein Passwort zum Öffnen und eines zum Bearbeiten der Datei.

So können Sie drei unterschiedliche Veröffentlichungsgrade vorgeben:

- Wer beide Passwörter kennt, kann das Dokument öffnen und ändern.
- Wer nur das Passwort zum Öffnen kennt, kann die Datei nur *schreibgeschützt* zum Lesen öffnen. So kann an ihr nichts verändert werden; auch Speichern unter anderem Namen ist ausgeschlossen.
- Wer keines der Passwörter kennt, kann die Datei nicht öffnen.

Schutz aufheben

Ein geschütztes Dokument geben Sie wieder frei mit DOKUMENTSCHUTZ AUFHEBEN im Dialog SPEICHERN UNTER.

23.3 Dokumente als PDF speichern

Von jeher erlaubt Word den Austausch von Dokumenten mit anderen Textprogrammen. Die Funktion SPEICHERN UNTER im Datei-Menü bietet eine Vielzahl von anderen Dateiformaten an, von denen jedoch nur PDF als universelles Austauschformat anzusehen ist.

Der interne PDF-Export startet mit

10   DATEI | SPEICHERN UND SENDEN | PDF/XPS-DOKUMENT ERSTELLEN | PDF/XPS-DOKUMENT ERSTELLEN,

13 16 19   DATEI | EXPORTIEREN | PDF/XPS-DOKUMENT ERSTELLEN.

Im SPEICHERN-Dialog finden Sie die Schaltfläche OPTIONEN, mit der sich wesentliche Eigenschaften des erzeugten PDF-Dokuments steuern lassen.

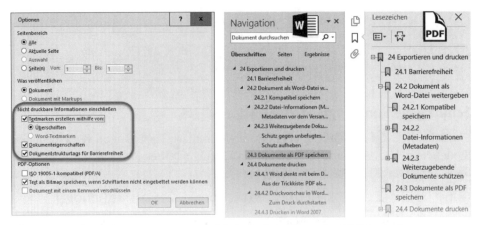

Abb. 23.4: Strukturinformationen aus Word (Mitte) übernehmen ins PDF (rechts)

> ## Wichtig
>
> Eine der wichtigsten Optionen ist das Erstellen von PDF-Lesezeichen mithilfe der Überschriften. Wenn Sie Ihre Überschriften im Word-Dokument sauber mit den Überschriften-Formatvorlagen formatiert haben, kann im PDF-Dokument direkt navigiert werden wie im Navigationsbereich von Word. Textinterpreter für Sehbehinderte sprechen auch in PDF-Dokumenten auf diese Tags an.

23.4 Dokumente drucken

Viele Arbeiten werden auch heute noch in papierner Form durch die Welt gereicht. Wenn es dabei auf gute äußere Form ankommt, erledigen Sie den Druck nicht auf Ihrem Tintenstrahler daheim. Gehen Sie in einen Copyshop oder zu einer Druckerei und lassen Sie dort drucken.[172] Dort werden Sie auch mit Informationen zu den spezifischen Erfordernissen an die Druckvorlage versorgt.

23.4.1 Professionell drucken lassen

Soll Ihr Werk von einer professionellen Druckerei gefertigt werden, beachten Sie bitte, dass im Buchdruck nicht die Office-Schriftarten benutzt werden. Sofern Sie Sonderzeichen verwenden, ist nicht gesagt, dass diese auch in den Schriftarten der Setzerei enthalten sind. Kennzeichnen Sie deshalb in Absprache mit der Setzerei alle Zeichen aus Spezialfonts und solche, deren Code jenseits des Zeichencodes 255 liegt.

---

172 Sie können Dokumente auch online an eine Druckerei schicken und erhalten das gedruckte Werk zugesandt. Suchen Sie im Internet nach dem Stichwort »Online Druck«.

	!	"	#	$	%	&	'	(	)	*	+	,	-	.	/	0	1	2	3	4	5	6	7	8	9	:	;	<	=	>	?
@	A	B	C	D	E	F	G	H	I	J	K	L	M	N	O	P	Q	R	S	T	U	V	W	X	Y	Z	[	\	]	^	_
`	a	b	c	d	e	f	g	h	i	j	k	l	m	n	o	p	q	r	s	t	u	v	w	x	y	z	{	|	}	~	€
,	ƒ	„	…	†	‡	^	‰	Š	‹	Œ	Ž	'	'	"	"	•	–	—	˜	™	š	›	œ	ž	Ÿ		¡	¢	£	¤	¥
¦	§	¨	©	ª	«	¬	-	®	¯	°	±	²	³	´	µ	¶	·	¸	¹	º	»	¼	½	¾	¿	À	Á	Â	Ã	Ä	Å
Æ	Ç	È	É	Ê	Ë	Ì	Í	Î	Ï	Ð	Ñ	Ò	Ó	Ô	Õ	Ö	×	Ø	Ù	Ú	Û	Ü	Ý	Þ	ß	à	á	â	ã	ä	å
æ	ç	è	é	ê	ë	ì	í	î	ï	ð	ñ	ò	ó	ô	õ	ö	÷	ø	ù	ú	û	ü	ý	þ	ÿ						

Abb. 23.5: Diese Zeichen sind in jedem Zeichensatz zu finden.

> ## Hinweis
>
> Viele Druckereien akzeptieren auch PDF-Druckvorlagen, bei denen dann die Verantwortung für korrekten Satz bei Ihnen liegt.

Publizieren als eBook

Word verfügt über keine eigene Schnittstelle zum Export in eBook-Formate. Sie sind auf Konverterprogramme angewiesen.

> ## Vorsicht
>
> Bookreader sind bei der Verwaltung von Sonderzeichen noch beschränkter als der Buchdruck – bis hin zur totalen Verweigerung. Wollen Sie Ihr Werk in einem eBook-Format veröffentlichen, sind sicherheitshalber alle Sonderzeichen als Grafiken einzufügen.

Zum Glück verstehen die meisten Bookreader auch PDF, aber ausgerechnet jene des Marktführers nicht.

23.4.2 Selbst drucken

Word hat eine unangenehme Eigenschaft, obwohl diese eigentlich gut gemeint ist: Bevor etwas gedruckt wird, nimmt Word Kontakt mit dem Drucker auf und fragt, ob der überhaupt in der Lage ist, das Dokument in der vorliegenden Form zu drucken. Solange das auf demselben Rechner geschieht, auf dem das Dokument erstellt wurde, und der unter Windows als Standarddrucker eingerichtete Drucker angesprochen wird, ist das völlig unauffällig.

Schlimm wird es allerdings, wenn Sie einen anderen Drucker auswählen oder gar auf einem anderen Rechner den Druck starten, denn dann umbricht Word alle Seiten des Dokuments neu, passend zur maximal bedruckbaren Seitenlänge des Druckers. Bei dieser Gelegenheit kann es sein, dass Ihr Dokument völlig neue Dimensionen erhält. Sollten Sie zu allem Überfluss auch noch manuelle Verweise auf Seiten im Text haben, können Sie den Ausdruck mit großer Wahrscheinlichkeit in die Tonne treten.

Aus der Trickkiste: PDF als Druckhilfe

Sie ersparen sich diesen Ärger, indem Sie das Word-Dokument in ein PDF-Dokument umwandeln und dieses mit einem PDF-Reader drucken, denn der formatiert nicht um, sondern druckt exakt im vorgegebenen Layout.

23.4.3 Druckvorschau

Wenn es um wirklich wichtige Druckstücke geht, sollten Sie sich ein Bild vom Gesamtergebnis machen, bevor Sie das Dokument zum Drucker schicken. Die Druckvorschau zeigt Ihnen noch deutlicher als die Ansicht SEITENLAYOUT, wie Ihr Dokument im Druck erscheinen wird. Dabei werden auch alle Felder aktualisiert; Sie sehen also die Endfassung.

Druckvorschau und Druckereinstellungen sind in einem Bildschirm vereint. Entweder mit ⌨Strg⌨+⌨F2⌨, ⌨Strg⌨+⌨P⌨, der Schaltfläche SEITENANSICHT UND DRUCKEN ⌨ in der Schnellzugriffsleiste oder via DATEI | DRUCKEN führt der Weg dorthin.

Sie können in den Seiten blättern und die Darstellung mit den Zoom-Einstellungen oder bei gedrückter ⌨Strg⌨-Taste mit dem Mausrad vergrößern und verkleinern.[173]

Word kommuniziert bilateral mit Ihrem Drucker und bietet Ihnen die zum gewählten Drucker und zu dessen aktueller Einstellung passenden Optionen im Bereich *Seiten* an. Leider haben die zugehörigen Einstellfelder keine Namen, sondern zeigen nur ihre aktuelle Einstellung; Abbildung 23.6 enthält Erläuterungen, worum es sich bei den Feldern handelt.

> **Wichtig**
>
> Die angebotenen Papierformate enthalten nur solche, die der oben eingestellte Drucker auch verarbeiten kann.

23.4.4 Druckoptionen und Druckereigenschaften

DATEI | OPTIONEN | ANZEIGEN leitet zu einem Teil der Druckoptionen. Weitere Druckoptionen sind aus unerfindlichen Gründen in einem anderen Bereich der OPTIONEN untergebracht. Wechseln Sie zu ERWEITERT | DRUCKEN und BEIM DRUCKEN DIESES DOKUMENTS, um in den vollständigen Genuss der Optionenauswahl zu kommen (siehe Abbildung 23.7).

---

173 Die bis Word 2007 bestehende Bearbeitungsmöglichkeit des Textes in der Seitenansicht existiert seit Word 2010 nicht mehr.

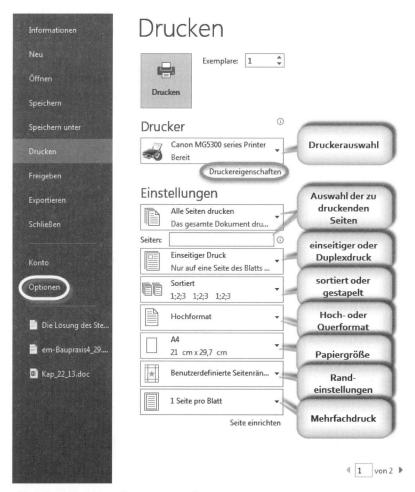

Abb. 23.6: Druckeinstellungen im Backstage

Format- und Seiteneinstellungen sind in dieser Darstellung änderbar, indem Sie den Dialog SEITE EINRICHTEN mit der Schaltfläche am unteren Ende der Einstellungen aufrufen.

Abb. 23.7: Druckoptionen, gut verteilt

Im Backstagebereich DRUCKEN finden Sie neben/unter der Druckerauswahl eine Schaltfläche DRUCKEREIGENSCHAFTEN, mit der Sie zu den vom Druckertreiber angebotenen Einstellungen gelangen.

Machen Sie sich mit den Möglichkeiten Ihres Druckers vertraut. Der Druckertreiber kann manches besser als Word, insbesondere beim Duplex- und Mehrfachdruck. Die Abstimmung der Word-Druckeinstellungen mit den druckerinternen Optionen hat Grenzen. Manche Druckfähigkeiten sind in Word einfach nicht vorgesehen.

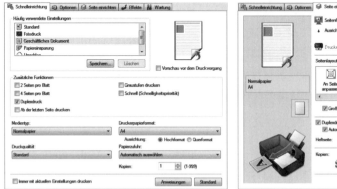

Abb. 23.8: Exemplarische Auswahl von Einstellungen im Druckertreiber

23.4.5 Drucktipps und Troubleshooting

Unabhängig von der verwendeten Word-Version hier noch einige grundsätzliche Hinweise zum Drucken aus Word heraus:

Einmal durchblättern

Es ist immer zu empfehlen, in der Druckvorschau einmal komplett durch alle Seiten zu klicken, um die bösen Überraschungen nicht erst auf dem Papier zu erkennen.

Bilder werden nicht gedruckt

Werden Bilder nicht gedruckt, kann es daran liegen, dass Sie die Option IN WORD ERSTELLTE ZEICHNUNGEN DRUCKEN in DATEI | OPTIONEN | ANZEIGE | DRUCKOPTIONEN deaktiviert haben.

Viel Erfolg!

Es ist vollbracht.

Sie haben Ihre akademische Arbeit, Ihren Projektbericht, Ihr Seminarskript, Ihren Fachbeitrag nach allen Regeln der (Satz)Kunst mit Word fertiggestellt.

Das Rüstzeug haben Sie hoffentlich verständlich genug in diesem Buch gefunden.

Mir bleibt nur noch, Ihnen viel Erfolg zu wünschen.

G. O. Tuhls

PS:

Sollten Sie für das eine oder andere Problem hier doch keine Lösung gefunden haben, können Sie gern auch in den einschlägigen Foren des weltumspannenden Netzes Rat suchen, als da exemplarisch (auch von mir besucht) zu nennen wären:

`http://answers.microsoft.com/de-de/office/`

`http://ms-office-forum.net`

`http://www.office-hilfe.com/support/forum.php`

`http://www.office-loesung.de`

An dieser Stelle sei ein Dank an alle ausgesprochen, die in diesen Foren schildern, welche Probleme sie mit ihrer Software haben. Wenn schon nicht die Softwarehersteller, so ziehen doch wir Trainer und Autoren aus diesen Fragen Erkenntnisse darüber, wo die Nutzer der Schuh drückt.

Selbstverständlich ist auch die Hilfe-Website von Microsoft zu empfehlen. Dort finden Sie neben Ratschlägen häufig auch kleine Hilfsprogramme, die bestimmte Fehler ausbessern können: `http://support.microsoft.com`

Ein paar Hinweise zur Benutzung von Foren

Beachten Sie außer der selbstverständlichen Netiquette in Hilfeforen vor allem diese Grundregeln:

- Foren sind thematisch gegliedert. Posten Sie Ihre Frage in der einschlägigen Rubrik und geben Sie an, mit welcher Software-Version und welchem Betriebssystem Sie arbeiten.

- Beschreiben Sie Ihr Problem so eindeutig und ausführlich, dass man es nachvollziehen kann.

- Die Überschrift (Topic) soll spezifisch auf das Problem hinweisen. »Word-Problem« oder »Hänge in meiner Thesis fest« werden häufig übergangen, weil die Forenhelfer gern schon an der Überschrift erkennen möchten, ob eine Frage zu ihren Spezialgebieten gehört.

- Die Foren sind als Hilfe zur Selbsthilfe gedacht. Arbeiten Sie also an der Problemlösung mit und erwarten Sie keine fertigen Lösungen. Äußerungen wie »Geht nicht« oder »Funktioniert nicht« führen ebenso wenig in der Sache weiter wie: »Ich bin mir aber sicher, dass das mal ging.«

- Stellen Sie dieselbe Frage nicht parallel in mehreren Foren, ohne das ausdrücklich mit gegenseitigen Links zu deklarieren.

- Wenn Sie Screenshots (Erstellung siehe Abschnitt 16.2) anhängen, um Ihr Problem zu visualisieren, sollten mindestens

  - die zum Problem gehörende Registerkarte,
  - der einschlägige Dialog oder Aufgabenbereich,
  - Lineal und Steuerzeichen

  zu sehen sein.

- In den Hilfeforen treffen Sie ehrenamtliche Experten, die nichts dafür können, dass die Microsoft-Entwickler etwas nicht so programmiert haben, wie es Ihnen gefiele. Halten Sie sich deshalb mit Beschwerden oder Vorwürfen zurück.

- Beachten Sie Grammatik und Orthografie! Beiträge in WhatsApp-Deutsch und Twitter-Kauderwelsch[174] werden häufig ignoriert, weil sie schlecht zu lesen sind.

HTH[175]

---

174 Die übliche Anredeform ist zwar in fast allen Foren das »Du«, aber das befreit nicht von Umgangsformen und Korrespondenzregeln.
175 »Hope that helps«, Forengruß helferseitig

Word & Windows

Zwar kommen sowohl Windows als auch MS Office aus derselben Software-schmiede, doch das bedeutet noch lange nicht, dass beide auch völlig reibungslos miteinander arbeiten.

Dieser Anhang enthält Hilfestellungen zu den am häufigsten nachgefragten Problemfällen.

A.1 Explorer-Dateizuordnungen richten

Windows-Benutzer sind daran gewöhnt, dass eine im Explorer doppelt angeklickte Datei mit dem zugehörigen Programm geöffnet wird. Welches Programm zuständig ist, legen die Installationsroutinen der einzelnen Programme fest. Leider kann es dabei schon mal zu ungewollten Veränderungen kommen, und dann öffnet ein Doppelklick auf ein Word-Dokument nicht mehr Word, sondern ein anderes oder gar kein Programm.

Am einfachsten biegen Sie die Zuweisungen wieder hin, indem Sie per System-steuerung Office reparieren. Diese Funktion finden Sie in

Windows 7: 🞂 | SYSTEMSTEUERUNG | PROGRAMME UND FEATURES

Windows 8: ⊞ | ⚙ PC-EINSTELLUNGEN | SYSTEMSTEUERUNG | PROGRAMME UND FEATURES

Windows 10: Rechtsklick auf ⊞ oder Win+X | PROGRAMME/APPS UND FEATURES

Anschließend [rechts]klicken Sie das Symbol für »Microsoft Office« und wählen im Kontextmenü ÄNDERN.

Hinweis

Über diese grundsätzliche Maßnahme hinaus gibt es noch weitere spezifische und detaillierte Möglichkeiten für Eingriffe in die Dateizuordnungen der verschiedenen Windows-Versionen. 🏃

A.2 Mehrere Word-Versionen nebeneinander auf derselben Partition betreiben

Wie bereits zu Beginn dieses Buches erwähnt, laufen noch diverse alte Versionen von MS Office in den Firmen und Institutionen. Deshalb kommt es häufig vor, dass Sie auf Ihrem Privatrechner eine andere Word-Version benutzen als im Institut oder in der Firma. Das kann böse Überraschungen geben, denn trotz aller Kompatibilitätsversprechen und trotz Compatibility Packs sieht ein Dokument, das in der einen Version perfekt formatiert war, auf einem Rechner mit anderer Word-Version plötzlich ganz anders aus.

Da lohnt es sich, auf einem Rechner unterschiedliche Office-Versionen zu betreiben. Experten empfehlen für diesen Parallelbetrieb, je eine Version auf einem virtuellen Rechner einzurichten, um zu verhindern, dass diese sich in die Quere kommen. Auch innerhalb nur einer Windows-Installation funktionieren mehrere parallele Office-Versionen. Kleinere Problemchen mag es geben, aber sie laufen dennoch stabil.

Eine Macke allerdings hatte Office bis vor einiger Zeit: Immer wenn ein Programm aus einer anderen Version als zuletzt benutzt gestartet wurde, lief eine Initialisierungsroutine durch, mit der sich diese Version als die wichtigste beim Betriebssystem anmeldete. So etwas verzögerte den Start. Office ab Version 2013 bringt eine spezielle Registry-Einstellung zur Verhinderung dieses Verhaltens werkseitig mit; die älteren Versionen erhielten vor einiger Zeit einen entsprechenden Patch mit Service-Packs abgestellt. Sollten Sie also mehrere Office-Versionen parallel betreiben, hilft eine Aktualisierung per Windows-Update, diesen Bug abzustellen. 🐛

A.2.1 Updates verbiegen Dateizuordnungen

Der automatische Update-Dienst von Microsoft hat allerdings bei Parallelbetrieb einen heftigen Nachteil: Die ältesten installierten Versionen werden zuletzt aktualisiert. Dabei werden die Dateizuordnungen auf eben jene alte Version bezogen, was sicher selten im Interesse des Nutzers ist. Sie biegen das mit der eingangs in diesem Anhang erwähnten Schnellreparatur wieder hin.

A.3 Registrierungsschlüssel vergessen?

Da hat man sich nun das neue Notebook gekauft und stellt beim Einrichten fest, dass die Pappe mit dem Registrierungsschlüssel für Office verschollen ist.

Kein Problem, wenn Sie die Freeware wie »Get My Keys Back« oder »Magical Jelly Bean Keyfinder« verwenden. Diese Programme finden die Registrierungsschlüssel auf Ihrem alten Gerät, und Sie können sie für die Neuinstallation nutzen.

Die eigene Word-Oberfläche

Wenn Sie intensiv mit Word arbeiten – und das tun Sie beim Abfassen von Texten im wissenschaftlich-technischen Bereich sicher –, werden Sie sich oft wünschen, dass die eine oder andere Funktion beim Arbeiten leichter zu erreichen wäre.

Alle Office-Programme bieten Ihnen die Gelegenheit, die Programmoberfläche zu verändern, einige mehr, andere weniger; die Anpassungsmöglichkeiten in Word 2007 sind mit »minimal« eher geschönt umschrieben.

B.1 Schnellzugriffsleiste ändern

Neben den Standardschaltflächen finden Sie beim Klick auf ▼ weitere Funktionen, die sich für die Schnellzugriffsleiste durch Anklicken aktivieren oder deaktivieren lassen.

Sie können jede Schaltfläche des Menübands der Schnellzugriffsleiste hinzufügen, indem Sie diese rechtsklicken und im Kontextmenü ZU SYMBOLLEISTE FÜR DEN SCHNELLZUGRIFF HINZUFÜGEN wählen.

Sortieren lassen sich die Symbole in der Schnellzugriffsleiste nur im ANPASSEN-Dialog, den Sie mit WEITERE BEFEHLE ... unter der Schaltflächenauswahl der Schnellzugriffsleiste oder per Kontextmenü jeder Schaltfläche mit SYMBOLLEISTE FÜR DEN SCHNELLZUGRIFF ANPASSEN bzw. PASSEN SIE DIE SYMBOLLEISTE FÜR DEN SCHNELLZUGRIFF AN öffnen.

Um eine beliebige Schaltfläche zur Schnellzugriffsleiste hinzufügen, wählen Sie im ANPASSEN-Dialog links oben den Befehlsbereich, in dem die Funktion zu finden ist, und markieren die Funktion in der Liste darunter. Mit einem Klick auf HINZUFÜGEN stellen Sie ihn in die rechte Liste der in der Schnellzugriffsleiste verfügbaren Befehle.

Die Pfeil-Schaltflächen ▲ und ▼ am rechten Rand des ANPASSEN-Dialogs erlauben Ihnen, die Schaltflächen innerhalb der Schnellzugriffsleiste zu verschieben.

Wollen Sie einen Befehl aus der Schnellzugriffsleiste entfernen, benötigen Sie nicht den ANPASSEN-Dialog, sondern klicken den Befehl in der Schnellzugriffsleiste mit der rechten Maustaste an und wählen im Kontextmenü AUS SYMBOLLEISTE FÜR DEN SCHNELLZUGRIFF ENTFERNEN.

Mit der Option Symbolleiste für den Schnellzugriff unter der Multifunk-tionsleiste platzieren kann der Standort der Schnellzugriffsleiste wahlweise über oder unter der Multifunktionsleiste festgelegt werden.

In einer Auswahlliste rechts oben im Anpassen-Dialog können Sie festlegen, ob die Änderungen nur für dieses Dokument oder dauerhaft für Ihre Word-Installa-tion gelten sollen.

B.2 Menüband ändern

Seit Office 2010 lässt sich das Menüband nach eigenen Vorstellungen umgestal-ten. Sie öffnen den Anpassen-Dialog am leichtesten mit einem Rechtsklick ins Menüband und wählen im Kontextmenü Menüband anpassen.

Leider lassen sich die Funktionen nicht an beliebiger Stelle einfügen, sondern nur in selbst erstellten, zusätzlichen Funktionsgruppen.

> **Wichtig**
>
> Selbst angelegte »benutzerdefinierte« Gruppen enthalten nicht die Schaltfläche ⬊, mit der Sie direkt den Format-Dialog aufrufen können. Ersatzweise gibt es aber für die Eigenkonfiguration in der Auswahl passende Schaltflächen »... For-matieren«.

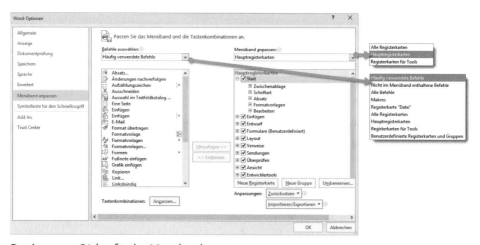

Der Anpassen-Dialog für das Menüband

Im Dialog finden Sie rechts die Auswahl der Registerkarten, in denen Sie etwas verändern wollen.

1. Markieren Sie zuerst in der rechten Liste die Gruppe oder Registerkarte, neben der Sie Ihre eigenen Funktionen einfügen wollen.

2. Wählen Sie NEUE GRUPPE oder NEUE REGISTERKARTE.

3. Geben Sie der neuen Gruppe oder Registerkarte mit UMBENENNEN einen treffenden Namen und ein Icon, das bei Reduzierung des Menübands dafür angezeigt wird.

4. Wählen Sie in der linken Liste die benötigten Funktionen aus und fügen Sie sie durch Klick auf HINZUFÜGEN in die neue Gruppe ein.

Die Pfeil-Schaltflächen ▼ und ▲ am rechten Rand des ANPASSEN-Dialogs erlauben Ihnen, die Schaltflächen innerhalb der Gruppe zu verschieben.

Um eine Schaltfläche, Gruppe oder Registerkarte aus dem Menüband zu löschen, markieren Sie diese in der rechten Liste und klicken auf ENTFERNEN.

Damit können Sie auch die werksseitig vorgegebenen Gruppen und Registerkarten aus dem Menüband entfernen.

Es ist jedoch nicht möglich, einzelne Schaltflächen aus den vorgegebenen Registerkarten zu entfernen. Wenn Sie einige Funktionen nicht benötigen, andere, häufig benötigte dafür gern weiter nach oben in der Hierarchie haben möchten,[176] schaffen Sie das nur auf folgendem Umweg:

1. Löschen Sie die Gruppe oder Registerkarte komplett, die die nicht benötigten Schaltflächen enthält, indem Sie sie rechtsklicken und ENTFERNEN wählen.

2. Legen Sie mit NEUE GRUPPE oder NEUE REGISTERKARTE eine ebensolche an und geben Sie ihr mit UMBENENNEN den Namen der gelöschten Gruppe bzw. Registerkarte. Richten Sie in einer neuen Registerkarte eigene Gruppen oder mit den ursprünglichen Gruppenbezeichnungen korrespondierende Gruppen ein.

3. Wählen Sie im linken Fenster die noch benötigten und zusätzlichen Funktionen aus und stellen Sie sie mit HINZUFÜGEN in die neue/n Gruppe/n ein.

B.3   Weitergehende Anpassungen

Weitergehende Änderungen des Menübands und der Schnellzugriffsleiste sind mit »Bordmitteln« nicht möglich. Über XML-Programmierung lassen sich eigene Menübänder und Schnellzugriffsleisten erstellen, die vorhandene Word-Funktionen und VBA-Makros aufrufen. ✒

---

176 Diese Möglichkeit ist besonders interessant bei den Format-Registerkarten diverser Tool-Funktionen, die mit Musterformatierungen überfrachtet sind, aber häufig benötigte Funktionen erst in unteren Menüebenen bereitstellen.

Literatur dazu

http://www.rholtz-office.de/ribbonx/start

https://www.youtube.com/watch?v=Ec_fV6MNsaY&t=364s

B.4 Tastenkombinationen anpassen

In den ANPASSEN-Dialogen gibt es eine Schaltfläche zum Anpassen von Tasten-kombinationen.

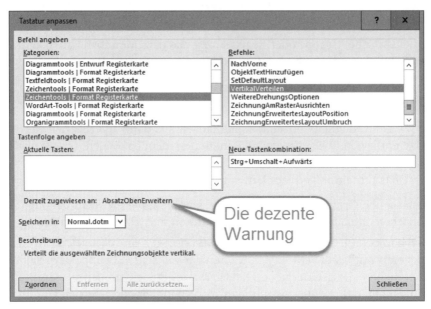

Anpassen der Tastenkombinationen

Tastenkombination für Formatvorlagen

Um einer Formatvorlage eine Tastenkombination zuzuweisen, rufen Sie diesen Dialog via FORMATVORLAGE ÄNDERN-Dialog mit FORMAT | TASTENKOMBINATION auf.

Um einer Funktion eine eigene Tastenkombination zuzuweisen, gehen Sie wie folgt vor:

1. Markieren Sie in der Liste oben links die Kategorie (= Menü bzw. Registerkarte) und oben rechts die Funktion durch Anklicken.

2. Klicken Sie in das Feld NEUE TASTENKOMBINATION.

3. Betätigen Sie die gewünschte Tastenkombination.

Vorsicht

Sollte diese Tastenkombination bereits vergeben sein, gibt Word nur eine un-scheinbare Warnung im Dialog aus.

4. Klicken Sie auf ZUORDNEN.

Hinweis

Die Kategorie ALLE BEFEHLE enthält auch Funktionen, die in keiner der anderen Kategorien zu finden sind.

Aus der Trickkiste: Tastenkombinationen ohne Suche in der Funktionsliste anlegen

Ein visueller Weg, eine eigene Tastenkombination für eine Funktion anzulegen, führt über die Eingabe von ⎡Strg⎤+⎡Alt⎤+⎡+⎤ (Plustaste auf dem Nummernblock). Der Mauszeiger nimmt die Form ⌘ an und bewirkt mit dem Klick auf eine belie-bige Schaltfläche in einer Registerkarte, dass der Dialog TASTATUR ANPASSEN geöff-net wird und die angeklickte Funktion schon im Feld BEFEHLE eingetragen ist.

B.5 Standard-Optionen, die Sie unbedingt ändern sollten

Microsoft liefert seine Produkte mit einer Reihe von Voreinstellungen aus, die eher hinderlich denn hilfreich sind. Deshalb sollten Sie die folgenden Optionen sofort nach Installation ändern.

B.5.1 Alle Word-Versionen

- Schalten Sie in der Registerkarte ANSICHT das LINEAL **ein**, um Satzspiegel, Ein-züge und Tabulatoren im Blick zu behalten.
- Schalten Sie die Option

  DATEI | OPTIONEN | ANZEIGE | DOKUMENT-QUICKINFOS BEIM DARAUFZEIGEN/ HOVERN ANZEIGEN

  ein, damit Ihnen Informationen aus Fußnoten und Hyperlinks nicht entgehen.
- Bei Druckproblemen hat es sich als hilfreich erwiesen, die Option

  DATEI | OPTIONEN | ERWEITERT | DRUCKEN IM HINTERGRUND

  abzuschalten.
- Um das Auseinanderziehen der Wörter bei manuellen Zeilenschaltungen im Blocksatz zu vermeiden, schalten Sie diese Option **ein**:

  DATEI | OPTIONEN | ERWEITERT | LAYOUTOPTIONEN | ZEICHENABSTÄNDE IN ZEI-LEN, DIE MIT UMSCHALT-EINGABE ENDEN, NICHT ERWEITERN

Ab **Version 2013** startet Word in der Grundeinstellung mit der Vorlagenauswahl. Meist möchte man jedoch mit einem leeren Blatt starten. Das erreichen Sie, indem Sie in DATEI | OPTIONEN | ALLGEMEIN die Option STARTBILDSCHIRM BEIM START DIESER ANWENDUNG ANZEIGEN abschalten.

B.5.2 Windows

Die Einstellung, dass Dateiendungen im Explorer nicht angezeigt werden, ist eine Sicherheitslücke, die noch nie mit einem Update geschlossen wurde. Schadsoftware kann auf diese Weise vom Anwender gestartet werden, obwohl er sich nur ein neckisches Bildchen anschauen wollte. Wer ahnt schon, dass die Datei »PamelaAndersonMinibikini« kein Bild ist, sondern ein Trojaner, wenn die Dateiendung .exe nicht zu sehen ist?

Deshalb **de**aktivieren Sie in den ORDNEROPTIONEN des Explorers unbedingt die Option ERWEITERUNGEN BEI BEKANNTEN DATEITYPEN AUSBLENDEN.

B.6 Farben

Bei der immer wieder nachgefragten Farbgestaltung lässt uns Microsoft nicht viele Freiheiten. In DATEI | OPTIONEN | ALLGEMEIN | OFFICE-DESIGN/FARBSCHEMA dürfen Sie zwischen drei Varianten der Farbgestaltung für das Menüband wählen. Das war es dann auch schon. Die voreingestellten Designs lassen sich nicht ändern, ebenso wenig die Farbe der Statusleiste, die versionsabhängig entweder grau ist oder der Logo-Farbe des Office-Produkts (also blau für Word) folgt.

Farben für die Dialog-Titelzeilen

Die Titelzeilen der Dialoge sind der Windows-Farbe für Taskleiste und Startmenü angeglichen, die Sie ab Windows 8 mit ⊞+Ⅰ | PERSONALISIERUNG einstellen.

In den Windows-Versionen bis 7 richtet sich die Farbgebung nach dem mit SYSTEMSTEUERUNG | ANPASSEN eingestellten Farbschema.

Don't panic

Word-Benutzer reagieren häufig panisch und mit Schockstarre, wenn auf dem Bildschirm etwas Unerwartetes passiert. Dabei ist Panik nun die schlechteste Methode, aus einer unklaren Situation herauszufinden.

Böse ausgedrückt kann man die meisten dieser Probleme auf das unter Insidern *60-cm-Bug* genannte Phänomen zurückführen: »Die meisten Computer-Probleme entstehen 60 cm vor dem Bildschirm.«

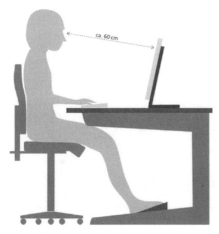

Der »60-cm-Bug«

Es ist fast immer so, dass unbewusst eine Funktion ausgelöst wurde – sei es durch eine falsch gedrückte Tastenkombination oder durch einen unbedachten Mausklick. Überlegen Sie, was Sie zuletzt getan haben. Häufig lässt sich die Fehlschaltung zurückverfolgen.

In diesem Buch sind Abhilfen für die Standardprobleme beschrieben – nur wo, wenn Sie ein unbekanntes Problem auf Ihrem Bildschirm erblicken? Für diesen Fall habe ich die »Most wanted« der Nachfragen noch einmal zusammengetragen und die Fundstellen für die Erläuterungen angegeben.

Fragen zur Texteingabe

Ich habe **Formeln** korrekt gemäß den Regeln der Word-Hilfe eingegeben, erhalte aber immer die Meldung »**Syntaxfehler**«.	C.4
Word schreibt alles **rot und unterstrichen**.	22.1
Auf meiner Tastatur sind die **Umlaute** weg und die **Satzzeichen** durcheinander.	15 vorab
Wie lösche ich ein falsches Wort wieder aus meinem persönlichen **Wörterbuch**?	11.1.5

Fragen zur Nummerierung

In der Überschriftennummerierung erscheinen statt der Nummern **schwarze Balken**.	2.1
Die **Gliederung zählt falsch**.	2.4
Ich habe zwar die **Überschriften** in die **Kopfzeile** bekommen, aber die Nummerierung kommt nicht mit.	2.6.1
Wie kann ich Teile des Dokuments mit **römischen Zahlen paginieren**, den Rest mit arabischen Zahlen?	4.2.2
Ich habe Teile des Dokuments mit **römischen Zahlen** paginiert, im **Inhaltsverzeichnis** werden sie allerdings arabisch angezeigt.	4.2.2

Fragen zum Layout

Ich will nur ein Wort umformatieren, aber der gesamte **Text verändert sich** dabei.	am Schluss von 6.3.2
Zwischen den Zeilen sind **riesige Abstände** und der Text verteilt sich über die ganze Seite.	1.2
Word **umbricht** die Seite, obwohl noch **genügend Platz nach unten** ist.	5.2.7, 9.7, 16.8.3
Wie kann ich verhindern, dass die letzte Zeile im **Blocksatz** auseinandergezogen wird?	9.5.1
Kann ich den **Fußnoten-Trennstrich** ändern?	5.2.6
Word schiebt **Fußnoten auf die nächste Seite**.	5.2.7
Meine **Kopf- und Fußzeilen** sind **verschwunden**.	3.1.1
Ich möchte **keine Kopfzeile** auf der ersten Seite eines Kapitels.	3.1.2
Ich benötige **eckige Klammern** für meine **Quellenhinweise**.	5.6.4
Ich muss für eine **Tabelle** eine Seite im **Querformat** einfügen. Wie bekomme ich die Kopf- und Fußzeile dennoch an die Schmalseiten?	4.2.4
Wie schaffe ich es, dass meine **Tabellenzeilen** am Seitenende nicht **auseinandergerissen** werden?	15.4.1

Wie hole ich **Überschriften** automatisch in die **Kopfzeile?**	2.6
Die **Überschrift** in der Kopfzeile beginnt mit einem **Backslash **, obwohl der in der Überschrift gar nicht enthalten ist.	2.6.4
Wie bekomme ich mehr als nur drei **Überschriftenebenen** ins Inhaltsverzeichnis?	5.4.4
Vor der **Überschrift des Inhaltsverzeichnisses** steht ein Kleiner-als-Zeichen <.	5.9
Ich habe einen **Unterstrich**, den ich nicht wegbekomme.	12.2.3

Fragen zur Darstellung

Ich sehe **seltsame Zeichen ¶** im Text und Punkte zwischen den Wörtern.	7.2.1
Überall sehe ich **kryptische Texte in geschweiften Klammern.**	19.1.3
Bilder werden abgeschnitten, ich sehe nur den unteren Rand.	16.8.1
Bilder werden nicht angezeigt oder nicht gedruckt.	16 vorab
Ich habe in Bildunterschriften auch **Quellenangaben**, die ich aber nicht ins **Abbildungsverzeichnis** übernehmen will.	18.1.3

C.1   Wenn Word nicht startet

Manchmal reagiert Word absolut unwillig und startet gar nicht oder ein Dokument wird nicht mit Word, sondern einem anderen Programm geöffnet.[177]

Hier hilft meist eine Reparatur der Installation:

1. Öffnen Sie die Systemsteuerung und wählen Sie dort PROGRAMME UND FUNKTIONEN.
2. Suchen Sie »Microsoft Office ...«
3. Rechtsklick: ÄNDERN | SCHNELLREPARATUR

Sofern die Schnellreparatur nicht zum Ziel führt, gibt es noch die ausführlichere *Online-Reparatur*.

Der noch weiter gehende Schritt ist eine komplette Deinstallation der Office-Programme, daselbst mit Rechtsklick: DEINSTALLIEREN aufzurufen. Leider hinterlässt diese Deinstallation gelegentlich Reste des Office-Pakets auf der Festplatte und in der Windows-Registry, für deren Beseitigung Microsoft auf der Website

`https://support2.microsoft.com/fixit/de` Hilfsmittel bereitstellt.

Weitere nützliche Tipps zu Startproblemen finden Sie auf dieser Seite

`https://support.office.com/de-de/`.

---

177 siehe auch Anhang A und Abschnitt 21.2.3

C.1.1 Add-Ins und Hilfsprogramme

Zu den »üblichen Verdächtigen« bei unerklärlichen Fehlern zählen Nebenwirkungen schlecht gefertigter Makros, Add-Ins und allerlei Hilfsprogramme. Dazu zählen auch kommerzielle Produkte, wie die traurige Erfahrung lehrt. Häufig werden

- Abbyy FineReader und Transformer
- Adobe PDF
- Avery/Zweckform-Etiketten-Assistenten
- Babylon
- Dropbox Badge
- Duden-Korrektor
- EndNote
- E-Porto
- Evernote
- Fast Picture Viewer
- FreePDF

- IBM Trusteer Rapport
- Imagic Word Report
- KingSoft PowerWord
- MathType
- Mendeley
- McAfee Web Advisor und Life Search
- Norton Security
- Send-to-Bluetooth
- Soda PDF PlugIn
- Skype-PlugIns
- versch. SmartTools
- WPS Office Free

als Störenfriede ermittelt.[178]

Nicht immer ist ein Zusammenhang erkennbar!

Dabei muss der Fehler überhaupt keine unmittelbare Beziehung zur eigentlichen Funktion der störenden Software besitzen. Wenn sich die Rechtschreibprüfung »Babylon« und die hauseigene Rechtschreibprüfung in die Quere kommen, erscheint das plausibel; dagegen verursacht z. B. »Dropbox-Badge« Störungen in der Minisymbolleiste.

Hilfreich ist deshalb häufig das sukzessive Abschalten von Add-Ins. Sofern das nichts hilft, versuchen Sie es mit der kompletten Deinstallation derartiger Programme über die Systemsteuerung.

Word ohne Add-Ins starten

Wenn Word gar nicht hochfährt, starten Sie das Programm ohne Add-Ins, indem Sie wie folgt vorgehen:

1. Drücken Sie ⊞+R.

---

178 Im Hauptteil des Buches wird im Kontext auf bestimmte »Störenfriede« hingewiesen.

2. Tragen Sie im Eingabefenster den Programmaufruf für Word ein, gefolgt vom Parameter /a.

Damit startet Word, ohne Add-Ins zu aktivieren.

Word abgesichert starten

Noch weitergehend ist der Start im abgesicherten Modus, den Sie mit der Parameter /safe oder einem Programmstart per Klick im Startmenü bei gedrückter [Strg]-Taste erreichen.

Klicken Sie in DATEI | OPTIONEN | ADD-INS, Bereich VERWALTEN auf die Schaltfläche GEHE ZU / LOS mit Auswahl COM-ADD-INS und entfernen Sie dort nach und nach die Add-Ins.

> **Hinweis**
>
> Wenn Sie auf die Unterstützung durch die hinderlichen Add-Ins nicht verzichten möchten, suchen Sie auf den Webseiten der Hersteller nach fehlerbereinigten Updates.

C.2 Wenn Word kurzfristig einfriert oder die Maus »hängt«

Word reagiert manchmal verzögert auf die Texteingabe, das Markieren oder das Scrollen des Bildschirms. Dann kann häufig eine der nachfolgenden Methoden Abhilfe schaffen:

Automatisches Speichern

Öffnen Sie DATEI | OPTIONEN | SPEICHERN und verlängern Sie das Intervall von AUTOWIEDERHERSTELLEN-INFORMATIONEN SPEICHERN.

Grafikeinstellungen

Öffnen Sie DATEI | OPTIONEN | ERWEITERT | und ändern Sie im Bereich ANZEIGEN die Option HARDWAREGRAFIKBESCHLEUNIGUNG DEAKTIVIEREN.

🅓 🅖 🅙 Schriftdarstellung

Öffnen Sie DATEI | OPTIONEN | ERWEITERT | und ändern Sie im Bereich ANZEIGEN die Option SUBPIXEL-POSITIONIERUNG ZUM GLÄTTEN VON SCHRIFTEN VERWENDEN.

C.3 Wenn Word oder der Rechner sich total »aufhängt«

Die grundsätzliche Abhilfe, seit es Windows gibt, lautet ja: »Schließen Sie alle Fenster und Anwendungen und starten Sie den Rechner neu!« Das ist immer dann angesagt, wenn sich der Rechner oder ein Programm »aufgehängt« hat, nur ist es dann häufig nicht möglich, Fenster zu schließen und Inhalte zu speichern. Wie Sie dabei evtl. zerstörte Daten vielleicht noch retten können, lesen Sie in Kapitel 21.

C.4 Hilflose Hilfe

Die Hilfetexte sind schon seit vielen Office-Versionen dringend revisionsbedürftig, nur kümmert sich bei Microsoft niemand ernsthaft darum. So sind die Anleitungen nicht nur lückenhaft, sondern die vorhandenen Texte enthalten auch schwerwiegende Fehler.

»Interessant« wird es, wenn Sie dann außerhalb der Microsoft-Seiten im Internet nach Hilfestellung suchen und dieselben Fehler auch auf Seiten Externer finden. Dann beginnen Sie am eigenen Vermögen zu zweifeln, diese »Hilfen« korrekt umzusetzen.

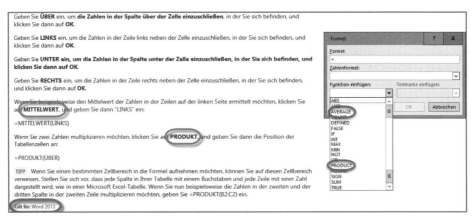

Auszug aus der Seite »Verwenden einer Formel in einer Word-Tabelle« der Office-Online-Hilfe, die von Fehlern nur so strotzt (vgl. Abschnitt 19.3.2).

Eigenartig ist, dass die falschen deutschen Operatoren und Argumente nur Hilfe für Berechnungen in Tabellen betreffen; in der Hilfe zur Feldfunktion ⦃ = formula ⦄ dagegen finden sich die korrekten englischen Namen.[179] Allerdings sind an bei-

---

179 Es zeugt ohnehin von einer eigenartigen Kundenorientierung, wenn in Word internationale mathematische Bezeichner verwendet werden, während sie in Excel eingedeutscht sind, obwohl sich dort Nutzer tummeln, die mit der internationalen Form umzugehen gewohnt sind.

den Fundstellen die Operanden-Trenner falsch als Kommata angegeben; Semikola werden erwartet!

C.5 Irritierende Bezeichnungen

Beachten Sie unbedingt einige Homonyme und Fehlübersetzungen, die häufig zu Irritationen, Fragen oder Unverständnis führen, denn Microsofts Übersetzer sind manchmal zu viel, manchmal zu wenig »kreativ«. Die wichtigsten Verursacher solcher Irritationen sind hier zusammengestellt.

Einfügen begegnet Ihnen

- als Registerkarte zum Einfügen diverser Objekte,
- aber auch in der Registerkarte START beim Zugriff auf die Zwischenablage.

Entwurf ist

- eine Ansichtsvariante in der Registerkarte ANSICHT mit eingeschränkter Darstellung des Textes,
- seit Word 2013 auch eine Hauptregisterkarte des Menübands mit Funktionen zum Design, allerdings mit versionsabhängigen Einsatzmöglichkeiten: Während in 2013 noch alle Funktionen dieser Registerkarte uneingeschränkt zur Verfügung standen, sind in den Folgeversionen nur dann alle Funktionen nutzbar, wenn eine der Standard-Vorlagen aus DATEI | NEU verwendet wurde.

Gliederung bezeichnet

- eine hierarchische Nummerierung,
- aber auch eine Ansicht, die einen Text anhand hierarchisch gegliederter Überschriften als Ebenenstruktur zeigt.

Start bezeichnet

- die Registerkarte START,
- aber seit Office 2019 auch eine Rubrik im Backstage-Bereich mit einer Zusammenfassung der zuletzt verwendeten Dateien, Ordner und Vorlagen.

Textfeld verwendet Word

- für eine *Form* zum Einfügen frei positionierbaren Textes,
- aber auch für Formularfelder der ENTWICKLERTOOLS in den Variationen

  Textfeld (Formularsteuerelement) der Formulare aus Vorversionen,

  Textfeld (ActiveX-Steuerelement) der ActiveX-Steuerelemente.

»Layout« = Wahnsinn mit Methode

Mit keinem anderen Begriff wird soviel Schindluder getrieben wie mit »Layout«. Word ist eh kein Layout-Programm, noch nie gewesen, was sich durch die chaotische Verwendung des Begriffs nicht ändert.

Layout ist

- die Bezeichnung eines Dialogs für Bildpositionierung und Textfluss in den BILDTOOLS und ZEICHENTOOLS,
- der Name eines Registers im Dialog SEITE EINRICHTEN und
- seit Word 2016 auch der Name der Hauptregisterkarte, mit der die Seite gestaltet wird; sie hieß zuvor SEITENLAYOUT.

Da hat die Abschaffung des einen Homonyms ein anderes erweitert, denn **Seitenlayout** heißt

- bis Word 2013 die Hauptregisterkarte, mit der die Seite gestaltet wird,
- aber auch bis 2016 eine Ansichtsvariante in der Registerkarte ANSICHT, die mit Word 2019 den Namen **Drucklayout** erhielt.

Layoutoptionen finden sich

- als Einstellung für den Textfluss um eingebettete Objekte in den BILDTOOLS, TABELLENTOOLS und ZEICHENTOOLS sowie
- als Zentraloptionen im Bereich ERWEITERT ganz am Schluss.[29]

Grundlagen und Glossar

D.1 Bedienung

Sie sehen nach dem Start von Word ein virtuelles Blatt Papier, das Sie mit Text zu füllen gedenken, umgeben von Bedienungselementen. Diese sind über die Versionen einheitlich gestaltet.

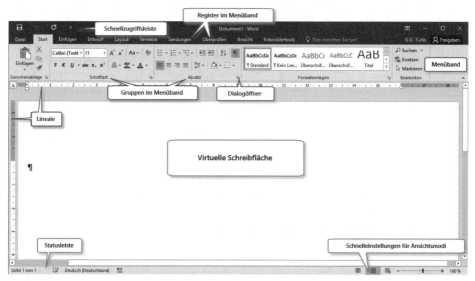

Die Arbeitsoberfläche von Word

D.1.1 »Was möchten Sie tun?«

Seit Office 2016 ist das Menüband mit dem Eingabefeld »Was möchten Sie tun?« um eine gut gemeinte Hilfefunktion bereichert worden; quasi ein Ableger der Steuerungsassistenz *Cortana*. Hier werden beim Anklicken Vorschläge für die nächsten Arbeitsschritte unterbreitet; beim Eintragen eines Bearbeitungswunsches erhalten Sie mehr oder weniger hilfreiche Unterstützung.

⚠ Vorsicht

Wenn Sie einen der Vorschläge anklicken, wird diese Funktion sofort ausgelöst!

Wieder einmal bewahrheitet sich die Erkenntnis, dass »gut gemeint« das Gegenteil von »gut« ist, denn sowohl die Kontextorientierung der Vorschläge als auch die Interpretation der Eingaben sind noch stark verbesserungsbedürftig.

Die Bedienung ist nicht konform zum Rest des Menübands: Klickt man das Lampen-Symbol an, passiert gar nichts, setzt man die Schreibmarke in den Führungstext, klappt die Vorschlagsliste auf.

Ein wirklicher Vorteil ist zwar die Auflistung der zuletzt verwendeten Funktionen, allerdings wird nur der Eintrag der obersten Ebene angezeigt, von dem aus Sie sich ggf. bis zur eigentlichen Funktion durchklicken müssen. [Strg]+[Y] ist dafür besser geeignet, weil der wirklich *letzte* Befehl wiederholt wird.

D.1.2 Mausbedienung

Als Programme mit grafischer Oberfläche sind die Office-Programme auf Mausbedienung ausgelegt. Sie bewegen mit der Maus einen Zeiger (Cursor) über den Bildschirm und betätigen an bestimmten Stellen eine der Maustasten (Mausklick), um damit Aktionen auszulösen. In Word sind diese Mausaktionen vornehmlich Markierungen im Text (siehe Kapitel 8) und Funktionsaufrufe über Schaltflächen.

D.1.3 Tastaturbedienung

Word ist ein Textprogramm, deshalb sind Menschen, die viel damit arbeiten, häufig tastaturorientiert.

Es ist möglich, fast alle Funktionen in Word mit der Tastatur zu erledigen. So lassen sich die Aufrufe der Funktionen durchweg mittels Drücken von Tasten erledigen.[180]

D.1.4 Bedienung der Mobil-Versionen

Seit Word 2013 lassen sich das Menüband und die Kontextmenüs »spreizen«, um die Abstände zwischen den Schaltflächen zur besseren Treffsicherheit zu vergrößern. Spezielle Finger-Markierungstechniken und eine Handschrifterkennung rundeten die Unterstützung vorerst ab. Diese Spezialitäten sind in den Kapiteln im Kontext mit den klassischen Bedienweisen erläutert.

Mit Word 2019 wurde die Finger- oder Stifteingabe verbessert. Dennoch ist Textbearbeitung auf dem Tablet oder gar auf einem Smartphone angesichts der geringen Bildschirmgröße und Auflösung nicht zu empfehlen. Die virtuelle Tastatur schränkt den Bildschirm erheblich ein und überdeckt dabei auch noch Bedienelemente. Darüber hinaus sind die für Tablets und Smartphones angepassten Word-Versionen stark in ihren Funktionen eingeschränkt, weshalb sie wirklich nur für kleinere,

180 Mehr zur Tastaturbedienung finden Sie in den einschlägigen Einträgen im Glossar und an thematisch passender Stelle im Haupttext.

kurzfristige Überarbeitungen taugen. Zur eigentlichen Schreibarbeit ist immer eine Tastatur zu empfehlen; die meisten mobilen Geräte lassen sich per Adapter, Dockingstation oder Bluetooth an Tastatur, Maus und Monitor anschließen.

Bildschirm der Mobilversion

Menüband der Mobilversion auf angedocktem Monitor (oben) und der Desktopversion (unten).

D.2 Glossar

Abschnitt

Word-Terminus für einen begrenzten Teil des Gesamtdokuments, dessen Seitenlayout einschließlich Kopf- und Fußzeilen nebst Seitenzählung unabhängig von den umgebenden Abschnitten gestaltet werden kann. Alles über die Einrichtung und Nutzung von Abschnitten finden Sie in Teil I dieses Buches.

Add-In

Ergänzungsprogramm, das sich in ein anderes Programm einklinkt und damit dort zusätzliche Funktionen bereitstellt. Ggf. enthalten Add-Ins auch Ergänzungen des Menübands und der Tastaturkürzel. Da Add-Ins auch Schäden verursachen können, bedarf ihre Ausführung der Genehmigung durch den Nutzer. Die Behandlung von Add-Ins legen Sie in DATEI | OPTIONEN | ADD-INS und VERTRAU-ENSSTELLUNGSCENTER / SICHERHEITSCENTER / TRUST CENTER sowie mit der Regis-terkarte ENTWICKLERTOOLS fest.

Es gibt zwei Kategorien von Add-Ins:

Word-Add-Ins werden mit Visual Basic for Applications (VBA) programmiert und als Vorlagedatei (*.dotm) in einem Startup-Ordner gespeichert. Beim Start von Word werden sie mitgeladen.

Ein globaler Startup-Ordner enthält Add-Ins für alle Benutzer:

🔟 `C:\Program Files (x86)\Microsoft Office\Office##\Startup`

🔢🔢 `C:\Programme\Microsoft Office##\root\Office##\Startup`

🔟 oder
`C:\Program Files (x86)\Microsoft Office\root\Office##\Startup`

steht für die interne Office-Versionsnummer[20].

Um den Startup-Ordner zu ermitteln, gehen Sie wie folgt vor:

1. Starten Sie den Makro-Editor mit [Alt]+[F11].
2. Öffnen Sie mit ANSICHT | DIREKTFENSTER den Direkteingabebereich.
3. Tragen Sie dort ein ?Application.StartupPath, gefolgt von [↵].
4. Der Pfad wird angezeigt.

Im Startup-Ordner gespeicherte Vorlagen werden beim Start von Word automa-tisch mitgeladen und der XML-Code für das Menüband ausgeführt.

Daneben gibt es für jeden Benutzer einen eigenen Startup-Ordner:

```
C:\User\(Benutzername)\AppData\Roaming\Microsoft\Word\Startup
```

COM-Add-Ins sind aufwendiger programmiert und werden mit einer Installa-tionsroutine installiert wie Programme.

Ansichtsmodi

Es gibt in der Registerkarte ANSICHT verschiedene Einstellungen, wie Sie Ihren Text dargestellt bekommen möchten.

RegKarte Ansicht	Tastatur	Statusleiste	Darstellung
[Vollbild-] Lesemodus		🔲	Eine oder zwei Seiten mit allen Details »wie gedruckt«

Die Ansichtsmodi im Vergleich

RegKarte Ansicht	Tastatur	Statusleiste	Darstellung
Seitenlayout/ Drucklayout	Strg + Alt + L ▤		WYSIWYG
Weblayout		▤	Keine Seitenumbrüche, keine Kopf- zeilen, aber WYSIWYG
Gliederung	Strg + Alt + G		Nach Formatierungen gegliedert und gekennzeichnet
Entwurf	Strg + Alt + N		Nur formatierter Text und Markie- rung der Seitenumbrüche
🔟 Vertikal			Die Seiten bewegen sich beim Scrollen auf- oder abwärts. Wie viele Seiten dargestellt werden, hängt vom Zoomfaktor ab.
🔟 Seitenweise			Es werden immer zwei nebeneinan- derliegende Seiten angezeigt, durch die mit Bild ↓ und Bild ↑ oder Mausrad »geblättert« werden kann.

Die Ansichtsmodi im Vergleich (Forts.)

Die »übliche« Ansichtseinstellung ist SEITENLAYOUT/DRUCKLAYOUT ▤. Damit sehen Sie den Text so vor sich, wie er später einmal gedruckt aussehen wird. *An-nähernd so*, muss an dieser Stelle angemerkt werden. Es gibt trotz des hochgelob-ten WYSIWYG immer noch Abweichungen,[181] aber die Ansicht SEITENLAYOUT kommt dem Druck schon sehr nahe.

Über diese Ansichten hinaus gibt es noch die *Seitenansicht*, in der Ihr Dokument angezeigt wird, wie es auch gedruckt erschiene. Mit Strg + F2 oder DATEI | DRU-CKEN gelangen Sie in diese Ansicht, die zugleich die Druckeinstellungen enthält. In Kapitel 23 wird diese Ansicht detailliert vorgestellt.

Ansicht zoomen

Um den Text auf dem Bildschirm einerseits lesbar zu halten, andererseits aber auch komplette Seiten betrachten zu können, bietet Word diverse vorbestimmte Ansichtsgrößen für Ihr virtuelles Blatt Papier und auch freies Zoomen an.

Der Weg dorthin führt über ANSICHT | ZOOM oder Mausklick auf die Prozentanzei-ge unten rechts in der Statusleiste.

Ein Dialog erscheint mit einigen voreingestellten und zwei frei wählbaren An-sichtsgrößen. Im Feld PROZENT lassen sich beliebige Werte eingeben, während im Feld MEHRERE SEITEN durch Aufziehen mit der Maus eine beliebige Matrix von Bildschirmseiten erzeugt werden kann.

---

181 Schon wegen der im Druck besseren Auflösung kann der Bildschirm keine druckgleiche Dar-stellung liefern.

Einige Elemente des ZOOM-Dialogs finden Sie auch an schneller zugänglichen Stellen vor:

- unten rechts in der Statusleiste und
- direkt in der Registerkarte ANSICHT.

Zoom-Einstellungen

Zoomen mit der Maus

Letztendlich können Sie auch mit der Maus zoomen, indem Sie das Mausrad bei gedrückter Taste ⌊Strg⌋ drehen.

Wichtig

Haben Sie die Bewegungsvariante *Seitenweise* gewählt, ist die Zoom-Funktion außer Betrieb.

Mehrere Dokumente parallel anzeigen

Sie können mehrere Dokumente in Word parallel bearbeiten. Zwischen den Dokumenten wechseln Sie mit ANSICHT | FENSTER.

Fensterwechsel

Am selben Ort finden Sie auch mit ALLE ANORDNEN eine Einstellung, mehrere Fenster nicht hintereinander, sondern nebeneinander oder übereinander gleichzeitig im Blick zu behalten.

Ansicht beim Öffnen vorgeben

Mit einem Start-Makro[182] können Sie vorherbestimmen, in welcher Ansicht Word geöffnet wird. Die Word-Konstante für Type (Zeile 003) bestimmt den Ansichtsmodus.

Makro		Ansicht	Konstante
001	Sub AutoOpen()	Gliederungsansicht	wdMasterView
002	With ActiveWindow.View		wdOutlineView
003	.Type = wdPrintView	Entwurfsansicht	wdNormalView
004	.Zoom = 100		
005	End With	Seitenansicht	wdPrintPreview
006	End Sub	WYSIWYG	wdPrintView
		Lesemodus	wdReadingView
		Weblayout	wdWebView

Dokument-Fenster oder Word-Instanz?

Word kennt in den **Versionen bis 2010** zwei Arten der gleichzeitigen Bearbeitung mehrerer Dokumente:

- Entweder werden in einer Word-Instanz mehrere Fenster nebeneinander bearbeitet
- oder für jedes Word-Dokument wird eine Word-Instanz gestartet.

Sie erkennen den Unterschied in der oberen rechten Ecke Ihres Word-Fensters: Werden dort die Symbole zum –, ☐ und ☒ doppelt angezeigt, arbeiten Sie im **Fenstermodus**; die Schaltflächen der unteren Reihe beziehen sich auf das aktuelle Dokument-Fenster, die der oberen Reihe auf Word komplett. Im **Instanzenmodus** gibt es diese Schaltflächen nur in einfacher Ausführung, sie beziehen sich auf die Word-Instanz, in der nur ein Dokument bearbeitet wird.

Wichtig

Die zugehörige Einstellung liegt versteckt und kryptisch in den zentralen Optionen:

DATEI | OPTIONEN | ERWEITERT | ANZEIGEN | Option ALLE FENSTER IN DER TASKLEISTE ANZEIGEN

Ist diese Option gesetzt, arbeiten Sie im Instanzenmodus.

---

182 Word führt beim Öffnen eines Dokuments in einer Sub mit dem Namen »AutoOpen« enthaltenen Befehle aus; mehr zu Makros in Abschnitt 19.5.

Mit Word 2013 wurde diese Auswahl wieder abgeschafft. Alle Office-Programme arbeiten ständig im Instanzenmodus.

Im Instanzenmodus ist es mit den Schaltflächen ⊠ nicht möglich, ein Dokument zu schließen, Word aber ohne geöffnetes Dokumentaktiv zu lassen. Das geht nur mittels ⌐Strg¬+⌐W¬, damit schließen Sie nur das Dokument, aber nicht die Anwendung.

Unabhängig vom Modus wechseln Sie **in allen Versionen** mit ⌐Strg¬+⌐F6¬ reihum durch alle geöffneten Word-Dokumente.

Ein Dokument in zwei Fenstern anzeigen

Gelegentlich ergibt sich die Notwendigkeit, einen bestimmten Text im Dokument im Auge zu behalten, während man an anderer Stelle im selben Dokument schreibt, z. B. wenn Fakten weiter vorn im Dokument stehen, die im hinteren Teil kommentiert werden.

Um sich dauerndes Blättern zwischen Schreib- und Referenzposition zu ersparen, können Sie das Dokumentfenster teilen mit ⌐Strg¬+⌐Alt¬+⌐S¬ oder ANSICHT | FENSTER | TEILEN.

Nach Aufruf dieses Befehls setzen Sie eine virtuelle Trennlinie in Ihr Dokument; Word stellt ein weiteres Fenster ein, in dem dasselbe Dokument zu sehen ist, aber Sie können unabhängig in beiden Fenstern im Text navigieren.

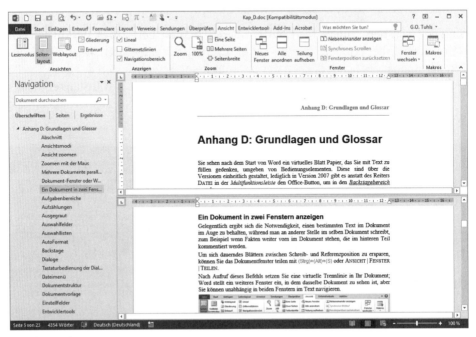

Geteiltes Dokument

Apps

Das ursprüngliche Kürzel für *Applikation* (Anwendungsprogramm) ist inzwischen begrifflich erweitert worden und umfasst sowohl Programme (häufig reduziert auf kleine Programme) und Add-Ins.

Aufgabenbereiche

Aufgabenbereiche gibt es in allen in diesem Buch behandelten Versionen von Word. Sie erscheinen grundsätzlich beim Aufruf bestimmter Funktionen. Sie können sie

- durch Greifen am oberen Rand von ihrer Position lösen und frei auf dem Bildschirm verschieben sowie
- nach Gebrauch durch Klick auf ☒ schließen.
- Die Tastaturbedienung der Aufgabenbereiche entspricht jener der Dialoge℗.

Aufzählungen

Absätze, die durch Einrückung und führende Aufzählungszeichen vom Textkörper abgesetzt sind (Kapitel 12).

Ausgeblendet

Um Text nicht anzuzeigen, benötigt Word das Schriftattribut AUSGEBLENDET aus dem SCHRIFTART-Dialog: START | SCHRIFTART: ⬑.

Ausgeblendeter Text wird am Bildschirm nur angezeigt, wenn

- die Steuerzeichenanzeige ¶ aktiv oder
- in DATEI | OPTIONEN | ANZEIGE die Option AUSGEBLENDETEN TEXT gesetzt

ist. Sichtbar gemachter ausgeblendeter Text ist an einer gepunkteten Unterstreichung erkennbar.

Gedruckt wird ausgeblendeter Text nur bei gesetzter Option AUSGEBLENDETEN TEXT DRUCKEN in DATEI | OPTIONEN | ANZEIGE.

Ausgegraut

Wenn bestimmte Funktionen nicht zur Verfügung stehen, stellen Office-Programme diese kontrastärmer dar, um dem Anwender so zu signalisieren, dass Anklicken zwecklos ist.

Auswahlbereich

Der Aufgabenbereich AUSWAHL [UND SICHTBARKEIT], den Sie mit START | Bearbeiten: MARKIEREN | AUSWAHLBEREICH aufrufen, hilft beim Markieren und Organisieren von Objekten.

Statt im Text klicken Sie das zu markierende Element in der Liste des Auswahlbereichs an, um es zu markieren oder eine Markierung wieder aufzuheben.

Manchmal ist es erwünscht, einige Objekte auf einer Seite auszublenden, aber nicht zu löschen. Im Auswahlbereich dient diesem Zweck das Symbol 👁 (in Word 2010 👁) rechts neben den Objektbezeichnungen. Ein Klick darauf blendet das zugehörige Objekt aus; ein Querstrich – bzw. leerer Rahmen ☐ anstelle des Augensymbols zeigt in der Liste die Unsichtbarkeit an. Um das Objekt wieder sichtbar zu machen, bedarf es eines Klicks auf – bzw. ☐ oder auf die Schaltfläche ALLE ANZEIGEN am oberen Rand des Auswahlbereichs.

Beim Anlegen oder Einfügen neuer Objekte benennt Word diese mit der Art des Objekts, gefolgt von einer laufenden Nummer. Im Auswahlbereich können Sie diese Bezeichnungen frei ändern.

Auswahlfelder

siehe *Options- und Auswahlfelder*

Auswahllisten

Besteht eine größere Auswahlmöglichkeit in Dialogen und im Menüband, stellt Word diese in Listenform zur Verfügung. Sie sehen dann die aktuell gewählte oder voreingestellte Option und daneben eine Schaltfläche ▼. Ein Klick darauf öffnet die Liste, evtl. mit einem Rollbalken versehen, wenn die Liste lang ist. Suchen Sie sich die gewünschte Option und klicken Sie darauf, um sie auszuwählen.

AutoFormat

In den AutoKorrektur-Optionen sorgen die beiden Register AUTOFORMAT WÄHREND DER EINGABE und AUTOFORMAT für Irritationen, weil beide in etwa dieselben Einstellungen enthalten.

Gleiche Optionen, aber keineswegs redundant

In früheren Word-Versionen konnte man mit etwas Fantasie noch erraten, dass die *Einstellungen* in AUTOFORMAT sich auf die *Funktion* AUTOFORMAT bezogen; seit Word 2007 fehlt diese Funktion aber im Menüband. Dennoch ist sie noch vorhanden und kann mit dem ANPASSEN-Dialog (siehe Anhang B) in die Schnellzugriffsleiste geholt werden. Mit den Einstellungen des Registers AUTOFORMAT wird deren Funktionsumfang gesteuert.

Die AUTOFORMAT-Funktion verfügt über einige sinnvolle Möglichkeiten, importierten Text an die eigene Formatierung anzupassen; sie holt damit die Korrekturen des Registers AUTOFORMAT WÄHREND DER EINGABE nach.

Neben den aus den Optionsbeschreibungen ersichtlichen Funktionen (beschrieben in den thematisch zugehörigen Kapiteln, siehe Index zu »AutoFormat«) beseitigt sie auch entbehrliche Absatzmarken an Zeilenenden.

> ⚠ **Vorsicht**
>
> Leider greift die Automatik in vielen Fällen zu weit, weshalb sie nicht bedenkenlos empfohlen werden kann.[183]

- So kann das Entfernen von Absatzmarken unerwünscht sein; es lässt sich aber nicht abstellen.
- Bei eingeschaltetem Ersetzen gerader Anführungszeichen durch typografische werden Apostrophe verschluckt.
- Die Option ANDERE ABSATZFORMATE (entspricht FORMATVORLAGEN BASIEREND AUF FORMATIERUNG DEFINIEREN des Registers AUTOFORMAT BEI DER EINGABE) ist in den seltensten Fällen brauchbar. Sie analysiert Absatzformatierungen und vergleicht sie mit in den Formatvorlagen hinterlegten Formatierungen, um bei Übereinstimmung die Formatvorlage zuzuweisen. Leider schießt auch dieser Assistent häufig übers Ziel hinaus, weshalb er keine wirklich brauchbare Unterstützung darstellt.

Backstage

Zahlreiche übergeordnete Funktionen sind zur Entfrachtung der üblichen Registerkarten in den Backstage-Bereich ausgelagert worden, den Sie per Klick auf das DATEI-Register öffnen.

Vom Backstage-Bereich zurück in die Bearbeitungsansicht gelangen Sie mit [ESC] oder einem Klick auf ⊖ oben links.

---

183 Zu einigen Funktionen sind im Haupttext Anpassungs-Workarounds beschrieben, die ohne das nachträgliche AutoFormat auskommen.

Brotschriften

Gängige, leicht lesbare Schriften, die vorwiegend für große Textmengen (Fließtext) verwendet werden; also jene Schriften, mit denen der Setzer sein Brot verdient.

BU und BÜ

Fachjargon-Abkürzungen für Bildunterschrift und Bildüberschrift, wird für jede Form von Illustrations-Beschriftung verwendet.

Dialoge

Dialoge sind mehr oder weniger komplexe Zusammenstellungen von Optionen, die für einen markierten Text oder ein markiertes Objekt zur Verfügung stehen. Sie poppen als Fenster auf dem Bildschirm auf oder erscheinen am Bildschirmrand als Aufgabenbereich und zeigen – häufig in Registern gegliederte – Einstellmöglichkeiten.

Die Auswahl im Dialog wirkt sich sofort auf den markierten Text aus, sofern die Livevorschau eingeschaltet ist, jedoch nicht in allen Dialogen. Sofern im Dialogfenster eine Schaltfläche **OK** vorhanden ist, müssen Sie den Dialog zum Wirksamwerden der Einstellungen mit einem Klick darauf schließen.

Dialoge ohne (links) und mit **OK**-Schaltfläche (rechts)

Ab Word 2013 sind viele Dialoge ohne **OK** in Aufgabenbereiche verschoben worden.

Wichtig

Offene Dialoge mit **OK**-Schaltfläche blockieren jede Aktion außerhalb des Dialogs. Dialoge ohne **OK**-Schaltfläche dagegen müssen zum Weiterarbeiten am Text nicht geschlossen werden. Sie lassen sich einfach an den Rand schieben, um nicht mehr im Weg zu stehen.

> **Tipp**
>
> Oft reicht ein Doppelklick auf eine Auswahl, um diese Auswahl zu übernehmen und den Dialog ohne Klick auf `OK` zu schließen. Beim Ein- und Ausschalten von Optionen kommen Sie um ein `OK` allerdings nicht umhin.

Tastaturbedienung der Dialoge

Tastaturbenutzer verwenden `↵` für `OK` und `ESC` für den Abbruch.

`↹` bzw. `⇧`+`↹` springt zum nächsten bzw. vorherigen Bereich im Dialog.

`Strg`+`↹` bzw. `Strg`+`⇧`+`↹` wechselt zwischen den Registern eines Dialogs.

`←` `→` `↑` `↓` springen zwischen den Options- und Auswahlfeldern.

`Leertaste` startet die Aktion einer Schaltfläche oder setzt ein Options- oder Auswahlfeld.

`Alt`+Buchstabentaste setzt das Options- oder Auswahlfeld, in dem dieser Buchstabe gekennzeichnet ist.

`Alt`+`↓` öffnet eine Liste.

Eine Buchstabentaste springt in einer Liste zu dem Eintrag, der mit diesem Buchstaben beginnt.

Dokumentstruktur

Durch Überschriften verdeutlichte thematische Zuordnung der Texte. Werden für die Überschriften die Formatvorlagen »Überschrift 1« bis »Überschrift 9« verwendet, stellt Word die Struktur in einem seitlichen Fenster dar, das mit ANSICHT | NAVIGATIONSBEREICH aktiviert werden kann.

Dokumentvorlage

Gesamtheit von Formatvorlagen als Vorlagedatei mit der Dateiendung `.dot`, `.dotx` oder `.dotm` (Kapitel 6).

Einstellfelder

Geht es darum, Werte zu bestimmen, wird Ihnen meist eine Kombination aus Eingabefeld und Schaltflächen zum Inkrementieren ▲ oder Dekrementieren ▼ des Wertes angeboten. Während die Schaltflächen in bestimmten, vom Programm vorgegebenen Abstufungen arbeiten, sind bei manueller Eingabe in das Feld beliebige Werte erlaubt, die Sie mit `↵` bestätigen.

Entwicklertools

Registerkarte mit besonderen Werkzeugen, die standardmäßig nicht eingeblendet ist. Sie aktivieren sie mit Rechtsklick ins Menüband | MENÜBAND ANPASSEN | ENTWICKLERTOOLS im rechten Fenster aktivieren.

Registerkarte ENTWICKLERTOOLS

Felder

Zugriff auf Word-interne Dateiinformationen, Rechenfunktionen, Formulargestaltung etc., siehe Kapitel 19.

Format

Wer mit Word schreibt, kommt an dem Begriff »Format« nicht vorbei. Microsofts Entwickler verwenden ihn inflationär, indem sie ihn zusätzlich zu den für Schreibprogramme üblichen *Dateiformat* und *Papierformat* auch noch für diverse Funktionen benutzen und das »Formatieren« eine der essenziellen Tätigkeiten bei der Verwendung von Word ist.

»Format« begegnet uns auch als Registerbezeichnung in den *Registerkarten für Tools*, also jenen Registerkarten, die nur dann im Menüband erscheinen, wenn ein passendes Objekt markiert ist. Dieser durchgängige Name bedeutet aber nicht, dass darin gleiche oder auch nur ähnliche Funktionen zu finden wären. Lediglich die Gruppe *Anordnen*, die relevante Funktionen für die Platzierung von Objekten im Text enthält, ist überall anzutreffen.

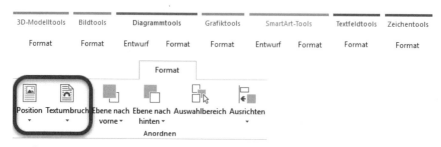

Die für Word relevanten Funktionen der diversen Format-Register

Formatieren

Jede Veränderung der Eigenschaften eines Dokuments, wie Satzspiegel, Schriftart, -größe und -farbe, Zeilen- und Absatzabstände, Einrückungen, Seiten- und Satzspiegelmaße etc. wird in Word formatieren genannt. Einstellungen zum Seitenformat und Satzspiegel sind ausführlich in Abschnitt 1.2 beschrieben.

Text und Absätze formatieren

Wird ein Kommando zur Formatänderung *während* des Schreibens gegeben, gilt die neue Formatierung für den nachfolgend eingegebenen Text.

- Für das *nachträgliche* Formatieren muss die zu formatierende Textmenge *markiert* (Abschnitt 9.3) sein, um dann mithilfe der Formatwerkzeuge formatiert zu werden.

Von jeder Regel gibt es Ausnahmen:

- Steht die Schreibmarke ohne Markierung in einem Wort, wird das komplette Wort formatiert, sofern es sich um ein »Zeichenformat« handelt.

- Wird ein Format angewandt, das als »Absatzformat« definiert ist, wird ohne Markierung der Absatz formatiert, in dem die Schreibmarke gerade steht.

Zeichenformate sind Attribute für Schrift, also alles, was Sie im FORMAT-Dialog START | *Schriftart* ↘ einstellen können.	**Absatzformate** sind Attribute für Zeilen und Absätze, also alles, was Sie im FORMAT-Dialog START | *Absatz* ↘ einstellen können.

Für zahlreiche Formatwerkzeuge gibt es Tastenkürzel, die im Haupttext bei den einschlägigen Funktionen angegeben sind.

Wo merkt sich Word die Formatierung?

Häufig sorgt die Art und Weise, in der Word die Formatierungen registriert, für Irritation. Bei Zeichenformaten ist das klar, diese Information trägt der formatierte Textteil intern und gibt das Format an ein- und angefügte Zeichen weiter.

Für Absatzformate dagegen ist die Absatzmarke ¶ Avatar für alle Formatierungen im Absatz. Beim Erzeugen eines neuen Absatzumbruchs mit ↵ »erbt« der neue Absatz die Formatierung des Absatzes, in dem die Schreibmarke stand.

Die obligatorische letzte Absatzmarke steht für alle grundlegenden Formatierungen des Dokuments, deshalb lässt sie sich auch nicht entfernen.

Beim Zusammenfügen zweier Absätze durch Löschen der trennenden Absatzmarke passt sich der untere Absatz dem Format des oberen Absatzes an. Die Formatinformationen der stehenbleibenden Absatzmarke des zweiten Absatzes werden also mit jenen der gelöschten Absatzmarke überschrieben.

Formate übertragen

Haben Sie eine Textpassage mit mehreren Attributen formatiert und möchten dieselbe Formatierung auch für eine andere Textpassage verwenden, lässt sich das Format auf einfache Weise übertragen.

Formate mit der Maus übertragen

Mit der Maus übertragen Sie ein Format am einfachsten mit dem »Formatpinsel«.

1. Setzen Sie die Schreibmarke in den *formatierten* Text oder markieren Sie diese Passage.
2. START | *Zwischenablage* ✛ FORMAT ÜBERTRAGEN

   oder

   Rechtklick auf das *formatierte* Element | *Minisymbolleiste* ✛

Der Mauszeiger nimmt das Symbol ▨▵ an.

3. Klicken Sie auf das *zu formatierende* Wort oder überstreichen Sie den *zu formatierenden* Textbereich mit gedrückter linker Maustaste.

Ein Doppelklick auf ✛ bewirkt, dass Sie anschließend nacheinander beliebig viele Objekte anklicken und formatieren können, bis Sie die Schaltfläche ✛ erneut anklicken oder ESC drücken.

Viel Text umformatieren

Bewegen Sie den Formatpinsel-Mauszeiger links aus dem Text heraus, nimmt er die dort übliche rechtsgerichtete Pfeilform an, *behält aber die Formatpinsel-Funktion bei.* Er lässt sich dort zeilenweise überstreichend zum Formatübertragen einsetzen.

Formate mit der Tastatur übertragen

Falls Sie lieber Tastenkombinationen verwenden, können Sie anstelle des Formatpinsels zwei Shortcuts einsetzen:

1. Setzen Sie die Schreibmarke in den *formatierten* Text oder markieren Sie diese Passage.
2. Strg+⇧+C
3. Setzen Sie die Schreibmarke in das *zu formatierende* Wort oder markieren Sie die *zu formatierende* Passage.
4. Strg+⇧+V

Die Formatierung bleibt bei der Tastenmethode so lange gespeichert, bis Sie durch erneutes Verwenden von Strg+⇧+C oder Aktivieren des Formatpinsels überschrieben wird.

> **Wichtig**
>
> Wollen Sie Absatzformate übertragen, achten Sie darauf, dass die Absatzmarke ¶ beim Zuweisen erfasst wird.

Formatierungen zurücksetzen

Markieren Sie den Absatz, dessen Formatierungen Sie zu tilgen wünschen, und drücken Sie

- `Strg`+`Q`, um Absatzformate wie Einrückungen, Rahmen etc.,
- `Strg`+`Leertaste` oder `Strg`+`⇧`+`Z`, um Schriftattribute wie fett, kursiv, unterstrichen etc.

zurückzunehmen. Damit werden alle manuellen Formatierungen gelöscht und der Text auf die Formatierung des Absatzes laut Formatvorlage zurückgesetzt.

Seiteneinstellungen übertragen

Die genannten Übertragungsmethoden gelten nur für Schrift- und Absatzattribute; die Seiteneinstellungen werden dabei nicht übernommen, z. B. in ein anderes Dokument oder einen anderen Abschnitt. Mehr dazu in Abschnitt 1.2.5.

Formatierungszeichen

siehe *Steuerzeichen*; irreführende Bezeichnung, die arglose Nutzer glauben macht, man könne mit Leerschritten, Tabsprüngen und Absatzmarken Text zurichten.

Formatvorlagen

Komplettformatierung für einen Absatz oder markierten Text, die alle Eigenschaften enthält, also Schriftart, -größe, -farbe, Zeilen- und Absatzabstände, Einrückungen, Nummerierungen etc. (Kapitel 6).

Formatvorlagen dienen der Arbeitserleichterung, aber auch Word zur Orientierung bei bestimmten Assistenzfunktionen.

Formel-Editor

Bis 2017 gab es in Word zwei unterschiedliche Formel-Editoren, den »offiziellen« in EINFÜGEN | FORMEL und einen weiteren, genannt *Formel-Editor 3.0*, in EINFÜGEN | OBJEKT. Letztgenannter war ein Relikt aus vergangenen Versionen, das lediglich aus Kompatibilitätsgründen noch mitgeliefert wurde.

Ende 2017 wurden Sicherheitsrisiken beim *FE 3.0* erkannt, woraufhin sich Microsoft dazu entschloss, ihn per Update aus allen Installationen zu tilgen. Damit wurden Formelobjekte, die mit *FE 3.0* erstellt wurden, unbearbeitbar.

Als Abhilfe stellt der eigentliche Hersteller des Add-Ins mit der Version *MathType Lite* ein kostenloses Hilfsmittel zur Bearbeitung alter Formelobjekte bereit. Mehr Informationen, auch zum Download des *MathType Lite* finden Sie unter:

```
https://support.microsoft.com/en-us/help/4057882/error-when-
editing-an-equation-in-office
```

```
http://www.wiris.com/en/downloads/files/2163/01mathtypeWIN/Math-
Type-win-de-6.9c.exe
```

Gliederung

1. Hierarchisch aufgebaute Form einer Nummerierung nach dem Muster 1 – 1.1 – 1.2 – 1.2.1 – 1.2.2 – 2 – 2.1 – 2.2 etc. (Kapitel 20).

2. Im weiteren Sinne ist die Gliederung auch die Struktur des Dokuments anhand der Gliederungsebenen von Überschriften (Kapitel 2).

   Die **Gliederungsansicht**

   Ansicht | Gliederung

   stellt das Dokument anhand dieser Gliederung strukturiert dar und erlaubt gliederungsbezogene Bearbeitungen.

Hoppelformatierung

Fachjargon für den Versuch, mittels Leerschritten, Mehrfach-Tabsprüngen und leeren Absätzen eine Art Zurichtung des Textes hinzubekommen.

Hurenkinder

siehe *Schusterjungen und Hurenkinder*

Hyperlink

Verweis auf

- eine Stelle im Dokument,
- eine andere Datei oder
- eine Website.

Word verwendet interne Hyperlinks automatisch in verschiedenen Situationen, z. B. bei Querverweisen, im Inhaltsverzeichnis etc. So kann durch Anklicken des Verweises die bezogene Stelle direkt aufgerufen werden.

Manuell setzen Sie Hyperlinks mit Einfügen | Link. Im Dialog Link einfügen können Sie das Ziel bestimmen und ergänzende Einstellungen vornehmen.

Zu externen Links siehe *Verknüpfung*.

Installationspfad

Wo auf meinem Computer ist Word installiert? Diese Frage ist leider nicht einfach zu beantworten, denn je nach Version und Lizenzmodell gibt es die unterschiedlichsten Varianten.

Die simpelste Möglichkeit ist, den Verknüpfungen des Eintrags im Startmenü zu folgen, wie die Abbildung zeigt.

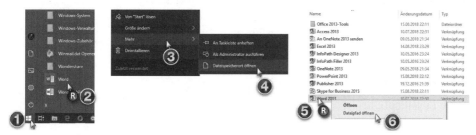

Auf der Suche nach `winword.exe`

Da jedoch auch hier abhängig von der Windows-Version die Kontext-Einträge variieren, ist diese Methode nicht immer einsetzbar. Dann hilft ein kurzes Makro (Kapitel 19):

```
Sub Pfad()
MsgBox Application.path
End Sub
```

Tragen Sie diese drei Zeilen in das Fenster THIS DOCUMENT des VBA-Editors [Alt]+[F11] ein und starten das Makro mit [F5]. Ein Mitteilungsfenster zeigt Ihnen den Dateipfad an.

Kompatibilitätsmodus

Mit Einführung der Office-Version 2007 wurde das Speicherformat der Office-Komponenten umgestellt. Die Versionen 2007 und höher können nahezu verlustfrei Dateien öffnen, die mit den Office-Versionen 97, 2000, 2002 (XP) und 2003 erstellt wurden. Für solche Dateien wird im Kopf des Word-Fensters der Hinweis [Kompatibilitätsmodus] eingeblendet.

Im Kompatibilitätsmodus geöffnete Dateien lassen sich im BACKSTAGE | INFORMATION oder durch Speichern im `.docx`-Format ins neue Format konvertieren.

Office 97 ist nicht in der Lage, Dateien der Versionen ab 2007 zu öffnen. Office 2000, 2002 und 2003 benötigen das »Compatibility Pack«, das kostenlos bei Microsoft heruntergeladen werden kann, um Dateien im neuen Format öffnen und auch speichern zu können. Dabei sind allerdings nicht alle Objekte der neuen Versionen bearbeitbar.

Mit den neuen Versionen lässt sich im Dialog SPEICHERN UNTER das alte Dateiformat (WORD 97-2003-DOKUMENT) auswählen, um die Datei abwärtskompatibel zu speichern.

Wichtig

Arbeiten Sie im Kompatibilitätsmodus, stehen für manche Objekte andere Funktionen oder Registerkarten zur Verfügung.

Kompatibilitätsoptionen

siehe *Layoutoptionen*

Kontextmenüs

Eine der wichtigsten Assistenzfunktionen überhaupt ist das Kontextmenü. Office-Programme »denken mit«. Sobald Sie die *rechte* Maustaste drücken, analysiert das Programm, was an der Stelle, an der Ihr Mauszeiger steht, wohl als Aktion gewünscht werden könnte. Die dafür einschlägigen Funktionen erscheinen in einer Auswahlliste neben dem Mauszeiger. Sie können nun mit der linken Maustaste die gewünschte Funktion anklicken, ohne sich durch die Menübandstrukturen zu quälen.

Für Tastaturbedienung erschließt sich diese Bedienweise mit der Taste 🖻 oder ⇧+F10. Sie öffnet das Kontextmenü; Sie können mit ↓ den Befehl ansteuern und mit ↵ bestätigen.

Tipp

Wenn Sie mal nicht weiterwissen, kann das Kontextmenü eine wichtige Hilfe bei der Suche nach der richtigen Funktion sein.

Kontextmenü für Touch-Bedienung

Wenn Word bemerkt, dass Sie mit dem Finger auf dem Bildschirm arbeiten, ändert sich sein Kontext-Verhalten.

Statt des Kontextmenüs erscheint beim Dauerdrücken auf eine Stelle im Text zunächst ein Quadrat unter dem Finger, beim Loslassen die Minisymbolleiste mit einer Schaltfläche ▼ am rechten Rand, die das eigentliche Kontextmenü aufklappen lässt.

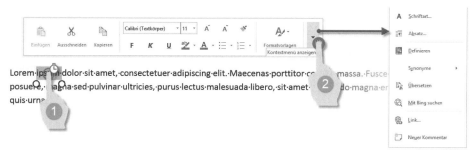

Kontextfunktion bei Touch-Bedienung

Kontrollkästchen

siehe *Options- und Auswahlfelder*

Layout

»Layout« steht in Word für diverse Tatbestände, obwohl Word gar kein Layout-Programm ist. Die Hauptbedeutung ist die Gestaltung von Text und Seite, aber es gibt noch diverse weitere Verwendungen dieses Begriffs, vgl. Abschnitt C.5.

Layoutoptionen

Die Layout- und Kompatibilitätsoptionen[184] enthalten zahlreiche Einstellungen, mit denen bestimmte, teilweise versionstypische Gestaltungsmerkmale vorgegeben werden können. Auf einige dieser Optionen wird im sachlichen Kontext in den einschlägigen Kapiteln eingegangen.

Am Ende von DATEI | OPTIONEN | ERWEITERT erstmals mit Word 2007 gut versteckt eingeführt, seit Word 2013 wenig sachgerecht aufgeteilt in Layoutoptionen und Kompatibilitätsoptionen, sind sie ein Ärgernis ob ihrer Desorganisation. Die Aufreihung vermittelt den Eindruck, dass sie nach dem Motto entstanden ist: »Ich hätt' hier noch was für die Layoutoptionen.« – »Häng's hinten dran!«

In Word 2010 sind die Optionen alphabetisch sortiert, was aber auch nichts nützt, wenn man die um manche Ecke formulierten Bezeichnungen der gesuchten Optionen nicht kennt. Inzwischen ist Microsoft denn auch wieder zum allseits verfluchten Chaos in der Sortierung zurückgekehrt.

Kurzum: Wer sich nicht dumm und dusselig suchen will in den 60 bis 70 Einträgen, muss auf externe Erläuterungen zurückgreifen. 🐜

---

184 Nicht zu verwechseln mit den WEITEREN LAYOUTOPTIONEN in den Bildtools!

Lineale

Word besitzt ein horizontales und ein vertikales Lineal, von denen vor allem das horizontale beim Zurichten von Texten die Arbeit erleichtern kann. Um sie einzublenden, aktivieren Sie in allen Versionen die Option ANSICHT | LINEAL, **in Word 2010** auch mit dem Lineal-Symbol am oberen Ende der vertikalen Scrollleiste.

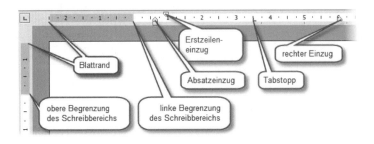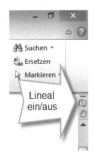

Die Lineale und ihre Anzeigen

Welche Möglichkeiten Ihnen die Lineale bei der Bearbeitung bieten, wird ausführlich im Kontext mit der Einrichtung von Seiten, Absätzen, Nummerierungen etc. erklärt.

Listen

1. Nummerierte Absätze, die mit der Nummerierungsautomatik erzeugt werden (Kapitel 14 und Kapitel 20).
2. siehe *Auswahllisten*

Livevorschau

Veränderungen, die Sie in Dialogen ohne OK-Schaltfläche und Einstelllisten des Menübands bewirken, werden Ihnen schon ohne zu klicken angezeigt, sobald Sie den Mauszeiger auf eine Schaltfläche bewegen. Tatsächlich auf die Markierung angewandt werden sie aber erst beim Anklicken.

Die Livevorschau lässt sich in DATEI | OPTIONEN | ALLGEMEIN abschalten.

Makro

Makros sind aufgezeichnete Abfolgen von Tastendrücken und Funktionsaufrufen und für ständig wiederkehrende Arbeiten eine gute Unterstützung. Mit Programmierkenntnissen lassen sich Makros auf mit Bordmitteln nicht lösbare Aufgaben erweitern. Es gibt im Internet auch vorgefertigte Makros für bestimmte Aufgaben. Wie Sie Makros nutzen, ist in Abschnitt 19.5 beschrieben.

Markieren

Text oder im Text integrierte Objekte müssen markiert sein, wenn sie formatiert werden sollen. Merksatz: **»Erst markieren, dann agieren!«**

Die einfachsten Markierungstechniken sind

- Überstreichen eines Textes mit dem Mauszeiger bei gedrückter linker Maustaste und
- Bewegen der Schreibmarke mit den Pfeiltasten bei gedrückter ⇧-Taste.

Weitere Markierungstechniken sind in Kapitel 9 ausführlich beschrieben.

MathType

siehe *Formel-Editor*

Mausklick

Die Termini der Mausbedienung in diesem Buch entsprechen den allgemeinen Gepflogenheiten:

Klicken	Den Mauszeiger über eine Schaltfläche, ein Auswahlfeld oder einen Text in Position bringen und die linke Maustaste einmal betätigen.
Doppelklicken	Den Mauszeiger über eine Schaltfläche, ein Auswahlfeld oder einen Text in Position bringen und die linke Maustaste zweimal kurz hintereinander betätigen.[a]
Mit der Maus ziehen (Drag&Drop)	Den Mauszeiger über einen markierten Text oder ein Objekt in Position bringen, die linke Maustaste drücken und festhalten, dann die Maus bewegen und am Ziel die Maustaste loslassen.
Rechtsklick	Den Mauszeiger über eine Schaltfläche, ein Auswahlfeld oder einen Text in Position bringen und die rechte Maustaste einmal betätigen.

a   Die Doppelklickrate können Sie in der Systemsteuerung, Bereich »Maus« einstellen.

Hinweise

- Besitzen Sie eine Maus mit mehr als zwei Tasten, blättern Sie mit den Vor- und Rücktasten seitenweise durch den Text.
- Das Mausrad dient zum Scrollen durch den Text. Mit gedrückter Strg-Taste können Sie den Zoomfaktor per Mausrad verändern.

Menüband

Das Menüband ist die ständig präsente Bedieneinheit mit einer Vielzahl von *Schaltflächen* in Microsoft Office. Die Funktionen sind auf Registerkarten verteilt, die sich per Mausklick auf die Registertabs° auswählen lassen. Sie können zu diesem Zweck auch den Mauszeiger ins Menüband stellen und das Mausrad drehen.

Das Menüband lässt sich bis auf die Registertabs ausblenden.

Menüband ausblenden	Menüband wieder einblenden
Klick auf ⌃ am rechten Ende des Menübands	⑩ Klick auf ⌄ am rechten Ende des Menübands
Rechtsklick im Menüband MENÜBAND MINIMIEREN/REDUZIEREN	Klick auf beliebigen Registertab (verschwindet wieder)
Doppelklick auf beliebigen Registertab	Doppelklick auf beliebigen Registertab (dauerhaft wieder einblenden)
Strg + F1	Strg + F1
⑩ Rechtsklick in die Schnellzugriffsleiste: Option MENÜBAND MINIMIEREN/REDUZIEREN aktivieren	⑩ Rechtsklick in die Schnellzugriffsleiste: Option MENÜBAND MINIMIEREN/REDUZIEREN deaktivieren

Funktionen für die Organisation des Menübands

Mit der Schaltfläche ⊡ in der oberen rechten Fensterecke lässt sich **ab Word 2013** die Erscheinungsform des Menübands ebenfalls beeinflussen, wobei die Einstellung MENÜBAND AUTOMATISCH AUSBLENDEN auch die Registerkarten verschwinden lässt und das Menüband *nur* durch Anklicken des oberen Fensterrandes hervorzulocken ist.

Einstellungen zur Anzeige des Menübands

Im Menüband mit Tasten navigieren

Jeder Schaltfläche ist ein Kennbuchstabe oder eine Buchstabenkombination zugeordnet, mit dem die Funktion auch ohne Mauseinsatz aufgerufen werden kann, wenn Sie zuvor Alt oder F10 betätigen. An jeder Schaltfläche° und jedem Register des Menübands leuchten dann die Kennbuchstaben auf. Drücken Sie einen der Kennbuchstaben auf der Tastatur, wird entweder die Funktion ausgelöst oder eine neue Auswahl angezeigt. Die Abbildung zeigt im ersten Schritt die Buchstabenkürzel der Registerkarten. Im zweiten Schritt sind nach Drücken von ⌞R⌟ für die Registerkarte START die darin enthaltenen Funktionen mit Buchstabenkürzeln versehen.

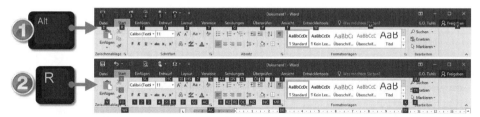

Der Weg durchs Menüband mit Tastatur oder Maus

Mit erneutem Drücken von ⌞Alt⌟ oder ⌞F10⌟ schalten Sie diesen Modus wieder ab.

Eine Einschränkung muss leider hingenommen werden: Geteilte Schaltflächen besitzen nur eine gemeinsame Kennung, die meist die erweiterte Variante der Funktion auslöst, entsprechend dem Klick auf ▼ bei Mausbedienung.

> ### ⚠ Vorsicht
>
> Diese Bedienmethode hat allerdings einen noch viel schlimmeren Haken: Die Kürzel wechseln von Version zu Version. So änderte sich z. B. das Kürzel für die Funktion TEXTFARBE 🅰 in der Registerkarte START von ⑩ FB nach ⑬ AC. Seither hat sie sich nicht verändert, aber man kann sich darauf nicht verlassen. Auswendig gelernte Kürzel können nach einem Versionswechsel häufig hinfällig werden.

Alternative Tastaturbedienung des Menübands

Haben Sie mit ⌞Alt⌟ oder ⌞F10⌟ den Tastaturmodus aktiviert, gelangen Sie auch mit ⌞←⌟ oder ⌞→⌟ zum gewünschten Register, das Sie mit ⌞↓⌟ aufklappen und in dem Sie weiter mit den Pfeiltasten die gewünschte Funktion ansteuern und mit ⌞↵⌟ starten.

Menüband per Touchscreen bedienen

Das Menüband lässt sich ab Office 2013 für die Touchscreen-Bedienung »auflockern«. Dafür aktivieren Sie in den mit ▼ aufgeklappten Anpassungen der *Schnellzugriffsleiste* die Schaltfläche FINGEREINGABE-/MAUSMODUS 👆. Wird sie angeklickt, haben Sie die Wahl zwischen Maus- und Fingereingabemodus. Im Fingereingabemodus dehnt das Programm die Abstände zwischen den Schaltflächen, damit sie leichter mit dem Finger zu treffen sind.

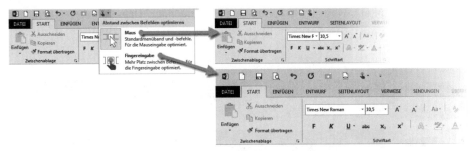

Gestreckte Darstellung der Schaltflächen im Fingereingabe-Modus (ab Word 2013)

Minisymbolleiste

Eine zusätzliche Hilfe im Stil der Kontextmenüs die *Minisymbolleiste*, die

- beim Markieren eines Textes zunächst schwach angedeutet, beim Berühren mit dem Mauszeiger deutlich angezeigt oder
- beim Rechtsklick auf Text zusätzlich zum Kontextmenü eingeblendet

wird und die wichtigsten Formatierungsbefehle unmittelbar bereitstellt.

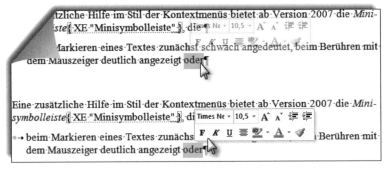

Die Minisymbolleiste erscheint beim Markieren von Text (oben) und manifestiert sich beim Berühren mit dem Mauszeiger (unten).

Das unaufgeforderte Einblenden beim Markieren kann auch störend sein, deshalb lässt sich das Erscheinen der Minisymbolleiste ohne Rechtsklick über die Option

DATEI | OPTIONEN | ALLGEMEIN | MINISYMBOLLEISTE FÜR DIE AUSWAHL ANZEIGEN ausschalten.

Um auch beim Rechtsklick keine Minisymbolleiste erscheinen zu lassen, sondern das Kontextmenü allein, ist ein Eingriff in die Registry erforderlich:

1. ⊞+Ⓡ
2. Geben Sie »regedit« ein.
3. Suchen Sie nach

   `HKEY_CURRENT_USER\Software\Microsoft\Office\##.0\Common\`
   `toolbars\Word`
4. Rechtsklick in das rechte Fenster | NEU | DWORD-Wert
5. Rechtsklick auf den Eintrag »Neuer Wert #1« | UMBENENNEN
6. Überschreiben Sie »Neuer Wert #1« mit »AllowMenuFloaties«
7. ⏎
8. Schließen Sie die Registry mit einem Klick auf ❌.

steht für die interne Office-Versionsnummer.

Der neue Schlüssel wird mit dem Wert 0 angelegt, deshalb brauchen Sie jetzt nichts weiter zu veranlassen.

Die Minisymbolleiste steht trotzdem zur Verfügung, wenn Sie den Mauszeiger auf einer Markierung stehen lassen.

Kontext-Minisymbolleiste wieder aktivieren

Wollen Sie die Unterdrückung wieder aufheben, suchen Sie diesen Eintrag in der Registry, rechtsklicken ihn und wählen im Kontextmenü ÄNDERN, um den Wert 1 einzutragen.

Minisymbolleiste mit Formatvorlagen

Ab Word 2013 bietet die Minisymbolleiste auch einen schnellen Zugriff auf die Formatvorlagen, jedoch leider ohne die bequeme Umformatierungsmöglichkeit des Kontextmenüs aus den Vorversionen (siehe Kapitel 6).

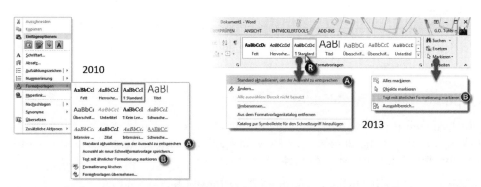

Vergleich des Kontext-Zugriffs (2010) mit den Formatvorlagen-Funktionen der Minisymbolleiste ab Word 2013

Die Funktion zur Übernahme des Formats des aktuell markierten Textes ❶ funktioniert nur noch über das Kontextmenü der Formatvorlagen in der Registerkarte START. Die Auswahl ähnlich formatierten Textes ❷ im Kontextmenü der Version 2010 ist in Word 2013 in der Registerkarte START | MARKIEREN zu finden.

Objekt

Jedes in den Text eingebettete Element, das nicht Fließtext ist.

Optionen, zentrale

In Office-Programmen wird vieles über Optionen gesteuert, die zentral zu steuern sind. Sie erreichen die Optionen-Einstellungen über DATEI | OPTIONEN.

Innerhalb der Einstelldialoge sind die Optionen in Register und Bereiche gegliedert.

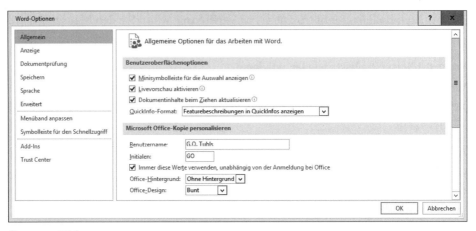

OPTIONEN-Dialog

In den entsprechenden Kapiteln wird auf einzelne Einstellungen jeweils im Kontext hingewiesen.

Options- und Auswahlfelder

In Dialogen und im Menüband finden Sie oft Kästchen oder Kreise zum Anklicken, womit Sie die danebenstehende Einstellung oder Option aktivieren. Word kennt zwei Arten dieser Ankreuzfelder:

☐☑   eckige für beliebig kombinierbare Eigenschaften und

○◉   runde für eine auf eine einzige beschränkte Auswahl aus mehreren Optionen.

Ein gefülltes Auswahlfeld sehen Sie, wenn innerhalb der Markierung diese Option nur für Teile aktiviert ist.

Anzeigen der Kontrollkästchen

PDF

Das »Portable Document Format« ist das übliche Dateiformat, das unabhängig von Hardware und Betriebssystem auf jedem Rechner mit dem kostenlosen »Adobe Reader« oder anderen einschlägigen Anzeigeprogrammen korrekt angezeigt werden kann.

Seit Version 2007 ist Word in der Lage, PDF-Dateien ohne externe Hilfsmittel zu erzeugen (Abschnitt 23.3).

Seit Version 2013 kann Word PDF-Dateien auch einlesen und bearbeiten (Abschnitt 10.6).

Registertabs

Das Menüband sowie viele Dialoge und Aufgabenbereiche sind in Registerkarten aufgeteilt, die die darin enthaltenen Funktionen strukturieren. Geöffnet werden sie durch einfaches Anklicken des *Registertabs*, also der über oder neben dem aktuellen Inhalt sichtbaren Beschreibung der weiteren Registerkarten. Der Tab der jeweils aktuell dargestellten Registerkarte ist durch farbliche Hervorhebung, fetten Text oder Unterstreichung markiert.

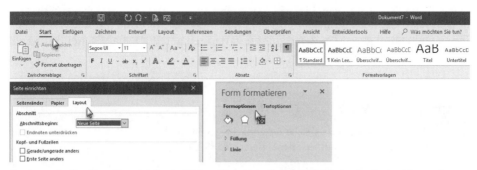

Registertabs im Menüband (oben), Dialog (links), Aufgabenbereich (rechts); der Mauszeiger weist jeweils auf den Tab des aktiven Registers.

Die Registertab-Markierung des Menübands wechselt von Version zu Version und intern auch noch je nach Office-Design.

Ribbon

Originalname des »Menübands«; wird auch in Deutschland, Österreich und der Schweiz von Office-Spezialisten benutzt.

Schaltflächen

Schaltflächen sind sensitive Bereiche auf dem Bildschirm, bei denen ein Mausklick (linke Maustaste) eine Aktion auslöst. Sie sind durch grafische Darstellungen ihrer Funktion (Icons) und meist auch durch Texte darunter oder daneben erkennbar.

Schaltflächen finden Sie sowohl in den Registerkarten des Menübands[▶] als auch in Dialogen[▶] und Aufgabenbereichen[▶].

Schaltflächen sind unterschiedlich ausführlich mit verbalen Erläuterungen der Funktionen versehen. Die Verbalisierung richtet sich nach der Bildschirm- oder Programmfenstergröße; bei einigen Funktionen gibt es überhaupt keine dauerhaft sichtbare Beschriftung. Erst beim Mouseover leuchtet eine Quickinfo mit der Funktionsbezeichnung auf.

Manche Schaltflächen sind geteilt; je nachdem, auf welche Hälfte Sie klicken, werden unterschiedliche Funktionen ausgelöst. Solange nicht der Mauszeiger über ihnen steht, sind gerade in den neueren Versionen geteilte Schaltflächen kaum als solche zu identifizieren.

Auf dem Monitor bleibt unklar, welche Schaltfläche geteilt ist **ⓐ**;
erst beim Mouseover offenbart sich der Unterschied **ⓑ ⓒ ⓓ**.

Ein besonderer Fall ist die winzige Schaltfläche ⬡ in den meisten Gruppenregistern, mit der die Formatierungsdialoge geöffnet werden. Sie besitzt offiziell keinen Namen und wird deshalb in diesem Buch als Symbol angegeben, angeführt vom Gruppennamen.

Schreibmarke

Position, an der Sie gerade Text eingeben, dargestellt durch einen blinkenden senkrechten Strich |.

Schusterjungen und Hurenkinder

Die Fachsprache des Schriftsatzes kennzeichnet mit »Schusterjungen und Hurenkinder« einzelne Zeilen eines Absatzes auf einer neuen oder der vorhergehenden Zeile. Das sind schwere Satzfehler, die Lesern sofort negativ auffallen.[185]

Seite und Seiteneinstellungen

Die »Seite« ist für Word keine feststehende Größe, denn Word arbeitet fließtextorientiert. Die angezeigte und gedruckte Seite ist der Text, der in den Satzspiegel passt. Ist der Text zu lang, wird er auf eine neu angelegte Folgeseite umbrochen. Die Einrichtung des Satzspiegels ist in Abschnitt 1.2 beschrieben.

Startup

siehe Stichwort »Add-In«

Statusleiste

Am unteren Rand des Word-Fensters befindet sich die Statusleiste, in der Ihnen Informationen zum gerade bearbeiteten Dokument und wichtige Einstellungen permanent gezeigt werden.

SEITE 22 VON 25 4754 WÖRTER DEUTSCH (DEUTSCHLAND) EINFÜGEN 184 %

Statuszeile am unteren Bildrand

Mit Rechtsklick in den leeren Bereich können Sie die Anzeigen der Statuszeile konfigurieren.

Hinweis

Einige Anzeigen erfüllen Sonderfunktionen, wenn sie mit links angeklickt werden. Sie werden im Haupttext ausführlich im Kontext mit den zugehörigen Themen erklärt.

---

185 Etymologie: Der Schusterjunge trödelt hinterher, während es die Hure nicht kümmert, wenn ihr Kind schon vorausgelaufen ist.

Steuerzeichen

Unsichtbare Informationen innerhalb des Textes, die der Textsteuerung dienen; sichtbar zu machen mit der Schaltfläche ¶ in der Registerkarte START, Gruppe ABSATZ oder mit der Tastenkombination ⌜Strg⌟+⌜⇧⌟+⌜+⌟[186] (Abschnitt 7.2).

Der Word-Terminus dafür lautet *Formatierungszeichen*, was irreführend ist, denn diese Zeichen dienen *nicht* der Formatierung (vgl. »Hoppelformatierung«[♪]).

Struktur

siehe *Dokumentstruktur*

Tab

Kürzel für »Tabulator«, in Word aber »Tabstopp« genannt, weil im Original die Registerkarten »Tab« genannt werden.

Tastenkombinationen

Word stellt seinen Benutzern sehr viele Funktionen auch als Tastenkombinationen, sogenannte *Shortcuts*, zur Verfügung. Bei den Funktionsaufrufen werden die Shortcuts in diesem Buch in Form von Tastenkappen angegeben, z. B. ⌜F2⌟ für eine einzelne Funktionstaste, ⌜Strg⌟+⌜⇧⌟+⌜C⌟ für mehrere gleichzeitig zu drückende Tasten oder ⌜Strg⌟+⌜A⌟, ⌜F9⌟ für eine Abfolge von Tasten(kombinationen).

Wollen Sie das Menüband ausblenden, weil Sie ohnehin nur mit Tastenkombinationen arbeiten und gern mehr Platz für Ihr Dokument wünschen, drücken Sie ⌜Strg⌟+⌜F1⌟; mit derselben Tastenkombination holen Sie das Menüband auch wieder hervor.

Eigene Tastenkombinationen anlegen

Da nicht alle Funktionen ab Werk mit Tastenkombinationen belegt sind, besteht oft der Bedarf, eigene anzulegen. Dazu finden Sie in Anhang B eine ausführliche Anleitung.

Verknüpfung

siehe auch *Hyperlink*

Um Speicherplatz nicht doppelt zu verschwenden, besteht die Möglichkeit, Objekte wie Grafiken, Diagramme, Excel-Tabellen u. ä. nicht in die Word-Datei »einzubetten«, sondern lediglich einen Verweis auf die gewünschte Datei ins Word-Dokument einzutragen. Beim Öffnen des Dokuments prüft Word diese Verknüpfungen und blendet den Inhalt der verknüpften Datei im Text ein.

---

[186] auf der CH-Tastatur ⌜Strg⌟+⌜⇧⌟+⌜8⌟

Sie stellen eine Verknüpfung her, indem Sie bei der Dateiauswahl im EINFÜGEN-Dialog nicht die Schaltfläche EINFÜGEN anklicken, sondern das ▼ daneben und VERKNÜPFUNG wählen.

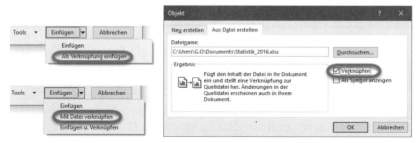

Verknüpfung herstellen in der Dateiauswahl (links) und beim Objekt-Einfügen (rechts)

Verknüpfungs-Besonderheiten

- Bei EINFÜGEN | OBJEKT aktivieren Sie die Option VERKNÜPFEN.

- Zu Excel-Objekten bieten die Einfügeoptionen die Verknüpfung an, vgl. Abschnitt 15.5.

- Für Bilddateien gibt es die Spezialität des gleichzeitigen Einfügens und Verknüpfens. Dabei wird zusätzlich zum eingebetteten Bild eine Verknüpfung erstellt, was den Vorteil hat, dass die Bilder auch angezeigt werden, wenn keine Verbindung zur Quelldatei besteht, solange man sie nicht aktualisieren möchte.

Verknüpfungen bearbeiten und aktualisieren

Die Darstellung des Inhalts verknüpfter Dateien in Word lässt sich je nach Wahl im Dialog VERKNÜPFUNGEN MIT DATEIEN BEARBEITEN automatisch beim Öffnen oder manuell mit F9 aktualisieren.

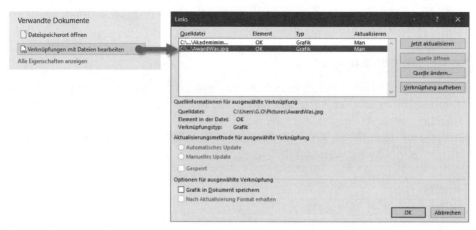

Verknüpfungen bearbeiten

Haben Sie Dateien, die in einem Word-Dokument verknüpft sind, an eine andere Stelle verschoben, brauchen nur die Pfade aktualisiert zu werden, ein erneutes Einfügen ist nicht erforderlich:

DATEI | INFORMATION | VERKNÜPFUNGEN MIT DATEIEN BEARBEITEN

Dort erfahren Sie aus der Typbezeichnung auch, wie Bilder in die Datei gelangt sind:

- Bei deutscher Schreibweise »Grafik« handelt es sich um per EINFÜGEN-Funktion importierte Bilder.
- Bei englischer Schreibweise »Graphic« sind die Bilder per Feldfunktion {Include-Picture} 🐾 eingefügt.

Mit QUELLE ÄNDERN definieren sich die dort aufgelisteten Objekte neu, tauschen das Bild aus oder verknüpfen es am anderen Standort.

Interessant ist die Option GRAFIK IN DOKUMENT SPEICHERN, mit der Sie verknüpfte Bilder nachträglich einbetten können.

Relative und absolute Adressierung

Word unterscheidet externe Links auf Dateien nach absoluter und relativer Pfadangabe. »Relativ« bezieht sich auf den Standort der Datei auf dem Speichermedium. Der Vorteil relativer Adressierung besteht darin, dass Sie z. B. alle bezogenen Dateien in einem Ordner speichern und die Hyperlinks ohne Pfad nur mit dem Dateinamen eintragen. Wenn Sie den kompletten Ordner auf einem USB-Stick oder in einer Cloud speichern, bleiben die Links weiterhin aktuell. Bei absoluter Adressierung würde der Link auf dem externen Medium auf einen nicht existenten Pfad zuzugreifen versuchen und einen Fehler melden. 🐾

> **⚠ Vorsicht**
>
> Schalten Sie bei relativen Hyperlink-Adressen unbedingt die Option LINKS BEIM SPEICHERN AKTUALISIEREN in DATEI | OPTIONEN | ERWEITERT | WEBOPTIONEN (ganz unten) | Register DATEI ab. Word ändert sie sonst in absolute Pfadangaben.

Versionsnummern

Es gibt einen Unterschied zwischen der öffentlichen und der internen Versionsnummer. Die seit Office 95 an der Jahreszahl der Veröffentlichung orientierte öffentliche Versionsnummer dient dem Verkauf zur Abgrenzung. Daneben gibt es eine interne, technische Versionsnummer, die einfach hochzählt. (Mit einer Ausnahme: Es gibt keine Version 13.)

öffentlich	2010	2013	2016	2019
intern	14	15	16	17

Zuordnung der Versionsnummern

Office 365 ist die Bezeichnung eines Abonnements, mit dem Sie immer die aktuelle Office-Version im Update erhalten.

Zurichten

Text und eingebettete Objekte miteinander so zu kombinieren, dass ein ansehnliches, gut lesbares Druckstück ohne satztechnische Fehler entsteht; das Kernstück der Satzkunst.

Zwiebelfisch

Setzerjargon für einen Buchstaben einer anderen Schriftart, der ins Wort geraten ist.

Zwischenablage

Alle Office-Applikationen greifen auf dieselbe Zwischenablage zu. Sie können über die Zwischenablage Texte von Word nach Excel, Diagramme und Tabellen von Excel nach Word oder PowerPoint und Grafiken von PowerPoint nach Word bringen. Auch der Transfer mit anderen Programmen läuft meist über die Zwischenablage am leichtesten.

Manchmal ist es nötig, mehrere Textpassagen zu transferieren. Dazu müssen Sie nicht sämtliche Abläufe einzeln wiederholen, sondern können das »tiefere Gedächtnis« der Office-Zwischenablage nutzen.

Dazu lässt sich die Zwischenablage als Aufgabenbereich öffnen:

START | ZWISCHENABLAGE ↘

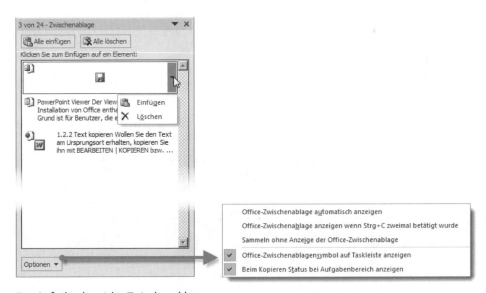

Der Aufgabenbereich »Zwischenablage«

Wie Sie in der Abbildung sehen, können in der Zwischenablage unterschiedliche Inhalte gleichzeitig nebeneinander existieren.

Durch Anklicken eines der Inhalte holen Sie ihn aus der Zwischenablage an die aktuelle Position der Schreibmarke.

Wichtig

Einige Add-Ins löschen beim Start von Office-Programmen unaufgefordert die Zwischenablage; sehr häufig wird ein Add-In namens »Send to Bluetooth« als Verursacher festgestellt. Sollten also Zwischenablageninhalte nach dem Start von Word verschwinden, kontrollieren Sie in

DATEI | OPTIONEN | ADD-INS | COM-ADD-INS | GEHE ZU,

welche dafür verantwortlich sein könnten.

Stichwortverzeichnis

Trickkiste

Andrea Klein

Wissenschaftliche Arbeiten schreiben

Praktischer Leitfaden mit über 100 Software-Tipps

Alle Grundlagen zum Schreiben wissenschaftlicher Arbeiten

Methoden zur Selbstorganisation und Zeitplanung sowie Strategien für unterschiedliche Schreibtypen

Literaturverwaltung, -recherche und -auswertung, Inhalte sammeln, strukturieren, schreiben und effektiv überarbeiten

Software als hilfreiche Unterstützung für alle Phasen der Arbeit

Dieser Ratgeber ist eine umfassende und motivierende Anleitung für das erfolgreiche Schreiben wissenschaftlicher Arbeiten und richtet sich an Studierende aller Fachrichtungen.

Die Autorin legt einen besonderen Fokus auf den Einsatz von Software als sinnvolle Unterstützung und Arbeitserleichterung in allen Phasen des wissenschaftlichen Arbeitens. Dazu beschreibt sie über 100 verschiedene Einsatzmöglichkeiten von Software von Citavi über Evernote bis hin zu vielen kleinen hilfreichen Programmen. Ein separates Kapitel erläutert konkrete Entscheidungskriterien und enthält eine ausführliche Checkliste, im Anhang finden Sie übersichtliche Tabellen mit Hinweisen zu Kosten, Betriebssystem u.v.m.

In Teil I »Orientieren und Planen« geht es zum einen ausführlich um das Thema Selbstorganisation. Hier lernen Sie verschiedene Strategien zur Motivation und zum effektiven Erreichen Ihres Ziels kennen. Zum anderen geht die Autorin praxisnah auf verschiedene Methoden der Zeitplanung ein und hilft Ihnen, die für Sie beste Vorgehensweise für Ihre individuelle Planung zu finden.

Außerdem gibt Ihnen die Autorin Hilfsmittel an die Hand, um sowohl ein Thema als auch eine sinnvolle Fragestellung für Ihre wissenschaftliche Arbeit zu finden.

Teil II hat das Sammeln und Strukturieren von Inhalten zum Thema. Hierzu gehört der gesamte Umgang mit Literatur von der Verwaltung über die Recherche und Auswertung bis hin zum effektiven Lesen und Verarbeiten der Inhalte. Darüber hinaus zeigt Ihnen die Autorin, wie Sie Ihre Arbeit formal und inhaltlich richtig aufbauen.

Teil III behandelt den Schreibprozess. Die Autorin beschreibt verschiedene Schreibtypen und -strategien mit ihren Stärken und Schwächen. So finden Sie den Einstieg ins Schreiben und halten auch bis zum Ende durch.

Sie lernen hier auch, was Sie beachten müssen, damit Ihre Texte überzeugen und Ihre Abbildungen aussagekräftig sind. Und zu guter Letzt erfahren Sie, wie Sie die Überarbeitung optimal organisieren, konstruktiv mit Feedback umgehen und wie Ihnen die letzten Schritte zur Fertigstellung Ihrer Arbeit gelingen.

ISBN 978-3-95845-386-9

Probekapitel und Infos erhalten Sie unter:
www.mitp.de/386

Winfried Seimert

OneNote
Praxiswissen für die Arbeit mit Computer, Smartphone und Tablet

Mit dem digitalen Notizbuch der
Office-Suite effektiv arbeiten

Ideen notieren, Mitschriften erstellen,
Informationen strukturieren

Von der ersten Notiz auf dem
Computer bis zum mobilen Einsatz mit
der OneNote-App

Microsoft OneNote ist Teil verschiedener Microsoft Office-Pakete und auf vielen PCs schon vorinstalliert. Das Notizprogramm bringt leicht Ordnung und Struktur in Ihr digitales Leben: Sie können unkompliziert Informationen jeglicher Art sammeln und zu Ihren persönlichen Notizbüchern zusammenfassen.

Winfried Seimert zeigt Ihnen in diesem praxisnahen Buch, wie Sie mit OneNote Notizen, Termine, Fotos, Screenshots, Webseiten oder auch Dokumente sinnvoll sammeln, verwalten, strukturieren und gezielt wieder abrufen. Sie lernen, OneNote in Zusammenarbeit mit anderen Office-Programmen wie Outlook oder Word zu nutzen, und erfahren, welche fortgeschrittenen Möglichkeiten Ihnen das Add-in OneTastic bietet.

So wird OneNote zu einem effektiven Helfer für Ihre Selbstorganisation sowie Ihr Wissens- und Informationsmanagement.

ISBN 978-3-95845-953-3

Probekapitel und Infos erhalten Sie unter:
www.mitp.de/953

Alex Reinhart

Statistics done wrong

Statistik richtig anwenden und gängige Fehler vermeiden

Deutsche Ausgabe

**Daten sinnvoll auswerten –
mit den geeigneten Verfahren**

**Die richtigen Fragen stellen und
passende Experimente durchführen**

**Die häufigsten Fehler kennen und
Fallstricke umgehen**

Statistische Datenanalysen sind ein Grundpfeiler der Wissenschaft. Die Vielfalt der zur Verfügung stehenden Verfahren und Methoden lässt Forschern jedoch einen enormen Spielraum bei der Analyse ihrer Daten. Leider fehlt vielen Wissenschaftlern das fundierte Fachwissen, statistische Verfahren korrekt anzuwenden. Deshalb werden häufig nicht die richtigen Analysen vorgenommen, die zu zahlreichen falschen Ergebnisse führen.

Mit diesem Buch erhalten Wissenschaftler und Studenten einen kompakten Leitfaden für die korrekte Anwendung statistischer Verfahren. Gängige Fehler und Missstände bei der Erstellung von Statistiken werden anhand konkreter Fallbeispiele aufgedeckt und dafür praktische Lösungen angeboten.

Der Autor gibt zahlreiche Hinweise u.a. zu folgenden Themen:

• Die richtigen Fragen stellen, geeignete Experimente entwerfen und korrekte
  statistische Analysemethoden auswählen
• p-Werte, Signifikanz, Nicht-Signifikanz, Konfidenzintervalle und Regression
• Auswahl einer geeigneten Stichprobengröße und Vermeidung falscher Positiver

Am Ende der Kapitel finden Sie Tipps, die Aufschluss darüber geben, welche statistischen Verfahren Sie anwenden können, um die häufigsten Fallstricke zu umgehen. So werden Sie auf die verbreitetsten Probleme hingewiesen und in die Lage versetzt, das für eine gegebene Aufgabe am besten geeignete statistische Verfahren auszuwählen.

Dieses Buch ist ein kompakter und praktischer Ratgeber, der Ihnen dabei hilft, Forschung zu betreiben, deren Statistik Hand und Fuß hat.

Tanja Wehr

Die
Sketchnote
STARTHILFE

Zahlreiche Schritt-für-Schritt-Anleitungen für Symbole und Icons

Praktischer Leitfaden für alle, die glauben, nicht zeichnen zu können

Mit einem umfangreichen Kapitel zu Schriften und Handlettering

Dieses Buch erleichtert allen den Einstieg ins Sketchnoten, insbesondere auch denen, die von sich denken, nicht zeichnen zu können. Tanja Wehr zeigt im Buch über 200 Symbole, Icons und Piktogramme Schritt für Schritt, so dass du sie ganz einfach nachzeichnen kannst.

Du findest detaillierte Anleitungen zu allen Sketchnote-Elementen:

Mit zahlreichen Übungen und Tipps aus der Praxis gelingen dir die ersten Schritte mit spielerischer Leichtigkeit, so dass du die im Buch darge-stellten Zeichnungen sofort umsetzen kannst.

ISBN 978-3-95845-366-1

Probekapitel und Infos erhalten Sie unter:
www.mitp.de/366